企业纳税

方法 技巧 策略

第2版

伊 虹 范颖茜 ◎ 著

清华大学出版社

北 京

内 容 简 介

本书以我国现行税收法律、法规为依据,从企业实际出发,对企业会计应掌握的税务知识进行了系统的阐述;第一篇通过对税法知识的梳理与解读,为企业做好纳税工作提供了必要的知识储备;第二篇针对企业经营的各个环节及经营所涉及的税种,以案例的形式全面地介绍了各种行之有效的纳税筹划方法,使纳税人在法律允许或不违反税法规定的前提下,实现企业价值最大化;第三篇在介绍税务管理工作的基础上,以案例的形式讲解了税务稽查的工作重点,并提出企业应如何接受、配合税务机关的税务管理工作,赢得税务机关信任以及如何营造良好的征纳环境;第四篇根据企业纳税管理工作的目标、原则,提出了纳税风险管理机制的建立及合理安排企业纳税管理工作的方法,并针对企业纳税管理工作中遇到的税务争议,提出解决办法,以提高企业纳税管理工作的效率。

本书体系完整,内容充实,覆盖面广,行文简洁易懂,始终站在企业财会人员的角度阐述涉税问题,针对性、实用性强,有助于读者理解。本书是会计人员日常必备的工作手册,同时可作为会计人员提高涉税业务水平的指导用书。

图书在版编目(CIP)数据

企业纳税:方法 技巧 策略/伊虹,范颖茜著.—2 版.—北京:清华大学出版社,2024.2
ISBN 978-7-302-54486-9

Ⅰ. ①企… Ⅱ. ①伊… ②范… Ⅲ. ①企业管理－税收管理－中国 Ⅳ. ①F812.423

中国版本图书馆 CIP 数据核字(2019)第 264507 号

责任编辑:刘士平
封面设计:傅瑞学
责任校对:刘 静
责任印制:宋 林

出版发行:清华大学出版社
　　　　网　　　址:https://www.tup.com.cn,https://www.wqxuetang.com
　　　　地　　　址:北京清华大学学研大厦 A 座　　邮　　编:100084
　　　　社 总 机:010-83470000　　　　　　　　　邮　　购:010-62786544
　　　　投稿与读者服务:010-62776969,c-service@tup.tsinghua.edu.cn
　　　　质量反馈:010-62772015,zhiliang@tup.tsinghua.edu.cn
　　　　课件下载:https://www.tup.com.cn,010-83470410
印 装 者:三河市天利华印刷装订有限公司
经　　销:全国新华书店
开　　本:185mm×260mm　　印　张:26.75　　　　字　　数:613 千字
版　　次:2014 年 8 月第 1 版　2024 年 3 月第 2 版　　印　次:2024 年 3 月第 1 次印刷
定　　价:98.00 元

产品编号:086593-01

前　言

日益复杂的现代税收制度,给会计增添了无尽的烦恼,如果没有税收问题,会计这个行业的复杂程度将会大大降低。但从另一个角度看,也正是越来越复杂的现代税收制度提高了会计的从业门槛和职业地位。税务知识的掌握和运用的熟练程度已成为衡量会计水平的重要标准。

本书从企业实际出发,对会计应掌握的税务知识进行了系统的阐述,全书分为四篇,共十五章。第一篇通过对税法知识的梳理与解读,为企业做好纳税工作提供了必要的知识储备;第二篇针对企业经营的各个环节及经营所涉及的税种,以案例的形式全面地介绍了各种行之有效的纳税筹划方法,使纳税人在法律允许或不违反税法规定的前提下,实现企业价值最大化;第三篇在介绍税务管理工作的基础上,以案例的形式讲解了税务稽查的工作重点,并提出企业应如何接受、配合税务机关的税务管理工作,赢得税务机关信任以及如何营造良好的征纳环境;第四篇根据企业纳税管理工作的目标、原则,提出了纳税风险管理机制的建立及合理安排企业纳税管理工作的方法,并针对企业纳税管理工作中遇到的税务争议,提出解决办法,以提高企业纳税管理的工作效率。

纵观全书,本书具有以下特点:①体系完整,内容充实,覆盖面广,几乎涵盖了企业涉税活动中可能遇到的全部问题,并对之逐一进行剖析,提出解决办法;②时效性强,研究内容与当前税制同步,时刻关注我国税收领域的立法情况,具有一定的前瞻性;③形式新颖,行文简洁易懂,始终站在企业财会人员的角度阐述涉税问题,针对性强,易于理解。

在本书的写作中,著者将自己多年来从事财税工作教学、培训以及作为注册会计师、注册税务师的实际工作经验融入其中并列举了大量的案例,因此,本书具有鲜明的实践性和可操作性,是会计人员日常必备的工作手册,也可作为会计人员提高涉税业务水平的指导用书。

本书由宁夏理工学院伊虹教授和辽东学院范颖茜副教授著,中关村学院张静副教授编写了本书的部分内容。著者在写作过程中参考、借鉴了大量文献资料,在此谨向文献作者们致以最诚挚的谢意。由于著者水平有限,书中难免有疏漏和不足,希望广大读者不吝指正。

著者

2024.1

目 录

第一篇　企业纳税方法

第二篇　企业纳税筹划

第三篇　企业如何接受、配合税务管理

第四篇 完善企业纳税管理工作

第一篇

企业纳税方法

　　本篇重点介绍了税法基础知识、各税种应纳税额的计算、涉税业务的会计处理、增值税和企业所得税的纳税申报,通过对税法知识的梳理与解读,为企业做好纳税工作提供了必要的知识储备。

第一章

增值税的纳税方法

增值税以增值额为课税对象,以销售额为计税依据,采用税款抵扣制,允许纳税人抵扣购进货物、劳务、服务、无形资产、不动产所支付或负担的增值税税额,避免了重复征税的弊端。增值税在世界众多国家被广泛推广,具有其他流转税无法比拟的优越性。

第一节　增值税税收政策概述

一、增值税的征税范围

在中华人民共和国境内销售货物、劳务、服务、无形资产、不动产以及进口业务都属于增值税的征税范围。

(一)征税范围的具体项目

1. 货物

货物是指有形动产,包括电力、热力、气体在内。

2. 劳务

劳务是指纳税人提供加工、修理修配劳务。

重点关注

对不动产的修缮属于建筑服务。

3. 服务

服务是指交通运输服务、邮政服务、电信服务、建筑服务、金融服务、现代服务、生活服务。每项服务的具体内容如下。

(1)交通运输服务。交通运输服务包括陆路运输服务、水路运输服务、航空运输服务和管道运输服务。

重点关注

无运输工具的承运业务,按照交通运输服务缴纳增值税。

(2)邮政服务。邮政服务包括邮政普遍服务、邮政特殊服务和其他邮政服务。

(3)电信服务。电信服务包括基础电信服务和增值电信服务。

（4）建筑服务。建筑服务包括工程服务、安装服务、修缮服务、装饰服务和其他建筑服务。

重点关注

固定电话、有线电视、宽带、水、电、燃气、暖气等经营者向用户收取的安装费、初装费、开户费、扩容费以及类似费用，按照安装服务缴纳增值税。

（5）金融服务。金融服务包括贷款服务、直接收费金融服务、保险服务和金融商品转让服务。

重点关注

以货币资金投资收取的固定利润或者保底利润，按照贷款服务缴纳增值税。

（6）现代服务。现代服务包括研发和技术服务、信息技术服务、文化创意服务、物流辅助服务、租赁服务、鉴证咨询服务、广播影视服务、商务辅助服务和其他现代服务。

重点关注

车辆停放服务、道路通行服务等按照不动产经营租赁服务缴纳增值税。纳税人对安装运行后的电梯提供的维护保养服务，按照其他现代服务缴纳增值税。

（7）生活服务。生活服务包括文化体育服务、教育医疗服务、旅游娱乐服务、餐饮住宿服务、居民日常服务和其他生活服务。

重点关注

纳税人提供植物养护服务，按照其他生活服务缴纳增值税。

4．无形资产

无形资产是指不具有实物形态，但能带来经济利益的资产。无形资产包括技术、商标、著作权、商誉、自然资源使用权和其他权益性无形资产。

5．不动产

不动产是指不能移动或者移动后会引起性质、形状改变的财产。不动产包括建筑物、构筑物等。

（二）销售的界定

1．销售的一般规定

销售是指有偿转让货物的所有权，提供劳务、服务，转让无形资产所有权或者使用权，转让不动产所有权。有偿是指取得货币、货物或者其他经济利益。

2．不属于销售的情形

下列非经营活动的情形不属于销售：

（1）行政单位收取的同时满足一定条件的政府性基金或者行政事业性收费；

（2）单位或者个体工商户聘用的员工为本单位或者雇主提供取得工资的服务；

（3）单位或者个体工商户为聘用的员工提供服务；

（4）财政部和国家税务总局规定的其他情形。

3．视同销售

（1）视同销售货物

① 将货物交付其他单位或者个人代销；

② 销售代销货物；

③ 设有两个以上机构并实行统一核算的纳税人，将货物从一个机构移送其他机构用于销售，但相关机构设在同一县（市）的除外；

④ 将自产或者委托加工的货物用于简易计税方法计税项目、免征增值税项目；

⑤ 将自产、委托加工的货物用于集体福利或者个人消费；

⑥ 将自产、委托加工或者购进的货物作为投资，提供给其他单位或者个体工商户；

⑦ 将自产、委托加工或者购进的货物分配给股东或者投资者；

⑧ 将自产、委托加工或者购进的货物无偿赠送给其他单位或者个人；

⑨ 财政部和国家税务总局规定的其他情形。

风险提示

　　视同销售行为不经常发生，纳税人应予以关注并按规定确认销项税额；同时视同销售行为中所涉及的外购货物进项税额，凡符合规定的，允许作为当期进项税额抵扣。

（2）视同销售服务、无形资产、不动产

① 单位或者个体工商户向其他单位或者个人无偿提供服务，但用于公益事业或者以社会公众为对象的除外；

② 单位或者个人向其他单位或者个人无偿转让无形资产、不动产，但用于公益事业或者以社会公众为对象的除外；

③ 财政部和国家税务总局规定的其他情形。

（三）境内的界定

1．境内的一般规定

（1）所销售货物的起运地或所在地在境内；

（2）所提供的劳务发生在境内；

（3）服务（租赁不动产除外）、无形资产（自然资源使用权除外）的销售方或者购买方在境内；

（4）所销售或者租赁的不动产在境内；

（5）所销售自然资源使用权的自然资源在境内；

（6）财政部和国家税务总局规定的其他情形。

2．不属于在境内提供应税服务的情形

（1）境外单位或者个人向境内单位或者个人销售完全在境外发生的服务；

（2）境外单位或者个人向境内单位或者个人销售完全在境外使用的无形资产；

（3）境外单位或者个人向境内单位或者个人出租完全在境外使用的有形动产；

（4）财政部和国家税务总局规定的其他情形。

二、增值税的纳税人

（一）增值税纳税人的基本规定

1. 纳税义务人

增值税的纳税人是指在中华人民共和国境内销售货物、劳务、服务、无形资产或者不动产以及发生进口业务的单位和个人。

2. 扣缴义务人

中华人民共和国境外的单位或者个人在境内销售货物、劳务、服务、无形资产或者不动产，在境内未设有经营机构的，以其境内代理人为扣缴义务人；在境内没有代理人的，以购买方为扣缴义务人。

（二）一般纳税人和小规模纳税人的划分

增值税实行凭增值税专用发票抵扣税款的制度，根据会计核算水平及经营规模，将增值税纳税人划分为一般纳税人和小规模纳税人，对其分别采用不同的增值税计税方法，实行不同的征管办法。

（三）小规模纳税人的管理

小规模纳税人是指年销售额在规定标准以下，并选择不向主管国税机关办理增值税一般纳税人资格登记的增值税纳税人。

1. 小规模纳税人的标准

增值税小规模纳税人标准为年应征增值税销售额500万元及以下。

年应税销售额是指纳税人在连续不超过12个月或四个季度的经营期内累计应征增值税销售额，包括纳税人申报销售额、稽查查补销售额、纳税评估调整销售额。

销售应税行为有扣除项目的纳税人，其应税行为年应税销售额按未扣除之前的销售额计算。纳税人偶然发生的销售无形资产、转让不动产的销售额，不计入应税行为年应税销售额。

2. 小规模纳税人的特殊规定

（1）年应税销售额超过小规模纳税人标准的其他个人（指自然人）按小规模纳税人纳税。

（2）按照政策规定，选择按照小规模纳税人纳税的应当向主管税务机关提交书面说明。

（四）一般纳税人的管理

1. 一般纳税人的标准

（1）增值税纳税人，年应税销售额超过财政部、国家税务总局规定的小规模纳税人标准的，除税法另有规定外，应当向主管税务机关办理一般纳税人登记。

（2）年应税销售额未超过规定标准的纳税人，会计核算健全，能够提供准确税务资料的，可以向主管税务机关申请办理一般纳税人资格登记。

2. 一般纳税人的征收管理

（1）纳税人应当向其机构所在地主管税务机关办理一般纳税人登记手续。

（2）纳税人在年应税销售额超过规定标准月份（或季度）的所属申报期结束后15日内按照规定办理相关手续。

（3）纳税人自一般纳税人生效之日起，按照增值税一般计税方法计算应纳税额，并可以按照规定领用增值税专用发票，财政部、国家税务总局另有规定的除外。

（4）对税收遵从度低的一般纳税人，主管税务机关可以实行纳税辅导期管理，具体办法由国家税务总局另行制定。

重点关注

纳税人登记为一般纳税人后，不得转为小规模纳税人，国家税务总局另有规定的除外。

三、增值税的税率、征收率

我国增值税采用比例税率形式。对一般纳税人和小规模纳税人采用的征收方法不同，一般纳税人采用的是税率，小规模纳税人采用的是征收率。

（一）基本税率

增值税的基本税率为 13%，该税率适用于纳税人销售或者进口货物（适用 9% 低税率的除外）、提供加工修理修配劳务、提供有形动产租赁服务。

（二）低税率

增值税低税率有 9% 和 6% 两档。

（1）一般纳税人销售或者进口下列货物，税率为 9%：农产品（含粮食）、自来水、暖气、石油液化气、天然气、食用植物油、冷气、热水、煤气、居民用煤炭制品、食用盐、农机、饲料、农药、农膜、化肥、沼气、二甲醚、图书、报纸、杂志、音像制品、电子出版物。

重点关注

农产品是指种植业、养殖业、林业、牧业、水产业生产的各种植物、动物的初级产品。

（2）一般纳税人提供交通运输、邮政、基础电信、建筑、不动产租赁服务，销售不动产，转让土地使用权，税率为 9%。

（3）一般纳税人提供增值电信服务、金融服务、现代服务（租赁除外）、生活服务，销售土地使用权以外的无形资产，税率为 6%。

（三）零税率

（1）纳税人出口货物，税率为零（国务院另有规定的除外）。

（2）境内单位和个人跨境销售国务院规定范围内的服务、无形资产，税率为零。

（四）征收率

小规模纳税人采用征收率计征增值税，一般纳税人采用简易计税方法时，也适用征收率计征增值税。

1. 小规模纳税人适用征收率的情况

（1）小规模纳税人销售货物、加工修理修配劳务、服务、无形资产，征收率为 3%。

（2）小规模纳税人（除其他个人外，下同）销售自己使用过的固定资产，减按 2% 征收率征收增值税；小规模纳税人销售自己使用过的除固定资产以外的物品，按 3% 的征收率征收增值税。

（3）小规模纳税人销售、出租不动产，征收率为5％。

（4）个人（个体工商户和其他个人）出租住房按5％征收率减按1.5％计算应纳税额；出租非住房，按5％征收率征收。

（5）自2023年1月1日至2023年12月31日，增值税小规模纳税人适用3％征收率的应税销售收入，减按1％征收率征收增值税；适用3％预征率的预缴增值税项目，减按1％预征率预缴增值税。

2．一般纳税人销售货物适用征收率的情况

（1）一般纳税人销售自产下列货物，可按简易办法按3％征收率计算缴纳增值税，不得抵扣进项税额：

① 县级及县级以下小型水力发电单位生产的电力；

② 建筑用和生产建筑材料所用的砂、土、石料；

③ 以自己采掘的砂、土、石料或其他矿物连续生产的砖、瓦、石灰（不含黏土实心砖、瓦）；

④ 用微生物、微生物代谢产物、动物毒素、人或动物的血液或组织制成的生物制品；

⑤ 自来水；

⑥ 商品混凝土（仅限于以水泥为原料生产的水泥混凝土）；

⑦ 属于增值税一般纳税人的单采血浆站销售非临床用人体血液。

一般纳税人选择简易办法计算缴纳增值税后，36个月内不得变更。

（2）一般纳税人销售货物属于下列情形之一的，暂按简易办法依照3％征收率计算缴纳增值税：

① 寄售商店代销寄售物品（包括居民个人寄售的物品在内）；

② 典当业销售死当物品；

③ 经国务院或国务院授权机关批准的免税商店零售的免税品。

（3）一般纳税人销售自己使用过的不得抵扣且未抵扣进项税额的固定资产，按照简易办法依照3％征收率减按2％征收增值税。

重点关注

一般纳税人销售自己使用过的除固定资产以外的物品，应当按照适用税率征收增值税。

（4）纳税人销售旧货，按照简易办法依照3％征收率减按2％征收增值税。

3．一般纳税人销售服务适用征收率的情况

（1）一般纳税人发生下列应税行为，可按简易办法按3％征收率计算缴纳增值税，不得抵扣进项税额：

① 公共交通运输服务；

② 经认定的动漫企业为开发动漫产品提供的动漫设计、制作等服务及在境内转让动漫版权等动漫服务；

③ 电影放映服务、仓储服务、装卸搬运服务、收派服务和文化体育服务；

④ 以纳入"营改增"试点之日前取得的有形动产为标的物提供的经营租赁服务；

⑤ 在纳入"营改增"试点之日前签订的尚未执行完毕的有形动产租赁合同。

（2）一般纳税人提供下列建筑服务，可选择适用简易计税方法，按 3％征收率计算应纳税额：

① 以清包工方式提供的建筑服务；

② 为甲供工程提供的建筑服务；

重点关注

一般纳税人销售电梯的同时提供安装服务，其安装服务可以按照甲供工程选择适用简易计税方法计税。

③ 为建筑工程老项目提供的建筑服务。

（3）一般纳税人销售下列不动产，选择适用简易计税方法，按 5％征收率计算应纳税额：

① 销售其 2016 年 4 月 30 日前取得（不含自建）的不动产；

② 销售其 2016 年 4 月 30 日前自建的不动产；

③ 房地产开发企业中的一般纳税人，销售自行开发的房地产老项目。

（4）一般纳税人提供不动产经营租赁服务，选择适用简易计税方法征收率的相关规定有以下几点。

① 一般纳税人出租其 2016 年 4 月 30 日前取得的不动产，可以选择适用简易计税方法，按照 5％的征收率计算应纳税额。

② 公路经营企业中的一般纳税人收取试点前开工的高速公路的车辆通行费，可以选择适用简易计税方法，减按 3％的征收率计算应纳税额。

③ 一般纳税人收取试点前开工的一级公路、二级公路、桥、闸通行费，可以选择适用简易计税方法，按照 5％的征收率计算缴纳增值税。

（5）一般纳税人提供劳务派遣服务，可以选择差额纳税，按照简易计税方法按 5％的征收率计算缴纳增值税。

（五）适用税率的特殊规定

1. 兼营

纳税人发生两项以上应税交易，涉及不同税率或者征收率的，应当分别核算适用不同税率或者征收率的销售额；未分别核算的，从高适用税率。

风险提示

纳税人发生兼营行为，一定要分别核算适用不同税率或者征收率的销售额；避免发生因未分别核算，从高适用税率的情况。

2. 混合销售行为

纳税人发生一项应税交易涉及两个以上税率、征收率的，按照应税交易的主要业务适用税率、征收率。

四、增值税的税收优惠

（一）《增值税暂行条例》规定的免税项目

（1）农业生产者销售的自产农产品；

（2）避孕药品和用具；

（3）古旧图书（是指向社会收购的古书和旧书）；

（4）直接用于科学研究、科学试验和教学的进口仪器、设备；

（5）外国政府、国际组织无偿援助的进口物资和设备；

（6）由残疾人组织直接进口供残疾人专用的物品；

（7）销售自己使用过的物品。自己使用过的物品，是指其他个人自己使用过的物品。

（二）增值税起征点的规定

1. 增值税起征点的适用情况

个人发生应税行为的销售额未达到增值税起征点的，免征增值税；达到起征点的，全额计算缴纳增值税。

增值税起征点不适用于登记为一般纳税人的个体工商户。

2. 增值税起征点的幅度规定

（1）按期纳税的，为月销售额 5000～20000 元（含本数）；

（2）按次纳税的，为每次（日）销售额 300～500 元（含本数）。

起征点的调整由财政部和国家税务总局规定。

3. 增值税小规模纳税人起征点的规定

自 2023 年 1 月 1 日至 2023 年 12 月 31 日，对月销售额 10 万元以下（含本数）的增值税小规模纳税人，免征增值税。

（三）"营改增"通知及有关部门规定的税收优惠政策

1. 下列项目免征增值税

（1）托儿所、幼儿园提供的保育和教育服务；

（2）养老机构提供的养老服务；

（3）残疾人福利机构提供的育养服务；

（4）婚姻介绍服务；

（5）殡葬服务；

（6）残疾人员本人为社会提供的服务；

（7）医疗机构提供的医疗服务；

（8）从事学历教育的学校提供的教育服务；

（9）学生勤工俭学提供的服务；

（10）农业机耕、排灌、病虫害防治、植物保护、农牧保险以及相关技术培训业务，家禽、牲畜、水生动物的配种和疾病防治；

（11）纪念馆、博物馆、文化馆、文物保护单位管理机构、美术馆、展览馆、书画院、图书馆在自己的场所提供文化体育服务取得的第一道门票收入；

（12）寺院、宫观、清真寺和教堂举办文化、宗教活动的门票收入；

（13）行政单位之外的其他单位收取的符合规定条件的政府性基金和行政事业性收费；

（14）财政部、国家税务总局规定的其他免征增值税项目。

2．增值税即征即退

（1）一般纳税人销售其自行开发生产的软件产品，按13%税率征收增值税后，对其增值税实际税负超过3%的部分实行即征即退政策；

（2）一般纳税人提供管道运输服务，对其增值税实际税负超过3%的部分实行增值税即征即退政策；

（3）经人民银行、银监会或者商务部批准从事融资租赁业务的试点纳税人中的一般纳税人，提供有形动产融资租赁服务和有形动产融资性售后回租服务时，对其增值税实际税负超过3%的部分实行增值税即征即退政策；

（4）对安置残疾人的单位和个体工商户，符合规定条件的，实行由税务机关按纳税人安置残疾人的人数，限额即征即退增值税的政策。

3．扣减增值税规定

（1）退役士兵创业就业；

（2）重点群体创业就业。

（四）税额抵减的规定

增值税纳税人初次购买增值税税控系统专用设备支付的费用，可凭购买增值税税控系统专用设备取得的增值税专用发票，在增值税应纳税额中全额抵减（抵减额为价税合计额），不足抵减的可结转下期继续抵减。

增值税纳税人缴纳的技术维护费，可凭技术维护服务单位开具的技术维护费发票，在增值税应纳税额中全额抵减，不足抵减的可结转下期继续抵减。技术维护费按照价格主管部门核定的标准执行。

增值税一般纳税人支付的上述两项费用在增值税应纳税额中全额抵减的，其增值税专用发票不作为增值税抵扣凭证，其进项税额不得从销项税额中抵扣。

（五）进项税额加计抵减的规定

自2023年1月1日至2023年12月31日，增值税加计抵减政策按照以下规定执行。

（1）允许生产性服务业纳税人按照当期可抵扣进项税额加计5%抵减应纳税额。生产性服务业纳税人，是指提供邮政服务、电信服务、现代服务、生活服务取得的销售额占全部销售额的比重超过50%的纳税人。

（2）允许生活性服务业纳税人按照当期可抵扣进项税额加计10%抵减应纳税额。生活性服务业纳税人，是指提供生活服务取得的销售额占全部销售额的比重超过50%的纳税人。

重点关注

由于经济形式变化的不确定性日益加重，具有时效性的相关税收优惠政策会经常进行调整,纳税人应予以关注以降低其纳税风险。

（六）其他有关减免税的规定

（1）纳税人兼营免税、减税项目的,应当分别核算免税、减税项目的销售额；未分别核算销售额的,不得免税、减税；

（2）纳税人销售货物或者劳务适用免税规定的,可以放弃免税,依照规定缴纳增值税。放弃免税后,36 个月内不得再申请免税。纳税人提供服务同时适用免税和零税率规定的,优先适用零税率；

（3）安置残疾人单位既符合促进残疾人就业增值税优惠政策条件,又符合其他增值税优惠政策条件的,可同时享受多项增值税优惠政策,但年度申请退还增值税总额不得超过本年度内应纳增值税总额。

五、增值税的征收管理

（一）增值税纳税义务发生的时间

（1）销售货物、劳务、服务、无形资产及不动产,其增值税纳税义务发生的时间为收讫销售款项或者取得索取销售款项凭据的当天。先开具发票的,为开具发票的当天；

（2）进口货物,其增值税纳税义务发生的时间为报关进口的当天；

（3）增值税扣缴义务发生的时间为纳税人增值税纳税义务发生的当天。

（二）增值税的纳税期限

1. 增值税纳税期限的规定

增值税的纳税期限分别为 1 日、3 日、5 日、10 日、15 日、1 个月或者 1 个季度。纳税人的具体纳税期限,由主管税务机关根据纳税人应纳税额的大小分别核定。以 1 个季度为纳税期限的规定适用于小规模纳税人、银行、财务公司、信托投资公司、信用社,以及财政部和国家税务总局规定的其他纳税人。不能按照固定期限纳税的,可以按次纳税。

2. 增值税报缴税款期限的规定

（1）纳税人以 1 个月或者 1 个季度为 1 个纳税期的,自期满之日起 15 日内申报纳税；以 1 日、3 日、5 日、10 日或者 15 日为 1 个纳税期的,自期满之日起 5 日内预缴税款,于次月 1 日起 15 日内申报纳税并结清上月应纳税款。

扣缴义务人解缴税款的期限,按照前两款规定执行。

（2）纳税人进口货物,应当自海关填发海关进口增值税专用缴款书之日起 15 日内缴纳税款。

（三）增值税的纳税地点

（1）固定业户应当向其机构所在地或者居住地主管税务机关申报纳税。

（2）非固定业户销售货物或者应税劳务和应税行为,应当向销售地或者劳务和应税行为发生地的主管税务机关申报纳税；未向销售地或者劳务和应税行为发生地的主管税务机关申报纳税的,由其机构所在地或者居住地的主管税务机关补征税款。

（3）其他个人提供建筑服务，销售或者租赁不动产，转让自然资源使用权，应向建筑服务发生地、不动产所在地、自然资源所在地主管税务机关申报纳税。

（4）纳税人跨县（市）提供建筑服务，在建筑服务发生地预缴税款后，向机构所在地主管税务机关进行纳税申报。

（5）纳税人销售不动产，在不动产所在地预缴税款后，向机构所在地主管税务机关进行纳税申报。

（6）纳税人租赁不动产，在不动产所在地预缴税款后，向机构所在地主管税务机关进行纳税申报。

（7）进口货物，应当由进口人或其代理人向报关地海关申报纳税。

（8）扣缴义务人应当向其机构所在地或者居住地主管税务机关申报缴纳扣缴的税款。

（四）增值税的征收管理机关

国内增值税由税务机关负责征收。进口环节增值税由海关代征。

第二节　增值税应纳税额的计算

增值税的计税方法，包括一般计税方法、简易计税方法和扣缴计税方法。

一、一般计税方法应纳税额的计算

一般纳税人增值税的计算，除某些特殊情况下采用或者选择简易计税方法外，应按一般计税方法计算应纳增值税。其计算公式为

当期应纳增值税税额＝当期销项税额－当期进项税额

当期销项税额小于当期进项税额不足抵扣时，其不足部分可以结转下期继续抵扣。

重点关注

自 2019 年 4 月 1 日起，试行增值税期末留抵税额退税制度，符合规定条件的纳税人，可以向主管税务机关申请退还增量留抵税额。

（一）销项税额的计算

销项税额是指纳税人发生应税销售行为时，按照销售额与规定税率计算并且向购买方收取的增值税税额，其计算公式为

销项税额＝销售额×适用税率

计算销项税额的关键在于正确、合理地确定销售额。

1. 销售额的一般规定

销售额是指纳税人销售货物或提供应税劳务和应税服务向购买方收取的全部价款和价外费用。

价外费用包括价外向购买方收取的手续费、补贴、基金、集资费、返还利润、奖励费、违约金、滞纳金、延期付款利息、赔偿金、代收款项、代垫款项、包装费、包装物租金、储备

费、优质费、运输装卸费以及其他各种性质的价外收费，但下列项目不包括在内。

（1）向购买方收取的销项税额。一般纳税人销售货物或者提供应税劳务的销售额中如果未扣除增值税税款，或者因不得开具增值税专用发票而发生价款和增值税税款合并收取的，应把含税销售额换算成不含税销售额计税。其计算公式为

$$销售额＝含税销售额÷（1＋税率）$$

（2）受托加工应征消费税的消费品，由受托方代收代缴的消费税。

（3）同时符合以下条件的代垫运输费用：承运部门的运输费用发票开具给购买方的；纳税人将该项发票转交给购买方的。

（4）同时符合以下条件代为收取的政府性基金或者行政事业性收费：由国务院或者财政部批准设立的政府性基金，由国务院或省级人民政府及其财政、价格主管部门批准设立的行政事业性收费；收取时开具省级以上财政部门印制的财政票据；所收款项全部上缴财政。

（5）销售货物的同时代办保险等而向购买方收取的保险费，以及向购买方收取的代购买方缴纳的车辆购置税、车辆牌照费。

重点关注

凡随同销售货物或提供应税劳务和应税服务向购买方收取的价外费用，无论其会计上如何核算，均应并入销售额计算应纳税额。纳税人向购买方收取的价外费用视为含税收入，在计算时应换算成不含税收入再并入销售额，税率取决于纳税人所销售的货物、劳务、服务所适用的税率。

2. 混合销售的销售额

对于混合销售行为，除另有规定外，其销售额为货物销售额和服务销售额的合计数。从事货物的生产、批发或者零售的单位和个体工商户的混合销售行为，按照销售货物缴纳增值税；其他单位和个体工商户的混合销售行为，按照销售服务缴纳增值税。

3. 核定销售额

纳税人销售货物或应税劳务的价格明显偏低且无正当理由的，或者是纳税人发生了视同销售货物的行为而无销售额的，主管税务机关有权核定其销售额。其核定顺序及方法如下。

（1）按纳税人最近时期同类货物的平均销售价格确定。

（2）按其他纳税人最近时期同类货物的平均销售价格确定。

（3）按组成计税价格确定。组成计税价格的计算公式为

$$组成计税价格＝成本×（1＋成本利润率）$$

属于应征消费税的货物，其组成计税价格应加计消费税税额。

成本是指销售自产货物的为实际生产成本，销售外购货物的为实际采购成本。成本利润率为10%。但属于应从价定率征收消费税的货物，其成本利润率由国家税务总局确定。

纳税人提供应税服务的价格明显偏低或者偏高且不具有合理商业目的的，或者发生视同销售行为而无销售额的，主管税务机关有权按照下列顺序确定销售额：

（1）按照纳税人最近时期销售同类服务、无形资产、不动产的平均价格确定；

（2）按照其他纳税人最近时期销售同类服务、无形资产、不动产的平均价格确定；

（3）按照组成计税价格确定。组成计税价格的计算公式为

$$组成计税价格＝成本×（1＋成本利润率）$$

成本利润率由国家税务总局确定。

4．特殊销售方式下的销售额

（1）采用折扣销售方式销售

折扣销售（又称商业折扣），即折扣和销售行为是同时发生的，买方只需按折扣后的价格付款。纳税人采取折扣销售方式销售货物，如果销售额和折扣额在同一张发票上的"金额"栏分别注明的，可按折扣后的余额作为销售额计算增值税；如果将折扣额另开发票，不论其财务上如何处理，计算增值税时，均不得从销售额中减除折扣额。

（2）采取销售折扣方式销售

销售折扣（又称现金折扣），本质上是企业的一种融资行为，属于财务费用的范畴，现行会计制度规定，销售折扣实际发生时计入财务费用，不得从销售额中扣减。

（3）销售折让

发生销售折让，按扣除销售折让后的销售额征税。增值税一般纳税人应凭借开具红字增值税专用发票通知单，开具红字增值税专用发票后，将发生销售折让而退还给购买方的增值税额，从发生销售折让当期的销项税额中扣减。未按规定开具红字增值税专用发票的，增值税额不得从销项税额中扣减。

（4）采取以旧换新方式销售

采取以旧换新方式销售货物的（金银首饰除外），应按新货物的同期销售价格确定销售额，不得扣减旧货物的收购价格。

重点关注

金银首饰以旧换新业务，可以按销售方实际收取的不含增值税的全部价款征收增值税。

（5）采取还本销售方式销售

采取还本销售方式销售货物，其销售额就是货物的销售价格，不得从销售额中减除还本支出。

（6）采取以物易物方式销售

以物易物双方都应作购销处理，以各自发出的货物核算销售额并计算销项税额，以各自收到的货物按规定核算购货额并计算进项税额。应注意，在以物易物活动中，应分别开具合法的票据，必须计算销项税额，如收到的货物不能取得相应的增值税专用发票或其他合法票据的，不能抵扣进项税额。

5．出租出借包装物租金和押金的税务处理

纳税人为销售货物而出租包装物收取的租金收入，应与货物销售收入分别核算，分别按各自适用的税率计税。

纳税人为销售货物而出租出借包装物收取的押金，单独记账核算的，时间在1年以

内，又未过期的，不并入销售额征税。但对因逾期未收回包装物不再退还的押金，应按所包装货物的适用税率计算销项税额。

在将包装物押金并入销售额征税时，需要先将该押金换算为不含税销售额，再并入销售额征税。

重点关注

对销售除啤酒、黄酒外的其他酒类产品收取的包装物押金，无论是否返还以及会计上如何核算，均应并入当期销售额征收增值税。

6. 销售退回销售额的确定

增值税一般纳税人因销货退回退还给购买方的增值税额，凭借开具红字增值税专用发票信息表，开具红字增值税专用发票（在防伪税控系统中以负数开具）后，从发生销货退回当期的销项税额中扣减。未按规定开具红字增值税专用发票的，增值税额不得从销项税额中扣减。

纳税人提供的适用一般计税方法计税的应税服务，因服务中止而退还给购买方的增值税额，应当从当期的销项税额中扣减。

7. 差额计征销售额的确定

增值税差额计征是对一些特殊项目允许以差额作为计税销售额，即以取得的全部价款和价外费用，扣除一定价款或费用后的余额作为计税销售额。

（1）金融商品转让

金融商品转让按照卖出价扣除买入价后的余额为销售额。转让金融商品出现的正负差，按盈亏相抵后的余额为销售额。若相抵后出现负差，可结转下一纳税期与下期转让金融商品销售额相抵，但年末时仍出现负差的，不得转入下一个会计年度。

（2）经纪代理服务

经纪代理服务，以取得的全部价款和价外费用，扣除向委托方收取并代为支付的政府性基金或者行政事业性收费后的余额为销售额。

（3）融资租赁

经人民银行、银监会或者商务部批准从事融资租赁业务的试点纳税人，提供融资租赁服务，以取得的全部价款和价外费用，扣除支付的借款利息（包括外汇借款和人民币借款利息）、发行债券利息和车辆购置税后的余额为销售额。

（4）融资性售后回租业务

经人民银行、银监会或者商务部批准从事融资租赁业务的试点纳税人，提供融资性售后回租服务，以取得的全部价款和价外费用（不含本金），扣除对外支付的借款利息（包括外汇借款和人民币借款利息）、发行债券利息后的余额作为销售额。

（5）航空运输

航空运输企业的销售额，不包括代收的机场建设费和代售其他航空运输企业客票而代收转付的价款。

（6）一般纳税人提供客运场站服务

一般纳税人提供客运场站服务，以其取得的全部价款和价外费用，扣除支付给承运方运费后的余额为销售额。

（7）旅游服务

纳税人提供旅游服务，可以选择以取得的全部价款和价外费用，扣除向旅游服务购买方收取并支付给其他单位或者个人的住宿费、餐饮费、交通费、签证费、门票费和支付给其他接团旅游企业的旅游费用后的余额为销售额。

（8）纳税人提供建筑服务适用简易计税方法的，以取得的全部价款和价外费用扣除支付的分包款后的余额为销售额。

（9）房地产开发企业销售其自行开发的房地产项目

房地产开发企业中的一般纳税人销售自行开发的房地产项目，适用一般计税方法计税，按照取得的全部价款和价外费用，扣除当期销售房地产项目对应的土地价款后的余额计算销售额。销售额的计算公式为

$$销售额＝（全部价款和价外费用－当期允许扣除的土地价款）÷（1＋9\%）$$

当期允许扣除的土地价款按照以下公式计算：

$$当期允许扣除的土地价款＝（当期销售房地产项目建筑面积÷房地产项目可供销售建筑面积）×$$
$$支付的土地价款$$

重点关注

支付的土地价款，是指向政府、土地管理部门或受政府委托收取土地价款的单位直接支付的土地价款。

【例 1-1】　某房地产开发公司为一般纳税人，该公司开发建设一住宅小区，向土地管理部门支付土地价款 8 720 万元，建成后总的可供销售建筑面积为 32 000 平方米。本月共销售 6 400 平方米的住宅，取得的全部价款和价外费用共计 13 952 万元（含税），计算应确认的销项税额。

解析：房地产开发企业中的一般纳税人销售自行开发的房地产项目，适用一般计税方法计税，按照取得的全部价款和价外费用，扣除当期销售房地产项目对应的土地价款后的余额计算销售额。

$$当期允许扣除的土地价款＝6 400÷32 000×8 720＝1 744（万元）$$
$$销售额＝（13 952－1 744）÷（1＋9\%）＝11 200（万元）$$
$$当期销项税额＝11 200×9\%＝1 008（万元）$$

（10）纳税人转让其取得（不含自建）的不动产，选择（或适用）简易计税方法计税，以取得的全部价款和价外费用扣除不动产购置原价或者取得不动产时的作价后的余额为销售额，按照 5% 的征收率计算应纳税额。

（二）进项税额的计算

进项税额是指纳税人购进货物、劳务、服务、无形资产、不动产所支付或者负担的增值税税额。

纳税人购进行为所支付或者负担的增值税额，一般在其取得的增值税专用发票上注明，但由于增值税征税范围、税收优惠、增值税专用发票使用等方面的原因，使得纳税人

购进行为所支付或者负担的增值税额不能全部在增值税专用发票上反映出来，有时还需要通过所支付的购货金额和扣除率计算求得。

1. 准予从销项税额中抵扣的进项税额

（1）从销售方取得的增值税专用发票（含税控机动车销售统一发票）上注明的增值税额。

（2）从海关取得的海关进口增值税专用缴款书上注明的增值税额。

（3）纳税人购进农产品，按下列规定抵扣进项税额：

① 纳税人购进农产品，取得一般纳税人开具的增值税专用发票或海关进口增值税专用缴款书的，以增值税专用发票或海关进口增值税专用缴款书上注明的增值税额为进项税额；

② 从按照简易计税方法依照3%征收率计算缴纳增值税的小规模纳税人取得增值税专用发票的，以增值税专用发票上注明的金额和9%的扣除率计算进项税额；

③ 取得（开具）农产品销售发票或收购发票的，以农产品销售发票或收购发票上注明的农产品买价和9%的扣除率计算进项税额；

④ 纳税人购进用于生产销售或委托加工13%税率货物的农产品，按照10%的扣除率计算进项税额。

重点关注

纳税人从批发、零售环节购进适用免征增值税政策的蔬菜、部分鲜活肉蛋而取得的普通发票，不得作为计算抵扣进项税额的凭证。

⑤ 核定扣除。根据《农产品增值税进项税额核定扣除试点实施办法》（财税〔2012〕38号）的有关规定，部分行业的农产品采用核定扣除。

（4）从境外单位或者个人购进服务、无形资产、不动产，自税务机关或者扣缴义务人取得的解缴税款的完税凭证上注明的增值税额。

（5）收费公路通行费可抵扣进项税额。

① 纳税人支付的道路通行费，按照收费公路通行费增值税电子普通发票上注明的增值税额抵扣进项税额。

② 纳税人支付的桥、闸通行费，暂凭取得的通行费发票上注明的收费金额按照下列公式计算可抵扣的进项税额：

桥、闸通行费可抵扣进项税额＝桥、闸通行费发票上注明的金额÷（1＋5%）×5%

（6）纳税人购进国内旅客运输服务可抵扣进项税额。

纳税人未取得增值税专用发票的，暂按照以下规定确定进项税额：

① 取得增值税电子普通发票的，为发票上注明的税额；

② 取得注明旅客身份信息的航空运输电子客票行程单的，按照下列公式计算进项税额：

$$航空旅客运输进项税额＝（票价＋燃油附加费）÷（1＋9\%）×9\%$$

③ 取得注明旅客身份信息的铁路车票的，按照下列公式计算进项税额：

$$铁路旅客运输进项税额＝票面金额÷（1＋9\%）×9\%$$

④ 取得注明旅客身份信息的公路、水路等其他客票的，按照下列公式计算进项税额：

公路、水路等其他旅客运输进项税额＝票面金额÷(1＋3％)×3％

重点关注

作为计算纳税人购进国内旅客运输服务可抵扣进项税额的票据,必须是注明旅客身份信息的票据。

2. 加计抵扣进项税额的相关规定

符合进项税额加计抵减政策的纳税人应按照当期可抵扣进项税额的5％或10％计提当期加计抵减额。按照现行规定不得从销项税额中抵扣的进项税额,不得计提加计抵减额;已计提加计抵减额的进项税额,按规定作进项税额转出的,应在进项税额转出当期,相应调减加计抵减额。其计算公式如下:

当期计提加计抵减额＝当期可抵扣进项税额×5％(或10％)

当期可抵减加计抵减额＝上期末加计抵减额余额＋当期计提加计抵减额－

当期调减加计抵减额

3. 不得从销项税额中抵扣的进项税额

当纳税人的购进业务不是用于增值税应税项目,其支付的进项税额就不能从销项税额中抵扣。

下列项目的进项税额不得从销项税额中抵扣。

(1) 用于简易计税方法计税项目、免征增值税项目、集体福利或者个人消费的购进货物、加工修理修配劳务、服务、无形资产、不动产。其中涉及的固定资产、无形资产、不动产,仅指专用于上述项目的固定资产、无形资产(不包括其他权益性无形资产)、不动产。

重点关注

纳税人的交际应酬消费属于个人消费。

(2) 非正常损失的购进货物,以及相关的加工修理修配劳务和交通运输服务。

(3) 非正常损失的在产品、产成品所耗用的购进货物(不包括固定资产)、加工修理修配劳务和交通运输服务。

(4) 非正常损失的不动产,以及该不动产所耗用的购进货物、设计服务和建筑服务。

(5) 非正常损失的不动产在建工程所耗用的购进货物、设计服务和建筑服务。

纳税人新建、改建、扩建、修缮、装饰不动产,均属于不动产在建工程。

非正常损失,是指因管理不善造成货物被盗、丢失、霉烂变质,以及因违反法律法规造成货物或者不动产被依法没收、销毁、拆除的情形。

重点关注

税法与会计界定的非正常损失不完全一致,不属于税法列举情况发生的损失,不需要按照非正常损失进行税务处理。

(6) 购进的贷款服务、餐饮服务、居民日常服务和娱乐服务。

(7) 财政部和国家税务总局规定的其他情形。

4. 不得抵扣进项税额的计算

（1）适用一般计税方法的纳税人，兼营简易计税方法计税项目、免征增值税项目而无法划分不得抵扣的进项税额，按照下列公式计算不得抵扣的进项税额：

不得抵扣的进项税额＝当期无法划分的全部进项税额×（当期简易计税方法计税项目销售额＋免征增值税项目销售额）÷当期全部销售额

（2）已抵扣进项税额的购进货物（不含固定资产）、劳务、服务，发生上述不得从销项税额中抵扣进项税额规定情形（简易计税方法计税项目、免征增值税项目除外）的，应当将该进项税额从当期进项税额中扣减；无法确定该进项税额的，按照当期实际成本计算应扣减的进项税额。

（3）已抵扣进项税额的固定资产、无形资产、不动产，发生上述不得从销项税额中抵扣进项税额规定情形的，按照下列公式计算不得抵扣的进项税额：

不得抵扣的进项税额＝固定资产、无形资产、不动产净值×适用税率

固定资产、无形资产、不动产净值，是指纳税人根据财务会计制度计提折旧或摊销后的余额。

重点关注

计算固定资产、无形资产进项税额转出的依据是它们的净值，而不是原值。

（4）纳税人适用一般计税方法计税的，因销售折让、中止或者退回而退还给购买方的增值税额，应当从当期的销项税额中扣减；因销售折让、中止或者退回而收回的增值税额，应当从当期的进项税额中扣减。

（5）有下列情形之一者，应当按照销售额和增值税税率计算应纳税额，不得抵扣进项税额，也不得使用增值税专用发票：

① 一般纳税人会计核算不健全，或者不能够提供准确税务资料的；

② 应当办理一般纳税人资格登记而未办理的。

（三）应纳税额的计算

增值税一般纳税人应纳税额为当期销项税额抵扣当期进项税额后的余额。其计算公式为

当期应纳增值税额＝当期销项税额－当期进项税额

（四）允许退还的增量留抵税额的计算

同时符合以下条件的纳税人，可以向主管税务机关申请退还增量留抵税额：

（1）自2019年4月税款所属期起，连续六个月（按季纳税的，连续两个季度）增量留抵税额均大于零，且第六个月增量留抵税额不低于50万元；

（2）纳税信用等级为A级或者B级；

（3）申请退税前36个月未发生骗取留抵退税、出口退税或虚开增值税专用发票情形的；

（4）申请退税前36个月未因偷税被税务机关处罚两次及以上的；

（5）自2019年4月1日起未享受即征即退、先征后返（退）政策的。

增量留抵税额,是指与 2019 年 3 月底相比新增加的期末留抵税额。

纳税人当期允许退还的增量留抵税额,按照以下公式计算:

$$允许退还的增量留抵税额=增量留抵税额×进项构成比例×60\%$$

进项构成比例,为 2019 年 4 月至申请退税前一税款所属期内已抵扣的增值税专用发票(含税控机动车销售统一发票)、海关进口增值税专用缴款书、解缴税款完税凭证注明的增值税额占同期全部已抵扣进项税额的比重。

自 2021 年 4 月 1 日起,同时符合规定条件的先进制造业纳税人,可以自 2021 年 5 月及以后纳税申报期向主管税务机关申请退还增量留抵税额;自 2022 年 4 月 1 日,将先进制造业按月全额退还增值税增量留抵税额政策范围扩大至符合条件的小微企业(含个体工商户,下同);自 2022 年 7 月 1 日起,按月全额退还增量留抵税额、一次性退还存量留抵税额的政策范围,扩大至"批发和零售业""农、林、牧、渔业""住宿和餐饮业""居民服务、修理和其他服务业""教育""卫生和社会工作"和"文化、体育和娱乐业"企业。

二、简易计税方法应纳税额的计算

小规模纳税人销售货物、提供加工、修理修配劳务和提供应税服务适用简易计税方法计税;一般纳税人提供财政部和国家税务总局规定的特定应税项目和特定应税服务,也可以选择适用简易计税方法计税,但是不得抵扣进项税额,计税方法一经选择,36 个月内不得变更。

简易计税方法的应纳税额是指按照销售额和增值税征收率计算的增值额,不得抵扣进项税额。应纳税额计算公式为

$$当期应纳增值税税额=当期销售额×征收率$$

简易计税方法的销售额不包括其应纳税额,纳税人采用销售额和应纳税额合并定价方法的,按照下列公式计算销售额:

$$销售额=含税销售额÷(1+征收率)$$

纳税人提供的适用简易计税方法计税的应税服务,因服务中止或者折让而退还给接受方的销售额,应当从当期销售额中扣减。扣减当期销售额后仍有余额造成多缴的税款,可以从以后的应纳税额中扣减。

三、扣缴义务人应扣缴税额的计算

境外单位或者个人在境内提供应税服务,在境内未设有经营机构的,扣缴义务人按照下列公式计算应扣缴税额:

$$应扣缴税额=接受方支付的价款÷(1+税率)×税率$$

四、进口货物应纳税额的计算

纳税人进口货物,按照组成计税价格和规定的税率计算应纳税额,不得抵扣进项税额。其计算公式为

$$组成计税价格=关税完税价格+关税$$

属于应征消费税的货物,其组成计税价格应加计消费税税额。其计算公式为

$$组成计税价格＝关税完税价格＋关税＋消费税$$
$$应纳税额＝组成计税价格×税率$$

进口货物的增值税由海关代征并负责向进口人开具海关进口增值税专用缴款书。

五、预缴增值税预缴税款的计算

部分行业的特殊业务涉及预缴税款的情况，主要有以下几种。

（一）房地产开发企业预缴增值税的计算

1．一般纳税人的计算

采取预收款方式销售自行开发的房地产项目，应在收到预收款时按照3％的预征率预缴增值税，在取得预收款的次月纳税申报期向主管税务机关预缴税款。应预缴税款按照以下公式计算：

$$应预缴税款＝预收款÷（1＋适用税率或征收率）×3\%$$

适用一般计税方法计税的，按照9％的适用税率计算；适用简易计税方法计税的，按照5％的征收率计算。

2．小规模纳税人的计算

采取预收款方式销售自行开发的房地产项目，应在收到预收款时按照3％的预征率预缴增值税，在取得预收款的次月纳税申报期或主管税务机关核定的纳税期限向主管税务机关预缴税款。应预缴税款按照以下公式计算：

$$应预缴税款＝预收款÷（1＋5\%）×3\%$$

（二）纳税人跨县（市、区）提供建筑服务预缴增值税的计算

1．一般纳税人的计算

（1）一般纳税人跨县（市、区）提供建筑服务，适用一般计税方法计税的，以取得的全部价款和价外费用扣除支付的分包款后的余额，按照2％的预征率计算应预缴税款。其计算公式为

$$应预缴税款＝（全部价款和价外费用－支付的分包款）÷（1＋9\%）×2\%$$

（2）一般纳税人跨县（市、区）提供建筑服务，选择适用简易计税方法计税的，以取得的全部价款和价外费用扣除支付的分包款后的余额，按照3％的征收率计算应预缴税款。

$$应预缴税款＝（全部价款和价外费用－支付的分包款）÷（1＋3\%）×3\%$$

2．小规模纳税人的计算

$$应预缴税款＝（全部价款和价外费用－支付的分包款）÷（1＋3\%）×3\%$$

重点关注

纳税人取得的全部价款和价外费用扣除支付的分包款后的余额为负数的，可结转下次预缴税款时继续扣除。

纳税人应按照工程项目分别计算应预缴税款，分别在建筑服务发生地预缴税款，再向机构所在地主管税务机关进行纳税申报。

（三）纳税人以经营租赁方式出租其取得的不动产预缴增值税的计算

不动产所在地与机构所在地不在同一县（市、区）的，纳税人应按照规定的预征率向不动产所在地主管税务机关预缴税款，向机构所在地主管税务机关申报纳税。

1. 一般纳税人的计算

（1）一般纳税人出租其 2016 年 4 月 30 日前取得的不动产，选择适用简易计税方法，按照以下公式计算应预缴税款：

$$应预缴税款＝含税销售额÷（1＋5\%）×5\%$$

（2）纳税人出租其 2016 年 5 月 1 日后取得的不动产，适用一般计税方法计税的，按照以下公式计算应预缴税款：

$$应预缴税款＝含税销售额÷（1＋9\%）×3\%$$

2. 小规模纳税人的计算

$$应预缴税款＝含税销售额÷（1＋5\%）×5\%$$

3. 个体工商户出租住房税款的计算

个体工商户出租住房，按照以下公式计算应预缴税款：

$$应预缴税款＝含税销售额÷（1＋5\%）×1.5\%$$

（四）纳税人转让不动产预缴增值税的计算

纳税人转让其取得的不动产，包括以直接购买、接受捐赠、接受投资入股、自建以及抵债等各种形式取得的不动产，按照下列规定进行增值税处理。

（1）纳税人转让其自建的不动产，以取得的全部价款和价外费用，按照 5% 的预征率向不动产所在地主管地税机关预缴税款，向机构所在地主管国税机关申报纳税。

（2）纳税人转让其非自建的不动产，以取得的全部价款和价外费用扣除不动产购置原价或者取得不动产时的作价后的余额，按照 5% 的预征率向不动产所在地主管地税机关预缴税款，向机构所在地主管国税机关申报纳税。

【例 1-2】 某企业为增值税一般纳税人，本年 3 月转让 2 年前购置的办公楼，取得含税收入 2 000 万元，该办公楼购置原价为 1 400 万元，购置时支付相关税费 180 万元，转让该不动产适用一般计税方法，计算转让办公楼应预缴的增值税。

解析：纳税人以取得的全部价款和价外费用扣除不动产购置原价或者取得不动产的作价后的余额，按照 5% 的预征率预缴增值税。

$$应预缴的增值税＝（2\,000－1\,400－180）÷（1＋5\%）×5\%＝20（万元）$$

重点关注

房地产开发企业销售自行开发的房地产项目，不属于上述预缴增值税的情况。

（五）纳税人提供建筑服务取得预收款预缴增值税的计算

纳税人提供建筑服务取得预收款，应在收到预收款时，以取得的预收款扣除支付的分包款后的余额预缴增值税。

适用一般计税方法计税的项目预征率为 2%，适用简易计税方法计税的项目预征率为 3%。

第三节　出口和跨境业务增值税的退（免）税和征税

对出口货物、劳务和跨境应税行为已承担或应承担的增值税和消费税等间接税实行退还或者免征，已经成为国际生活通行的惯例。

一、出口货物、劳务和跨境应税行为退（免）增值税基本政策

我国根据本国的实际，采取出口退税与免税相结合的政策。目前，我国的出口货物、劳务和跨境应税行为的增值税税收政策分为以下三种形式。

（一）出口免税并退税

出口免税是指对出口货物、劳务和跨境应税行为在出口环节不征增值税；出口退税是指对出口货物、劳务和跨境应税行为出口前实际承担的税收负担，按规定的退税率计算后予以退还。

（二）出口免税不退税

出口免税，与第（一）项含义相同。出口不退税是指适用这个政策的出口货物、劳务和跨境应税行为因前一道生产、销售环节或进口环节是免税的，因此，出口时该货物、劳务和跨境应税行为的价格中本身就不含税，也无须退税。

（三）出口不免税也不退税

出口不免税是指对国家限制或禁止出口的某些货物、劳务和跨境应税行为的出口环节视同内销环节，照常征税；出口不退税是指对这些货物、劳务和跨境应税行为出口不退还出口前所负担的税款。

二、出口免税并退税的适用范围

（一）出口免税并退税的货物

1. 出口货物的条件

（1）必须是属于增值税、消费税征税范围内的货物；

（2）必须是报关离境的货物；

（3）必须是财务上作销售处理的货物；

（4）必须是出口收汇并已核销的货物。

2. 出口企业的条件

（1）生产企业自营出口或委托外贸企业代理出口的自产货物；

（2）有出口经营权的外贸企业收购后直接出口或者委托其他外贸企业代理出口的货物。

（二）出口免税并退税的特定货物

（1）对外承包工程公司运出境外用于对外承包项目的货物；

（2）对外承接修理修配业务的企业用于对外修理修配的货物；

（3）外轮供应公司、远洋运输供应公司销售给外轮、远洋国轮而收取外汇的货物；

（4）企业在国内采购并运往境外作为在国外投资的货物。

（三）出口免税并退税的劳务

对外提供加工修理修配劳务是指对进境复出口货物或从事国际运输的运输工具进行的加工修理修配。

（四）出口免税并退税的服务、无形资产

一般纳税人提供适用零税率的服务和无形资产适用免税并退税。

三、增值税出口退税率

（一）退税率的一般规定

出口货物退税率是指出口货物的退税比率。除财政部和国家税务总局根据国务院决定而明确的增值税出口退税率外，出口货物的退税率为其适用税率。

（二）出口应税服务的退税率

应税服务的退税率为应税服务适用的增值税税率。

（三）退税率的特殊规定

（1）外贸企业购进按照简易办法征收的出口货物、从小规模纳税人购进的出口货物，其退税率分别为简易办法实际执行的征收率、小规模纳税人征收率。

（2）出口企业委托加工修理修配货物，其加工修理修配费用的退税率，为出口货物的退税率。

（3）适用不同退税率的货物劳务，应分开报关、核算并申报退（免）税，未分开报关、核算或划分不清的，从低适用退税率。

四、增值税退（免）税办法

（一）免抵退税办法

（1）生产企业出口自产货物和视同自产货物及对外提供加工修理修配劳务，以及列名的生产企业出口非自产货物，免征增值税，相应的进项税额抵减应纳增值税额（不包括适用增值税即征即退、先征后退政策的应纳增值税额），未抵减完的部分予以退还。

（2）境内的单位和个人提供适用增值税零税率的服务、无形资产，如果属于适用增值税一般计税方法的，生产企业实行"免、抵、退"税办法，外贸企业直接将服务、自行研发的无形资产出口，视同生产企业连同其出口货物统一实行"免、抵、退"税办法。

（二）免退税办法

（1）不具有生产能力的出口企业（以下称外贸企业）或其他单位出口货物劳务，免征增值税，相应的进项税额予以退还。

（2）适用增值税一般计税方法的外贸企业外购服务、无形资产出口实行免退税办法。

五、增值税免抵退税和免退税的计算

（一）生产企业出口货物、劳务、服务、无形资产增值税免抵退税的计算

"免抵退"税的含义："免"是指免征本企业出口环节的增值税；"抵"是指企业出口货物、劳务及服务所耗用的原材料、零部件、燃料、动力等所含应予退还的进项税额，抵顶内销货物劳务及服务的应纳税额；"退"税是指生产企业出口货物、劳务及服务在当月内应抵顶的进项税额大于应纳税额时，对未抵顶完的部分予以退税。

生产企业出口货物劳务及服务增值税免抵退税，依下列公式计算：

（1）当期应纳税额的计算

当期应纳税额 = 当期销项税额 −（当期进项税额 − 当期不得免征和抵扣的税额）−
上期留抵税额

当期不得免征和抵扣的税额 = 出口货物离岸价 × 外汇人民币折合率 ×（出口货物征税率 −
出口货物退税率）− 当期不得免征和抵扣税额抵减额

当期不得免征和抵扣税额抵减额 = 免税购进原材料价格 ×（出口货物征税率 −
出口货物退税率）

（2）当期免抵退税额的计算

当期免抵退税额 = 出口货物离岸价 × 外汇人民币折合率 × 出口货物退税率 −
当期免抵退税额抵减额

当期免抵退税额抵减额 = 当期免税购进原材料价格 × 出口货物退税率

（3）当期应退税额和免抵税额的计算

① 若当期期末留抵税额 ≤ 当期免抵退税额，则

当期应退税额 = 当期期末留抵税额

当期免抵税额 = 当期免抵退税额 − 当期应退税额

② 若当期期末留抵税额 > 当期免抵退税额，则

当期应退税额 = 当期免抵退税额

当期免抵税额 = 0

当期期末留抵税额为当期增值税纳税申报表中"期末留抵税额"。

（4）当期免税购进原材料价格包括当期国内购进的无进项税额且不计提进项税额的免税原材料的价格和当期进料加工保税进口料件的价格，其中当期进料加工保税进口料件的价格为组成计税价格。

当期进料加工保税进口料件的组成计税价格 = 当期进口料件到岸价格 + 海关实征关税 + 海关实征消费税

（二）外贸企业出口货物、劳务、服务增值税免退税

1. 外贸企业出口委托加工修理修配货物以外的货物

增值税应退税额 = 购进出口货物的增值税专用发票注明的金额 × 出口货物退税率

2. 外贸企业出口委托加工修理修配货物

$$出口委托加工修理修配货物的增值税应退税额 = 加工修理修配费用的增值税专用发票注明的金额 \times 出口货物退税率$$

3. 外贸企业出口外购服务、无形资产

$$外贸企业出口服务或者无形资产出口应退税额 = 购进出口服务、无形资产的增值税专用发票注明的金额 \times 零税率服务、无形资产退税率$$

（三）增值税退（免）税的其他规定

退税率低于适用税率的，相应计算出的差额部分的税款计入出口货物的劳务成本。

第四节 增值税涉税业务的会计处理

一、增值税会计科目的设置

（一）应交税费下设的二级科目

增值税一般纳税人应当在"应交税费"科目下设置"应交增值税""未交增值税""预交增值税""待抵扣进项税额""待认证进项税额""待转销项税额""增值税留抵税额""简易计税""转让金融商品应交增值税""代扣代交增值税"10 个明细科目。各明细科目核算的具体内容如下。

（1）"应交增值税"明细科目，小规模纳税人主要通过该科目进行增值税核算，小规模纳税人还应根据业务需要设置"转让金融商品应交增值税""代扣代交增值税"明细科目；一般纳税人需要在"应交增值税"明细科目下设置专栏。

（2）"未交增值税"明细科目，核算一般纳税人月度终了从"应交增值税"或"预交增值税"明细科目转入当月应交未交、多交或预缴的增值税额，以及当月交纳以前期间未交的增值税额。

（3）"预交增值税"明细科目，核算一般纳税人转让不动产、提供不动产经营租赁服务、提供建筑服务、采用预收款方式销售自行开发的房地产项目等，以及其他按现行增值税制度规定应预缴的增值税额。

（4）"待抵扣进项税额"明细科目，核算一般纳税人已取得增值税扣税凭证并经税务机关认证，按照现行增值税制度规定准予以后期间从销项税额中抵扣的进项税额。

（5）"待认证进项税额"明细科目，核算一般纳税人由于未经税务机关认证而不得从当期销项税额中抵扣的进项税额。

（6）"待转销项税额"明细科目，核算一般纳税人销售货物、加工修理修配劳务、服务、无形资产或不动产，已确认相关收入（或利得）但尚未发生增值税纳税义务而需于以后期间确认为销项税额的增值税额。

（7）"增值税留抵税额"明细科目，核算兼有销售服务、无形资产或者不动产的原增值税一般纳税人，截至纳入"营改增"试点之日前的增值税期末留抵税额按照现行增值税制度规定不得从销售服务、无形资产或不动产的销项税额中抵扣的增值税留抵税额。

（8）"简易计税"明细科目,核算一般纳税人采用简易计税方法发生的增值税计提、扣减、预缴、缴纳等业务。

（9）"转让金融商品应交增值税"明细科目,核算增值税纳税人转让金融商品发生的增值税额。

（10）"代扣代交增值税"明细科目,核算纳税人购进在境内未设经营机构的境外单位或个人在境内的应税行为代扣代缴的增值税。

重点关注

增值税一般纳税人应当在"应交税费"科目下设置10个明细科目核算增值税相关业务,增值税小规模纳税人在"应交税费"科目下设置3个明细科目核算增值税相关业务。

（二）"应交税费——应交增值税"下设的专栏

增值税一般纳税人应在"应交增值税"明细账内设置"进项税额""销项税额抵减""已交税金""转出未交增值税""减免税款""出口抵减内销产品应纳税额""销项税额""出口退税""进项税额转出""转出多交增值税"10个专栏。主要专栏核算的具体内容如下。

（1）"进项税额"专栏,记录一般纳税人购进货物、加工修理修配劳务、服务、无形资产或不动产而支付或负担的、准予从当期销项税额中抵扣的增值税额。

（2）"销项税额抵减"专栏,记录一般纳税人按照现行增值税制度规定因扣减销售额而减少的销项税额。

（3）"已交税金"专栏,记录一般纳税人当月已交纳的应交增值税额。

（4）"转出未交增值税"和"转出多交增值税"专栏,分别记录一般纳税人月度终了转出当月应交未交或多交的增值税额。

（5）"减免税款"专栏,记录一般纳税人按现行增值税制度规定准予减免的增值税额。

（6）"出口抵减内销产品应纳税额"专栏,记录实行"免、抵、退"办法的一般纳税人按规定计算的出口货物的进项税抵减内销产品的应纳税额。

（7）"销项税额"专栏,记录一般纳税人销售货物、加工修理修配劳务、服务、无形资产或不动产应收取的增值税额。

（8）"出口退税"专栏,记录一般纳税人出口货物、加工修理修配劳务、服务、无形资产按规定退回的增值税额。

（9）"进项税额转出"专栏,记录一般纳税人购进货物、加工修理修配劳务、服务、无形资产或不动产等发生非正常损失以及其他原因而不应从销项税额中抵扣、按规定转出的进项税额。

（三）"应交税费——增值税检查调整"账户

税务机关对增值税纳税情况进行检查后,凡涉及增值税涉税账务调整的,应设置"应交税费——增值税检查调整"账户,单独核算应补(退)的增值税。

【例1-3】　某企业为增值税一般纳税人,对外捐赠一批产品,成本10万元,市场售价20万元,该产品适用的税率为13%,该企业会计处理为

借：营业外支出　　　　　　　　　　　　　　100 000
　　贷：库存商品　　　　　　　　　　　　　　　100 000

税务机关在税务稽查中发现该笔业务核算错误，企业以自产产品对外捐赠，根据税法规定为视同销售行为，该企业应确认增值税销项税额。税务机关将对企业补征增值税、城市维护建设税和教育费附加，根据具体情况对企业征收滞纳金并进行罚款。为突出"应交税费——增值税检查调整"账户的运用，本例不考虑城市维护建设税、教育费附加、滞纳金和罚款。

解析：

（1）补缴增值税税款：

借：应交税费——增值税检查调整　　　　　　　26 000
　　贷：银行存款　　　　　　　　　　　　　　　26 000

（2）更正会计核算错误：

借：营业外支出　　　　　　　　　　　　　　　26 000
　　贷：应交税费——增值税检查调整　　　　　　26 000

对查补的增值税通过"增值税检查调整"明细科目核算，可以准确地反映出税款查补情况，另外，一般不允许该类企业抵顶进项税额，这也是对偷漏税的一种惩罚。

二、增值税业务的会计处理

（一）一般纳税人不含出口业务的会计处理

为了清晰地反映一般纳税人的会计处理，本书以某一工业企业为对象，研究其增值税业务的会计处理。

【例 1-4】 基础资料：明华食品有限公司为增值税一般纳税人（基本信息略），主要生产销售各种罐头，下设一非独立核算门市部，向消费者直接销售各种罐头，公司配有货车负责运输所售产品，不对外提供运输服务。该公司销售的产品适用 13% 的增值税税率，公司按月缴纳增值税。

业务资料：2023 年 3 月，发生下列与增值税有关的经济业务（为了系统地分析增值税业务的会计处理，按业务类型进行归纳讲解，不考虑业务发生的时间顺序）。

1. 交纳增值税的会计处理

涉及交纳增值税业务的会计账户，主要有以下四个。

（1）应交税费——应交增值税（已交税金），核算企业当月缴纳本月的增值税。

（2）应交税费——应交增值税（转出未交增值税），核算企业月终转出应缴未缴的增值税。

（3）应交税费——应交增值税（转出多交增值税），核算企业月终转出多缴的增值税。特别需要注意的是转出时只就当月多缴部分转入"应交税费——未交增值税"账户，借方尚未抵扣的进项税额，不需要做转出处理。

（4）应交税费——未交增值税，除了核算纳税人月终转入的应缴未缴增值税或多缴的增值税外，纳税人本月缴纳上月的应交增值税也通过本科目核算。

【例1-4-1】 缴纳上月应纳增值税额32 000元。

解析：

借：应交税费——未交增值税   32 000

    贷：银行存款   32 000

重点关注

在实际工作中，很多企业不设置"应交税费——应交增值税（转出未交增值税）""应交税费——应交增值税（转出多交增值税）"和"应交税费——未交增值税"账户，月末不结转下月应缴纳的增值税，纳税时直接通过"应交税费——应交增值税（已交税金）"账户，可以简化增值税的核算。

2. 进项税额的会计处理

一般纳税人购进货物、劳务、服务、无形资产、不动产所支付或者负担的增值税额，准予从销项税额中抵扣，通过"应交税费——应交增值税（进项税额）"账户核算。

1）取得增值税专用发票的购进业务

企业发生购进业务，从销售方取得的增值税专用发票（含税控机动车销售统一发票）上注明的增值税额，作为进项税额处理。

【例1-4-2】 从制糖厂购入原材料白糖一批，取得增值税专用发票注明的价款为30 000元，进项税额为3 900元，该批白糖由铁路承运，运费增值税专用发票注明金额2 000元，全部款项通过银行转账支付。材料已验收入库，发票已通过认证。

解析：   进项税额=3 900+2 000×9%=4 080（元）

借：原材料——白糖   32 000

    应交税费——应交增值税（进项税额）   4 080

    贷：银行存款   36 080

【例1-4-3】 取得加油站开具的增值税专用发票，注明金额12 000元，增值税1 560元，发票已通过认证，上述油全部用于货车运输所售产品。

解析：

借：销售费用   12 000

    应交税费——应交增值税（进项税额）   1 560

    贷：银行存款   13 560

【例1-4-4】 取得了自来水公司开具的增值税专用发票，注明金额25 000元，增值税750元，款项已用银行存款支付，发票已通过认证，企业用水主要是产品生产。

解析：

借：制造费用   25 000

    应交税费——应交增值税（进项税额）   750

    贷：银行存款   25 750

【例1-4-5】 本月生产用电14 000千瓦时，管理部门用电1 000千瓦时，不含税价格为2元/千瓦时，取得了电力公司开具的增值税专用发票，注明金额30 000元，增值税3 900元，发票已通过认证，款项已用银行存款支付。

解析：

借：制造费用	28 000	
管理费用	2 000	
应交税费——应交增值税（进项税额）	3 900	
贷：银行存款		33 900

2）取得增值税专用发票的非购进业务

取得增值税专用发票的非购进业务主要指接受非货币资产投资及接受捐赠获得资产，如果能够取得投资方及捐赠方开具的增值税专用发票，可以抵扣进项税额。

【例 1-4-6】　接受某企业投资一台不需要安装的设备，双方确定的公允价值为230 000 元，投资方按协议开具了增值税专用发票，注明金额 230 000 元，增值税 29 900 元，双方约定投资方按公允价值确认投资金额。

解析：

借：固定资产	230 000	
应交税费——应交增值税（进项税额）	29 900	
贷：实收资本		259 900

3）进口货物

进口货物，从海关取得的海关进口增值税专用缴款书上注明的增值税额，作为进项税额处理，缴纳的关税应计入采购成本。

【例 1-4-7】　从国外进口大豆一批，到岸价折合人民币为 15 万元，款项已支付，经海关核定到岸价为关税完税价格，关税税率为 20%，增值税税率为 9%，公司已向海关支付了关税和增值税税款，并取得了海关进口增值税专用缴款书等凭证，进口大豆已验收入库。

解析：　　应纳关税＝150 000×20%＝30 000（元）

组成计税价格＝150 000×（1＋20%）＝180 000（元）

应纳增值税＝180 000×9%＝16 200（元）

借：原材料	180 000	
应交税费——应交增值税（进项税额）	16 200	
贷：银行存款（外币户）		150 000
银行存款（人民币户）		46 200

4）购进农产品

（1）从小规模纳税人处购进农产品并取得增值税专用发票的

【例 1-4-8】　从一小规模纳税人处购进冷冻小黄鱼 10 吨，取得增值税专用发票，注明金额 90 000 元，增值税 2 700 元。货物已验收入库，款项已支付。本月领用 6 吨冷冻小黄鱼用于产品生产。

解析：

① 购进时

从按照简易计税方法依照 3% 征收率计算缴纳增值税的小规模纳税人取得增值税专用发票的，以增值税专用发票上注明的金额和 9% 的扣除率计算进项税额。因小规模纳税人不能抵扣进项税额，一般纳税人从小规模纳税人处购进农产品并取得增值税专用发票，其进项税额的确认方法相当于购进免税农产品。

$$进项税额＝90\,000×9\%＝8\,100（元）$$

借：原材料——小黄鱼　　　　　　　　　　　　84\,600
　　应交税费——应交增值税（进项税额）　　　　8\,100
　　贷：银行存款　　　　　　　　　　　　　　　　　92\,700

② 生产领用时

未纳入农产品增值税进项税额核定扣除试点范围的纳税人，在购进农业生产者自产农产品或者从小规模纳税人处购进农产品的当期，凭取得（开具）的农产品销售发票、收购发票和增值税专用发票按照9%扣除率计算当期可抵扣的进项税额。如纳税人购买的农产品（包括购买时取得增值税专用发票、海关进口增值税专用缴款书、农产品收购发票或者销售发票等情形）用于生产销售或委托加工13%税率货物，于生产领用当期再加计1%计算当期可加计扣除的农产品进项税额。

$$生产领用6吨冷冻小黄鱼，成本＝84\,600÷10×6＝50\,760（元）$$
$$可加计扣除进项税额＝90\,000÷10×6×1\%＝540（元）$$

抵扣的进项税额包含在农产品成本中，计提出来会减少生产成本。

借：生产成本——基本生产成本（直接材料）　　50\,220
　　应交税费——应交增值税（进项税额）　　　　540
　　贷：原材料——冷冻小黄鱼　　　　　　　　　　50\,760

（2）购进免税农产品并取得（开具）农产品销售发票或收购发票的

【例1-4-9】 从草莓生产专业户手中收购草莓，向其开具农产品收购发票，注明收购款金额为60\,000元，草莓已验收入库，以现金支付收购款。本月全部领用用于产品生产。

解析：

① 购进时

取得（开具）农产品销售发票或收购发票的，以农产品销售发票或收购发票上注明的农产品买价和9%的扣除率计算进项税额。

$$进项税额＝60\,000×9\%＝5\,400（元）$$

借：原材料——草莓　　　　　　　　　　　　　54\,600
　　应交税费——应交增值税（进项税额）　　　　5\,400
　　贷：库存现金　　　　　　　　　　　　　　　　60\,000

② 生产领用时

$$生产领用可加计扣除进项税额＝60\,000×1\%＝600（元）$$

借：生产成本——基本生产成本（直接材料）　　54\,000
　　应交税费——应交增值税（进项税额）　　　　600
　　贷：原材料——草莓　　　　　　　　　　　　　54\,600

5）从境外单位或者个人购进服务、无形资产、不动产，自税务机关或者扣缴义务人取得的解缴税款的完税凭证

【例1-4-10】 从境外单位购进一项专利权，合同约定总价款折合人民币106\,000元，

公司作为扣缴义务人支付境外单位 100 000 元人民币,并按规定扣缴增值税 6 000 元;公司将扣缴的税款缴纳并取得解缴税款的完税凭证。

解析:从境外单位或者个人购进服务、无形资产、不动产,自税务机关或者扣缴义务人取得的解缴税款的完税凭证上注明的增值税额,作为进项税额处理。

```
借:应交税费——代扣代缴增值税              6 000
    贷:银行存款                              6 000
借:无形资产                            100 000
    应交税费——应交增值税(进项税额)       6 000
    贷:银行存款                          100 000
        应交税费——代扣代缴增值税           6 000
```

6)取得收费公路通行费发票

【例 1-4-11】　月末在收费公路发票服务平台打印本月货车通行费电子发票 40 份,其中 22 份为高速公路经营管理公司开具的征税发票,合计记载金额 2 000 元,税额 60 元;18 份为一级、二级公路经营管理公司开具的征税发票,合计记载金额 1 600 元,税额 80 元。上述电子发票已通过认证。取得桥、闸通行费发票 9 份,注明的金额合计为 630 元。

解析:纳税人支付的道路通行费,按照收费公路通行费增值税电子普通发票上注明的增值税额抵扣进项税额;纳税人支付的桥、闸通行费,暂凭取得的通行费发票上注明的收费金额按照下列公式计算可抵扣的进项税额。

桥、闸通行费可抵扣进项税额=桥、闸通行费发票上注明的金额÷(1+5%)×5%

进项税额=60+80+630÷(1+5%)×5%=170(元)

```
借:销售费用                              4 200
    应交税费——应交增值税(进项税额)         170
    贷:银行存款                          4 370
```

7)购进国内旅客运输服务

【例 1-4-12】　甲业务员报销差旅费,其中取得如家酒店开具的增值税专用发票,注明金额 5 000 元,税率 6%,增值税 300 元;取得注明旅客身份信息的火车票 545 元,注明旅客身份信息的航空运输电子客票行程单 654 元,注明旅客身份信息的长途客票 103 元。该业务员出差时预借差旅费 7 000 元,报销时退还剩余款项。

解析:取得注明旅客身份信息的航空运输电子客票行程单的,按照下列公式计算进项税额。

航空旅客运输进项税额=(票价+燃油附加费)÷(1+9%)×9%

取得注明旅客身份信息的铁路车票的,按照下列公式计算进项税额:

铁路旅客运输进项税额=票面金额÷(1+9%)×9%

取得注明旅客身份信息的公路、水路等其他客票的,按照下列公式计算进项税额:

公路、水路等其他旅客运输进项税额＝票面金额÷（1＋3％）×3％

进项税额＝300＋545÷（1＋9％）×9％＋654÷（1＋9％）×9％＋103÷（1＋3％）×3％

＝402（元）

借：管理费用 6 200

库存现金 398

应交税费——应交增值税（进项税额） 402

贷：其他应收款——甲业务员 7 000

3. 销项税额的会计处理

纳税人发生应税销售行为，应收取的增值税额，通过"应交税费——应交增值税（销项税额）"核算。

（1）直接收款销售产品

【例1-4-13】 公司销售给各商场产品，共取得价款 540 000 元，增值税额 70 200 元，已开出增值税专用发票，款项已存入银行。

解析：

借：银行存款 610 200

贷：主营业务收入 540 000

应交税费——应交增值税（销项税额） 70 200

【例1-4-14】 公司非独立核算门市部主要顾客是直接消费者，销售商品均未开具发票，月末门市部负责人将全月销售款 15 820 元以银行存款形式交给公司财务部。

解析：门市部的销售款为含税销售额，应进行价税分离。

不含税销售额＝15 820÷（1＋13％）＝14 000（元）

销项税额＝14 000×13％＝1 820（元）

借：银行存款 15 820

贷：主营业务收入 14 000

应交税费——应交增值税（销项税额） 1 820

（2）委托代销

【例1-4-15】 收到某超市送来的委托代销清单及代销款项，公司向超市开出增值税专用发票，销售额为 400 000 元，增值税为 52 000 元，对方按不含税销售额的 5％计算收取手续费，并开具了增值税专用发票，注明金额 20 000 元，增值税 1 200 元。手续费直接从货款中扣除，共收到款项 430 800 元，存入银行。

解析：

借：银行存款 430 800

销售费用 20 000

应交税费——应交增值税（进项税额） 1 200

贷：主营业务收入 400 000

应交税费——应交增值税（销项税额） 52 000

（3）视同销售行为

① 将自产的产品用于集体福利或个人消费

【例1-4-16】　本月经总经理办公会研究决定,公司将首批生产的新产品作为福利发放给职工个人,该产品暂无市场售价,其生产成本为8 000元,核定的成本利润率为10%。

解析：纳税人发生了视同销售货物的行为而无销售额的,应核定其销售额。因无市场售价,应按组成计税价格确定。

　　　组成计税价格＝成本×(1＋成本利润率)＝8 000×(1＋10%)＝8 800(元)

　　　销项税额＝8 800×13%＝1 144(元)

　　借：应付职工薪酬——职工福利　　　　　　　　　　　　　9 944
　　　　贷：主营业务收入　　　　　　　　　　　　　　　　　　8 800
　　　　　　应交税费——应交增值税(销项税额)　　　　　　　1 144

【例1-4-17】　本月管理部门领用一批产品,用于招待客户,该批产品不含税价900元,成本800元。

解析：纳税人的交际应酬消费属于个人消费,将产品用于招待客户属于此行为,应按视同销售处理,按产品销售价格确认销项税额。

　　借：管理费用　　　　　　　　　　　　　　　　　　　　　917
　　　　贷：库存商品　　　　　　　　　　　　　　　　　　　　800
　　　　　　应交税费——应交增值税(销项税额)　　　　　　　117

② 将自产的产品无偿赠送给其他单位和个人

【例1-4-18】　本月将企业生产的产品捐赠给福利院,该产品不含税售价6 000元,成本4 200元。

解析：该行为为视同销售行为,按产品销售价格确认销项税额,因不满足会计有关收入的确认条件,因此会计处理不确认收入。

　　　　　　　　销项税额＝6 000×13%＝780(元)

　　借：营业外支出　　　　　　　　　　　　　　　　　　　　4 980
　　　　贷：库存商品　　　　　　　　　　　　　　　　　　　4 200
　　　　　　应交税费——应交增值税(销项税额)　　　　　　　780

(4) 以物易物行为

【例1-4-19】　用自己生产的产品和玻璃厂换取罐头瓶一批,换出产品和换入原材料的价格相同,不含税价均为26 000元,双方都已开具增值税专用发票。

解析：

　　借：原材料——罐头瓶　　　　　　　　　　　　　　　　26 000
　　　　应交税费——应交增值税(进项税额)　　　　　　　　3 380
　　　　贷：主营业务收入　　　　　　　　　　　　　　　　26 000
　　　　　　应交税费——应交增值税(销项税额)　　　　　　3 380

(5) 其他业务收入

【例1-4-20】　没收已逾期包装押金4 520元。

解析：已逾期包装押金为含税销售额,应进行价税分离。

$$销项税额＝4\,520\div(1+13\%)\times13\%＝520(元)$$

借：其他应付款——包装物押金　　　　　　　　　　　　　　4 520

　　贷：其他业务收入　　　　　　　　　　　　　　　　　　4 000

　　　　应交税费——应交增值税（销项税额）　　　　　　　520

（6）受托加工业务

【例1-4-21】　为明阳公司提供食品加工服务，开出增值税专用发票，发票标明加工费2 000元，税款260元，款项尚未收到。

解析：

借：应收账款——明阳公司　　　　　　　　　　　　　　　2 260

　　贷：主营业务收入　　　　　　　　　　　　　　　　　　2 000

　　　　应交税费——应交增值税（销项税额）　　　　　　　260

（7）销售退回业务

【例1-4-22】　上月销售的一批食品，由于质量问题发生退回，价款是3 000元，增值税额390元，企业开出红字增值税专用发票，并以银行存款支付退货款。

解析：

借：主营业务收入　　　　　　　　　　　　　　　　　　　3 000

　　应交税费——应交增值税（销项税额）　　　　　　　　　390

　　贷：银行存款　　　　　　　　　　　　　　　　　　　　3 390

4．不可以抵扣进项税额的会计处理

（1）购进货物取得普通发票

【例1-4-23】　从某调料厂（小规模纳税人）购入调料一批，取得普通发票，价款合计为7 000元，款项已通过银行存款支付。

解析：

借：原材料——调料　　　　　　　　　　　　　　　　　　7 000

　　贷：银行存款　　　　　　　　　　　　　　　　　　　　7 000

（2）已经抵扣进项税额的外购货物改变用途，用于不得抵扣进项税额的情况

【例1-4-24】　公司职工食堂领用本月购进的白糖价值1 700元，其中运费100元。

解析：　　进项税额转出＝$(1\,700-100)\times13\%+100\times9\%＝217(元)$

借：应付职工薪酬——职工福利　　　　　　　　　　　　　1 917

　　贷：原材料　　　　　　　　　　　　　　　　　　　　　1 700

　　　　应交税费——应交增值税（进项税额转出）　　　　　217

（3）存货发生非正常损失

① 购进的存货发生非正常损失

【例1-4-25】　由于管理不善，上月从农民手中收购的板栗霉烂变质一批，金额9 100元，该批板栗是按收购发票注明的买价×9%计算的进项税额，该进项税额在购入当月已抵扣。

解析：已抵扣进项税额的购进货物，发生不得从销项税额中抵扣进项税额规定情形

的,应当将该进项税额从当期进项税额中扣减。

$$进项税额转出 = 9\,100 \div (1 - 9\%) \times 9\% = 900(元)$$

借:待处理财产损溢——待处理流动资产损溢　　10 000

　　贷:原材料　　　　　　　　　　　　　　　　　　9 100

　　　　应交税费——应交增值税(进项税额转出)　　　900

② 在产品、产成品发生非正常损失

【例1-4-26】 由于管理不善,损毁一批产品,已知损失产品账面价值为 7 500 元,当期该产品总的生产成本为 120 000 元,其中耗用外购材料、低值易耗品等价值为 80 000 元,外购货物均适用 13%增值税税率。

解析:在产品、产成品发生非正常损失,其所用外购材料或应税劳务和服务的进项税额需做转出处理。损失产品成本中所耗外购货物的购进额:

$$7\,500 \times (80\,000 \div 120\,000) = 5\,000(元)$$

$$应转出进项税额 = 5\,000 \times 13\% = 650(元)$$

借:待处理财产损溢——待处理流动资产损溢　　8 150

　　贷:库存商品　　　　　　　　　　　　　　　　　7 500

　　　　应交税费——应交增值税(进项税额转出)　　　650

(4) 如果已抵扣进项税额的固定资产发生非正常损失

【例1-4-27】 公司于 2021 年 12 月购入的一台设备发生非正常损失报废,该设备原值 90 000 元,已提折旧 10 000 元,该设备购入时进项税额 11 700 元已全部抵扣。

解析:已抵扣进项税额的固定资产发生非正常损失,应在当月计算不得抵扣的进项税额,做进项税额转出。

$$不得抵扣的进项税额 = 固定资产净值 \times 适用税率$$

$$不得抵扣的进项税额 = (90\,000 - 10\,000) \times 13\% = 10\,400(元)$$

借:固定资产清理　　　　　　　　　　　　　　　10 400

　　贷:应交税费——应交增值税(进项税额转出)　　10 400

5. 减免税款的会计处理

减免税款反映企业按规定直接减免的增值税税款。我国即征即退的增值税一般采用先征后返的形式,不通过"应交税费——应交增值税(减免税款)"账户核算,收到返还的增值税直接计入营业外收入。

【例1-4-28】 公司交纳增值税税控系统专用设备维护费 1 000 元。

解析:

借:管理费用　　　　　　　　　　　　　　　　　1 000

　　贷:银行存款　　　　　　　　　　　　　　　　　1 000

借:应交税费——应交增值税(减免税款)　　　1 000

　　贷:管理费用　　　　　　　　　　　　　　　　　1 000

在实际工作中,只有极少数的企业享受增值税直接减免的优惠政策,我国目前通过"应交税费——应交增值税(减免税款)"账户核算的,主要是增值税一般纳税人初次购买增值税税控系统专用设备支付的费用以及缴纳的技术维护费,允许在增值税应纳税额中全额抵减这种情况,而这种情况全年只能发生一次,因此,很多企业未设置"应交税费——应交增值税(减免税款)"账户,而是将发生的减免税款业务,直接通过"应交税费——应交增值税(已交税金)"账户核算。

6. 简易计税方法的会计处理

简易计税方法的应纳税额,是指按照销售额和增值税征收率计算的增值税额,不得抵扣进项税额,通过"应交税费——简易计税"账户核算。

【例1-4-29】 公司销售食堂使用的冰柜一台,共收取款项5 150元存入银行,未开具发票。

解析:一般纳税人销售自己使用过的不得抵扣且未抵扣进项税额的固定资产,按照简易办法依照3%征收率减按2%征收增值税。食堂使用的冰柜,购入时其进项税额不可以抵扣,出售时可以选择简易计税。

$$应纳增值税 = 5\,150 \div (1+3\%) \times 2\% = 5\,000 \times 2\% = 100(元)$$

借：银行存款　　　　　　　　　　　　　　　　5 150
　　贷：固定资产清理　　　　　　　　　　　　5 000
　　　　应交税费——简易计税　　　　　　　　 150
借：应交税费——简易计税　　　　　　　　　　 50
　　贷：其他收益——减免税款　　　　　　　　　 50

重点关注

减按2%计税在填写增值税申报表时,应纳税额填写按3%税率计算应纳的增值税,减计1%的税额填在应纳税额减征额项目里。

【例1-4-30】 将2016年1月购置的外省一库房出售,取得价税合计收入2 525 000元,该库房购置原价为2 000 000元,公司选择简易计税方法计税。由当地税务机关代开差额计税的增值税专用发票,在当地预缴了增值税,并取得当地税务机关开具的完税凭证。

解析:一般纳税人销售其"营改增"前购置的不动产,选择简易计税方法计税,以取得的全部价款和价外费用扣除不动产购置原价后的余额为销售额,按照5%的征收率计算应纳税额。纳税人应按照上述计税方法向不动产所在地主管税务机关预缴税款,向机构所在地主管税务机关申报纳税。

$$应纳增值税 = (2\,525\,000 - 2\,000\,000) \div (1+5\%) \times 5\% = 500\,000 \times 5\% = 25\,000(元)$$

借：银行存款　　　　　　　　　　　　　　　2 525 000
　　贷：固定资产清理　　　　　　　　　　　2 500 000
　　　　应交税费——简易计税　　　　　　　　25 000
向不动产所在地主管税务机关预缴税款：
借：应交税费——简易计税　　　　　　　　　　25 000
　　贷：银行存款　　　　　　　　　　　　　　25 000

（二）一般纳税人特定业务的会计处理

1. 差额计税的会计处理

差额计税一般通过"应交税费——应交增值税（销项税额抵减）"专栏核算。该科目记录一般纳税人按照现行增值税制度规定因扣减销售额而减少的销项税额。发生符合差额征税规定的可抵减的成本费用时，按正常成本费用的会计处理办法入账，待取得合规增值税扣税凭证且纳税义务发生时，按照允许抵扣的税额，借记"应交税费——应交增值税（销项税额抵减）"，贷记"主营业务成本""存货""工程施工"等科目。

【例 1-5】 甲旅游公司为增值税一般纳税人。本年 5 月共取得旅游服务收入 530 万元（含税），其中包括支付给各种景区的门票费、火车票、飞机票、住宿费、餐饮费，支付给其他接团旅游企业费用等共计 371 万元，均取得相关凭证。（以万元为单位核算）

解析： 纳税人提供旅游服务，可以选择以取得的全部价款和价外费用，扣除向旅游服务购买方收取并支付给其他单位或者个人的住宿费、餐饮费、交通费、签证费、门票费和支付给其他接团旅游企业的旅游费用后的余额为销售额。

按取得的全部价款和价外费用向购买方开具发票，确认收入。

$$主营业务收入＝530÷(1＋6\%)×6\%＝500（万元）$$

借：银行存款　　　　　　　　　　　　　　530

　　贷：主营业务收入　　　　　　　　　　　500

　　　　应交税费——应交增值税（销项税额）　30

允许抵扣的税额＝371÷(1＋6%)×6%＝350×6%＝21（万元）

借：主营业务成本　　　　　　　　　　　　350

　　应交税费——应交增值税（销项税额抵减）　21

　　贷：银行存款　　　　　　　　　　　　371

风险提示

本题的差额扣除部分不能开具增值税专用发票。

2. 预缴增值税的会计处理

一般纳税人发生应预缴增值税的业务，应通过"应交税费——预交增值税"明细科目核算。

【例 1-6】 A 建筑公司为增值税一般纳税人，机构所在地为甲市。本年 3 月 1 日到乙市承接一项工程项目。3 月 30 日发包方按工程进度共支付工程价款 200 万元，A 建筑公司向其开具了增值税专用发票。当月 A 公司购进材料取得增值税专用发票上注明的增值税税额为 11.3 万元。该工程项目 A 建筑公司适用一般计税方法，计算应纳税额，分析 A 公司 3 月份增值税纳税情况。（以万元为单位核算）

解析： 一般纳税人跨县（市）提供建筑服务，适用一般计税方法计税的，应以取得的全部价款和价外费用为销售额计算应纳税额。纳税人应以取得的全部价款和价外费用扣除支付的分包款后的余额，按照2%的预征率在建筑服务发生地预缴税款后，向机构所在地主管税务机关进行纳税申报。

A公司3月销项税额＝200÷（1＋9%）×9%＝183.49×9%＝16.51（万元）

借：银行存款　　　　　　　　　　　　　　　　　　200
　　贷：主营业务收入　　　　　　　　　　　　　　183.49
　　　　应交税费——应交增值税（销项税额）　　　　16.51

A公司3月进项税额＝11.3（万元）

A公司3月应纳增值税额＝16.51－11.3＝5.21（万元）

借：应交税费——应交增值税（转出未交增值税）　　5.21
　　贷：应交税费——未交增值税　　　　　　　　　5.21

A公司在乙市预缴增值税＝200÷（1＋9%）×2%＝3.67（万元）

借：应交税费——预交增值税　　　　　　　　　　　3.67
　　贷：银行存款　　　　　　　　　　　　　　　　3.67

A公司在甲市全额申报，扣除预缴增值税后应缴纳增值税额＝5.21－3.67＝1.54（万元）。

借：应交税费——未交增值税　　　　　　　　　　　3.67
　　贷：应交税费——预交增值税　　　　　　　　　3.67

"应交税费——未交增值税"账户贷方余额，即为扣除预缴增值税后应缴纳增值税额。

3. 加计抵扣业务的会计处理

【例1-7】　某税务师事务所属于加计抵减行业，2023年3月不含税销售额为300万元，当月取得进项税额5.2万元，无期初留底税额。（以万元为单位核算）

解析：　　　当月应缴纳增值税＝300×6%－5.2＝12.8（万元）

借：应交税费——应交增值税（转出未交增值税）　　12.8
　　贷：应交税费——未交增值税　　　　　　　　　12.8

　　　　扣除加计抵扣，实际应缴纳增值税＝12.8－5.2×5%＝12.54（万元）

次月缴纳：

借：应交税费——未交增值税　　　　　　　　　　　12.8
　　贷：银行存款　　　　　　　　　　　　　　　　12.54
　　　　其他收益——减免税款　　　　　　　　　　0.26

（三）一般纳税人出口业务的会计处理

出口退增值税的计算方法主要有两种，一种是"免、抵、退"税方法，另一种是"先征后退"方法。

1. "免、抵、退"税方法的会计处理

实行免、抵、退税管理办法的，出口退税业务，主要通过"应交税费——应交增值税"下设置的"出口抵减内销产品应纳税额"和"出口退税"两个三级明细科目核算。

【例1-8】　甲生产企业为增值税一般纳税人，生产的产品适用13%的增值税税率，产品自营出口，退税率9%，无期初留抵税额。本年6月有关业务如下。

外购原材料、燃料、动力取得增值税专用发票,注明价款 700 万元,增值税 91 万元;当月内销货物取得不含税销售收入 300 万元,款项已存入银行;当月外销货物取得收入折合人民币 500 万元,款项尚未收到。(以万元为单位核算)

(1)外购原材料、燃料、动力

借:原材料　　　　　　　　　　　　　　　　　　　　　700

　　应交税费——应交增值税(进项税额)　　　　　　　　 91

　　　贷:银行存款　　　　　　　　　　　　　　　　　　　　　791

(2)内销货物

借:银行存款　　　　　　　　　　　　　　　　　　　　339

　　　贷:主营业务收入　　　　　　　　　　　　　　　　　　300

　　　　　应交税费——应交增值税(销项税额)　　　　　　　 39

(3)出口货物销售

出口货物免征增值税,没有销项税额。

借:应收账款　　　　　　　　　　　　　　　　　　　　500

　　　贷:主营业务收入　　　　　　　　　　　　　　　　　　500

(4)当期免抵退不得免征和抵扣的税额

　　当期免抵退不得免征和抵扣的税额 $=500\times(13\%-9\%)=20$(万元)

借:主营业务成本　　　　　　　　　　　　　　　　　　 20

　　　贷:应交税费——应交增值税(进项税额转出)　　　　　 20

(5)计算应退增值税税额

　　　　　当期应纳税额 $=300\times13\%-(91-20)=-32$(万元)

　　　　　免抵退税额 $=500\times9\%=45$(万元)

当期期末留抵税额≤当期免抵退税额,当期应退税额=当期期末留抵税额

　　　　　当期应退税额 $=32$(万元)

　　　　　当期免抵税额 $=45-32=13$(万元)

借:其他应收款——应收出口退税款　　　　　　　　　　 32

　　应交税费——应交增值税(出口抵减内销产品应纳税额)　 13

　　　贷:应交税费——应交增值税(出口退税)　　　　　　　 45

2.“先征后退”方法的会计处理

实行“先征后退”计算方法的,征、退税之差计入企业成本。

【例 1-9】　某外贸公司购进出口商品一批,取得的增值税专用发票上注明的商品价款 60 000 元,增值税额 7 800 元,该批商品已经全部办理了出口报关手续。并已收到销货款 12 500 美元,当时的市场汇价为 1 美元兑换 6.4 元人民币。出口商品的退税率为 9%,有关会计处理如下。

(1)购进商品时:

借:库存商品　　　　　　　　　　　　　　　　　　　60 000

　　应交税费——应交增值税(进项税额)　　　　　　　 7 800

　　　贷:银行存款　　　　　　　　　　　　　　　　　　67 800

（2）商品出口收回货款：

借：银行存款（外币户）　　　　　　　　　　　　　80 000

　　贷：主营业务收入　　　　　　　　　　　　　　　80 000

（3）结转出口商品销售成本：

借：主营业务成本　　　　　　　　　　　　　　　　60 000

　　贷：库存商品　　　　　　　　　　　　　　　　　60 000

（4）计算征、退税之差，调整出口商品销售成本

征、退税之差计入出口商品销售成本的金额＝60 000×（13％－9％）＝2 400（元）

借：主营业务成本　　　　　　　　　　　　　　　　2 400

　　贷：应交税费——应交增值税（进项税额转出）　　　2 400

（5）计算本期应收的出口退税款：

应收出口退税款＝60 000×9％＝5 400（元）

借：其他应收款——应收出口退税款　　　　　　　　5 400

　　贷：应交税费——应交增值税（出口退税）　　　　　5 400

三、小规模纳税人的会计处理

小规模纳税人的应纳增值税，主要通过"应交税费——应交增值税"明细账户核算。

【例1-10】　鑫鑫面包有限公司（基本信息略）按月申报缴纳增值税，假设不考虑减计税率规定，按3％的税率进行业务核算。3月发生的业务如下。

【例1-10-1】　缴纳上月应纳的增值税6 300元。

解析：

借：应交税费——应交增值税　　　　　　　　　　6 300

　　贷：银行存款　　　　　　　　　　　　　　　　6 300

【例1-10-2】　销售面包、蛋糕等产品共取得含税销售收入195 700元，通过税控设备开具普通发票共计14张。货款已存入银行。

解析：

应纳增值税税额＝195 700÷（1＋3％）×3％＝190 000×3％＝5 700（元）

借：银行存款　　　　　　　　　　　　　　　　195 700

　　贷：主营业务收入　　　　　　　　　　　　　　190 000

　　　　应交税费——应交增值税　　　　　　　　　　5 700

【例1-10-3】　销售给某超市饼干一批，通过税控设备开具增值税专用发票，注明销售额25 000元，款项尚未收到。

解析：　　　　应纳增值税税额＝25 000×3％＝750（元）

借：应收账款　　　　　　　　　　　　　　　　25 750

　　贷：主营业务收入　　　　　　　　　　　　　　25 000

　　　　应交税费——应交增值税　　　　　　　　　　　750

【例1-10-4】　销售已经使用过的面包机，取得含增值税销售收入41 200元，通过税

控设备开具普通发票 1 张。

解析：小规模纳税人销售自己使用过的固定资产，按照简易办法依照 3% 征收率减按 2% 征收增值税。

$$应纳增值税 = 41\ 200 \div (1 + 3\%) \times 2\% = 40\ 000 \times 2\% = 800(元)$$

借：银行存款　　　　　　　　　　　　　41 200

　　贷：固定资产清理　　　　　　　　　　40 000

　　　　应交税费——应交增值税　　　　　 1 200

借：应交税费——应交增值税　　　　　　　400

　　贷：其他收益——减免税款　　　　　　　400

重点关注

减按 2% 计税在填写增值税申报表时，应纳税额填写按 3% 税率计算应纳的增值税，减计 1% 的税额填在应纳税额减征额项目里。

【例 1-10-5】 将本厂新研制的点心作为样品赠送给多家超市，供顾客品尝。该批点心无同类货物的销售价格，生产成本为 6 000 元。

解析：　　　应纳增值税税额 = 6 000 × (1 + 10%) × 3% = 198(元)

借：营业外支出　　　　　　　　　　　　6 198

　　贷：库存商品　　　　　　　　　　　　6 000

　　　　应交税费——应交增值税　　　　　　198

【例 1-10-6】 汇总全月零售额，共取得销售额 37 080 元，款项已存入银行。

解析：应纳增值税税额 = 37 080 ÷ (1 + 3%) × 3% = 36 000 × 3% = 1 080(元)

借：银行存款　　　　　　　　　　　　　37 080

　　贷：主营业务收入　　　　　　　　　　36 000

　　　　应交税费——应交增值税　　　　　 1 080

第五节　增值税的纳税申报

一、增值税纳税申报资料

增值税纳税申报资料包括纳税申报表及其附列资料和纳税申报其他资料。其中，申报表及其附列资料为必报资料。纳税申报其他资料的报备要求各省、自治区、直辖市和计划单列市税务局确定。

自 2021 年 8 月 1 日起，增值税、消费税分别与城市维护建设税、教育费附加、地方教育附加申报表整合，启用《增值税及附加税费申报表（一般纳税人适用）》《增值税及附加税费申报表（小规模纳税人适用）》《增值税及附加税费预缴表》及其附列资料和《消费税及附加税费申报表》。纳税人申报增值税、消费税时，应一并申报附征的城市维护建设税、教育费附加和地方教育附加等附加税费。

（一）增值税一般纳税人的纳税申报资料

增值税一般纳税人纳税申报表及其附列资料：

（1）《增值税及附加税费申报表（一般纳税人适用）》。

（2）《增值税及附加税费申报表附列资料（一）》（本期销售情况明细）。

（3）《增值税及附加税费申报表附列资料（二）》（本期进项税额明细）。

（4）《增值税及附加税费申报表附列资料（三）》（服务、不动产和无形资产扣除项目明细）。

一般纳税人销售服务、不动产和无形资产，在确定服务、不动产和无形资产销售额时，按照有关规定可以从取得的全部价款和价外费用中扣除价款的，需填报《增值税纳税申报表附列资料（三）》。其他情况不填写该附列资料。

（5）《增值税及附加税费申报表附列资料（四）》（税额抵减情况表）。

（6）《增值税及附加税费申报表附列资料（五）》（附加税费情况表）。

（7）《增值税减免税申报明细表》。

（二）增值税小规模纳税人的纳税申报资料

增值税小规模纳税人纳税申报表及其附列资料：

（1）《增值税及附加税费申报表（小规模纳税人适用）》；

（2）《增值税及附加税费申报表（小规模纳税人适用）附列资料（一）》（服务、不动产和无形资产扣除项目明细）；

（3）《增值税及附加税费申报表（小规模纳税人适用）附列资料（二）》（附加税费情况表）。

（三）纳税申报其他资料

主管税务机关规定的其他资料。

（四）增值税预缴税款表

纳税人跨县（市）提供建筑服务、房地产开发企业预售自行开发的房地产项目、纳税人出租与机构所在地不在同一县（市）的不动产，按规定在项目所在地或不动产所在地主管税务机关预缴税款时，需填写《增值税及附加税费预缴表》和《增值税及附加税费预缴表附列资料》。纳税人向主管税务机关申报纳税时，在当期增值税应纳税额中抵减预缴税款时，应同时报送《增值税及附加税费预缴表》和《增值税及附加税费预缴表附列资料》，并以完税凭证作为合法有效凭证。

二、增值税一般纳税人的纳税申报

（一）增值税一般纳税人申报流程

网上申报是指纳税人在规定的纳税期限内，通过网络，利用网上申报专用软件，填报有关涉税电子申报表，并将申报资料传输至税务机关进行申报的一种方式。一般纳税人的增值税网上申报流程如下。

1. 确认开票数据

纳税人对开票数据进行确认。

2. 进入申报系统

纳税人可以通过电子税务局、移动终端和自助办税终端等渠道(具体渠道由省税务机关确认)进入网上申报系统,登录后选择增值税申报。

3. 采集申报信息

(1)完成增值税销售发票的填列,选择发票种类、月份、所属税期,在增值税发票管理系统中导出销项数据,将销项数据导入网上申报系统;将其他应税项目数据手工录入并计算未开具发票的销售额及销项税额。填写《增值税及附加税费申报表附列资料(一)》(本期销售情况明细)。

(2)将认证成功的增值税专用发票进项税额数据导入网上申报系统;将其他扣税凭证数据进行手工录入并完成认证,计算当期其他可以抵扣的进项税额;确认当前增值税进项税额,计算需要转出的进项税额。填写《增值税及附加税费申报表附列资料(二)》(本期进项税额明细)。

4. 填写申报表并完成网上报税

在网上申报系统填写增值税纳税申报表,先按顺序填写《增值税及附加税费申报表附列资料》(附表),需要填写的附列资料[除附列资料(五)外]都填写完毕后再填写《增值税及附加税费申报表(一般纳税人适用)》(主表),除个别项目外主表的信息根据附表自动生成。纳税人根据主表增值税本期应补(退)税额,填写《增值税及附加税费申报表附列资料(五)》(附加税费情况表),该表的相关信息再自动生成在主表对应栏。填写的纳税申报表经检查无误后进行上传,即完成纳税申报,如果纳税人已开通银税联网三方协议,那么也可以通过网上申报扣缴税款。

(二)增值税一般纳税人纳税申报实例

以例1-4为研究对象,填写其2023年3月纳税申报表。

申报表见《增值税及附加税费申报表(一般纳税人适用)》及其附列资料(表1-1至表1-7)。

三、增值税小规模纳税人的纳税申报

(一)增值税小规模纳税人申报流程

增值税小规模纳税人不能抵扣进项税额,应纳税额的多少只受销售额的影响,其纳税申报流程比较简单,可以通过登录税务网上申报系统进行网上申报,填写相关报表。

(二)增值税小规模纳税人纳税申报实例

以例1-10为研究对象,填写其2023年3月纳税申报表。

申报表见《增值税及附加税费申报表(小规模纳税人适用)》及其附列资料(表1-8和表1-9)。

表 1-1

增值税及附加税费申报表
（一般纳税人适用）

根据国家税收法律法规及增值税相关规定制定本表。纳税人不论有无销售额，均应按税务机关核定的纳税期限填写本表，并向当地税务机关申报。

税款所属时间：自 2023 年 3 月 1 日至 2023 年 3 月 31 日　　填表日期：2023 年 4 月 10 日

纳税人识别号（统一社会信用代码）：□□□□□□□□□□□□□□□□□□

纳税人名称：明华食品有限公司					
法定代表人姓名：	登记注册类型：	注册地址：	有限责任公司	生产经营地址：	所属行业：工业企业
开户银行及账号：		金额单位：元（列至角分）		电话号码：	

	项　目	栏次	一般项目		即征即退项目	
			本月数	本年累计	本月数	本年累计
销售额	（一）按适用税率计税销售额	1	998 700.00			
	其中：应税货物销售额	2	996 700.00			
	应税劳务销售额	3				
	纳税检查调整的销售额	4	2 000.00			
	（二）按简易办法计税销售额	5	2 505 000.00			
	其中：纳税检查调整的销售额	6				
	（三）免、抵、退办法出口销售额	7		—	—	—
	（四）免税销售额	8		—	—	—
	其中：免税货物销售额	9		—	—	—
	免税劳务销售额	10		—	—	—
税款计算	销项税额	11	129 831.00			
	进项税额	12	82 182.00			
	上期留抵税额	13			—	
	进项税额转出	14	12 167.00			
	免、抵、退应退税额	15			—	
	按适用税率计算的纳税检查应补缴税额	16			—	
	应抵扣税额合计 17=12+13-14-15+16	17	70 015.00		—	
	实际抵扣税额（如 17<11，则为 17，否则为 11）	18	70 015.00			
	应纳税额 19=11-18	19	59 816.00			
	期末留抵税额 20=17-18	20			—	
	简易计税办法计算的应纳税额	21	25 150.00			

续表

	项目	栏次	一般项目 本月数	一般项目 本年累计	即征即退项目 本月数	即征即退项目 本年累计
税款计算	按简易计税办法计算的纳税检查应补缴税额	22			—	—
	应纳税额减征额	23	1 050.00		—	—
	应纳税额合计	24=19+21−23	83 916.00		—	
税款缴纳	期初未缴税额（多缴为负数）	25	32 000.00			
	实收出口开具专用缴款书退税额	26				
	本期已缴税额	27=28+29+30+31	32 000.00	—		
	①分次预缴税额	28	25 000.00	—		
	②出口开具专用缴款书预缴税额	29		—		
	③本期缴纳上期应纳税额	30				
	④本期缴纳欠缴税额	31				
	期末未缴税额（多缴为负数）	32=24+25+26−27	58 916.00	—		
	其中：欠缴税额（≥0）	33=25+26−27		—		
	本期应补（退）税额	34=24−28−29	58 916.00			
	即征即退实际退税额	35	—			
	期初未缴查补税额	36				
	本期入库查补税额	37				
	期末未缴查补税额	38=16+22+36−37				
附加税费	城市维护建设税本期应补（退）税额	39	5 874.12			
	教育费附加本期应补（退）费额	40	2 517.48			
	地方教育附加本期应补（退）费额	41	1 678.32			

声明：此表是根据国家税收法律法规及相关规定填写的，本人（单位）对填报内容（及附带资料）的真实性、可靠性、完整性负责。

纳税人（签章）：

经办人：张百芳

经办人身份证号：

代理机构签章：

代理机构统一社会信用代码：

受理人：

受理税务机关（章）：

受理日期： 年 月 日

年 月 日

表 1-2

增值税及附加税费申报表附列资料（一）

（本期销售情况明细）

纳税人名称：（公章）明华食品有限公司

税款所属时间：2023 年 3 月 1 日至 2023 年 3 月 31 日　　　　　　　金额单位：元（列至角分）

项目及栏次		开具增值税专用发票		开具其他发票		未开具发票		纳税检查调整		合计			服务、不动产和无形资产扣除项目本期实际扣除金额	扣除后	
		销售额	销项（应纳）税额	销售额	销项（应纳）税额	销售额	销项（应纳）税额	销售额	销项（应纳）税额	销售额	销项（应纳）税额	价税合计		含税（免税）销售额	销项（应纳）税额
		1	2	3	4	5	6	7	8	9=1+3+5+7	10=2+4+6+8	11=9+10	12	13=11-12	14=13÷(100%+税率 或 征收率)×税率 或 征收率
一般计税方法计税 全部征税项目	13%税率的货物及加工修理修配劳务	1	965 000.00	125 450.00			33 700.00	4 381.00			998 700.00	129 831.00	—	12	—	—
	13%税率的服务、不动产和无形资产	2											—			
	9%税率的货物及加工修理修配劳务	3											—			
	9%税率的服务、不动产和无形资产	4											—			
	6%税率	5	—	—					—	—			—			—
其中即征即退项目	即征即退货物及加工修理修配劳务	6	—	—					—	—			—			—
	即征即退服务、不动产和无形资产	7	—	—			—	—	—	—			—	—	—	—

续表

项目及栏次	栏次	开具增值税专用发票 销售额	开具增值税专用发票 销项(应纳)税额	开具其他发票 销售额	开具其他发票 销项(应纳)税额	未开具发票 销售额	未开具发票 销项(应纳)税额	纳税检查调整 销售额	纳税检查调整 销项(应纳)税额	合计 销售额	合计 销项(应纳)税额	价税合计	服务、不动产和无形资产扣除项目本期实际扣除金额	扣除后 含税(免税)销售额	扣除后 销项(应纳)税额
		1	2	3	4	5	6	7	8	$9=1+3+5+7$	$10=2+4+6+8$	$11=9+10$	12	$13=11-12$	$14=13\div(100\%+$税率或征收率$)\times$税率或征收率
二、简易计税方法计税 全部征税项目 6%征收率	8							—	—						
5%征收率的货物及加工修理修配劳务	9a							—	—			—		—	—
5%征收率的服务、不动产和无形资产	9b	2 500 000.00	25 000.00					—	—	2 500 000.00	25 000.00	2 525 000.00	2 000 000.00	525 000.00	25 000.00
4%征收率	10					—	—	—	—			—		—	—
3%征收率的货物及加工修理修配劳务	11					5 000.00	150.00	—	—	5 000.00	150.00				
3%征收率的服务、不动产和无形资产	12	—	—			—	—	—	—						
其中：预征率　　%	13a	—	—			—	—	—	—					—	—
预征率　　%	13b	—	—			—	—	—	—					—	—
预征率　　%	13c	—	—			—	—	—	—					—	—
其中:即征即退项目 即征即退货物及加工修理修配劳务	14	—	—			—	—	—	—					—	—
即征即退服务、不动产项目及加工修理修配服务、不动产和无形资产	15	—	—			—	—	—	—					—	—
三、免抵退税 货物及加工修理修配劳务	16	—	—			—	—	—	—					—	—
服务、不动产和无形资产	17	—	—			—	—	—	—					—	—
四、免税 货物及加工修理修配劳务	18	—	—			—	—	—	—					—	—
服务、不动产和无形资产	19	—	—			—	—	—	—					—	—

表　1-3

增值税及附加税费申报表附列资料（二）

（本期进项税额明细）

税款所属时间：2023 年 3 月 1 日至 2023 年 3 月 31 日

纳税人名称：（公章）明华食品有限公司

金额单位：元（列至角分）

一、申报抵扣的进项税额

项　　目	栏　次	份　数	金　　额	税　　额
（一）认证相符的增值税专用发票	1＝2＋3	49	383 600.00	45 210.00
其中：本期认证相符且本期申报抵扣	2	49	383 600.00	45 210.00
前期认证相符且本期申报抵扣	3			
（二）其他扣税凭证	4＝5＋6＋7＋8a＋8b	16	331 800.00	36 972.00
其中：海关进口增值税专用缴款书	5	1	180 000.00	16 200.00
农产品收购发票或者销售发票	6	2	150 000.00	13 500.00
代扣代缴税收缴款凭证	7	1	—	6 000.00
加计扣除农产品进项税额	8a	—	—	1 140.00
其他	8b	12	1 800.00	132.00
（三）本期用于购建不动产的扣税凭证	9			
（四）本期用于抵扣的旅客运输服务扣税凭证	10	3	1 200.00	102.00
（五）外贸企业进项税额抵扣证明	11	—	—	
当期申报抵扣进项税额合计	12＝1＋4＋11	65	715 400.00	82 182.00

二、进项税额转出额

项　　目	栏　次	税　　额
本期进项税额转出额	13＝14 至 23 之和	12 167.00
其中：免税项目用	14	
集体福利、个人消费	15	217.00
非正常损失	16	11 950.00
简易计税方法征税项目用	17	
免抵退税办法不得抵扣的进项税额	18	

续表

项　目	栏　次	税　额
纳税检查调减进项税额	19	
红字专用发票信息表注明的进项税额	20	
上期留抵税额抵减欠税	21	
上期留抵税额退税	22	
异常凭证转出进项税额	23a	
其他应作进项税额转出的情形	23b	

三、待抵扣进项税额

项　目	栏　次	份　数	金　额	税　额
（一）认证相符的增值税专用发票	24	—	—	—
期初已认证相符但未申报抵扣	25			
本期认证相符且本期申报抵扣	26			
期末已认证相符但未申报抵扣	27			
其中：按照税法规定不允许抵扣	28			
（二）其他扣税凭证	29=30至33之和			
其中：海关进口增值税专用缴款书	30			
农产品收购发票或者销售发票	31		—	
代扣代缴税收缴款凭证	32			
其他	33			
	34			

四、其他

项　目	栏　次	份　数	金　额	税　额
本期认证相符的增值税专用发票	35	49	383 600.00	45 210.00
代扣代缴税额	36	—	—	6 000.00

表　1-4

增值税及附加税费申报表附列资料（三）
（服务、不动产和无形资产扣除项目明细）

税款所属时间：2023 年 3 月 1 日至 2023 年 3 月 31 日

纳税人名称：（公章）明华食品有限公司　　　　　　　　　　　　金额单位：元（列至角分）

项目及栏次		本期服务、不动产和无形资产价税合计额（免税销售额）	服务、不动产和无形资产扣除项目				
			期初余额	本期发生额	本期应扣除金额	本期实际扣除金额	期末余额
		1	2	3	$4=2+3$	$5（5\leq1且5\leq4）$	$6=4-5$
13%税率的项目	1						
9%税率的项目	2						
6%税率的项目（不含金融商品转让）	3						
6%税率的金融商品转让项目	4						
5%征收率的项目	5	2 525 000.00	0.00	2 000 000.00	2 000 000.00	2 000 000.00	0.00
3%征收率的项目	6						
免抵退税的项目	7						
免税的项目	8						

表 1-5

增值税及附加税费申报表附列资料（四）
（税额抵减情况表）

税款所属时间：2023 年 3 月 1 日至 2023 年 3 月 31 日

纳税人名称：（公章）明华食品有限公司　　　　　　　　金额单位：元（列至角分）

一、税额抵减情况

序号	抵减项目	期初余额 1	本期发生额 2	本期应抵减税额 3=1+2	本期实际抵减税额 4≤3	期末余额 5=3-4
1	增值税税控系统专用设备费及技术维护费	0.00	1 000.00	1 000.00	1 000.00	0.00
2	分支机构预征缴纳税款					
3	建筑服务预征缴纳税款					
4	销售不动产预征缴纳税款	0.00	25 000.00	25 000.00	25 000.00	0.00
5	出租不动产预征缴纳税款					

二、加计抵减情况

序号	加计抵减项目	期初余额 1	本期发生额 2	本期调减额 3	本期可抵减额 4=1+2-3	本期实际抵减额 5	期末余额 6=4-5
6	一般项目加计抵减额计算						
7	即征即退项目加计抵减额计算						
8	合计						

表　1-6

增值税及附加税费申报表附列资料（五）
（附加税费情况表）

税（费）款所属时间：2023 年 3 月 1 日至 2022 年 3 月 31 日

纳税人名称：（公章）明华食品有限公司　　　　　　　　　　金额单位：元（列至角分）

税（费）种		计税（费）依据			税（费）率/%	本期应纳税（费）额	本期减免税（费）额		试点建设培育产教融合型企业		本期已缴税（费）额	本期应补（退）税（费）额
		增值税税额	增值税免抵税额	留抵退税本期扣除额			减免性质代码	减免税（费）额	减免性质代码	本期抵免金额		
		1	2	3	4	5=(1+2-3)×4	6	7	8	9	10	11=5-7-9-10
城市维护建设税	1	83 916.00			7%	5 874.12						5 874.12
教育费附加	2	83 916.00			3%	2 517.48			—	—		2 517.48
地方教育附加	3	83 916.00			2%	1 678.32			—	—		1 678.32
合计	4	—	—	—	—	10 069.92						10 069.92

本期是否适用试点建设培育产教融合型企业抵免政策　□是　□否

当期新增投资额	5
上期留抵可抵免金额	6
结转下期可抵免金额	7

可用于扣除的增值税留抵退税额使用情况

当期新增可用于扣除的留抵退税额	8
上期结存可用于扣除的留抵退税额	9
结转下期可用于扣除的留抵退税额	10

表 1-7

增值税减免税申报明细表

税款所属时间：自 2023 年 3 月 1 日至 2022 年 3 月 31 日

纳税人名称（公章）：明华食品有限公司

金额单位：元（列至角分）

一、减税项目

减税性质代码及名称	栏次	期初余额 1	本期发生额 2	本期应抵减税额 3=1+2	本期实际抵减税额 4≤3	期末余额 5=3-4
0001129914｜购置增值税税控系统专用设备抵减增值税 国家税务总局关于增值税税控系统专用设备和技术维护费用抵减增值税税额的通知《财税〔2012〕15号》	2	0.00	1 000.00	1 000.00	1 000.00	0.00
0001129924｜已使用过固定资产减征增值税《财政部 国家税务总局关于简并增值税征收率政策的通知》财税〔2014〕57号	3	0.00	50.00	50.00	50.00	0.00
	4					
	5					
	6					
合计	1					

二、免税项目

免税性质代码及名称	栏次	免征增值税项目销售额 1	免税销售额扣除项目本期实际扣除金额 2	扣除后免税销售额 3=1-2	免税销售额对应的进项税额 4	免税额 5
合计	7					
出口免税	8	—	—	—	—	
其中：跨境服务	9	—	—	—	—	
	10					
	11					
	12					
	13					
	14					
	15					
	16					

表 1-8

增值税及附加税费申报表
（小规模纳税人适用）

纳税人识别号（统一社会信用代码）：□□□□□□□□□□□□□□□□□□
纳税人名称：鑫鑫面包有限公司
税款所属期：××年3月1日至 ××年3月31日

金额单位：元（列至角分）
填表日期：××年4月10日

项目	栏次	本期数 货物及劳务	本期数 服务、不动产和无形资产	本年累计 货物及劳务	本年累计 服务、不动产和无形资产
一、计税依据					
（一）应征增值税不含税销售额（3%征收率）	1	257 600.00			
增值税专用发票不含税销售额	2	25 000.00			
其他增值税发票不含税销售额	3	190 000.00			
（二）应征增值税不含税销售额（5%征收率）	4	—			—
增值税专用发票不含税销售额	5	—	—		—
其他增值税发票不含税销售额	6	—	—		—
（三）销售使用过的固定资产不含税销售额	7（7≥8）	40 000.00			
其中：其他增值税发票不含税销售额	8				
（四）免税销售额	9=10+11+12				
其中：小微企业免税销售额	10				
未达起征点销售额	11				
其他免税销售额	12				
（五）出口免税销售额	13（13≥14）				
其中：其他增值税发票不含税销售额	14				

续表

项　目	栏次	本　期　数		本　年　累　计	
		货物及劳务	服务、不动产和无形资产	货物及劳务	服务、不动产和无形资产
二、税款计算　本期应纳税额	15	8 928.00			
本期应纳税额减征额	16	400.00			
本期免税额	17				
其中：小微企业免税额	18				
未达起征点免税额	19				
应纳税额合计	20＝15－16	8 528.00		—	—
本期预缴税额	21	0.00	—	—	—
本期应补（退）税额	22＝20－21	8 528.00			
三、附加税费　城市维护建设税本期应补（退）税额	23	298.48			
教育费附加本期应补（退）费额	24	127.92			
地方教育附加本期应补（退）费额	25	85.28			

声明：此表是根据国家税收法律法规及相关规定填写的，本人（单位）对填报内容（及附带资料）的真实性、可靠性、完整性负责。

纳税人（签章）：

年　月　日

经办人：

经办人身份证号：

代理机构签章：

代理机构统一社会信用代码：

受理人：

受理税务机关（章）：

受理日期：　年　月　日

表 1-9

增值税及附加税费申报表（小规模纳税人适用）附列资料（二）
（附加税费情况表）

税（费）款所属时间：××年3月1日至××年3月31日

纳税人名称：（公章）鑫鑫面包有限公司　　　　　　　　　　　　　　金额单位：元（列至角分）

税（费）种	计税（费）依据 增值税税额	税（费）率/%	本期应纳税（费）额	本期减免税（费）额		增值税小规模纳税人"六税两费"减征政策		本期已缴税（费）额	本期应补（退）税（费）额
				减免性质代码	减免税（费）额	减征比例/%	减征额		
	1	2	3=1×2	4	5	6	7=(3-5)×6	8	9=3-5-7-8
城市维护建设税	8 528.00	7%	596.96			50%	298.48		298.48
教育费附加	8 528.00	3%	255.84			50%	127.92		127.92
地方教育附加	8 528.00	2%	170.56			50%	85.28		85.28
合计	—	—	1 023.36	—		—			511.68

第二章

消费税的纳税方法

　　消费税是在对货物普遍征收增值税的基础上,选择部分消费品作为应税消费品,在特定环节再加收的一道流转税。消费税征收方法灵活,在调节生产和消费、实现优化资源配置、调节支付能力、缓解分配不公、稳定税收来源、增加财政收入等方面发挥着重要的作用。

第一节　消费税税收政策概述

一、消费税的征税范围

　　消费税的征税范围是在中华人民共和国境内从事生产、委托加工和进口的应税消费品。征税范围具体包括以下几种类型。

(一)生产销售的应税消费品

　　(1)生产销售的应税消费品,除了直接对外销售应税消费品应征收消费税外,纳税人将自产的应税消费品用于换取生产资料、消费资料、投资入股、偿还债务,以及用于生产应税消费品以外的其他方面都应视同销售,应该缴纳消费税。

　　(2)自产应税消费品用于生产应税消费品以外的其他方面,是指纳税人将自产应税消费品用于连续生产非应税产品,或用于在建工程、管理部门、非生产机构、提供劳务、馈赠、赞助、集资、广告、样品、职工福利、奖励等方面。如果自产应税消费品是用于连续生产应税消费品的,不缴纳消费税。

　　(3)工业企业以外的单位和个人的下列行为视为应税消费品的生产行为,按规定征收消费税:

　　① 将外购的消费税非应税产品以消费税应税产品对外销售的;

　　② 将外购的消费税低税率应税产品以高税率应税产品对外销售的。

(二)委托加工的应税消费品

　　委托加工的应税消费品回收后,再继续用于生产应税消费品销售且符合现行政策规定的,其加工环节缴纳的消费税可以扣除。

（三）进口的应税消费品

进口的应税消费品是指报关从国外进口的应税消费品。

（四）批发的卷烟、电子烟

批发的卷烟是指卷烟批发企业批发销售的所有牌号、规格的卷烟。

重点关注

卷烟批发企业之间销售的卷烟不缴纳消费税，只有将卷烟批发给其他单位和个人时才缴纳消费税。

（五）零售环节征收消费税的应税消费品

（1）金银首饰、铂金首饰和钻石及钻石制品在零售环节征收消费税。

（2）超豪华小汽车在零售环节征收消费税。

重点关注

对出国人员免税商店销售的金银首饰也属于消费税的征税范围。

二、消费税的纳税人

在中华人民共和国境内生产、委托加工和进口应税消费品的单位和个人，以及国务院确定的销售应税消费品的其他单位和个人，为消费税的纳税人。

在中华人民共和国境内，是指生产、委托加工和进口属于应税消费品的所在地或者起运地在境内。

消费税的纳税人具体包括：

（1）生产销售（包括自用）应税消费品的，以生产销售的单位和个人为纳税人；

（2）委托加工应税消费品的，以委托加工的单位和个人为纳税人；

（3）进口应税消费品的，以进口的单位和个人为纳税人；

（4）批发卷烟的单位和个人为纳税人；

（5）零售金银首饰、铂金首饰、钻石及钻石饰品的，以零售的单位和个人为纳税人；

（6）将超豪华小汽车销售给消费者的单位和个人为超豪华小汽车零售环节纳税人。

三、消费税的税目与税率

（一）税目

我国现行消费税共设置了 15 个税目，有的税目还进一步划分为若干子目和细目，各税目的具体内容如下。

1. 烟

凡是以烟叶为原料加工生产的产品，不论使用何种辅料，均属于本税目的征收范围。包括卷烟、雪茄烟、烟丝和电子烟四个子目。

"卷烟"子目又分为"甲类卷烟"和"乙类卷烟"两个细目。甲类卷烟，是指每标准条

(200支)调拨价格在70元(含70元,不含增值税)以上的卷烟;乙类卷烟是指每标准条调拨价格在70元(不含增值税)以下的卷烟。

自2022年11月1日起对电子烟征收消费税。电子烟是指用于产生气溶胶供人抽吸等的电子传输系统,包括烟弹、烟具以及烟弹与烟具组合销售的电子烟产品。

2. 酒

酒是酒精度在1度以上的各种酒类饮料。包括白酒、黄酒、啤酒和其他酒四个子目。

"啤酒"子目又分为"甲类啤酒"和"乙类啤酒"两个细目。啤酒每吨出厂价(含包装物及包装物押金)在3 000元(含3 000元,不含增值税)以上的是甲类啤酒,每吨出厂价(含包装物及包装物押金)在3 000元(不含增值税)以下的是乙类啤酒。

重点关注

对饮食业、商业、娱乐业举办的啤酒屋(啤酒坊)利用啤酒生产设备生产的啤酒,应当征收消费税。

3. 高档化妆品

本税目征收范围包括各类高档美容、修饰类化妆品、高档护肤类化妆品和成套化妆品。

"高档化妆品"是指生产(进口)环节销售(完税)价格(不含增值税)在10元/毫升(克)或者15元/片(张)及以上的美容、修饰类化妆品和护肤类化妆品。

4. 贵重首饰及珠宝玉石

凡以金、银、白金、宝石、珍珠、钻石、翡翠、珊瑚、玛瑙等高贵稀有物质以及其他金属、人造宝石等制作的各种纯金银首饰及镶嵌首饰和经采掘、打磨、加工的各种珠宝玉石,征收消费税。

5. 鞭炮、焰火

各种鞭炮、焰火,征收消费税。体育上用的发令纸、鞭炮药引线,不按本税目征收。

6. 成品油

本税目包括汽油、柴油、石脑油、溶剂油、航空煤油、润滑油、燃料油7个子目。

7. 小汽车

小汽车是指由动力驱动,具有四个或四个以上车轮的非轨道承载的车辆。

电动汽车不属于本税目征收范围。

8. 摩托车

摩托车包括轻便摩托车和摩托车两种。气缸容量250毫升(不含)以下的小排量摩托车不缴消费税。

9. 高尔夫球及球具

高尔夫球及球具是指从事高尔夫球运动所需的各种专用装备,包括高尔夫球、高尔夫球杆及高尔夫球包(袋)等。高尔夫球杆的杆头、杆身和握把也属于本税目的征收范围。

10. 高档手表

高档手表是指销售价格(不含增值税)每只在10 000元(含)以上的各类手表。

11. 游艇

游艇是指长度大于8米小于90米,船体由玻璃钢、钢、铝合金、塑料等多种材料制作,可以在水上移动的水上浮载体。按照动力划分,游艇分为无动力艇、帆艇和机动艇。

12. 木制一次性筷子

木制一次性筷子,又称卫生筷子,是指以木材为原料经过锯段、浸泡、旋切、刨切、烘干、筛选、打磨、倒角、包装等环节加工而成的各类一次性使用的筷子。

13. 实木地板

实木地板是指以木材为原料,经锯割、干燥、刨光、截断、开榫、涂漆等工序加工而成的块状或条状的地面装饰材料。

14. 电池

电池是一种将化学能、光能等直接转换为电能的装置,一般由电极、电解质、容器、极端,通常还有隔离层组成的基本功能单元,以及用一个或多个基本功能单元装配成的电池组。范围包括原电池、蓄电池、燃料电池、太阳能电池和其他电池。

15. 涂料

涂料是指涂于物体表面能形成具有保护、装饰或特殊性能的固态涂膜的一类液体或固体材料的总称。涂料由主要成膜物质、次要成膜物质等构成。按主要成膜物质划分,涂料可分为油脂类、天然树脂类、酚醛树脂类、其他成膜物类等。

（二）税率

消费税的税率有两种形式：一种是比例税率；另一种是定额税率,即单位税额。消费税税率形式的选择,主要是根据课税对象的具体情况来确定,消费税税目、税率（税额）如表 2-1 所示。

表 2-1　消费税税目、税率（税额）表

税　　目	税　　率
一、烟	
1. 卷烟	
（1）甲类卷烟[调拨价 70 元以上（含 70 元）]	56％加 0.003 元/支
（2）乙类卷烟（调拨价 70 元以下）	36％加 0.003 元/支
（3）批发环节	11％加 0.005 元/支
2. 雪茄烟	36％
3. 烟丝	30％
4. 电子烟	
（1）工业	36％
（2）商业批发	11％
二、酒	
1. 白酒	20％加 0.5 元/500 克
2. 黄酒	240 元/吨
3. 啤酒	
（1）甲类啤酒[每吨出厂价在 3 000 元以上（含 3 000 元）]	250 元/吨
（2）乙类啤酒（每吨出厂价在 3 000 元以下）	220 元/吨
4. 其他酒	10％

续表

税　目	税　率
三、高档化妆品	15%
四、贵重首饰及珠宝玉石	
1. 金银首饰、铂金首饰和钻石及钻石饰品(零售环节)	5%
2. 其他贵重首饰和珠宝玉石	10%
五、鞭炮、焰火	15%
六、成品油	
1. 汽油	1.52 元/升
2. 柴油	1.20 元/升
3. 航空煤油	1.20 元/升
4. 石脑油	1.52 元/升
5. 溶剂油	1.52 元/升
6. 润滑油	1.52 元/升
7. 燃料油	1.20 元/升
七、摩托车	
1. 气缸容量为 250 毫升	3%
2. 气缸容量在 250 毫升(不含)以上的	10%
八、小汽车	
1. 乘用车	
(1) 气缸容量在 1.0 升(含 1.0 升)以下的	1%
(2) 气缸容量在 1.0 升以上至 1.5 升(含 1.5 升)的	3%
(3) 气缸容量在 1.5 升以上至 2.0 升(含 2.0 升)的	5%
(4) 气缸容量在 2.0 升以上至 2.5 升(含 2.5 升)的	9%
(5) 气缸容量在 2.5 升以上至 3.0 升(含 3.0 升)的	12%
(6) 气缸容量在 3.0 升以上至 4.0 升(含 4.0 升)的	25%
(7) 气缸容量在 4.0 升以上的	40%
2. 中轻型商用客车	5%
3. 超豪华小汽车(零售环节)	10%
九、高尔夫球及球具	10%
十、高档手表	20%
十一、游艇	10%
十二、木制一次性筷子	5%
十三、实木地板	5%
十四、电池	4%
十五、涂料	4%

重点关注

　　消费税采用列举法按具体应税消费品设置税目税率,征税界限清楚,一般不易发生错用税率的情况。

四、消费税的征收管理

（一）消费税的纳税环节

消费税的纳税环节主要确定在生产销售环节,对特定消费品还设置了其他环节,具体规定如下。

1. 基本纳税环节

（1）纳税人生产的应税消费品,由生产者于销售环节纳税;

（2）纳税人自产自用的应税消费品,应当于移送使用环节纳税;

（3）委托加工的应税消费品,应由受托方于委托方提货时代收代缴税款,委托个人加工的应税消费品,由委托方收回后缴纳消费税;

（4）进口的应税消费品,由进口报关者于报关进口环节纳税。

2. 其他纳税环节

（1）卷烟、电子烟的批发,由批发卷烟、电子烟的企业在批发环节纳税;

（2）金银首饰、钻石及钻石饰品、铂金首饰的消费税在零售环节征收;

（3）超豪华小汽车,在零售环节加征消费税。

（二）消费税纳税义务发生的时间

（1）纳税人销售应税消费品的,按不同的销售结算方式,纳税义务发生的时间分别如下:

① 采取赊销和分期收款结算方式的,为书面合同约定的收款日期的当天,书面合同没有约定收款日期或者无书面合同的,为发出应税消费品的当天;

② 采取预收货款结算方式的,为发出应税消费品的当天;

③ 采取托收承付和委托银行收款方式的,为发出应税消费品并办妥托收手续的当天;

④ 采取其他结算方式的,为收讫销售款或者取得索取销售款凭据的当天。

（2）纳税人自产自用应税消费品的,为移送使用的当天。

（3）纳税人委托加工应税消费品的,为纳税人提货的当天。

（4）纳税人进口应税消费品的,为报关进口的当天。

（三）消费税的纳税期限

消费税的纳税期限分别为1日、3日、5日、10日、15日、1个月或者1个季度。纳税人的具体纳税期限,由主管税务机关根据纳税人应纳税额的大小分别核定;不能按照固定期限纳税的,可以按次纳税。

纳税人以1个月或者1个季度为1个纳税期的,自期满之日起15日内申报纳税;以1日、3日、5日、10日或者15日为1个纳税期的,自期满之日起5日内预缴税款,于次月1日起15日内申报纳税并结清上月应纳税款。

纳税人进口应税消费品,应当自海关填发海关进口消费税专用缴款书之日起15日内缴纳税款。

（四）消费税的纳税地点

（1）纳税人销售的应税消费品，以及自产自用的应税消费品，除国务院财政、税务主管部门另有规定外，应当向纳税人机构所在地或者居住地的主管税务机关申报纳税。

（2）委托加工的应税消费品，除受托方为个人外，由受托方向机构所在地或者居住地的主管税务机关解缴消费税税款。

委托个人加工的应税消费品，由委托方向其机构所在地或者居住地主管税务机关申报纳税。

（3）进口的应税消费品，应当向报关地海关申报纳税。

（4）纳税人到外县（市）销售或者委托外县（市）代销自产应税消费品的，于应税消费品销售后，向机构所在地或者居住地主管税务机关申报纳税。

（5）纳税人的总机构与分支机构不在同一县（市）的，应当分别向各自机构所在地的主管税务机关申报纳税；经财政部、国家税务总局或者其授权的财政、税务机关批准，可以由总机构汇总向总机构所在地的主管税务机关申报纳税。

第二节　消费税应纳税额的计算

一、消费税的计税依据

我国现行消费税采用从价定率、从量定额和从价从量复合计征三种计税方法，其计税方法和适用范围见表 2-2。消费税的计税依据包括应税销售额和应税销售数量两种。

表 2-2　消费税的计税方法及适用范围

计税方法	公　　式	适　用　范　围
从价定率	销售额×比例税率	除适用从量定额、复合计税的其他税目
从量定额	销售数量×定额税率	啤酒、黄酒、成品油
复合计征	销售额×比例税率＋销售数量×定额税率	白酒、卷烟

（一）销售额的确定

1. 销售额的一般规定

销售额为纳税人销售应税消费品向购买方所收取的全部价款和价外费用，但不包括应向购货方收取的增值税税款。

销售是指有偿转让应税消费品的所有权；价外费用是指价外向购买方收取的手续费、补贴、基金、集资费、返还利润、奖励费、违约金、滞纳金、延期付款利息、赔偿金、代收款项、代垫款项、包装费、包装物租金、储备费、优质费、运输装卸费以及其他各种性质的价外收费，但下列项目不包括在内。

（1）符合规定条件的代垫运输费用。

（2）符合规定条件代为收取的政府性基金或者行政事业性收费。

2. 包装物的税务处理

（1）纳税人销售应税消费品连同包装物销售的，无论包装物是否单独计价，也不论在会计上如何核算，均应并入应税消费品的销售额中征收消费税。

（2）如果包装物不作价随同产品销售，而是收取押金，此项押金则不应并入应税消费品的销售额中征税。但对因逾期未收回的包装物不再退还的或者已收取的时间超过12个月的押金，应并入应税消费品的销售额，按照应税消费品的适用税率缴纳消费税。

（3）对既作价随同应税消费品销售，又另外收取的包装物押金，凡纳税人在规定期限内不予退还的，均应并入应税消费品的销售额，按照应税消费品的适用税率征收消费税。

（4）酒类产品生产企业销售酒类产品（黄酒、啤酒除外）而收取的包装物押金，无论押金是否返还以及在会计上如何核算，均需并入酒类产品销售额中，依酒类产品适用税率征收消费税。黄酒、啤酒从量计征消费税，收取的包装物押金与消费税的计算无关。

3. 外币标价销售额的确定

纳税人销售的应税消费品，以人民币以外的货币结算销售额的，其销售额的人民币折合率可以选择销售额发生的当天或者当月1日的人民币汇率中间价。纳税人应在事先确定采用何种折合率，确定后1年内不得变更。

（二）销售数量的确定

销售数量是指纳税人生产、委托加工和进口应税消费品的数量。具体规定如下：

（1）生产销售应税消费品的，为应税消费品的销售数量；

（2）自产自用应税消费品的，为应税消费品的移送使用数量；

（3）委托加工应税消费品的，为纳税人收回的应税消费品数量；

（4）进口的应税消费品，为海关核定的应税消费品进口征税数量。

（三）计税依据的特殊规定

（1）纳税人通过自设非独立核算门市部销售的自产应税消费品，应当按照门市部对外销售额或销售数量征收消费税。

（2）纳税人用于换取生产资料和消费资料，投资入股和抵偿债务等方面的应税消费品，应当以纳税人同类应税消费品的最高销售价格作为计税依据计算消费税。

（3）纳税人应税消费品的计税价格明显偏低且无正当理由的，由主管税务机关核定其计税价格。

（4）纳税人兼营不同税率的应税消费品，应当分别核算不同税率应税消费品的销售额、销售数量。未分别核算销售额、销售数量，或者将不同税率的应税消费品组成成套消费品销售的，从高适用税率。

二、消费税应纳税额的计算

（一）生产销售环节应纳消费税的计算

纳税人在生产销售环节应缴纳的消费税，包括直接对外销售应税消费品应缴纳的消费税和自产自用应税消费品应缴纳的消费税。

1. 直接对外销售应纳消费税的计算

直接对外销售应税消费品的计算涉及以下三种计算方法。

（1）从价定率计算

在从价定率计算方法下，应纳税额等于应税消费品不含增值税的销售额乘以适用税率。

（2）从量定额计算

在从量定额计算方法下，应纳税额等于应税消费品的销售数量乘以单位税额。

（3）从价定率和从量定额复合计算

在复合计征计算方法下，应纳税额等于应税消费品不含增值税的销售额乘以适用税率再加上应税消费品的销售数量乘以单位税额。

2. 自产自用应纳消费税的计算

自产自用是指纳税人生产应税消费品后，不是用于直接对外销售，而是用于自己连续生产应税消费品或用于其他方面。

（1）用于连续生产应税消费品

纳税人自产自用的应税消费品，用于连续生产应税消费品的，不缴纳消费税。

（2）用于其他方面的应税消费品

纳税人自产自用的应税消费品，凡用于其他方面的，于移送使用时缴纳消费税。用于其他方面的应税消费品应纳消费税的计算如下。

① 有同类消费品销售价格的，按纳税人生产的同类消费品的销售价格计算纳税。

② 没有同类应税消费品销售价格的，以组成计税价格作为计税销售额。

实行从价定率办法计算纳税的组成计税价格计算公式为

$$组成计税价格 = [成本 \times (1 + 成本利润率)] \div (1 - 比例税率)$$

$$应纳税额 = 组成计税价格 \times 比例税率$$

实行复合计税办法计算纳税的组成计税价格计算公式为

$$组成计税价格 = [成本 \times (1 + 成本利润率) + 自产自用数量 \times 定额税率] \div (1 - 比例税率)$$

$$应纳税额 = 组成计税价格 \times 比例税率 + 自产自用数量 \times 定额税率$$

上述公式中所说的"成本"，是指应税消费品的产品生产成本。

应税消费品全国平均成本利润率由国家税务总局确定。平均成本利润率如表 2-3 所示。

表 2-3　平均成本利润率

货 物 名 称	利润率/%	货 物 名 称	利润率/%
1. 甲类卷烟	10	12. 高尔夫球及球具	10
2. 乙类卷烟	5	13. 高档手表	20
3. 雪茄烟	5	14. 游艇	10
4. 烟丝	5	15. 木制一次性筷子	5
5. 粮食白酒	10	16. 实木地板	5
6. 薯类白酒	5	17. 乘用车	8
7. 其他酒	5	18. 中轻型商用客车	5
8. 化妆品	5	19. 电池	4
9. 鞭炮、焰火	5	20. 涂料	7
10. 贵重首饰及珠宝玉石	6	21. 电子烟	10
11. 摩托车	6		

（二）委托加工环节应税消费品应纳税额的计算

企业委托其他单位代为加工应税消费品，是生产应税消费品的另一种形式，也需要纳入征收消费税的范围。

1. 代收代缴税款的规定

委托加工的应税消费品，由受托方在向委托方交货时代收代缴消费税。如果纳税人委托个体经营者加工应税消费品，一律于委托方收回后在委托方所在地缴纳消费税。

委托加工的应税消费品，受托方在交货时已代收代缴消费税，委托方将收回的应税消费品，以不高于受托方的计税价格出售的，为直接销售，不再缴纳消费税；委托方以高于受托方的计税价格出售的，不属于直接销售，需按照规定申报缴纳消费税，在计税时准予扣除受托方代收代缴的消费税。

风险提示

委托方只有将收回的应税消费品以高于受托方的计税价格出售时，才可以不再缴纳消费税。

2. 委托加工应税消费品应纳税额的计算

（1）受托方有同类消费品销售价格的，按照受托方同类消费品的销售价格计算纳税。

（2）受托方没有同类消费品销售价格的，按照组成计税价格计算纳税。

实行从价定率办法计算纳税的组成计税价格计算公式为

$$组成计税价格 = （材料成本 + 加工费） \div （1 - 消费税税率）$$

实行复合计税办法计算纳税的组成计税价格计算公式为

$$组成计税价格 = （材料成本 + 加工费 + 委托加工数量 \times 定额税率） \div （1 - 比例税率）$$

上述公式中的"加工费"是指受托方加工应税消费品向委托方所收取的全部费用（包括代垫辅助材料的实际成本）。

（三）进口环节应纳消费税的计算

纳税人进口应税消费品，应按照组成计税价格和规定的税率计算应纳消费税。计算方法如下。

1. 以从价定率方法计算应纳税额

$$组成计税价格 = （关税完税价格 + 关税） \div （1 - 比例税率）$$

$$应纳税额 = 组成计税价格 \times 比例税率$$

2. 以从量定额方法计算应纳税额

$$应纳税额 = 应税消费品数量 \times 定额税率$$

3. 以从价定率和从量定额复合计税方法计算应纳税额

$$组成计税价格 = （关税完税价格 + 关税 + 进口数量 \times 定额税率） \div （1 - 比例税率）$$

$$应纳税额 = 组成计税价格 \times 比例税率 + 应税消费品进口数量 \times 定额税率$$

（四）特殊环节应纳消费税的计算

1. 金银首饰、钻石及钻石饰品、铂金首饰零售环节

（1）纳税人销售金银首饰、钻石及钻石饰品、铂金首饰，其计税依据为不含增值税销售额。

（2）带料加工的金银首饰、钻石及钻石饰品、铂金首饰，应按受托方销售同类金银首饰、钻石及钻石饰品、铂金首饰销售价格计征消费税；没有同类产品销售价格的，则按组成计税价格纳税。

$$组成计税价格＝（材料成本＋加工费）÷（1－消费税税率）$$

（3）纳税人采取以旧换新（含翻新改制）方式销售的金银首饰，应按实际收取的不含增值税的全部价款计征消费税。

（4）生产、批发、零售单位用于馈赠、赞助、集资、广告、样品、职工福利、奖励等方面的金银首饰、钻石及钻石饰品、铂金首饰，有同类售价的，按同类售价计征消费税；没有同类售价的，按组成计税价格计征消费税。

$$组成计税价格＝［购进原价×（1＋成本利润率）］÷（1－消费税税率）$$

2. 卷烟、电子烟批发环节

在我国境内从事卷烟批发业务的单位和个人，批发销售的所有牌号规格的卷烟，以批发卷烟的销售额（不含增值税）和批发卷烟的销售数量为计税依据，征收消费税。

$$卷烟应纳消费税＝批发卷烟的销售额×11\%＋批发卷烟的销售数量×定额税率$$
$$电子烟应纳消费税＝批发电子烟的销售额×11\%$$

3. 超豪华小汽车零售环节

$$应纳税额＝零售环节销售额（不含增值税，下同）×零售环节税率$$

超豪华小汽车是指每辆零售价格 130 万元（不含增值税）及以上的乘用车和中轻型商用客车。

■ 重点关注

国内汽车生产企业直接销售给消费者的超豪华小汽车，消费税税率按照生产环节税率和零售环节税率加总计算。消费税应纳税额计算公式为

$$应纳税额＝销售额×（生产环节税率＋零售环节税率）$$

三、应税消费品已纳消费税的扣除

为了避免重复纳税，现行消费税法规定，将外购应税消费品或委托加工收回的应税消费品继续生产应税消费品销售的，其外购应税消费品或委托加工收回应税消费品已缴纳的消费税准予扣除。

（一）准予从应纳消费税中扣除已纳消费税的应税消费品的范围

外购应税消费品或委托加工收回的应税消费品继续生产应税消费品销售的，可以将外购应税消费品或委托加工收回应税消费品已缴纳的消费税扣除的有：

（1）以外购或委托加工收回的已税烟丝为原料生产的卷烟；

（2）以外购或委托加工收回的已税高档化妆品为原料生产的高档化妆品；

（3）以外购或委托加工收回的已税珠宝玉石为原料生产的贵重首饰及珠宝玉石；

（4）以外购或委托加工收回的已税鞭炮、焰火为原料生产的鞭炮、焰火；

（5）以外购或委托加工收回的已税杆头、杆身和握把为原料生产的高尔夫球杆；

（6）以外购或委托加工收回的已税木制一次性筷子为原料生产的木制一次性筷子；

（7）以外购或委托加工收回的已税实木地板为原料生产的实木地板；

（8）以外购或委托加工收回的已税汽油、柴油、石脑油、燃料油、润滑油为原料生产的应税成品油。

重点关注

纳税人从葡萄酒生产企业购进、进口葡萄酒连续生产应税葡萄酒的，准予从葡萄酒消费税应纳税额中扣除所耗用应税葡萄酒已纳消费税税款。

（二）当期准予扣除的外购已税消费品已纳税款的计算

1. 以外购的已税消费品生产应税消费品

（1）实行从价定率计税方法的应税消费品

$$\text{当期准予扣除的外购已税消费品已纳税款} = \text{当期准予扣除的外购已税消费品的买价} \times \text{外购已税消费品适用税率}$$

（2）实行从量定额计税方法的应税消费品

$$\text{当期准予扣除的外购应税消费品已纳税款} = \text{当期准予扣除的外购应税消费品数量} \times \text{应税消费品适用税率}$$

2. 以委托加工的已税消费品生产应税消费品

$$\text{当期准予扣除的委托加工已税消费品的已纳税款} = \text{期初库存的委托加工已税消费品的已纳税款} + \text{本期收回的委托加工已税消费品的已纳税款} - \text{期末库存的委托加工已税消费品的已纳税款}$$

第三节　消费税出口退（免）税

一、应税消费品出口退免税政策

（一）出口免税并退税

出口免税并退税的政策，适用于有出口经营权的外贸企业购进应税消费品直接出口，以及外贸企业受其他外贸企业委托代理出口的应税消费品。外贸企业只有受其他外贸企业委托，代理出口应税消费品时才可以办理退税，外贸企业受其他企业（主要是生产性的商贸企业和生产性企业）委托，代理出口应税消费品，是不予退（免）税的。

（二）出口免税不退税

出口免税不退税的政策，适用于有进出口经营权的生产企业自营出口或生产企业委托外贸企业代理出口自产的应税消费品。免征消费税是指生产性企业按实际出口的应税消费品数量,免征生产环节的消费税。不予办理退还消费税,因已免征生产环节的消费税,该应税消费品出口时,已不含有消费税,所以无须再办理退还消费税。

(三)出口不免税也不退税

出口企业出口或视同出口适用增值税征税政策的货物为消费税应税消费品,应按规定缴纳消费税,不退还其以前环节已征的消费税,且不允许在内销应税消费品应纳消费税款中抵扣。

二、出口货物退税率的规定

出口应税消费品的退税率为《消费税税目税率表》中规定的税率,即税法规定的消费税税率或单位税额。企业应将出口的不同税率的应税消费品分别核算,凡划分不清的,一律从低适用税率计算应退消费税税额。

三、出口应税消费品退税额的计算

出口货物的消费税应退税额的计税依据,按购进出口货物的消费税专用缴款书和海关进口消费税专用缴款书确定。具体计算方法如下。

(一)从价定率计税的消费品应退税额的计算

按照外贸企业从工厂购进货物时征收消费税的价格计算应退税额。其计算公式为

应退消费税税额＝出口应税消费品的工厂销售额×税率

如果工厂销售额是含增值税的价格,应换算为不含增值税的销售额。

【例 2-1】 甲外贸公司本月从某化妆品生产企业购进一批高档化妆品,取得增值税专用发票注明价款 200 万元。该公司将这批化妆品全部出口,取得收入折合人民币 210 万元,已知该化妆品的增值税退税率为 9%。计算该出口业务应退的增值税和消费税税额。

解析: 应退增值税税额＝200×9%＝18(万元)

应退消费税税额＝200×15%＝30(万元)

(二)从量定额计税的消费品应退税额的计算

按照外贸企业报关出口应税消费品的数量计算应退税额。其计算公式为

应退消费税税额＝出口应税消费品数量×单位税额

(三)从价从量复合计征消费税应退税额的计算

按照外贸企业从工厂购进货物时征收消费税的价格及报关出口应税消费品的数量计算应退税额。其计算公式为

消费税应退税额＝出口应税消费品的工厂销售额×比例税率＋

出口应税消费品数量×定额税率

出口的应税消费品办理退(免)税后,发生退关或者国外退货的,报关出口者必须及时向其所在地主管税务机关申报补缴已退(免)的消费税税额。

纳税人直接出口的应税消费品办理免税后发生退关或国外退货,进口时已予以免税

的,经所在地主管税务机关批准,可暂不办理补税,待其转为国内销售时,再向其主管税务机关申报补缴消费税。

第四节 消费税涉税业务的会计处理

对消费税的核算应在"应交税费——应交消费税"账户下进行,为了全面介绍消费税各纳税环节的会计处理,本书以某一生产应税消费品的工业企业为研究对象,研究其增值税、消费税业务的会计处理。

【例2-2】 基础资料:宏达实木地板生产企业系增值税一般纳税人,主要以外购的普通实木地板为原料,生产销售各种高档实木地板,适用的消费税税率为5%,实木地板的成本利润率为5%。其中,生产的A款式实木地板成本为200元/平方米,平均售价320元/平方米,最高售价360元/平方米。

业务资料:本年3月,发生下列与增值税和消费税有关的经济业务(为了系统地分析消费税业务的会计处理,按业务类型进行归纳讲解,不考虑业务发生的时间顺序)。已知该企业期初库存外购已税实木地板20万元。

一、生产销售应税消费品的会计处理

由于消费税属于价内税,企业销售应税消费品的售价已包含消费税(不含增值税),因此,企业缴纳的消费税,应记入"税金及附加"账户,由销售收入补偿。

【例2-2-1】 3月销售实木地板,共取得价款800 000元,增值税额104 000元,企业已开出增值税专用发票,款项已存入银行。

解析:

借:银行存款　　　　　　　　　　　　　　　　904 000
　　贷:主营业务收入　　　　　　　　　　　　800 000
　　　　应交税费——应交增值税(销项税额)　　104 000
　　　　　　　应纳消费税=800 000×5%=40 000(元)
借:税金及附加　　　　　　　　　　　　　　　40 000
　　贷:应交税费——应交消费税　　　　　　　40 000

二、视同销售应税消费品的会计处理

(一)自产自用应税消费品

自产自用的应税消费品,用于连续生产应税消费品的,不需缴纳消费税,用于其他方面的(主要包括用于生产非应税消费品、在建工程、管理部门、非生产机构、广告、样品、等方面),于移送使用时缴纳消费税。

【例2-2-2】 企业在市区经营租入了一门市房用于产品销售,领用生产的A款式实木地板100平方米进行装修。

解析:　　　A款式实木地板的成本=200×100=20 000(元)

经营租入了的门市房用于产品销售,属于企业的生产经营活动,不属于增值税视同销售行为,但却属于消费税视同销售行为。

$$应纳消费税金额＝320×100×5\%＝1\,600(元)$$

借：在建工程　　　　　　　　　　　　　　　　21 600

　　贷：库存商品　　　　　　　　　　　　　　　20 000

　　　　应交税费——应交消费税　　　　　　　　　1 600

（二）以自产的应税消费品换取生产资料和消费资料、投资入股、抵偿债务

企业以自产的应税消费品换取生产资料和消费资料、投资入股、抵偿债务,应视同销售在会计上作销售处理。按应税消费品售价或组成计税价格计算应缴纳的增值税,并计提应纳消费税。

税法规定,纳税人用于换取生产资料和消费资料,投资入股和抵偿债务等方面的应税消费品,应当以纳税人同类应税消费品的最高销售价格作为计税依据计算征收消费税。

【例2-2-3】　企业在该门市房装修过程中,没有购买任何其他装修材料,而是用A款式实木地板200平方米换回了其他装修材料进行装修,换回的材料未取得增值税专用发票。

企业换取装修材料的行为,应按平均售价确认增值税销项税额,按最高销售价格作为计税依据计算缴纳消费税。

解析：应确认的增值税销项税额＝320×200×13%＝64 000×13%＝8 320(元)

　　　　应纳消费税金额＝360×200×5%＝72 000×5%＝3 600(元)

（1）确认换出产品收入并同时确认换入工程物资成本

借：工程物资　　　　　　　　　　　　　　　　72 320

　　贷：主营业务收入　　　　　　　　　　　　　64 000

　　　　应交税费——应交增值税（销项税额）　　　8 320

（2）计提应纳消费税

借：税金及附加　　　　　　　　　　　　　　　　3 600

　　贷：应交税费——应交消费税　　　　　　　　　3 600

风险提示

企业在换回装修材料时,如果能取得增值税专用发票,专用发票上的增值税额可以作为进项税额处理。

【例2-2-4】　企业以A款式实木地板5 000平方米向某建材公司进行投资,双方约定按平均售价确定投资成本,取得其10%的股权。

解析：应确认的增值税销项税额＝320×5 000×13%＝1 600 000×13%＝208 000(元)

　　　　应纳消费税金额＝360×5 000×5%＝1 800 000×5%＝90 000(元)

（1）确认长期股权投资

借：长期股权投资　　　　　　　　　　　　　　1 808 000

```
            贷：主营业务收入                                    1 600 000
                应交税费——应交增值税（销项税额）                    208 000
        （2）计提应纳消费税
        借：税金及附加                                          90 000
            贷：应交税费——应交消费税                                90 000
```

（三）企业以自产的应税消费品用于"换取生产资料和消费资料、投资入股、抵偿债务"以外的其他改变应税消费品所有权的方面

企业以生产的应税消费品用于"换取生产资料和消费资料、投资入股、抵偿债务"以外的其他改变应税消费品所有权的方面，因改变所有权属于增值税和消费税的视同销售行为，按应税消费品售价或组成计税价格计算应缴纳的增值税和消费税，此时增值税和消费税的计税依据一致。是否在会计上确认收入，还要考虑是否满足收入的确认条件。

【例 2-2-5】 经企业法人代表批准，企业一主要投资者无偿从本企业领用一批实木地板，成本 30 000 元，市场售价 40 000 元。

上述行为是向投资者分配利润的一种方式，是一种视同销售行为。

解析：　　应确认的增值税销项税额＝40 000×13％＝5 200（元）

应纳消费税金额＝40 000×5％＝2 000（元）

```
        借：利润分配——应付利润                                 45 200
            贷：主营业务收入                                     40 000
                应交税费——应交增值税（销项税额）                    5 200
        借：税金及附加                                          2 000
            贷：应交税费——应交消费税                                2 000
```

【例 2-2-6】 将自产的一批新型实木地板赠送给某幼儿园，成本为 38 000 元，已知该实木地板无同类产品市场价格。

解析：　　组成计税价格＝38 000×（1＋5％）÷（1－5％）＝42 000（元）

应确认的增值税销项税额＝42 000×13％＝5 460（元）

应纳消费税金额＝42 000×5％＝2 100（元）

```
        借：营业外支出                                          45 560
            贷：库存商品                                         38 000
                应交税费——应交增值税（销项税额）                    5 460
                应交税费——应交消费税                                2 100
```

三、委托加工应税消费品的会计处理

委托加工应税消费品，由受托方在向委托方交货时代收代缴消费税，受托方为个体经营者除外。

（1）委托方将委托加工产品收回后，直接用于销售的，在销售时不再缴纳消费税。直接出售是指，委托方将收回的应税消费品，以不高于受托方的计税价格出售；如果委托方以高于受托方的计税价格出售的，不属于直接出售，需按照规定申报缴纳消费税，在计税

时准予扣除受托方已代收代缴的消费税。受托方代收代缴的消费税记入委托加工应税消费品成本。

（2）委托加工产品收回后用于连续生产应税消费品，已纳税款按规定准予抵扣。将受托方代收代缴的消费税记入"应交税费——应交消费税"账户的借方。

【例 2-2-7】 委托甲实木地板生产企业加工 B 款式实木地板一批，原材料成本为 300 000 元，取得甲企业开具的增值税专用发票注明加工费 80 000 元。甲企业 B 款式实木地板同类消费品的销售价格为 400 000 元，B 款式实木地板加工完成验收入库，加工费用等已经支付。收回的 B 款式实木地板一半用于进一步加工生产 C 款式实木地板；另一半直接出售，企业已开具增值税专用发票，注明价款 300 000 元，增值税额 39 000 元，款项已存入银行。

解析：

（1）发出原材料时

借：委托加工物资　　　　　　　　　　　　300 000
　　贷：原材料　　　　　　　　　　　　　　　300 000

（2）支付加工费

借：委托加工物资　　　　　　　　　　　　 80 000
　　应交税费——应交增值税（进项税额）　　 10 400
　　贷：银行存款　　　　　　　　　　　　　　 90 400

（3）支付代收代缴的消费税

应按甲企业 B 款式实木地板同类消费品的销售价格，计算代收代缴的消费税。

$$甲企业应代收代缴的消费税 = 400\,000 \times 5\% = 20\,000（元）$$

由于收回的 B 款式实木地板一半用于进一步加工生产 C 款式实木地板；另一半直接出售，支付的代收代缴消费税，一半应计入"应交税费——应交消费税"账户的借方，另一半直接计入委托加工物资的成本。

借：委托加工物资　　　　　　　　　　　　 10 000
　　应交税费——应交消费税　　　　　　　　 10 000
　　贷：银行存款　　　　　　　　　　　　　　 20 000

（4）收回验收入库

借：原材料——B 款式实木地板　　　　　　190 000
　　库存商品——B 款式实木地板　　　　　　200 000
　　贷：委托加工物资　　　　　　　　　　　　390 000

（5）生产领用 B 款式实木地板

借：生产成本　　　　　　　　　　　　　　190 000
　　贷：原材料——B 款式实木地板　　　　　　190 000

（6）对外销售 B 款式实木地板

销售 B 款式实木地板的价格 300 000 元，高于受托方的计税价格 200 000 元，不属于直接出售，需按照规定申报缴纳消费税，在计税时准予扣除受托方已代收代缴的消费税。

① 确认销售收入

借：银行存款　　　　　　　　　　　　　　339 000

　　　　　贷：主营业务收入　　　　　　　　　　　　　　300 000
　　　　　　　应交税费——应交增值税（销项税额）　　　　39 000
　　　② 结转销售成本
　　　借：主营业务成本　　　　　　　　　　　　　　　　200 000
　　　　　贷：库存商品——B款式实木地板　　　　　　　　200 000
　　　③ 计算应纳消费税
　　　　　　　　　应纳消费税＝300 000×5％－10 000＝5 000（元）
　　　借：税金及附加　　　　　　　　　　　　　　　　　　5 000
　　　　　贷：应交税费——应交消费税　　　　　　　　　　5 000

四、受托加工应税消费品的会计处理

　　【例2-2-8】　受托为某高档会所加工实木地板一批，对方发出的材料成本为90 000元，该厂加工完毕开具增值税专用发票注明加工费24 000元（不含税），因没有同类产品销售价格，按组成计税价格代收代缴消费税，相关款项均已收到。

　　解析：

　　（1）收到委托方发来的原材料。

　　收到委托方发来的原材料，因资产所有权不属于该企业，不作为企业资产进行核算，只在备查簿中进行登记。

　　（2）收取加工费：

　　　　　　　　应确认的增值税销项税额＝24 000×13％＝3 120（元）

　　　借：银行存款　　　　　　　　　　　　　　　　　　27 120
　　　　　贷：主营业务收入　　　　　　　　　　　　　　24 000
　　　　　　　应交税费——应交增值税（销项税额）　　　　3 120

　　（3）收取代收代缴消费税：

　　　　　　　　组成计税价格＝（90 000＋24 000）÷（1－5％）＝120 000（元）
　　　　　　　　应代收代缴的消费税＝120 000×5％＝6 000（元）

　　　借：银行存款　　　　　　　　　　　　　　　　　　6 000
　　　　　贷：应交税费——应交消费税　　　　　　　　　　6 000

　　（4）委托加工业务结束，缴纳代收代缴消费税：

　　　借：应交税费——应交消费税　　　　　　　　　　　20 000
　　　　　贷：银行存款　　　　　　　　　　　　　　　　20 000

　　在备查簿中核销委托加工物资。

五、进口应税消费品的会计处理

　　进口应税消费品在海关缴纳的消费税，一般直接计入进口应税消费品成本。对于进口的应税消费品，直接出售不再缴纳消费税；生产企业将进口的应税消费品，用于连续生产其他应税消费品，符合抵扣条件的，在征收消费税时可以扣除在海关缴纳的消费税税款。

【例 2-2-9】 从国外进口实木地板一批,到岸价折合人民币为 100 000 元,款项已支付,经海关核定到岸价为关税完税价格,关税税率为 14%,企业已向海关支付了关税、增值税、消费税税款,并取得了相关完税凭证,实木地板已验收入库,企业做库存商品处理,直接用于出售。

  解析: 应纳关税＝100 000×14%＝14 000(元)

    组成计税价格＝100 000×(1＋14%)÷(1－5%)＝120 000(元)

    应纳增值税＝120 000×13%＝15 600(元)

    应纳消费税＝120 000×5%＝6 000(元)

借:库存商品　　　　　　　　　　　　　　　120 000

　　应交税费——应交增值税(进项税额)　　　 15 600

　　贷:银行存款(外币户)　　　　　　　　　　100 000

　　　　银行存款(人民币户)　　　　　　　　　 35 600

六、外购已税消费品已纳税款的扣除

为了消除重复课税,纳税人用税法规定的外购或委托加工收回的已税消费品连续生产应税消费品的,在征收消费税时可以扣除外购或委托加工已税消费品已纳的消费税税款。

【例 2-2-10】 该企业本月购入已税实木地板,价值 40 万元,生产领用 42 万元,期末库存 18 万元。

  解析: 生产领用实木地板可以抵扣的消费税＝420 000×5%＝21 000(元)

借:生产成本　　　　　　　　　　　　　　　399 000

　　应交税费——应交消费税　　　　　　　　　 21 000

　　贷:库存商品——B 款式实木地板　　　　　420 000

七、金银首饰、铂金首饰和钻石及钻石饰品的会计处理

金银首饰、铂金首饰和钻石及钻石饰品,在零售环节征收消费税。计算消费税时用不含增值税的售价乘以 5% 的消费税税率,按计算应缴纳的消费税额借记“税金及附加”账户,贷记“应交税费——应交消费税”账户。

第五节　消费税的纳税申报

一、消费税申报方式

消费税主要采用网上申报的方式。

二、纳税申报需要报送的资料

自 2021 年 8 月 1 日起,统一消费税纳税申报表主表,将原分税目的 8 张消费税纳税申报表主表整合为 1 张主表即消费税及附加税费申报表;将原分税目的 22 张消费税纳税申报表附表整合为 7 张附表,其中 4 张为通用附表,1 张成品油消费税纳税人填报的专

用附表、2 张卷烟消费税纳税人填报的专用附表。

通用附表包括：附表 1-1《本期准予扣除税额计算表》、附表 2《本期减（免）税额明细表》、附表 3《本期委托加工收回情况报告表》、附表 6《消费税附加税费计算表》。成品油消费税纳税人填报的专用附表为：附表 1-2《本期准予扣除税额计算表（成品油消费税纳税人适用）》。卷烟消费税纳税人填报的专用附表包括：附表 4《卷烟批发企业月份销售明细清单（卷烟批发环节消费税纳税人适用）》、附表 5《卷烟生产企业合作生产卷烟消费税情况报告表（卷烟生产环节消费税纳税人适用）》。

三、消费税申报

采用网上申报消费税的纳税人，通过网络，利用网上申报专用软件，在网上申报系统填写消费税及附加税费申报表。纳税人首先应根据应税消费品的类型及业务特点，选择填写相关附表，需要填写的附表（除附表 6）都填写完毕后，再填写《消费税及附加税费申报表》（主表），填写的附表信息会在主表自动生成，最后根据主表的"本期应补（退）税额"栏数值，填写附表 6，附表 6 的相关信息再自动生成在主表对应栏。纳税申报表检查无误后进行上传，即完成纳税申报，如果纳税人已开通银税联网三方协议，可以通过网上扣缴税款。

第三章

企业所得税的纳税方法

企业所得税是对我国境内的企业和其他取得收入的组织的生产经营所得和其他所得征收的一种税。它是国家参与企业收入分配的直接形式,体现了国家与企业的分配关系。企业所得税实行按年征收、分期预缴、年终汇算清缴的征收管理办法。

第一节　企业所得税税收政策概述

一、企业所得税的纳税人

企业所得税的纳税人是指在中华人民共和国境内的企业和其他取得收入的组织(以下统称企业)。不包括依照中国法律、行政法规成立的个人独资企业和合伙企业。

我国企业所得税参照国际惯例,选择了地域管辖权和居民管辖权的双重标准,依据是否在中国境内成立或实际管理机构是否在中国境内,将企业分为居民企业和非居民企业,分别承担不同的纳税义务。

(一)居民企业

居民企业是指依法在中国境内成立,或者依照外国(地区)法律成立但实际管理机构在中国境内的企业。

1. 依法在中国境内成立的企业

依法在中国境内成立的企业是指依照中国法律、行政法规在中国境内成立的企业、事业单位、社会团体以及其他取得收入的组织。

2. 依照外国(地区)法律成立但实际管理机构在中国境内的企业

依照外国(地区)法律成立的企业是指依照外国(地区)法律成立的企业和其他取得收入的组织。实际管理机构是指对企业的生产经营、人员、账务、财产等实施实质性全面管理和控制的机构。

(二)非居民企业

非居民企业是指依照外国(地区)法律成立且实际管理机构不在中国境内,但在中国境内设立机构、场所的,或者在中国境内未设立机构、场所,但有来源于中国境内所得的企业。

二、企业所得税的征税对象

企业所得税的征税对象是指企业的生产经营所得、其他所得和清算所得。

（一）居民企业的征税对象

居民企业应就其来源于中国境内、境外的所得作为征税对象，承担无限纳税义务。

（二）非居民企业的征税对象

（1）非居民企业在中国境内设立机构、场所的，应当就其所设机构、场所取得的来源于中国境内的所得，以及发生在中国境外但与其所设机构、场所有实际联系的所得缴纳企业所得税。

（2）非居民企业在中国境内未设立机构、场所的，或者虽设立机构、场所但取得的所得与其所设机构、场所没有实际联系的，应当就其来源于中国境内的所得缴纳企业所得税。

重点关注

实际联系，是指非居民企业在中国境内设立的机构、场所拥有据以取得所得的股权、债权，以及拥有、管理、控制据以取得所得的财产等。

（三）所得来源地的确定

所得来源地按照以下原则确定：

（1）销售货物所得，为交易活动发生地。

（2）提供劳务所得，为劳务发生地。

（3）转让财产所得，不动产转让所得，为不动产所在地；动产转让所得，为转让动产的企业或者机构、场所所在地；权益性投资资产转让所得，为被投资企业所在地。

（4）股息红利等权益性投资所得，为分配所得的企业所在地。

（5）利息所得、租金所得、特许权使用费所得，按照负担、支付所得的企业或者机构、场所所在地确定，或者按照负担、支付所得的个人的住所地确定。

（6）其他所得，由国务院财政、税务主管部门确定。

三、企业所得税的税率

（一）基本税率

企业所得税实行比例税率，税率为25%。基本税率适用于：

（1）居民企业取得的各项所得；

（2）非居民企业在中国境内设立机构、场所取得的来源于中国境内的所得，以及发生在中国境外但与其所设机构、场所有实际联系的所得。

（二）预提所得税率

非居民企业在中国境内未设立机构、场所的，或者虽设立机构、场所但取得的所得与其所设机构、场所没有实际联系的，如股息、利息、红利所得、特许权使用费所得等一般采取源泉扣缴方式征收企业所得税，这种所得税形式习惯上被称为预提所得税。

预提所得税税率为 20%。目前减按 10% 的税率征收企业所得税。

（三）优惠税率

对符合条件的小型微利企业减按 20% 的税率征收企业所得税；对国家需要重点扶持的高新技术企业减按 15% 的税率征收企业所得税。

四、企业所得税的税收优惠

（一）免征与减征优惠

1．从事农、林、牧、渔业项目的所得

企业从事农、林、牧、渔业项目的所得，包括免征和减征两部分。

（1）企业从事下列项目的所得，免征企业所得税：

① 蔬菜、谷物、薯类、油料、豆类、棉花、麻类、糖料、水果、坚果的种植；

② 农作物新品种的选育；

③ 中药材的种植；

④ 林木的培育和种植；

⑤ 牲畜、家禽的饲养；

⑥ 林产品的采集；

⑦ 灌溉、农产品初加工、兽医、农技推广、农机作业和维修等农、林、牧、渔服务业项目；

⑧ 远洋捕捞。

（2）企业从事下列项目的所得，减半征收企业所得税：

① 花卉、茶以及其他饮料作物和香料作物的种植；

② 海水养殖、内陆养殖。

企业从事国家限制和禁止发展的项目，不得享受上述企业所得税优惠。

2．从事国家重点扶持的公共基础设施项目投资经营的所得

企业从事国家重点扶持的公共基础设施项目的投资经营的所得，自项目取得第一笔生产经营收入所属纳税年度起，第一年至第三年免征企业所得税，第四年至第六年减半征收企业所得税。

3．从事符合条件的环境保护、节能节水项目的所得

企业从事符合条件的环境保护、节能节水项目的所得，自项目取得第一笔生产经营收入所属纳税年度起，第一年至第三年免征企业所得税，第四年至第六年减半征收企业所得税。

4．符合条件的技术转让所得

在一个纳税年度内，居民企业技术转让所得不超过 500 万元的部分，免征企业所得税；超过 500 万元的部分，减半征收企业所得税。

（二）小型微利企业的税收优惠

自 2023 年 1 月 1 日起至 2024 年 12 月 31 日止，对小型微利企业年应纳税所得额的数额，减按 25% 计入应纳税所得额，按 20% 的税率缴纳企业所得税。

符合条件的小型微利企业是指从事国家非限制和禁止行业，且同时符合以下三个条件的企业：

（1）年度应纳税所得额不超过 300 万元；

（2）从业人数不超过 300 人；

（3）资产总额不超过 5 000 万元。

（三）国家重点扶持的高新技术企业的税收优惠

国家需要重点扶持的高新技术企业，减按 15% 的税率征收企业所得税。国家需要重点扶持的高新技术企业是指拥有核心自主知识产权，并同时符合规定条件的企业。

（四）加计扣除优惠

企业的下列支出，可以在计算应纳税所得额时加计扣除。

1. 研究开发费用

（1）适用行业：除烟草制造业、住宿和餐饮业、批发和零售业、房地产业、租赁和商务服务业、娱乐业以外，其他企业均可享受。

（2）适用活动：企业为获得科学与技术新知识，创造性运用科学技术新知识，或实质性改进技术、产品（服务）、工艺而持续进行的具有明确目标的系统性活动。

（3）优惠内容：企业开展研发活动中实际发生的研发费用，未形成无形资产计入当期损益的。

在按规定据实扣除的基础上，自 2023 年 1 月 1 日起，再按照实际发生额的 100% 在税前加计扣除；形成无形资产的，自 2023 年 1 月 1 日起，按照无形资产成本的 200% 在税前摊销。

2. 安置残疾人员所支付的工资

企业安置残疾人员的，在按照支付给残疾职工工资据实扣除的基础上，按照支付给残疾职工工资的 100% 加计扣除。

3. 企业投入基础研究的支出

自 2022 年 1 月 1 日起，对企业出资给非营利性科学技术研究开发机构（科学技术研究开发机构以下简称科研机构）、高等学校和政府性自然科学基金用于基础研究的支出，在计算应纳税所得额时可按实际发生额在税前扣除，并可按 100% 在税前加计扣除。

对非营利性科研机构、高等学校接收企业、个人和其他组织机构基础研究资金收入，免征企业所得税。

（五）创业投资企业的税收优惠

创业投资企业从事国家需要重点扶持和鼓励的创业投资，可以按投资额的一定比例抵扣应纳税所得额。

抵扣应纳税所得额，是指创业投资企业采取股权投资方式投资于未上市的国家需要重点扶持和鼓励中小高新技术企业 2 年以上的,可以按照其投资额的 70% 在股权持有满 2 年的当年抵扣该创业投资企业的应纳税所得额;当年不足抵扣的,可以在以后纳税年度结转抵扣。

(六) 加速折旧优惠

1. 加速折旧的范围

(1) 基本规定

下列固定资产可以采用加速折旧的方法计提折旧在应纳税所得额中扣除。

① 由于技术进步,产品更新换代较快的固定资产。

② 常年处于强震动、高腐蚀状态的固定资产。

(2) 固定资产加速折旧的其他规定

① 信息传输、软件和信息技术服务业及全部制造业领域的企业,均适用固定资产加速折旧优惠。

② 对上述行业的小型微利企业,在相关规定时间后新购进的研发和生产经营共用的仪器、设备,单位价值不超过 100 万元的,允许一次性计入当期成本费用在计算应纳税所得额时扣除,不再分年度计算折旧;单位价值超过 100 万元的,可由企业选择缩短折旧年限或采取加速折旧的方法。

③ 对所有行业企业新购进的专门用于研发的仪器、设备,单位价值不超过 100 万元的,允许一次性计入当期成本费用在计算应纳税所得额时扣除,不再分年度计算折旧;单位价值超过 100 万元的,可缩短折旧年限或采取加速折旧的方法。

④ 对所有行业企业持有的单位价值不超过 5 000 元的固定资产,允许一次性计入当期成本费用在计算应纳税所得额时扣除,不再分年度计算折旧。

⑤ 企业在 2018 年 1 月 1 日至 2023 年 12 月 31 日期间新购进的设备、器具,单位价值不超过 500 万元的,允许一次性计入当期成本费用在计算应纳税所得额时扣除,不再分年度计算折旧;单位价值超过 500 万元的,仍按企业所得税法相关规定计提折旧。设备、器具,是指除房屋、建筑物以外的固定资产。

2. 加速折旧的方法

企业的固定资产确需加速折旧的,可以采取缩短折旧年限或者采取加速折旧的方法。

采用缩短折旧年限来加速折旧的固定资产,固定资产的使用年限不得低于税法规定的最低折旧年限的 60%;采取加速折旧方法的固定资产,可以采取双倍余额递减法或者年数总和法计算折旧。

集成电路生产企业的生产设备,其折旧年限可以适当缩短,最短可为 3 年(含)。企业外购的软件,凡符合固定资产或无形资产确认条件的,可以按照固定资产或无形资产进行核算,其折旧或摊销年限可以适当缩短,最短可为 2 年(含)。

(七) 减计收入优惠

企业综合利用资源,生产符合国家产业政策规定的产品所取得的收入,可以在计算应纳税所得额时减计收入。

减计收入是指企业以《资源综合利用企业所得税优惠目录》规定的资源作为主要原

材料,生产国家非限制和禁止并符合国家和行业相关标准的产品取得的收入,减按90%计入收入总额,计算应纳税所得额。

重点关注

原材料占生产产品材料的比例不得低于《资源综合利用企业所得税优惠目录》规定的标准。

（八）税额抵免优惠

税额抵免是指企业购置并实际使用环境保护专用设备企业所得税优惠目录、节能节水专用设备企业所得税优惠目录和安全生产专用设备企业所得税优惠目录规定的环境保护、节能节水、安全生产等专用设备的,该专用设备的投资额的10%可以从企业当年的应纳税额中抵免;当年不足抵免的,可以在以后5个纳税年度结转抵免。

（九）民族自治地方的税收优惠

民族自治地方的自治机关对本民族自治地方的企业应缴纳的企业所得税中属于地方分享的部分,可以决定减征或者免征。自治州、自治县决定减征或者免征的,须报省、自治区、直辖市人民政府批准。

（十）非居民企业优惠

（1）非居民企业在中国境内未设立机构、场所的,或者虽设立机构、场所但取得的所得与其所设机构、场所没有实际联系的,减按10%的税率征收企业所得税。

（2）非居民企业取得下列所得免征企业所得税:

① 外国政府向中国政府提供贷款取得的利息所得;

② 国际金融组织向中国政府和居民企业提供优惠贷款取得的利息所得;

③ 经国务院批准的其他所得。

重点关注

企业同时从事适用不同企业所得税优惠待遇项目的,其优惠项目应当单独计算所得,并合理分摊企业的期间费用;没有单独计算的,不得享受企业所得税优惠。

五、企业所得税的征收管理

（一）企业所得税的纳税期限

企业所得税按年计征,分月或者分季预缴,年终汇算清缴,多退少补。

企业所得税的纳税年度,自公历每年1月1日起至12月31日止。企业在一个纳税年度的中间开业,或者由于合并、关闭等原因终止经营活动,使该纳税年度的实际经营期不足12个月的,应当以其实际经营期为一个纳税年度。企业清算时,应当以清算期间作为一个纳税年度。

企业应当自月份或者季度终了之日起15日内,向税务机关报送预缴企业所得税纳税申报表,预缴税款。企业应自年度终了之日起5个月内,向税务机关报送年度企业所得税纳税申报表,并汇算清缴,结清应缴应退税款。企业在年度中间终止经营活动的,应当自实际经营终止之日起 60 日内,向税务机关办理当期企业所得税汇算清缴。

扣缴义务人每次代扣的税款,应当自代扣之日起 7 日内缴入国库,并向所在地的税务机关报送扣缴企业所得税报告表。

(二)企业所得税的源泉扣缴

对非居民企业在中国境内未设立机构、场所的,或者虽设立机构、场所但取得的所得与其所设机构、场所没有实际联系的所得应缴纳的所得税,实行源泉扣缴,以支付人为扣缴义务人。

对非居民企业在中国境内取得工程作业和劳务所得应缴纳的所得税,税务机关可以指定工程价款或者劳务费的支付人为扣缴义务人。

(三)企业所得税的纳税地点

(1)除税收法律、行政法规另有规定外,居民企业以企业登记注册地为纳税地点;但登记注册地在境外的,以实际管理机构所在地为纳税地点。

(2)居民企业在中国境内设立不具有法人资格的营业机构的,应当汇总计算并缴纳企业所得税。

(3)非居民企业在中国境内设立机构、场所的,应当就其所设机构、场所取得的来源于中国境内的所得,以及发生在中国境外但与其所设机构、场所有实际联系的所得,以机构、场所所在地为纳税地点。非居民企业在中国境内设立两个或者两个以上机构、场所的,经税务机关审核批准,可以选择由其主要机构、场所汇总缴纳企业所得税。

(4)非居民企业在中国境内未设立机构、场所的,或者虽设立机构、场所但取得的所得与其所设机构、场所没有实际联系的所得,以扣缴义务人所在地为纳税地点。

(5)除国务院另有规定外,企业之间不得合并缴纳企业所得税。

(四)企业所得税征收管理的其他规定

企业所得税分月或者分季预缴,由税务机关具体核定。

企业根据规定分月或者分季预缴企业所得税时,应当按照月度或者季度的实际利润额预缴;按照月度或者季度的实际利润额预缴有困难的,可以按照上一纳税年度应纳税所得额的月度或者季度平均额预缴,或者按照经税务机关认可的其他方法预缴。预缴方法一经确定,该纳税年度内不得随意变更。

企业在纳税年度内无论盈利或者亏损,都应当依照企业所得税法规定的期限,向税务机关报送预缴企业所得税纳税申报表、年度企业所得税纳税申报表、财务会计报告和税务机关规定应当报送的其他有关资料。

(五)企业所得税税前扣除凭证管理

企业发生支出,应取得税前扣除凭证,作为计算企业所得税应纳税所得额时扣除相关支出的依据。企业应在当年度企业所得税法规定的汇算清缴期结束前取得税前扣除凭证。

企业取得私自印制、伪造、变造、作废、开票方非法取得、虚开、填写不规范等不符合规定的发票,以及取得不符合国家法律、法规等相关规定的其他外部凭证,不得作为税前扣除凭证。

汇算清缴期结束后,税务机关发现企业应当取得而未取得发票、其他外部凭证或者取得不合规发票、不合规其他外部凭证并且告知企业的,企业应当自被告知之日起 60 日内补开、换开符合规定的发票、其他外部凭证。企业在规定的期限未能补开、换开符合规定的发票、其他外部凭证,并且未能按规定提供相关资料证实其支出真实性的,相应支出不得在发生年度税前扣除。

第二节　应纳税所得额的确定及涉税业务会计处理

企业所得税的计税依据为应纳税所得额,应纳税所得额的确认应以权责发生制为原则。

应纳税所得额是指企业每一纳税年度的收入总额,减除不征税收入、免税收入、各项扣除以及允许弥补的以前年度亏损后的余额。用公式表示为

$$应纳税所得额＝收入总额－不征税收入－免税收入－各项扣除金额－$$
$$允许弥补的以前年度亏损$$

在对应纳税所得额各项目的研究过程中,对一些涉税业务提出相关会计处理。

一、收入总额

收入总额是企业以货币形式和非货币形式从各种来源取得的收入。

(一) 一般收入的确认

1. 销售货物收入

销售货物收入是指企业销售商品、产品、原材料、包装物、低值易耗品以及其他存货取得的收入。

(1) 销售货物涉及现金折扣的,应当按照扣除现金折扣前的金额确定销售货物金额,涉及商业折扣的,应当按照扣除商业折扣后的金额确定销售货物金额。

(2) 企业已经确认销售收入的售出货物发生销售折让的,应当在发生时冲减当期销售收入,发生销售退回的,应当在发生时冲减当期销售收入。

(3) 以分期收款方式销售货物的,按照合同约定的本期应收款金额确认当期收入。

2. 提供劳务收入

提供劳务收入是指企业从事建筑安装、修理修配、交通运输、仓储租赁、金融保险、邮电通信、咨询经纪、文化体育、科学研究、技术服务、教育培训、餐饮住宿、中介代理、卫生保健、社区服务、旅游、娱乐、加工以及其他劳务服务活动取得的收入。

(1) 企业在各个纳税期末,提供劳务交易的结果能够可靠估计的,应采用完工进度(完工百分比)法确认提供劳务收入。

(2) 下列提供劳务满足收入确认条件的,应按照规定确认收入。

① 安装费。应根据安装完工进度确认收入,安装工作是商品销售附带条件的,安装费在确认商品销售实现时确认收入。

② 宣传媒介的收费。应在相关的广告或商业行为出现于公众面前时确认收入。

③ 广告的制作费。应根据制作广告的完工进度确认收入。

④ 软件费。为特定客户开发软件的收费,应根据开发的完工进度确认收入。

⑤ 服务费。服务费包括在商品售价内可区分的服务费,在提供服务的期间分期确认收入。

⑥ 艺术表演、招待宴会和其他特殊活动的收费。在相关活动发生时确认收入,收费涉及几项活动的,预收的款项合理分配给每项活动,分别确认收入。

⑦ 会员费。申请入会或加入会员,只允许取得会籍,所有其他服务或商品都要另行收费的,在取得该会员费时确认收入;申请入会或加入会员后,会员在会员期内不再付费就可得到各种服务或商品,或者以低于非会员的价格销售商品或提供劳务的,该会员费应在整个收益期内分期确认收入。

⑧ 特许权费。属于提供设备和其他有形资产的特许权费,在交付资产或转移资产所有权时确认收入;属于提供初始及后续服务的特许权费,在提供服务时确认收入。

⑨ 劳务费。长期为客户提供重复的劳务收取的劳务费,在相关劳务活动发生时确认收入。

3. 转让财产收入

转让财产收入是指企业转让固定资产、生物资产、无形资产、股权、债权等财产取得的收入。

企业应当按照从财产受让方已收或应收的合同或协议价款确定转让财产收入金额。

4. 股息、红利等权益性投资收益

股息、红利等权益性投资收益是指企业因权益性投资从被投资方取得的收入。

企业应当按照被投资方作出利润分配决定的日期确认收入的实现,按照从被投资企业分配的股息、红利和其他利润分配收益金额确认股息、红利收益金额。

5. 利息收入

利息收入是指企业将资金提供他人使用但不构成权益性投资,或者因他人占用本企业资金取得的收入,包括存款利息、贷款利息、债券利息、欠款利息等收入。

企业应当按照合同约定的债务人应付利息的日期确认收入的实现,按照有关借款合同或协议约定的金额确定利息收入金额。

6. 租金收入

租金收入是指企业提供固定资产、包装物或者其他有形资产的使用权取得的收入。

企业应当按照合同约定的承租人应付租金的日期确认收入的实现,按照有关租赁合同或协议约定的金额确定租金收入金额。

7. 特许权使用费收入

特许权使用费收入是指企业提供专利权、非专利技术、商标权、著作权以及其他特许权的使用权取得的收入。

企业应当按照合同约定的特许权使用人应付特许权使用费的日期确认收入的实现,按照有关使用合同或协议约定的金额确定特许权使用费收入金额。

8. 接受捐赠收入

接受捐赠收入是指企业接受的来自其他企业、组织或者个人无偿给予的货币性资产、非货币性资产。

企业应当按照实际收到捐赠资产的日期确认收入的实现；按照捐赠资产的公允价值，即公平交易中，熟悉情况的交易双方自愿进行资产交换或者债务清偿的金额确定接受捐赠收入金额。

9. 其他收入

其他收入，是指企业取得上述八项收入以外的其他收入，包括企业资产溢余收入、逾期未退包装物押金收入、确实无法偿付的应付款项、已作坏账损失处理后又收回的应收款项、债务重组收入、补贴收入、违约金收入、汇兑收益等。

企业应当按照实际收入额或相关资产的公允价值确定其他收入金额。

（二）可以分期确认收入的情况

企业的下列生产经营业务可以分期确认收入的实现：

（1）以分期收款方式销售货物的，按照合同约定的收款日期确认收入的实现；

（2）企业受托加工制造大型机械设备、船舶、飞机，以及从事建筑、安装、装配工程业务或者提供其他劳务等，持续时间超过 12 个月的，按照纳税年度内完工进度或者完成的工作量确认收入的实现。

（三）特殊收入的确认

（1）销售商品采用售后回购方式销售商品的，销售的商品按售价确认收入，回购的商品作为购进商品处理，有证据表明不符合销售收入确认条件的，如以销售商品方式进行融资，收到的款项应确认为负债，回购价格大于原售价的，差额应在回购期间确认为利息费用。

（2）销售商品以旧换新的，销售商品应当按照销售商品收入确认条件确认收入，回收的商品作为购进商品处理。

（3）采取买一赠一等方式组合销售本企业商品的，不属于捐赠，应将总的销售金额按照各项商品公允价值的比例来分摊确认各项的销售收入。

（4）采取产品分成方式取得收入的，按照企业分得产品的时间确认收入的实现，其收入额按照产品的公允价值确定。

（5）企业发生非货币性资产交换，以及将货物、财产、劳务用于捐赠、偿债、赞助、集资、广告、样品、职工福利或者利润分配等用途的，应当视同对外销售货物、转让财产或者提供劳务，但国务院财政、税务主管部门另有规定的除外。

（四）处置资产收入的确认

1. 不作为视同销售确认收入的情况

企业发生下列情形的处置资产（资产转移至境外除外），不视同销售确认收入，相关资产的计税基础延续计算：

（1）将资产用于生产、制造、加工另一产品；

（2）改变资产形状、结构或性能；

（3）改变资产用途（如自建商品房转为自用或经营）；

（4）将资产在总机构及其分支机构之间转移；

（5）上述两种或两种以上情形的混合；

（6）其他不改变资产所有权属的用途。

2．作为视同销售确定收入的情况

企业将资产移送他人的下列情形，因资产所有权属已发生改变而不属于内部处置资产，应按规定视同销售确定收入：

（1）用于市场推广或销售；

（2）用于交际应酬；

（3）用于职工奖励或福利；

（4）用于股息分配；

（5）用于对外捐赠；

（6）其他改变资产所有权属的用途。

3．销售收入的确认依据

企业发生上述视同销售的情形时，属于企业自制的资产，应按企业同类资产同期对外销售价格确定销售收入；属于外购的资产，可按购入时的价格确定销售收入。

重点关注

企业取得财产转让收入、债务重组收入、接受捐赠收入、无法偿付的应付款收入等，不论是以货币形式还是非货币形式体现，除另有规定外，均应一次性计入确认收入的年度计算缴纳企业所得税。

二、不征税收入和免税收入

国家为了扶持和鼓励某些特殊的纳税人和特定的项目，或者避免因征税影响企业的正常经营，会对企业取得的某些收入予以不征税或免税的特殊政策。

（一）不征税收入

1．财政拨款

财政拨款是指各级人民政府对纳入预算管理的事业单位、社会团体等组织拨付的财政资金，但国务院和国务院财政、税务主管部门另有规定的除外。

2．依法收取并纳入财政管理的行政事业性收费、政府性基金

行政事业性收费是指依照法律法规等有关规定，按照国务院规定程序批准，在实施社会公共管理，以及在向公民、法人或者其他组织提供特定公共服务过程中，向特定对象收取并纳入财政管理的费用。政府性基金是指企业依照法律、行政法规等有关规定，代政府收取的具有专项用途的财政资金。

3．国务院规定的其他不征税收入

国务院规定的其他不征税收入是指企业取得的，由国务院财政、税务主管部门规定专项用途并经国务院批准的财政性资金。

（二）免税收入

（1）国债利息收入。

（2）符合条件的居民企业之间的股息、红利等权益性收益。

（3）在中国境内设立机构、场所的非居民企业从居民企业取得与该机构、场所有实际联系的股息、红利等权益性投资收益。

（4）符合条件的非营利组织的收入。

三、扣除

（一）基本扣除项目

企业实际发生的与取得收入有关的、合理的支出，准予在计算应纳税所得额时扣除。

重点关注

除企业所得税法和企业所得税法实施条例另有规定外，企业实际发生的成本、费用、税金、损失和其他支出，不得重复扣除。

1. 成本

成本是指企业在生产经营活动中发生的销售成本、销货成本、业务支出以及其他耗费。

2. 费用

费用是指企业在生产经营活动中发生的销售费用、管理费用和财务费用，但已经计入成本的有关费用除外。

3. 税金

税金是指企业发生的除企业所得税和允许抵扣的增值税以外的各项税金及其附加。

4. 损失

损失是指企业在生产经营活动中发生的固定资产和存货的盘亏、毁损、报废损失，转让财产损失，呆账损失，坏账损失，自然灾害等不可抗力因素造成的损失以及其他损失。

5. 其他支出

其他支出是指除成本、费用、税金、损失外，企业在生产经营活动中发生的与生产经营活动有关的、合理的支出。

（二）限定条件扣除项目

在计算应纳税所得额时，下列项目可按照实际发生额或规定标准扣除。

1. 工资、薪金支出

企业发生的合理的工资薪金支出，准予扣除。

工资、薪金支出，是指企业每一纳税年度支付给在本企业任职或者受雇的员工的所有现金形式或者非现金形式的劳动报酬，包括基本工资、奖金、津贴、补贴、年终加薪、加班工资，以及与员工任职或者受雇有关的其他支出。

2. 职工福利费、工会经费、职工教育经费

（1）企业发生的职工福利费支出，不超过工资薪金总额14％的部分，准予扣除。

（2）企业拨缴的工会经费，不超过工资薪金总额2％的部分，准予扣除。

（3）企业发生的职工教育经费支出，不超过工资薪金总额8％的部分准予在计算企业所得税应纳税所得额时扣除；超过部分，准予在以后纳税年度结转扣除；软件生产企业发生的职工教育经费中的职工培训费用，可以全额在企业所得税前扣除。

3. 保险费用

（1）企业依照国务院有关主管部门或者省级人民政府规定的范围和标准为职工缴纳的基本养老保险费、基本医疗保险费、失业保险费、工伤保险费、生育保险费等基本社会保险费和住房公积金，准予扣除。

（2）企业为投资者或在本企业任职、受雇的全体员工支付的补充养老保险、补充医疗保险费，分别在不超过工资总额5%标准内的部分，准予扣除；超过部分，不予扣除。

（3）企业依照国家有关规定为特殊工种职工支付的人身安全保险费和符合国务院财政、税务主管部门规定可以扣除的商业保险费，准予扣除。

（4）企业参加财产保险，按照规定缴纳的保险费，准予扣除。

（5）企业为投资者或者职工支付的商业保险费，不得扣除。

重点关注

企业职工因公出差乘坐交通工具发生的人身意外保险费支出，准予扣除。

4. 借款费用与利息支出

（1）借款费用

借款费用是指企业因借款而发生的利息及其他相关成本，包括借款利息、折价或者溢价的摊销、辅助费用以及因外币借款而发生的汇兑差额。

企业在生产经营活动中发生的合理的不需要资本化的借款费用，准予扣除。

企业为购置、建造固定资产、无形资产和经过12个月以上的建造才能达到预定可销售状态的存货而发生借款的，在有关资产购置、建造期间发生的合理的借款费用，应当作为资本性支出计入有关资产的成本，并依照资产税务处理的相关规定扣除。

（2）利息支出

① 利息支出的扣除标准。非金融企业向金融企业借款的利息支出、金融企业的各项存款利息支出和同业拆借利息支出、企业经批准发行债券的利息支出，准予扣除；非金融企业向非金融企业借款的利息支出，不超过按照金融企业同期同类贷款利率计算的数额的部分，准予扣除。

② 关联企业利息支出的扣除。企业从其关联方接受的债权性投资与权益性投资的比例超过规定标准（金融企业为5∶1；其他企业为2∶1）而发生的利息支出，不得在计算应纳税所得额时扣除。

③ 企业向自然人借款利息支出的扣除。

一是企业向股东或其他与企业有关联关系的自然人借款的利息支出，应根据税法对关联企业的相关规定，计算企业所得税扣除额。

二是企业向股东或其他与企业有关联关系的自然人以外的内部职工或其他人员借款的利息支出，在不超过按照金融企业同期同类贷款利率计算的数额的部分，根据规定准予扣除。但必须同时符合以下条件：①企业与个人之间的借贷是真实、合法、有效的，并且不具有非法集资目的或其他违反法律、法规的行为；②企业与个人之间签订了借款合同。

5. 汇兑损失

企业在货币交易中，以及纳税年度终了时将人民币以外的货币性资产、负债按照期末即期人民币汇率中间价折算为人民币时产生的汇兑损失，除已经计入有关资产成本以及与向所有者进行利润分配相关的部分外，准予扣除。

6. 业务招待费

企业发生的与生产经营活动有关的业务招待费支出，按照发生额的60%扣除，但最高不得超过当年销售（营业）收入的5‰。

重点关注

销售（营业）收入＝主营业务收入＋其他业务收入＋视同销售收入

7. 广告费和业务宣传费

（1）企业发生的符合条件的广告费和业务宣传费支出，除国务院财政、税务主管部门另有规定外，不超过当年销售（营业）收入15%的部分，准予扣除；超过部分，准予在以后纳税年度结转扣除。

（2）自2021年1月1日起至2025年12月31日止，对化妆品制造或销售、医药制造和饮料制造（不含酒类制造）企业发生的广告费和业务宣传费支出，不超过当年销售（营业）收入30%的部分，准予扣除；超过部分，准予在以后纳税年度结转扣除。

（3）烟草企业的烟草广告费和业务宣传费支出，一律不得在计算应纳税所得额时扣除。

8. 环境保护等专项资金

企业依照法律、行政法规有关规定提取的用于环境保护、生态恢复等方面的专项资金，准予扣除。但上述专项资金提取后若改变用途，则不得扣除。

9. 固定资产的租赁费

企业根据生产经营活动的需要租入固定资产支付的租赁费，按照以下方法扣除：

（1）以经营租赁方式租入固定资产发生的租赁费支出，按照租赁期限均匀扣除；

（2）以融资租赁方式租入固定资产发生的租赁费支出，按照规定构成融资租入固定资产价值的部分应当提取折旧费用，分期扣除。

10. 劳动保护支出

企业发生的合理的劳动保护支出，准予扣除。

合理的劳动保护支出是指确因工作需要为雇员配备或提供工作服、手套、安全保护用品、防暑降温用品等所发生的支出。

11. 管理费支出

非居民企业在中国境内设立的机构、场所，就其中国境外总机构发生的与该机构、场所生产经营有关的费用，如果能够提供总机构出具的费用汇集范围、定额、分配依据和方法等证明文件，并合理分摊的，准予扣除。

12. 公益性捐赠

企业当年发生以及以前年度结转的公益性捐赠支出，不超过年度利润总额12%的部分,准予扣除。超过年度利润总额 12% 的部分,准予结转以后三年内在计算应纳税所得额时扣除。

企业在非货币性资产捐赠过程中发生的运费、保险费、人工费用等相关支出,凡纳入国家机关、公益性社会组织开具的公益捐赠票据记载的数额中的,作为公益性捐赠支出按照规定在税前扣除;上述费用未纳入公益性捐赠票据记载的数额中的,作为企业相关费用按照规定在税前扣除。

重点关注

年度利润总额,是指企业依照国家统一会计制度的规定计算的年度会计利润。

公益性捐赠是指企业通过公益性社会团体或者县级以上人民政府及其部门,用于《中华人民共和国公益事业捐赠法》规定的公益事业的捐赠。

13. 转让资产的净值

企业转让资产,该项资产的净值,准予在计算应纳税所得额时扣除。

资产的净值是指有关资产的计税基础减除已经按照规定扣除的折旧、折耗、摊销、准备金等后的余额。

14. 有关资产的费用

企业转让各类固定资产发生的费用,允许扣除。企业按规定计算的固定资产折旧费、无形资产和递延资产的摊销费,准予扣除。

15. 资产损失

企业当期发生的固定资产和流动资产盘亏、毁损净损失,由其提供清查盘存资料并经主管税务机关审核后,准予扣除;企业因存货盘亏、毁损、报废等原因不得从销项税额中抵扣的进项税额,应视同企业财产损失,准予与存货损失一起在所得税前按规定扣除。

16. 金融企业贷款损失准备金

政策性银行、商业银行、财务公司、城乡信用社和金融租赁公司等金融企业按规定比率提取的贷款损失准备金准予税前扣除。

17. 企业员工服饰费用支出

企业根据其工作性质和特点,由企业统一制作并要求员工工作时统一着装所发生的工作服饰费用,可以作为企业合理的支出给予税前扣除。

对企业依据财务会计制度规定,并实际在财务会计处理上已确认的支出,凡没有超过《企业所得税法》和有关税收法规规定的税前扣除范围和标准的,可按企业实际会计处理确认的支出,在企业所得税前扣除,计算其应纳税所得额。

(三) 不得扣除项目

(1) 向投资者支付的股息、红利等权益性支出。

(2) 企业所得税税款。

(3) 税收滞纳金。

(4) 罚金、罚款和被没收财物的损失。

重点关注

银行罚息属于纳税人按经济合同规定支付的违约金，不属于行政罚款，可以税前扣除。

（5）赞助支出。

（6）未经核定的准备金支出。

（7）企业之间支付的管理费、企业内营业机构之间支付的租金和特许权使用费，以及非银行企业内营业机构之间支付的利息，不得扣除。

（8）与取得收入无关的其他支出。

四、亏损弥补

纳税人发生的亏损准予向以后年度结转，用以后年度的所得弥补，但结转年限最长不超过 5 年。

高新技术企业或科技型中小企业的亏损结转年限为 10 年。企业自具备高新技术企业或科技型中小企业资格的年度之前 5 个年度发生的尚未弥补完的亏损，准予结转以后 5 个年度弥补。

五、资产的税务处理

纳入税务处理范围的资产形式主要包括固定资产、生物资产、无形资产、长期待摊费用、投资资产、存货等，均以历史成本为计税依据。企业持有各项资产期间资产增值或者减值，除国务院财政、税务主管部门规定可以确认损益外，不得调整该资产的计税基础。

重点关注

除国务院财政、税务主管部门另有规定外，企业在重组过程中，应当在交易发生时确认有关资产的转让所得或者损失，相关资产应当按照交易价格重新确定计税基础。

（一）固定资产的税务处理

固定资产是指企业为生产产品、提供劳务、出租或者经营管理而持有的、使用期限超过 12 个月的非货币性资产，包括房屋、建筑物、机器、机械、运输工具，以及其他与生产经营活动有关的设备、器具、工具等。

1. 固定资产计税基础

根据固定资产的来源不同，其计税基础分别规定如下：

（1）外购的固定资产，以购买价款和支付的相关税费以及直接归属于使该资产达到预定用途发生的其他支出为计税基础；

（2）自行建造的固定资产，以竣工结算前发生的支出为计税基础；

（3）融资租入的固定资产，以租赁合同约定的付款总额和承租人在签订租赁合同过程中发生的相关费用为计税基础，租赁合同未约定付款总额的，以该资产的公允价值和承租人在签订租赁合同过程中发生的相关费用为计税基础；

（4）盘盈的固定资产，以同类固定资产的重置完全价值为计税基础；

（5）通过捐赠、投资、非货币性资产交换、债务重组等方式取得的固定资产，以该资产的公允价值和支付的相关税费为计税基础；

（6）改建的固定资产，除已足额提取折旧的固定资产和经营租入固定资产的改建支出外，以改建过程中发生的改建支出增加固定资产的计税基础。

2．固定资产折旧的计提范围

在计算应纳税所得额时，企业按照规定计算的固定资产折旧，准予扣除。下列固定资产不得计算折旧扣除：

（1）房屋、建筑物以外未投入使用的固定资产；

（2）以经营租赁方式租入的固定资产；

（3）以融资租赁方式租出的固定资产；

（4）已足额提取折旧仍继续使用的固定资产；

（5）与经营活动无关的固定资产；

（6）单独估价作为固定资产入账的土地；

（7）其他不得计算折旧扣除的固定资产。

3．固定资产折旧的计提方法

（1）固定资产按照直线法计算的折旧，准予扣除。

（2）企业在计提折旧前，应当根据固定资产的性质和使用情况，合理确定固定资产的预计净残值，固定资产的预计净残值一经确定，不得变更。

（3）企业应当自固定资产投入使用月份的次月起计提折旧；停止使用的固定资产，应当从停止使用月份的次月起停止计提折旧。

4．固定资产折旧的计提年限

除国务院财政、税务主管部门另有规定外，固定资产计算折旧的最低年限如下：

（1）房屋、建筑物为 20 年；

（2）飞机、火车、轮船、机器、机械和其他生产设备为 10 年；

（3）与生产经营活动有关的器具、工具、家具等为 5 年；

（4）飞机、火车、轮船以外的运输工具为 4 年；

（5）电子设备为 3 年。

重点关注

从事开采石油、天然气等矿产资源的企业，在开始商业性生产前发生的费用和有关固定资产的折耗、折旧方法，由国务院财政、税务主管部门另行规定。

5．固定资产折旧的企业所得税处理

（1）企业固定资产会计折旧年限如果短于税法规定的最低折旧年限，其按会计折旧年限计提的折旧高于按税法规定的最低折旧年限计提的折旧部分，应调增当期应纳税所得额；企业固定资产会计折旧年限已期满且会计折旧已提足，但税法规定的最低折旧年限尚未到期且税收折旧尚未足额扣除时，其未足额扣除的部分准予在剩余的税收折旧年限继续按规定扣除。

（2）企业固定资产会计折旧年限如果长于税法规定的最低折旧年限，其折旧应按会计折旧年限计算扣除,税法另有规定除外。

（3）企业按会计规定提取的固定资产减值准备,不得税前扣除,其折旧仍按税法确定的固定资产计税基础计算扣除。

（4）企业按税法规定实行加速折旧的,其按加速折旧办法计算的折旧额可全额在税前扣除。

（5）石油天然气开采企业在计提油气资产折耗（折旧）时,由于会计与税法规定计算方法不同导致的折耗（折旧）差异,应按税法规定进行纳税调整。

（二）生物资产的税务处理

生物资产,是指有生命的动物和植物。生物资产分为消耗性生物资产、生产性生物资产和公益性生物资产。

1. 生物资产的计税基础

生产性生物资产按照以下方法确定计税基础：

（1）外购的生产性生物资产,以购买价款和支付的相关税费为计税基础；

（2）通过捐赠、投资、非货币性资产交换、债务重组等方式取得的生产性生物资产,以该资产的公允价值和支付的相关税费为计税基础。

2. 生物资产的折旧方法和折旧年限

（1）生物资产的折旧方法

生产性生物资产按照直线法计算的折旧,准予扣除。企业应当自生产性生物资产投入使用月份的次月起计算折旧；停止使用的生产性生物资产应当自停止使用月份的次月起停止计算折旧。

企业应当根据生产性生物资产的性质和使用情况,合理确定生产性生物资产的预计净残值。生产性生物资产的预计净残值一经确定,不得变更。

（2）生产性生物资产计算折旧的最低年限

① 林木类生产性生物资产为 10 年；

② 畜类生产性生物资产为 3 年。

（三）无形资产的税务处理

无形资产是指企业为生产产品、提供劳务、出租或者经营管理而持有的、没有实物形态的非货币性长期资产,包括专利权、商标权、著作权、土地使用权、非专利技术、商誉等。

1. 无形资产的计税基础

（1）外购的无形资产,以购买价款和支付的相关税费,以及直接归属于使该资产达到预定用途发生的其他支出为计税基础。

（2）自行开发的无形资产,以开发过程中该资产符合资本化条件后至达到预定用途前发生的支出为计税基础。

（3）通过捐赠、投资、非货币性资产交换、债务重组等方式取得的无形资产,以该资产的公允价值和支付的相关税费为计税基础。

2．无形资产摊销的范围

（1）在计算应纳税所得额时，企业按照规定计算的无形资产摊销费用，准予扣除。

（2）下列无形资产不得计算摊销费用扣除：

① 自行开发的支出已在计算应纳税所得额时扣除的无形资产；

② 自创商誉；

③ 与经营活动无关的无形资产；

④ 其他不得计算摊销费用扣除的无形资产。

重点关注

外购商誉的支出，在企业整体转让或清算时准予扣除。

3．无形资产的摊销方法及年限

无形资产按照直线法计算的摊销费用，准予扣除。

无形资产的摊销年限不得低于 10 年。

作为投资或者受让的无形资产，有关法律规定或者合同约定了使用年限的，可以按照规定或者约定的使用年限分期摊销。

外购商誉的支出，在企业整体转让或者清算时准予扣除。

（四）长期待摊费用的税务处理

长期待摊费用是指企业发生的应在一个年度以上或几个年度进行摊销的费用。企业发生的长期待摊费用可以按照规定计算摊销，准予在计算应纳税所得额时扣除，其税务处理主要包括以下内容。

1．固定资产改建支出的摊销

（1）已足额提取折旧的固定资产改建支出的摊销

已足额提取折旧的固定资产的改建支出，应作为长期待摊费用，按照固定资产预计尚可使用年限分期摊销。

（2）经营租入固定资产改建支出的摊销

经营租入固定资产的改建支出应按照合同约定的剩余租赁期限分期摊销。

2．固定资产的大修理支出的摊销

固定资产的大修理支出，是指同时符合下列条件的支出：

（1）修理支出达到取得固定资产时的计税基础 50% 以上；

（2）修理后固定资产的使用年限延长 2 年以上。

企业发生的固定资产的大修理支出，按照固定资产尚可使用年限分期摊销。

3．其他应当作为长期待摊费用支出的摊销

其他应当作为长期待摊费用的支出，自支出发生月份的次月起分期摊销，摊销年限不得低于 3 年。

（五）存货的税务处理

存货是指企业持有以备出售的产品或者商品、处在生产过程中的在产品、在生产或者提供劳务过程中耗用的材料和物料等。企业使用或者销售存货，按照规定计算的存货成本，准予在计算应纳税所得额时扣除。

1. 存货的计税基础

（1）通过支付现金方式取得的存货，以购买价款和支付的相关税费为成本。

（2）通过支付现金以外的方式取得的存货，以该存货的公允价值和支付的相关税费为成本。

（3）生产性生物资产收获的农产品，以产出或者采收过程中发生的材料费、人工费和分摊的间接费用等必要支出为成本。

2. 存货成本的计算方法

企业可以在先进先出法、加权平均法、个别计价法中选用一种方法来计算使用或者销售的存货的成本。计价方法一经选用，不得随意变更。

重点关注

存货的计价方法中，不包括后进先出法。

（六）投资资产的税务处理

投资资产是指企业对外进行权益性投资和债权性投资而形成的资产。

1. 投资资产的成本

（1）通过支付现金的方式取得的投资资产，以购买价款为成本；

（2）通过支付现金以外的方式取得的投资资产，以该资产的公允价值和支付的相关税费为成本。

2. 投资资产成本的扣除方法

企业对外投资期间，投资资产的成本在计算应纳税所得额时不得扣除，企业在转让或者处置投资资产时，投资资产的成本准予扣除。

3. 投资企业撤回或减少投资的税务处理

投资企业从被投资企业撤回或减少投资，其取得的资产中，相当于初始出资的部分，应确认为投资收回；相当于被投资企业累计未分配利润和累计盈余公积按减少实收资本比例计算的部分，应确认为股息所得；其余部分确认为投资资产转让所得。

【例 3-1】 某居民企业将投资于 A 居民企业的投资成本为 100 万元（拥有被投资单位的普通股权的 10%）的股权撤回，取得收入 180 万元，被投资企业累计未分配利润和盈余公积为 100 万元。则该企业：

$$应确认的投资收益 = 180 - 100 = 80（万元）$$
$$应确认的股息所得 = 100 \times 10\% = 10（万元）$$
$$应确认的投资资产转让所得 = 80 - 10 = 70（万元）$$

企业可以在投资收益科目下，设置"股息所得"和"投资资产转让所得"二级明细科目，具体会计处理如下。

借：银行存款	1 800 000
贷：长期股权投资	1 000 000
投资收益——股息所得	100 000
——投资资产转让所得	700 000

（七）资产损失的税务处理

1．资产损失的界定

资产损失是指企业在生产经营活动中实际发生的、与取得应税收入有关的资产损失，包括现金损失、存款损失、坏账损失、贷款损失、股权投资损失、固定资产和存货的盘亏、损毁、报废、被盗损失、自然灾害等不可抗力因素造成的损失以及其他损失。

2．资产损失税前扣除的规定

企业向税务机关申报扣除资产损失，应填报企业所得税年度纳税申报表《资产损失税前扣除及纳税调整明细表》，相关资料由企业留存备查。

第三节　企业所得税应纳税额的计算及会计处理

一、居民企业应纳税额的计算

居民企业应缴纳的所得税额等于应纳税所得额乘以适用税率，减除规定的减免和抵免的税额后的余额，其计算公式为

应纳税额＝应纳税所得额×适用税率－减免税额－抵免税额

二、居民企业核定征收企业所得税的计算

（一）核定征收企业所得税的范围

居民企业具有下列情形之一的，核定征收企业所得税：

（1）依照法律、行政法规的规定可以不设置账簿的；

（2）依照法律、行政法规的规定应当设置但未设置账簿的；

（3）擅自销毁账簿或者拒不提供纳税资料的；

（4）虽设置账簿，但账目混乱或成本资料、收入凭证、费用凭证残缺不全，难以查账的；

（5）发生纳税义务，未按照规定的期限办理纳税申报，经税务机关责令限期申报，逾期仍不申报的；

（6）申报的计税依据明显偏低，又无正当理由的。

会计、审计、资产评估、税务、房地产估价、土地估价、工程造价、律师、价格鉴证、公证机构、基层法律服务机构、专利代理、商标代理以及其他经济鉴证类社会中介机构，不适用企业所得税核定征收办法。

（二）核定征收的办法

税务机关应根据纳税人的具体情况，对核定征收企业所得税的纳税人，核定应税所得率或者核定应纳所得税额。

1．核定应税所得率

居民企业具有下列情形之一的，应核定应税所得率：

（1）能正确核算收入总额，但不能正确核算成本费用总额的；

（2）能正确核算成本费用总额，但不能正确核算收入总额的；

（3）通过合理方法，能计算和推定纳税人收入总额或成本费用总额的。

采用应税所得率方式核定征收企业所得税的，其计算公式为

$$应纳税所得额＝应税收入额×应税所得率$$

或

$$应纳税所得额＝成本（费用）支出额÷（1－应税所得率）×应税所得率$$

$$应纳税额＝应纳税所得额×适用税率$$

【例3-2】 甲公司为小型加工企业，2023年度资产总额为500万元，员工20人。税务机关审定甲公司采用核定应税所得率的方法征收企业所得税，核定其应税所得率为10%。本年度该公司取得收入总额480万元，但其成本费用支出不能准确核算。计算该公司应纳企业所得税。

解析： $$应纳税所得额＝480×10\%＝48（万元）$$

该公司符合小型微利企业资产、人数条件，应纳税所得额为48万元，其所得减按25%计入应纳税所得额，按20%的税率缴纳企业所得税。

$$减免税额＝48×（25\%－25\%×20\%）＝9.6（万元）$$

$$应纳企业所得税＝48×25\%－9.6＝2.4（万元）$$

2. 核定应纳所得税额

对不符合核定应税所得率的纳税人，由税务机关采用以下方法核定其应纳所得税额：

（1）参照当地同类行业或者类似行业中经营规模和收入水平相近的纳税人的税负水平核定；

（2）按照应税收入额或成本费用支出额定率核定；

（3）按照耗用的原材料、燃料、动力等推算或测算核定；

（4）按照其他合理方法核定。

三、境外所得已纳税额的抵免

目前，我国采用税收抵免法来避免国际上的双重征税。企业的应纳税额加上境外所得应纳所得税额再减去境外所得抵免所得税额，为企业的实际应纳所得税额。

（一）一般所得的税额抵免

1. 抵免的范围

企业取得的下列所得已在境外缴纳的所得税税额，可以从其当期应纳税额中抵免：

（1）居民企业来源于中国境外的应税所得；

（2）非居民企业在中国境内设立机构、场所，取得发生在中国境外但与该机构、场所有实际联系的应税所得。

2. 抵免限额的计算

抵免限额是指企业来源于中国境外的所得，依照企业所得税法和实施条例的规定计算的应纳税额。

企业已在境外缴纳的所得税税额未超过抵免限额的，按照实际已纳税额抵免；超过

抵免限额的部分,可以在以后五个年度内,用每年度抵免限额抵免当年应抵税额后的余额进行抵补。

3. 抵免限额的规定

企业可以选择按国(地区)别分别计算(即"分国(地区)不分项"),或者不按国(地区)别汇总计算(即"不分国(地区)不分项")其来源于境外的应纳税所得额,并按照规定的税率,分别计算其可抵免境外所得税税额和抵免限额。上述方式一经选择,5 年内不得改变。

(二)股息、红利等权益性投资收益的抵免

居民企业从其直接或者间接控制的外国企业分得的来源于中国境外的股息、红利等权益性投资收益,外国企业在境外实际缴纳的所得税税额中属于该项所得负担的部分,可以作为该居民企业的可抵免境外所得税税额,在上述规定的抵免限额内抵免。

四、非居民企业应纳税额的计算

(一)应纳税所得额的计算

非居民企业取得的所得,按照下列方法计算其应纳税所得额:

(1)股息、红利等权益性投资收益和利息、租金、特许权使用费所得,以收入全额为应纳税所得额;

(2)转让财产所得,以收入全额减除财产净值后的余额为应纳税所得额;

(3)其他所得,参照前两项规定的方法计算应纳税所得额。

(二)应纳税额的计算

$$应纳税额＝应纳税所得额×适用税率$$

非居民企业在中国境内设立机构、场所取得的来源于中国境内的所得,以及发生在中国境外但与其所设机构、场所有实际联系的所得,适用 25% 的税率。

非居民企业在中国境内未设立机构、场所的,或者虽设立机构、场所但取得的所得与其所设机构、场所没有实际联系的所得,适用 20% 的税率。目前减按 10% 的税率征收企业所得税。

五、清算所得应纳税额的计算

当企业在不再持续经营,发生结束自身业务、处置资产、偿还债务以及向所有者分配剩余财产等经济行为时,应计算清算所得,缴纳清算所得税,并对剩余资产进行分配。

企业清算所得,是指企业的全部资产可变现价值或者交易价格减除资产净值、清算费用以及相关税费等后的余额。

$$应纳所得税额＝清算所得×适用税率$$

六、企业所得税的会计处理

对于企业所得税的会计处理,《企业会计准则》和《小企业会计准则》进行了不同的规

定,适用不同准则的企业应采用相应的所得税会计处理方法。

（一）适用于《小企业会计准则》的企业所得税会计处理

《小企业会计准则》规定企业所得税的会计处理采用"应付税款法",按照税法规定计算缴纳的企业所得税,作为所得税费用处理,不确认递延所得税。

（二）适用于《企业会计准则》的企业所得税会计处理

1. 所得税会计处理方法

企业会计准则要求所得税会计采用资产负债表债务法核算。资产负债表债务法是从资产负债表出发,通过比较资产负债表上列示的资产、负债按照会计准则规定确定的账面价值与按照税法规定确定的计税基础,对于两者之间的差异分别应纳税暂时性差异与可抵扣暂时性差异,确认相关的递延所得税负债与递延所得税资产。

2. 账户设置

采用资产负债表债务法对所得税进行会计核算,主要通过以下四个账户来进行。

（1）"所得税费用"账户

"所得税费用"账户核算企业确认的应从当期利润总额中扣除的所得税费用,借方登记计算出的所得税费用,贷方登记期末转入"本年利润"账户的所得税费用,结转后该账户无余额。

（2）"递延所得税资产"账户

"递延所得税资产"账户,核算企业确认的可抵扣暂时性差异产生的递延所得税资产,资产负债表日递延所得税资产应有余额大于其账面余额的,应按其差额借记"递延所得税资产"账户,资产的应有余额小于其账面余额的,按其差额贷记"递延所得税资产"账户。资产负债表日预计未来期间很可能无法获得足够的应纳税所得额用以抵扣可抵扣暂时性差异的,按原确认的递延所得税资产中应减记的金额,贷记"递延所得税资产"账户。本科目期末余额在借方,反映企业确认的递延所得税资产。

（3）"递延所得税负债"账户

"递延所得税负债"账户核算企业确认的应纳税暂时性差异产生的所得税负债。资产负债表日递延所得税负债的应有余额大于其账面余额的,按其差额贷记"递延所得税负债"账户,资产负债表日递延所得税负债的应有余额小于其账面余额的借记"递延所得税负债"账户。本科目期末余额在贷方,反映企业已确认的递延所得税负债。

（4）"应交税费——应交所得税"账户

"应交税费——应交所得税"账户核算企业按税法计算的应交未交企业所得税税款,借方登记实际缴纳的企业所得税,贷方登记计算出应交的企业所得税。期末贷方余额表示应交未交的企业所得税,借方余额表示多交的企业所得税。

3. 资产负债表债务法会计处理的基本程序

采用资产负债表债务法核算所得的情况下,企业一般应于每一资产负债表日进行所得税核算。发生特殊交易或事项时,在确认因交易或事项产生的资产、负债时即应确认相关的所得税影响。

【例3-3】 A企业会计核算适用《企业会计准则》,其所得税税率为25%。本年度有关所得税会计核算的资料如下。

（1）本年度实现税前会计利润 6 000 000 元。

（2）取得国债利息收入 40 000 元。

（3）持有的一项交易性金融资产期末公允价值上升 80 000 元。

（4）计提存货跌价准备 20 000 元。

（5）本年度购置一台设备，价值 2000 000 元，当年计提折旧 200 000 元全部计入当年损益，企业在所得税汇算清缴时选择该设备价值一次性税前扣除。

本年度除上述事项外，无其他纳税调整事项。

其相关的会计处理如下：

$$本年应纳企业所得税 = [6\ 000\ 000 - 40\ 000 - 80\ 000 + 20\ 000 -$$
$$(2\ 000\ 000 - 200\ 000)] \times 25\%$$
$$= 1\ 025\ 000（元）$$

交易性金融资产产生应纳税暂时性差异 80 000 元。

存货产生可抵扣暂时性差异 20 000 元。

固定资产产生应纳税暂时性差异 1 800 000 元。

本期递延所得税负债发生额 = (80 000 + 1 800 000) × 25% = 470 000（元）

本期递延所得税资产发生额 = 20 000 × 25% = 5 000（元）

本年度所得税费用 = 1 025 000 + 470 000 − 5 000 = 1 490 000（元）

借：所得税费用　　　　　　　　　　　　　1 490 000

　　递延所得税资产　　　　　　　　　　　　　5 000

　　贷：递延所得税负债　　　　　　　　　　470 000

　　　　应交税费——应交所得税　　　　　1 025 000

第四节　企业所得税的纳税申报

一、企业所得税纳税申报的资料

根据税法规定，企业在纳税年度内无论盈利或是亏损，均应在规定的期限内，向税务机关报送预缴企业所得税申报表、年度企业所得税申报表、财务会计报告和税务机关规定应当报送的其他资料。

（一）查账征收企业预缴的纳税申报资料

《中华人民共和国企业所得税月（季）度预缴纳税申报表（A 类）》适用于实行查账征收企业所得税的居民企业月度、季度预缴申报时填报；执行《跨地区经营汇总纳税企业所得税征收管理办法》的跨地区经营汇总纳税企业的分支机构，使用《中华人民共和国企业所得税月（季）度预缴纳税申报表（A 类）》进行月度、季度预缴申报和年度汇算清缴申报。

A200000《中华人民共和国企业所得税月（季）度预缴纳税申报表（A 类）》作为主表，由 A201020《资产加速折旧、摊销（扣除）优惠明细表》和 A202000《企业所得税汇总纳税分支机构所得税分配表》两张附表共同构成完整的申报体系。

（二）核定征收企业的纳税申报资料

核定征收的企业，无论预缴还是年度汇算清缴均应填写《中华人民共和国企业所得税月（季）度和年度纳税申报表（B类）》。

（三）查账征收企业年度汇算清缴的纳税申报资料

《中华人民共和国企业所得税年度纳税申报表（A类）》，适用于实行查账征收企业所得税的居民企业，以及年度企业所得税汇算清缴时填报，其申报资料如下。

（1）《企业所得税年度纳税申报表填报表单》，列示申报表全部表单名称及编号。纳税人在填报申报表之前，需仔细阅读这些表单的填报信息，并根据企业的涉税业务，选择"是否填报"。选择"填报"的，在"□"内打"√"，并完成该表单内容的填报。未选择"填报"的表单，无须向税务机关报送。

（2）A000000《企业所得税年度纳税申报基础信息表》，纳税人在企业所得税年度纳税申报时应当向税务机关申报或者报告与确定应纳税额相关的信息。本表包括基本经营情况、有关涉税事项情况、主要股东及分红情况三部分内容。

（3）A100000《中华人民共和国企业所得税年度纳税申报表（A类）》，为企业所得税年度纳税申报表的主表。纳税人应当根据税法相关规定，以及国家统一会计制度的规定，计算填报利润总额、应纳税所得额和应纳税额等有关项目。纳税人在计算企业所得税应纳税所得额及应纳税额时，会计处理与税收规定不一致的，应当按照税收规定计算。税收规定不明确的，在没有明确规定之前，暂按国家统一会计制度计算。

（4）相关附表、为主表提供说明，纳税人应根据企业具体情况，选择填写。

查账征收企业所得税的纳税人，其年终汇算清缴企业所得税相关申报表的填制比较复杂，下面重点研究这部分内容。

二、年终企业所得税汇算清缴的申报流程

企业所得税采用网上申报方式，纳税人通过登录网上申报系统填写纳税申报表，完成纳税申报工作。其具体流程如下。

1. 进入申报系统

在本期申报信息中，单击"申报"功能进入申报表填写界面。

2. 基础信息填报

首先填报 A000000《企业所得税年度纳税申报基础信息表》，完成填报后单击"下一步"进入《企业所得税年度纳税申报表填报表单》界面。

3. 勾选表单

在《企业所得税年度纳税申报表填报表单》界面，系统会根据"基础信息表"的填报信息，默认勾选必填表格；同时，纳税人应根据需要自行补充勾选其他选填表单，表单勾选完成后，单击"下一步"进入主附表填写界面。

4. 填写主附表单

在主附表填写界面，屏幕左侧为已勾选需要填报的表单列表，右侧为对应表单格式，纳税人可通过点击左侧列表中的表单名称，切换到需要填写的表单格式，切换表单时无

须逐个表单保存,同时表单之间有勾稽关系的数据会自动关联带入。

纳税人在填写主附表过程中应注意以下事项:①在企业所得税年报申报表中,附表由纳税人根据自身的业务情况选择填报,纳税人有此项业务的,不论是否涉及纳税调整,必须选择填报,没有此项业务的,则无须填报。②主表或附表行内后有附表号的,需先填下级附表,再由附表生成上一级报表资料,没有附表号的,可直接填入。③为保证申报的准确性,填写表单时,所有表单无论是否填写数据,都需要逐一打开查看,否则不能完成申报。

5. 增减表单

如果在填写过程中发现需要新增或删除表单,或需要修改 A000000《企业所得税年度纳税申报基础信息表》的数据,可单击"上一步"返回做相应修改;处理后再回到主附表填写界面,已填报的数据不会丢失。

6. 保存表单

如果纳税人需要分次填报表单,在退出申报功能前可使用"暂存"或"保存"功能。"暂存"功能是保存当前填写的数据,但不做相应的逻辑校验;"保存"功能是先对表格填写内容进行逻辑校验,逻辑校验无误后保存数据。

"暂存"或"保存"数据后,在下次进入申报功能时,系统会提示纳税人是否需要还原上次填报数据,纳税人选择"确定",即可读取上次保存数据继续填报,选择"取消",则重新填写。

7. 导入表单

申报系统还具有导入功能,使用该功能,纳税人可先下载申报表模板,在线下完成数据填写,然后登录电子税务局导入已填写的模板完成申报。

8. 政策风险提示服务

表单全部填写完成后,在申报前纳税人可先单击"政策风险提示服务"功能扫描本次申报数据的风险点,该功能纳税人可以自行选择是否使用。

纳税人点击"政策风险查询",然后单击"获取反馈"和"查看详情",系统将展示风险指标详情。纳税人通过对系统反馈的风险问题进行确认,若经核实不属于错误数据的可不予理会,关闭后直接办理申报;若确实存在问题的,先对申报数据进行修改,然后可再次使用本功能对修改后的数据进行风险扫描,直至确认问题处理完毕后再进行申报。

9. 申报表单

表单填写完成后,单击"申报",如果有系统监控信息,纳税人应按照监控信息的指引完成数据修改。单击"修改",系统会自动跳转到对应表单,纳税人应根据系统提示进行修改。

10. 生成税收缴款书或办理年度汇算清缴退(抵)税

申报成功后,如果纳税人需要补缴企业所得税,可以通过系统生成税收缴款书,按规定缴纳税款;申报成功后,如果纳税人存在企业所得税汇算清缴多缴税款,系统会提示办理退(抵)税申请,单击"办理"后,系统跳转到汇算清缴退(抵)税申请功能,并自动帮助纳税人完成退(抵)税申请表填写,经确认无误后提交文书即完成申请,办理结果可在电子税务局中查询。

三、《中华人民共和国企业所得税年度纳税申报表（A 类）》填写实例

【例 3-4】 基础资料：明华食品有限责任公司为增值税一般纳税人，为制造业企业。该公司销售的产品适用 13％的增值税税率，非跨地区经营企业。因基础资料的填写比较简单，其基础资料信息略。该公司适用企业会计准则（一般企业），固定资产采用年限平均法计提折旧，存货成本采用先进先出法计价。有关企业所得税汇算清缴资料见表 3-1至表 3-13。

资料 1：

表 3-1　利润表

编制单位：明华食品有限责任公司　　　　2022 年 12 月 31 日　　　　单位：元

项　　　　目	本 年 累 计
一、营业收入	29 330 000.00
减：营业成本	22 273 000.00
税金及附加	48 900.00
销售费用	1 588 830.00
管理费用	1 936 926.00
财务费用	82 800.00
资产减值损失	
加：公允价值变动收益（损失以"－"号填列）	
投资收益（损失以"－"号填列）	120 000.00
其中：对联营企业和合营企业的投资收益	
二、营业利润（亏损以"－"号填列）	3 519 544.00
加：营业外收入	1 326 000.00
减：营业外支出	136 000.00
三、利润总额（亏损总额以"－"号填列）	4 709 544.00
减：所得税费用	620 000.00
四、净利润（净亏损以"－"号填列）	4 089 544.00
五、每股收益：	
（一）基本每股收益	
（二）稀释每股收益	
六、其他综合收益	
七、综合收益总额	

资料 2：

表 3-2　营业收入明细表　　　　单位：元

序　　号	收 入 项 目	入 账 金 额	备　　注
1	产品销售收入	28 280 000.00	
2	销售材料收入	650 000.00	
3	包装物出租收入	360 000.00	
4	没收包装物押金收入	40 000.00	
合　　计		29 330 000.00	

资料3：

表3-3 投资收益明细表 单位：元

序号	收入项目	入账金额	备 注
1	国债利息收入	20 000.00	直接投资A企业（统一社会信用代码：552500098202642210）200万元，占股5％，2022年12月22日A企业公布利润分配决定，该公司获得股利10万元
2	股息（居民企业）	100 000.00	
合 计		120 000.00	

资料4：

表3-4 营业外收入明细表 单位：元

序号	收入项目	入账金额	备 注
1	处置固定资产所得	821 000.00	企业不能提供规定资金专项用途的资金拨付文件
2	政府专项补贴	500 000.00	
3	确实无法偿付的应付款项	5 000.00	
合 计		1 326 000.00	

资料5：

表3-5 成本明细表 单位：元

序 号	成本项目	实际发生数额	备 注
1	产品销售成本	21 610 000.00	
2	销售材料成本	645 000.00	
3	出租包装物成本	18 000.00	
合 计		22 273 000.00	

资料6：

表3-6 营业外支出明细表 单位：元

序 号	扣除项目	实际支出数额	备 注
1	工商罚款	56 000.00	向社区举办的活动赞助80 000.00元
2	赞助支出	80 000.00	
合 计		136 000.00	

资料7：

表3-7 管理费用明细表 单位：元

序 号	扣除项目	入账金额	备 注
1	工资薪金	478 900.00	
2	基本社会保险费	71 620.00	
3	折旧费	203 150.00	
4	办公费	159 480.00	

序　号	扣除项目	入账金额	备　注
5	业务招待费	100 000.00	
6	差旅费	53 776.00	
7	房租费	140 000.00	
8	研发费用	730 000.00	
合　计		1 936 926.00	

资料 8：

表 3-8　销售费用明细表　　　　　单位：元

序　号	扣除项目	入账金额	备　注
1	工资薪金	270 000.00	广告费包括公司自产的产品用于市场推广，成本为 150 000 元，按公司的销售政策，市场定价为不含税价 250 000 元
2	基本社会保险费	69 140.00	
3	折旧费	149 130.00	
4	业务招待费	290 510.00	
5	差旅费	43 220.00	
6	广告费	640 000.00	
7	运输仓储费	76 830.00	
8	办公费	50 000.00	
合　计		1 588 830.00	

资料 9：

表 3-9　财务费用明细表　　　　　单位：元

序号	扣除项目	入账金额	备　注
1	借款利息	50 000.00	2022 年 1 月 1 日向 B 企业（非金融非关联企业）借入 50 万元，合同规定还款日期为 2022 年 12 月 31 日，利率为 10%；金融企业同类贷款业务的利率为 5.6%
2	手续费	32 800.00	
合　计		82 800.00	

资料 10：

表 3-10　新产品研发支出明细表　　　　　单位：元

序号	费用项目	实际支出数额	备　注
1	研发活动直接消耗材料费	230 000.00	该项目研发费用都为费用化支出，且符合国内发生研究开发费用化支出加计扣除标准
2	直接从事研发活动人员工资	120 000.00	
3	直接从事研发活动人员五险一金	67 500.00	
4	用于研发活动设备的折旧费	80 000.00	
5	新产品设计费	50 000.00	
合　计		547 500.00	

资料 11：

2022 年，公司持有的固定资产如下，资产按企业会计准则进行核算，采用年限平均法计提折旧,净残值率为5%。税法折旧扣除额与会计处理一致。

表 3-11　资产折旧、摊销明细表　　　　　　　　　单位:元

序号	资　　产	折旧摊销年限	资产原值	本 年 折 旧	累 计 折 旧
1	与生产经营有关的器具工具	5 年	102 900.00	20 580.00	47 334.00
2	电子设备	3 年	592 434.40	85 087.73	216 331.50
3	房屋建筑物	20 年	8 620 167.25	409 457.94	3 041 600.00
4	无形资产——专利	10 年	4 500 000.00	387 500.00	1 300 000.00

资料 12:

表 3-12　职工薪酬调整明细表

序号	费 用 项 目	实际支出数额/元	备　　注
1	工资支出	12 000 000.00	①工资支出符合税法规定,其中 5 名残疾职工全年工资为 180 000 元;②上缴工会组织的工会经费 480 000 元;③职工教育经费无以前年度累计结转扣除额;④基本社会保险支出账载数与税收数一致
2	福利费用支出	1 800 000.00	
3	职工教育经费支出	1 200 000.00	
4	工会经费	480 000.00	
5	基本社会保险支出	3 660 750.00	

资料 13:

表 3-13　企业所得税弥补亏损明细表

年　　度	盈利额或亏损额/元	备　　注
2017	−120 000.00	
2018	−300 000.00	
2019	−80 000.00	
2020	400 000.00	
2021	−180 000.00	

　　填写该公司 2022 年度《中华人民共和国企业所得税年度纳税申报表(A 类)》及其相关附表,相关报表见表 3-14 至表 3-26(报表编号采用企业所得税申报表赋予的编号)。

A100000

表 3-14　中华人民共和国企业所得税年度纳税申报表(A 类)

行次	类　别	项　目	金　额
1	利润总额计算	一、营业收入(填写 A101010\101020\103000)	29 330 000.00
2		减:营业成本(填写 A102010\102020\103000)	22 273 000.00
3		减:税金及附加	48 900.00
4		减:销售费用(填写 A104000)	1 588 830.00
5		减:管理费用(填写 A104000)	1 936 926.00

行次	类　别	项　目	金　额
6	利润总额计算	减：财务费用（填写 A104000）	82 800.00
7		减：资产减值损失	0.00
8		加：公允价值变动收益	0.00
9		加：投资收益	120 000.00
10		二、营业利润（1－2－3－4－5－6－7＋8＋9）	3 519 544.00
11		加：营业外收入（填写 A101010\101020\103000）	1 326 000.00
12		减：营业外支出（填写 A102010\102020\103000）	136 000.00
13		三、利润总额（10＋11－12）	4 709 544.00
14	应纳税所得额计算	减：境外所得（填写 A108010）	0.00
15		加：纳税调整增加额（填写 A105000）	1 250 610.00
16		减：纳税调整减少额（填写 A105000）	250 000.00
17		减：免税、减计收入及加计扣除（填写 A107010）	847 500.00
18		加：境外应税所得抵减境内亏损（填写 A108000）	0.00
19		四、纳税调整后所得（13－14＋15－16－17＋18）	4 862 654.00
20		减：所得减免（填写 A107020）	0.00
21		减：弥补以前年度亏损（填写 A106000）	280 000.00
22		减：抵扣应纳税所得额（填写 A107030）	0.00
23		五、应纳税所得额（19－20－21－22）	4 582 654.00
24	应纳税额计算	税率（25%）	25
25		六、应纳所得税额（23×24）	1 145 663.50
26		减：减免所得税额（填写 A107040）	0.00
27		减：抵免所得税额（填写 A107050）	0.00
28		七、应纳税额（25－26－27）	1 195 663.50
29		加：境外所得应纳所得税额（填写 A108000）	0.00
30		减：境外所得抵免所得税额（填写 A108000）	0.00
31		八、实际应纳所得税额（28＋29－30）	1 145 663.50
32		减：本年累计实际已缴纳的所得税额	620 000.00
33		九、本年应补（退）所得税额（31－32）	525 663.50
34		其中：总机构分摊本年应补（退）所得税额（填写 A109000）	0.00
35		财政集中分配本年应补（退）所得税额（填写 A109000）	0.00
36		总机构主体生产经营部门分摊本年应补（退）所得税额（填写 A109000）	0.00
37	实际应纳税额计算	减：民族自治地区企业所得税地方分享部分：（□ 免征 □ 减征：减征幅度__%）	0.00
38		十、本年实际应补（退）所得税额（33－37）	525 663.50

A101010

表 3-15　一般企业收入明细表

行次	项　　目	金　　额
1	一、营业收入(2＋9)	29 330 000.00
2	(一)主营业务收入(3＋5＋6＋7＋8)	28 280 000.00
3	1.销售商品收入	28 280 000.00
4	其中:非货币性资产交换收入	0.00
5	2.提供劳务收入	0.00
6	3.建造合同收入	0.00
7	4.让渡资产使用权收入	0.00
8	5.其他	0.00
9	(二)其他业务收入(10＋12＋13＋14＋15)	1 050 000.00
10	1.销售材料收入	650 000.00
11	其中:非货币性资产交换收入	0.00
12	2.出租固定资产收入	0.00
13	3.出租无形资产收入	0.00
14	4.出租包装物和商品收入	360 000.00
15	5.其他	40 000.00
16	二、营业外收入(17＋18＋19＋20＋21＋22＋23＋24＋25＋26)	1 326 000.00
17	(一)非流动资产处置利得	821 000.00
18	(二)非货币性资产交换利得	0.00
19	(三)债务重组利得	0.00
20	(四)政府补助利得	500 000.00
21	(五)盘盈利得	0.00
22	(六)捐赠利得	0.00
23	(七)罚没利得	0.00
24	(八)确实无法偿付的应付款项	5 000.00
25	(九)汇兑收益	0.00
26	(十)其他	0.00

A102010

表 3-16　一般企业成本支出明细表

行次	项　　目	金　　额
1	一、营业成本(2＋9)	22 273 000.00
2	(一)主营业务成本(3＋5＋6＋7＋8)	21 610 000.00
3	1.销售商品成本	21 610 000.00
4	其中:非货币性资产交换成本	0.00
5	2.提供劳务成本	0.00
6	3.建造合同成本	0.00
7	4.让渡资产使用权成本	0.00

续表

行次	项 目	金 额
8	5．其他	0.00
9	（二）其他业务成本(10+12+13+14+15)	663 000.00
10	1．销售材料成本	645 000.00
11	其中：非货币性资产交换成本	0.00
12	2．出租固定资产成本	0.00
13	3．出租无形资产成本	0.00
14	4．包装物出租成本	18 000.00
15	5．其他	0.00
16	二、营业外支出(17+18+19+20+21+22+23+24+25+26)	136 000.00
17	（一）非流动资产处置损失	0.00
18	（二）非货币性资产交换损失	0.00
19	（三）债务重组损失	0.00
20	（四）非常损失	0.00
21	（五）捐赠支出	0.00
22	（六）赞助支出	80 000.00
23	（七）罚没支出	56 000.00
24	（八）坏账损失	0.00
25	（九）无法收回的债券股权投资损失	0.00
26	（十）其他	0.00

A104000

表 3-17 期间费用明细表

行次	项 目	销售费用	其中：境外支付	管理费用	其中：境外支付	财务费用	其中：境外支付
		1	2	3	4	5	6
1	一、职工薪酬	270 000.00	*	478 900.00	*	*	*
2	二、劳务费	0.00	0.00	0.00	0.00	*	*
3	三、咨询顾问费	0.00	0.00	0.00	0.00	*	*
4	四、业务招待费	290 510.00	*	100 000.00	*	*	*
5	五、广告费和业务宣传费	640 000.00	*	0.00	*	*	*
6	六、佣金和手续费	0.00	0.00	0.00	0.00	32 800.00	0.00
7	七、资产折旧摊销费	149 130.00	*	203 150.00	*	*	*
8	八、财产损耗、盘亏及毁损损失	0.00	*	0.00	*	*	*
9	九、办公费	50 000.00	*	159 480.00	*	*	*
10	十、董事会费	0.00	*	0.00	*	*	*
11	十一、租赁费	0.00	0.00	140 000.00	0.00	*	*
12	十二、诉讼费	0.00	*	0.00	*	*	*

续表

行次	项　目	销售费用	其中：境外支付	管理费用	其中：境外支付	财务费用	其中：境外支付
		1	2	3	4	5	6
13	十三、差旅费	43 220.00	＊	53 776.00	＊	＊	＊
14	十四、保险费	69 140.00	＊	71 620.00	＊	＊	＊
15	十五、运输、仓储费	76 830.00	0.00	0.00	0.00	＊	＊
16	十六、修理费	0.00	0.00	0.00	0.00	＊	＊
17	十七、包装费	0.00	＊	0.00	＊	＊	＊
18	十八、技术转让费	0.00	0.00	0.00	0.00	＊	＊
19	十九、研究费用	0.00	0.00	730 000.00	0.00	＊	＊
20	二十、各项税费	0.00	＊	0.00	＊	＊	＊
21	二十一、利息收支	＊	＊	＊	＊	50 000.00	0.00
22	二十二、汇兑差额	＊	＊	＊	＊	0.00	0.00
23	二十三、现金折扣	＊	＊	＊	＊	0.00	＊
24	二十四、党组织工作经费	＊	＊	0.00	＊	＊	＊
25	二十五、其他	0.00	0.00	0.00	0.00	0.00	0.00
26	合计(1＋2＋3＋…＋25)	1 588 830.00	0.00	1 936 926.00	0.00	82 800.00	0.00

A105000

表 3-18　纳税调整项目明细表

行次	项　目	账载金额	税收金额	调增金额	调减金额
		1	2	3	4
1	一、收入类调整项目(2＋3＋4＋5＋6＋7＋8＋10＋11)	＊	＊	250 000.00	0.00
2	（一）视同销售收入(填写 A105010)	＊	250 000.00	250 000.00	＊
3	（二）未按权责发生制原则确认的收入(填写 A105020)	0.00	0.00	0.00	0.00
4	（三）投资收益(填写 A105030)	0.00	0.00	0.00	0.00
5	（四）按权益法核算长期股权投资对初始投资成本调整确认收益	＊	＊	＊	0.00
6	（五）交易性金融资产初始投资调整	＊	＊	0.00	＊
7	（六）公允价值变动净损益	0.00	＊	0.00	0.00
8	（七）不征税收入	＊	＊	0.00	0.00
9	其中：专项用途财政性资金(填写 A105040)	＊	＊	0.00	0.00
10	（八）销售折扣、折让和退回	0.00	0.00	0.00	0.00
11	（九）其他	0.00	0.00	0.00	0.00
12	二、扣除类调整项目(13＋14＋…＋24＋26＋27＋28＋29＋30)	＊	＊	1 000 610.00	250 000.00
13	（一）视同销售成本(填写 A105010)	＊	150 000.00	＊	150 000.00

续表

行次	项　　目	账载金额	税收金额	调增金额	调减金额
		1	2	3	4
14	（二）职工薪酬（填写 A105050）	19 140 750.00	18 540 750.00	600 000.00	0.00
15	（三）业务招待费支出	390 510.00	147 900.00	242 610.00	*
16	（四）广告费和业务宣传费支出（填写 A105060）	*	*	0.00	0.00
17	（五）捐赠支出（填写 A105070）	0.00	0.00	0.00	0.00
18	（六）利息支出	50 000.00	28 000.00	22 000.00	0.00
19	（七）罚金、罚款和被没收财物的损失	56 000.00	*	56 000.00	*
20	（八）税收滞纳金、加收利息	0.00	*	0.00	*
21	（九）赞助支出	80 000.00	*	80 000.00	*
22	（十）与未实现融资收益相关在当期确认的财务费用	0.00	0.00	0.00	0.00
23	（十一）佣金和手续费支出	0.00	0.00	0.00	*
24	（十二）不征税收入用于支出所形成的费用	*	*	0.00	*
25	其中：专项用途财政性资金用于支出所形成的费用（填写 A105040）	*	*	0.00	*
26	（十三）跨期扣除项目	0.00	0.00	0.00	0.00
27	（十四）与取得收入无关的支出	0.00	*	0.00	*
28	（十五）境外所得分摊的共同支出	*	*	0.00	*
29	（十六）党组织工作经费	0.00	0.00	0.00	0.00
30	（十七）其他	182 500.00	282 500.00	0.00	100 000.00
31	三、资产类调整项目(32＋33＋34＋35)	*	*	0.00	0.00
32	（一）资产折旧、摊销（填写 A105080）	0.00	0.00	0.00	0.00
33	（二）资产减值准备金	0.00	*	0.00	0.00
34	（三）资产损失（填写 A105090）	0.00	0.00	0.00	0.00
35	（四）其他	0.00	0.00	0.00	0.00
36	四、特殊事项调整项目(37＋38＋39＋40＋41＋42)	*	*	0.00	0.00
37	（一）企业重组及递延纳税事项（填写 A105100）	0.00	0.00	0.00	0.00
38	（二）政策性搬迁（填写 A105110）	*	*	0.00	0.00
39	（三）特殊行业准备金（填写 A105120）	0.00	0.00	0.00	0.00
40	（四）房地产开发企业特定业务计算的纳税调整额（填写 A105010）	*	0.00	0.00	0.00
41	（五）合伙企业法人合伙人应分得的应纳税所得额	0.00	0.00	0.00	0.00
42	（六）其他	*	*	0.00	0.00
43	五、特别纳税调整应税所得	*	*	0.00	0.00
44	六、其他	*	*	0.00	0.00
45	合计(1＋12＋30＋35＋41＋42)	*	*	1 250 610.00	250 000.00

A105010

表 3-19　视同销售和房地产开发企业特定业务纳税调整明细表

行次	项　　目	税收金额 1	纳税调整金额 2
1	一、视同销售（营业）收入（2＋3＋4＋5＋6＋7＋8＋9＋10）	250 000.00	250 000.00
2	（一）非货币性资产交换视同销售收入	0.00	0.00
3	（二）用于市场推广或销售视同销售收入	250 000.00	250 000.00
4	（三）用于交际应酬视同销售收入	0.00	0.00
5	（四）用于职工奖励或福利视同销售收入	0.00	0.00
6	（五）用于股息分配视同销售收入	0.00	0.00
7	（六）用于对外捐赠视同销售收入	0.00	0.00
8	（七）用于对外投资项目视同销售收入	0.00	0.00
9	（八）提供劳务视同销售收入	0.00	0.00
10	（九）其他	0.00	0.00
11	二、视同销售（营业）成本（12＋13＋14＋15＋16＋17＋18＋19＋20）	150 000.00	−150 000.00
12	（一）非货币性资产交换视同销售成本	0.00	0.00
13	（二）用于市场推广或销售视同销售成本	150 000.00	−150 000.00
14	（三）用于交际应酬视同销售成本	0.00	0.00
15	（四）用于职工奖励或福利视同销售成本	0.00	0.00
16	（五）用于股息分配视同销售成本	0.00	0.00
17	（六）用于对外捐赠视同销售成本	0.00	0.00
18	（七）用于对外投资项目视同销售成本	0.00	0.00
19	（八）提供劳务视同销售成本	0.00	0.00
20	（九）其他	0.00	0.00
21	三、房地产开发企业特定业务计算的纳税调整额（22−26）	0.00	0.00
22	（一）房地产企业销售未完工开发产品特定业务计算的纳税调整额（24−25）	0.00	0.00
23	1. 销售未完工产品的收入	0.00	*
24	2. 销售未完工产品预计毛利额	0.00	0.00
25	3. 实际发生的税金及附加、土地增值税	0.00	0.00
26	（二）房地产企业销售的未完工产品转完工产品特定业务计算的纳税调整额（28−29）	0.00	0.00
27	1. 销售未完工产品转完工产品确认的销售收入	0.00	*
28	2. 转回的销售未完工产品预计毛利额	0.00	0.00
29	3. 转回实际发生的税金及附加、土地增值税	0.00	0.00

A105050

表 3-20　职工薪酬支出及纳税调整明细表

行次	项目	账载金额 1	实际发生额 2	税收规定扣除率 3	以前年度累计结转扣除额 4	税收金额 5	纳税调整金额 6(1-5)	累计结转以后年度扣除额 7(2+4-5)
1	一、工资薪金支出	12 000 000.00	12 000 000.00	*	*	12 000 000.00	0.00	*
2	其中：股权激励	0.00	0.00	*	*	0.00	0.00	*
3	二、职工福利费支出	1 800 000.00	1 800 000.00	14%	*	1 680 000.00	120 000.00	*
4	三、职工教育经费支出	1 200 000.00	1 200 000.00	*	0.00	960 000.00	240 000.00	240 000.00
5	其中：按税收规定比例扣除的职工教育经费	1 200 000.00	1 200 000.00	8%	0.00	960 000.00	240 000.00	240 000.00
6	按税收规定全额扣除的职工培训费用	0.00	0.00	100%	*	0.00	0.00	*
7	四、工会经费支出	480 000.00	480 000.00	2%	*	240 000.00	240 000.00	*
8	五、各类基本社会保障性缴款	3 660 750.00	3 660 750.00	*	*	3 660 750.00	0.00	*
9	六、住房公积金	0.00	0.00	*	*	0.00	0.00	*
10	七、补充养老保险	0.00	0.00	5%	*	0.00	0.00	*
11	八、补充医疗保险	0.00	0.00	5%	*	0.00	0.00	*
12	九、其他	0.00	0.00	*	*	0.00	0.00	*
13	合计(1+3+4+7+8+9+10+11+12)	19 140 750.00	19 140 750.00	*	0.00	18 540 750.00	600 000.00	240 000.00

A105060

表3-21　广告费和业务宣传费跨年度纳税调整明细表

行次	项　　目	金　额
1	一、本年广告费和业务宣传费支出	640 000.00
2	减：不允许扣除的广告费和业务宣传费支出	0.00
3	二、本年符合条件的广告费和业务宣传费支出（1－2）	640 000.00
4	三、本年计算广告费和业务宣传费扣除限额的销售（营业）收入	29 580 000.00
5	乘：税收规定扣除率	15%
6	四、本年企业计算的广告费和业务宣传费扣除限额（4×5）	4 437 000.00
7	五、本年广告费和业务宣传费扣除额（3＞6，本行＝3－6；3≤6，本行＝0）	0.00
8	加：以前年度累计结转扣除额	0.00
9	六、本年扣除的以前年度结转额[3＞6，本行＝0；3≤6，本行＝8与（6－3）孰小值]	0.00
10	减：按照分摊协议归集至其他关联方的广告费和业务宣传费（10＜3与6孰小值）	0.00
11	按照分摊协议从其他关联方归集至本企业的广告费和业务宣传费	0.00
12	七、本年广告费和业务宣传费支出纳税调整金额（3＞6，本行＝2＋3－6＋10－11；3≤6，本行＝2＋10－11－9）	0.00
13	八、累计结转以后年度扣除额（7＋8－9）	0.00

A105080

表 3-22　资产折旧、摊销及纳税调整明细表

行次	项　目	资产原值	账载金额		资产计税基础	税收金额			累计折旧、摊销额	纳税调整金额
			本年折旧、摊销额	累计折旧、摊销额		税收折旧、摊销额	享受加速折旧政策的资产按规定计算的一般折旧、摊销额	加速折旧、摊销统计额		
		1	2	3	4	5	6	7(5-6)	8	9(2-5)
1	一、固定资产(2+3+4+5+6+7)	9 315 501.65	515 125.67	3 305 265.50	9 315 501.65	515 125.67	*	*	3 305 265.50	0.00
2	（一）房屋、建筑物	8 620 167.25	409 457.94	3 041 600.00	8 620 167.25	409 457.94	*	*	3 041 600.00	0.00
3	（二）飞机、火车、轮船、机器、机械和其他生产设备	0.00	0.00	0.00	0.00	0.00	*	*	0.00	0.00
4	（三）与生产经营活动有关的器具、工具、家具等	102 900.00	20 580.00	47 334.00	102 900.00	20 580.00	*	*	47 334.00	0.00
5	（四）飞机、火车、轮船以外的运输工具	0.00	0.00	0.00	0.00	0.00	*	*	0.00	0.00
6	（五）电子设备	592 434.40	85 087.73	216 331.50	592 434.40	85 087.73	*	*	216 331.50	0.00
7	（六）其他	0.00	0.00	0.00	0.00	0.00	*	*	0.00	0.00
8	其中：享受固定资产加速折旧及一次性扣除政策的资产加速折旧额大于一般折旧额的部分（一）重要行业固定资产加速折旧（不含一次性扣除）	0.00	0.00	0.00	0.00	0.00	0.00	0.00	0.00	*
9	（二）其他行业研发设备加速折旧	0.00	0.00	0.00	0.00	0.00	0.00	0.00	0.00	*
10	（三）特定地区企业固定资产加速折旧(10.1+10.2)	0.00	0.00	0.00	0.00	0.00	0.00	0.00	0.00	*

续表

行次	项目	账载金额			资产计税基础	税收金额				纳税调整金额
		资产原值	本年折旧、摊销额	累计折旧、摊销额		税收折旧、摊销额	享受加速折旧政策的资产按税收一般规定计算的折旧、摊销额	加速折旧、摊销统计额	累计折旧、摊销额	
		1	2	3	4	5	6	7(5-6)	8	9(2-5)
10.1	1. 海南自由贸易港企业固定资产加速折旧	0.00	0.00	0.00	0.00	0.00	0.00	0.00	0.00	*
10.2	2. 横琴粤澳深度合作区企业固定资产加速折旧	0.00	0.00	0.00	0.00	0.00	0.00	0.00	0.00	*
11	其中：享受固定资产加速折旧及一次性扣除政策的资产折旧 / (四)500万元以下设备器具一次性扣除(11.1+11.2)	0.00	0.00	0.00	0.00	0.00	0.00	0.00	0.00	*
11.1	加速折旧额大于一般折旧额的部分 / 1. 高新技术企业2022年第四季度(10—12月)购置单价500万元以下设备器具一次性扣除	0.00	0.00	0.00	0.00	0.00	0.00	0.00	0.00	*
11.2	2. 购置单价500万元以下设备器具一次性扣除(不含高新技术企业2022年第四季度)	0.00	0.00	0.00	0.00	0.00	0.00	0.00	0.00	*
12	(五)500万元以上设备器具一次性扣除(12.1+12.2+12.3+12.4)	0.00	0.00	0.00	0.00	0.00	0.00	0.00	0.00	*

续表

行次	项目		账载金额			税收金额					纳税调整金额
			资产原值	本年折旧、摊销额	累计折旧、摊销额	资产计税基础	税收折旧、摊销额	享受加速折旧政策的资产按税收一般规定计算的折旧、摊销额	加速折旧、摊销统计额	累计折旧、摊销额	
			1	2	3	4	5	6	7(5−6)	8	9(2−5)
12.1	其中：享受固定资产加速折旧及一次性扣除政策的资产加速折旧额大于一般折旧额的部分	中小微企业购置单价500万元以上设备器具 1.最低折旧年限为3年的设备器具一次性扣除	0.00	0.00	0.00	0.00	0.00	0.00	0.00	0.00	*
12.2		2.最低折旧年限为4、5年的设备器具50%部分一次性扣除	0.00	0.00	0.00	0.00	0.00	0.00	0.00	0.00	*
12.3		3.最低折旧年限为10年的设备器具50%部分一次性扣除	0.00	0.00	0.00	0.00	0.00	0.00	0.00	0.00	*
12.4		4.高新技术企业2022年第四季度(10—12月)购置单价500万元以上设备器具一次性扣除	0.00	0.00	0.00	0.00	0.00	0.00	0.00	0.00	*
13	（六）特定地区企业固定资产一次性扣除(13.1+13.2)		0.00	0.00	0.00	0.00	0.00	0.00	0.00	0.00	*
13.1	1.海南自由贸易港企业固定资产一次性扣除		0.00	0.00	0.00	0.00	0.00	0.00	0.00	0.00	*

续表

行次	项目	账载金额			税收金额					纳税调整金额
		资产原值	本年折旧、摊销额	累计折旧、摊销额	资产计税基础	税收折旧、摊销额	享受加速折旧政策的资产按税收一般规定计算的折旧、摊销额	加速折旧、摊销统计额	累计折旧、摊销额	
		1	2	3	4	5	6	7(5－6)	8	9(2－5)
13.2	其中：享受固定资产加速折旧及一次性扣除政策的资产折旧额大于一般折旧额的部分 2. 横琴粤澳深度合作区企业固定资产一次性扣除	0.00	0.00	0.00	0.00	0.00	0.00	0.00	0.00	＊
14	（七）技术进步、更新换代固定资产加速折旧	0.00	0.00	0.00	0.00	0.00	0.00	0.00	0.00	＊
15	（八）常年强震动、高腐蚀固定资产加速折旧	0.00	0.00	0.00	0.00	0.00	0.00	0.00	0.00	＊
16	（九）外购软件加速折旧	0.00	0.00	0.00	0.00	0.00	0.00	0.00	0.00	＊
17	（十）集成电路企业生产设备加速折旧	0.00	0.00	0.00	0.00	0.00	0.00	0.00	0.00	＊
18	二、生产性生物资产（19＋20）	0.00	0.00	0.00	0.00	0.00	＊	＊	0.00	0.00
19	（一）林木类	0.00	0.00	0.00	0.00	0.00	＊	＊	0.00	0.00
20	（二）畜类	0.00	0.00	0.00	0.00	0.00	＊	＊	0.00	0.00
21	三、无形资产（22＋23＋24＋25＋26＋27＋28＋29）	4 500 000.00	387 500.00	1 300 000.00	4 500 000.00	387 500.00	＊	＊	1 300 000.00	0.00
22	所有无形资产 （一）专利权	4 500 000.00	387 500.00	1 300 000.00	4 500 000.00	387 500.00	＊	＊	1 300 000.00	0.00
23	（二）商标权	0.00	0.00	0.00	0.00	0.00	＊	＊	0.00	0.00
24	（三）著作权	0.00	0.00	0.00	0.00	0.00	＊	＊	0.00	0.00
25	（四）土地使用权	0.00	0.00	0.00	0.00	0.00	＊	＊	0.00	0.00
26	（五）非专利技术	0.00	0.00	0.00	0.00	0.00	＊	＊	0.00	0.00

续表

行次	项目	账载金额			资产计税基础	税收金额				纳税调整金额
		资产原值	本年折旧、摊销额	累计折旧、摊销额		税收折旧、摊销额	享受加速折旧政策的资产按税收一般规定计算的折旧、摊销额	加速折旧、摊销统计额	累计折旧、摊销额	
		1	2	3	4	5	6	7(5-6)	8	9(2-5)
27	所有无形资产 （六）特许权使用费	0.00	0.00	0.00	0.00	0.00	*	*	0.00	0.00
28	（七）软件	0.00	0.00	0.00	0.00	0.00	*	*	0.00	0.00
29	（八）其他	0.00	0.00	0.00	0.00	0.00	*	*	0.00	0.00
30	其中：享受加速摊销及一次性摊销政策的资产加速摊销额大于一般摊销额的部分 （一）企业外购软件加速摊销	0.00	0.00	0.00	0.00	0.00	0.00	0.00	0.00	*
31	（二）特定地区企业无形资产加速摊销（31.1＋31.2）	0.00	0.00	0.00	0.00	0.00	0.00	0.00	0.00	*
31.1	1.海南自由贸易港企业无形资产加速摊销	0.00	0.00	0.00	0.00	0.00	0.00	0.00	0.00	*
31.2	2.横琴粤澳深度合作区企业无形资产加速摊销	0.00	0.00	0.00	0.00	0.00	0.00	0.00	0.00	*
32	（三）特定地区企业无形资产一次性摊销（32.1＋32.2）	0.00	0.00	0.00	0.00	0.00	0.00	0.00	0.00	*
32.1	1.海南自由贸易港企业无形资产一次性摊销	0.00	0.00	0.00	0.00	0.00	0.00	0.00	0.00	*
32.2	2.横琴粤澳深度合作区企业无形资产一次性摊销	0.00	0.00	0.00	0.00	0.00	0.00	0.00	0.00	*
33	四、长期待摊费用（34＋35＋36＋37＋38）	0.00	0.00	0.00	0.00	0.00	*	*	0.00	0.00

续表

行次	项　目	账载金额			资产计税基础	税收金额				纳税调整金额
		资产原值	本年折旧、摊销额	累计折旧、摊销额		税收折旧、摊销额	享受加速折旧政策的资产按税收一般规定计算的折旧、摊销额	加速折旧、摊销统计额	累计折旧、摊销额	
		1	2	3	4	5	6	7(5−6)	8	9(2−5)
34	（一）已足额提取折旧的固定资产的改建支出	0.00	0.00	0.00	0.00	0.00	*	*	0.00	0.00
35	（二）租入固定资产的改建支出	0.00	0.00	0.00	0.00	0.00	*	*	0.00	0.00
36	（三）固定资产的大修理支出	0.00	0.00	0.00	0.00	0.00	*	*	0.00	0.00
37	（四）开办费	0.00	0.00	0.00	0.00	0.00	*	*	0.00	0.00
38	（五）其他	0.00	0.00	0.00	0.00	0.00	*	*	0.00	0.00
39	五、油气勘探投资	0.00	0.00	0.00	0.00	0.00	*	*	0.00	0.00
40	六、油气开发投资	0.00	0.00	0.00	0.00	0.00	*	*	0.00	0.00
41	合计（1+18+21+33+39+40）	13 815 501.65	902 625.67	4 605 265.50	13 815 501.65	902 625.67	0.00	0.00	4 605 265.50	0.00
附列资料	全民所有制企业公司制改制资产评估增值政策资产					*	*	*	*	

A106000

表3-23 企业所得税弥补亏损明细表

行次	项目	年度(1)	当年境内所得额(2)	分立转出的亏损额(3)	合并、分立转入的亏损额 可弥补年限5年(4)	可弥补年限10年(5)	弥补亏损企业类型(6)	当年亏损额(7)	当年待弥补的亏损额(8)	使用境内所得弥补(9)	使用境外所得弥补(10)	可结转以后年度弥补的亏损额(11)
1	前十年度	2010	0.00	0.00	0.00	0.00		0.00	0.00	0.00	0.00	0.00
2	前九年度	2011	0.00	0.00	0.00	0.00		0.00	0.00	0.00	0.00	0.00
3	前八年度	2012	0.00	0.00	0.00	0.00		0.00	0.00	0.00	0.00	0.00
4	前七年度	2013	0.00	0.00	0.00	0.00		0.00	0.00	0.00	0.00	0.00
5	前六年度	2014	0.00	0.00	0.00	0.00		0.00	0.00	0.00	0.00	0.00
6	前五年度	2015	-120 000.00	0.00	0.00	0.00		120 000.00	0.00	0.00	0.00	0.00
7	前四年度	2016	-300 000.00	0.00	0.00	0.00		300 000.00	20 000.00	20 000.00	0.00	0.00
8	前三年度	2017	-80 000.00	0.00	0.00	0.00		80 000.00	80 000.00	80 000.00	0.00	0.00
9	前二年度	2018	400 000.00	0.00	0.00	0.00		0.00	0.00	0.00	0.00	0.00
10	前一年度	2019	-180 000.00	0.00	0.00	0.00		180 000.00	180 000.00	180 000.00	0.00	0.00
11	本年度	2020	4 962 654.00	0.00	0.00	0.00		0.00	0.00	280 000.00	0.00	0.00
12	可结转以后年度弥补的亏损额合计											0.00

A107010

表 3-24　免税、减计收入及加计扣除优惠明细表

行次	项　目	金　额
1	一、免税收入(2+3+9+…+16)	120 000.00
2	(一)国债利息收入免征企业所得税	20 000.00
3	(二)符合条件的居民企业之间的股息、红利等权益性投资收益免征企业所得税(4+5+6+7+8)	100 000.00
4	1. 一般股息红利等权益性投资收益免征企业所得税(填写 A107011)	100 000.00
5	2. 内地居民企业通过沪港通投资且连续持有 H 股满 12 个月取得的股息红利所得免征企业所得税(填写 A107011)	0.00
6	3. 内地居民企业通过深港通投资且连续持有 H 股满 12 个月取得的股息红利所得免征企业所得税(填写 A107011)	0.00
7	4. 居民企业持有创新企业 CDR 取得的股息红利所得免征企业所得税(填写 A107011)	0.00
8	5. 符合条件的永续债利息收入免征企业所得税(填写 A107011)	0.00
9	(三)符合条件的非营利组织的收入免征企业所得税	0.00
10	(四)中国清洁发展机制基金取得的收入免征企业所得税	0.00
11	(五)投资者从证券投资基金分配中取得的收入免征企业所得税	0.00
12	(六)取得的地方政府债券利息收入免征企业所得税	0.00
13	(七)中国保险保障基金有限责任公司取得的保险保障基金等收入免征企业所得税	0.00
14	(八)中国奥委会取得北京冬奥组委支付的收入免征企业所得税	0.00
15	(九)中国残奥委会取得北京冬奥组委分期支付的收入免征企业所得税	0.00
16	(十)其他(16.1+16.2)	0.00
16.1	1. 取得的基础研究资金收入免征企业所得税	0.00
16.2	2. 其他	0.00
17	二、减计收入(18+19+23+24)	0.00
18	(一)综合利用资源生产产品取得的收入在计算应纳税所得额时减计收入	0.00

续表

行次	项　　目	金　　额
19	（二）金融、保险等机构取得的涉农利息、保费减计收入（20＋21＋22）	0.00
20	1. 金融机构取得的涉农贷款利息收入在计算应纳税所得额时减计收入	0.00
21	2. 保险机构取得的涉农保费收入在计算应纳税所得额时减计收入	0.00
22	3. 小额贷款公司取得的农户小额贷款利息收入在计算应纳税所得额时减计收入	0.00
23	（三）取得铁路债券利息收入减半征收企业所得税	0.00
24	（四）其他（24.1＋24.2）	0.00
24.1	1. 取得的社区家庭服务收入在计算应纳税所得额时减计收入	0.00
24.2	2. 其他	0.00
25	三、加计扣除（26＋27＋28＋29＋30）	727 500.00
26	（一）开发新技术、新产品、新工艺发生的研究开发费用加计扣除（填写 A107012）	547 500.00
27	（二）科技型中小企业开发新技术、新产品、新工艺发生的研究开发费用加计扣除（填写 A107012）	0.00
28	（三）企业为获得创新性、创意性、突破性的产品进行创意设计活动而发生的相关费用加计扣除（加计扣除比例及计算方法：＿＿＿＿＿＿）	0.00
28.1	其中：第四季度相关费用加计扣除	0.00
28.2	前三季度相关费用加计扣除	0.00
29	（四）安置残疾人员所支付的工资加计扣除	180 000.00
30	（五）其他（30.1＋30.2＋30.3）	0.00
30.1	1. 企业投入基础研究支出加计扣除	0.00
30.2	2. 高新技术企业设备器具加计扣除	0.00
30.3	3. 其他	0.00
31	合计（1＋17＋25）	847 500.00

A107011

表 3-25 符合条件的居民企业之间的股息、红利等权益性投资收益优惠明细表

行次	被投资企业	被投资企业统一社会信用代码(纳税人识别号)	投资性质	投资成本	投资比例	被投资企业利润分配确认金额		被投资企业清算确认金额			撤回或减少投资确认金额						合计
						被投资企业做出利润分配或转股决定时间	依决定归属于本公司的股息、红利等权益性投资收益金额	分得的被投资企业清算剩余资产金额	被清算企业累计未分配利润和累计盈余公积应享有部分	应确认的股息所得	从被投资企业撤回或减少投资取得的资产	减少投资比例	收回初始投资成本	取得资产中超过收回初始投资成本部分	撤回或减少投资应享有被投资企业累计未分配利润和累计盈余公积部分	应确认的股息所得	
	1	2	3	4	5	6	7	8	9	10(8与9孰小)	11	12	13(4×12)	14(11−13)	15	16(14与15孰小)	17(7+10+16)
1	A企业	552500098 20264222210	01直接投资	400 000.00	5%	2021-12-24	100 000.00	0.00		0.00	0.00	0%	0.00	0.00	0.00	0.00	100 000.00
2										0.00							0.00
3										0.00							0.00
4									0.00	0.00							0.00
5										0.00			0.00			0.00	0.00
6													0.00				0.00
7										0.00							0.00
8	合计						100 000.00	0.00								0.00	100 000.00
9	其中:股票投资——沪港通 H 股																0.00
10	股票投资——深港通 H 股																0.00

A107012

表 3-26　研发费用加计扣除优惠明细表

行次	项　　目	金额（数量）
1	本年可享受研发费用加计扣除项目数量	1
2	一、自主研发、合作研发、集中研发（3＋7＋16＋19＋23＋34）	547 500.00
3	（一）人员人工费用（4＋5＋6）	187 500.00
4	1. 直接从事研发活动人员工资薪金	120 000.00
5	2. 直接从事研发活动人员五险一金	67 500.00
6	3. 外聘研发人员的劳务费用	0.00
7	（二）直接投入费用（8＋9＋10＋11＋12＋13＋14＋15）	230 000.00
8	1. 研发活动直接消耗材料费用	230 000.00
9	2. 研发活动直接消耗燃料费用	0.00
10	3. 研发活动直接消耗动力费用	0.00
11	4. 用于中间试验和产品试制的模具、工艺装备开发及制造费	0.00
12	5. 用于不构成固定资产的样品、样机及一般测试手段购置费	0.00
13	6. 用于试制产品的检验费	0.00
14	7. 用于研发活动的仪器、设备的运行维护、调整、检验、维修等费用	0.00
15	8. 通过经营租赁方式租入的用于研发活动的仪器、设备租赁费	0.00
16	（三）折旧费用（17＋18）	80 000.00
17	1. 用于研发活动的仪器的折旧费	0.00
18	2. 用于研发活动的设备的折旧费	80 000.00
19	（四）无形资产摊销（20＋21＋22）	0.00
20	1. 用于研发活动的软件的摊销费用	0.00
21	2. 用于研发活动的专利权的摊销费用	0.00
22	3. 用于研发活动的非专利技术（包括许可证、专有技术、设计和计算方法等）的摊销费用	0.00
23	（五）新产品设计费等（24＋25＋26＋27）	50 000.00
24	1. 新产品设计费	50 000.00
25	2. 新工艺规程制定费	0.00
26	3. 新药研制的临床试验费	0.00
27	4. 勘探开发技术的现场试验费	0.00
28	（六）其他相关费用（29＋30＋31＋32＋33）	0.00
29	1. 技术图书资料费、资料翻译费、专家咨询费、高新科技研发保险费	0.00
30	2. 研发成果的检索、分析、评议、论证、鉴定、评审、评估、验收费用	0.00
31	3. 知识产权的申请费、注册费、代理费	0.00
32	4. 职工福利费、补充养老保险费、补充医疗保险费	0.00
33	5. 差旅费、会议费	0.00
34	（七）经限额调整后的其他相关费用	0.00
35	二、委托研发（36＋37＋39）	0.00
36	（一）委托境内机构或个人进行研发活动所发生的费用	0.00
37	（二）委托境外机构进行研发活动发生的费用	0.00
38	其中：允许加计扣除的委托境外机构进行研发活动发生的费用	0.00

续表

行次	项　　目	金额（数量）
39	（三）委托境外个人进行研发活动发生的费用	0.00
40	三、年度研发费用小计(2+36×80%+38)	547 500.00
41	（一）本年费用化金额	547 500.00
42	（二）本年资本化金额	0.00
43	四、本年形成无形资产摊销额	0.00
44	五、以前年度形成无形资产本年摊销额	0.00
45	六、允许扣除的研发费用合计(41+43+44)	547 500.00
46	减：特殊收入部分	0.00
47	七、允许扣除的研发费用抵减特殊收入后的金额(45-46)	547 500.00
48	减：当年销售研发活动直接形成产品(包括组成部分)对应的材料部分	0.00
49	减：以前年度销售研发活动直接形成产品(包括组成部分)对应材料部分结转金额	0.00
50	八、加计扣除比例及计算方法	100%
L1	本年允许加计扣除的研发费用总额(47-48-49)	547 500.00
L1.1	其中：第四季度允许加计扣除的研发费用金额	
L1.2	前三季度允许加计扣除的研发费用金额(L1-L1.1)	
51	九、本年研发费用加计扣除总额(47-48-49)×50	547 500.00
52	十、销售研发活动直接形成产品(包括组成部分)对应材料部分结转以后年度扣减金额(当47-48-49≥0,本行=0；当47-48-49<0,本行=47-48-49的绝对值)	0.00

第四章

个人所得税的纳税方法

个人所得税是对个人的各项应税所得征收的一种税,是国家参与纳税人个人收入分配的直接形式,体现了国家与个人的分配关系。我国实行综合与分类相结合的混合所得税制。根据不同的应税项目,分别实行超额累进税率和比例税率两种税率形式。对居民纳税人和非居民纳税人取得不同的应税项目,分别采取多种不同的费用扣除方法。采用全员全额扣缴申报与自行申报两种方法相结合的申报缴纳方式。

第一节　个人所得税税收政策概述

一、个人所得税的纳税人

个人所得税的纳税人,是指在中国境内有住所,或者无住所而一个纳税年度内在中国境内居住累计满 183 天的个人,以及在中国境内无住所又不居住或者无住所而在一个纳税年度内在中国境内累计居住不满 183 天但从中国境内取得所得的个人。

纳税年度,自公历 1 月 1 日起至 12 月 31 日止。

我国个人所得税参照国际惯例,按照属地兼属人双重原则并依据住所和居住时间两个标准,将纳税人区分为居民个人和非居民个人,分别承担不同的纳税义务。

(一)居民个人

1. 居民个人的界定

居民个人是指在中国境内有住所,或者无住所而一个纳税年度内在中国境内居住累计满 183 天的个人。

2. 居民个人的纳税义务

居民个人负有无限纳税义务,其从中国境内和境外取得的所得,都要在中国缴纳个人所得税。从中国境内和境外取得的所得,分别是指来源于中国境内的所得和来源于中国境外的所得。

重点关注

我国居民个人负有无限纳税义务,但在一定条件下,境外所得境外支付部分可以免予纳税。

3．所得来源地的确定

所得来源地是指应税项目的发生地，下列所得，不论支付地点是否在中国境内，均为来源于中国境内的所得：

（1）因任职、受雇、履约等在中国境内提供劳务取得的所得；

（2）将财产出租给承租人在中国境内使用而取得的所得；

（3）许可各种特许权在中国境内使用而取得的所得；

（4）转让中国境内的不动产等财产或者在中国境内转让其他财产取得的所得；

（5）从中国境内的企业、事业单位、其他经济组织以及居民个人取得的利息、股息、红利所得。

（二）非居民个人

1．非居民个人的界定

非居民纳税人是指在中国境内无住所又不居住，或者无住所而一个纳税年度内在中国境内居住累计不满 183 的个人。

2．非居民个人的纳税义务

非居民纳税人承担有限纳税义务，即仅就其来源于中国境内的所得，向中国缴纳个人所得税。

重点关注

我国非居民个人负有限纳税义务，应就其来源于中国境内的所得向中国缴纳个人所得税，但在一定条件下，境内所得境外支付部分可以免予纳税。

二、征税对象

个人所得税的征税对象为个人（自然人）取得的各项应税项目，共包括以下 9 项所得。

（一）工资、薪金所得

工资、薪金所得是指个人因任职或者受雇而取得的工资、薪金、奖金、年终加薪、劳动分红、津贴、补贴以及与任职或者受雇有关的其他所得。

1．属于工资、薪金所得的特殊项目

（1）个人因公务用车和通讯制度改革而取得的公务用车、通讯补贴收入，扣除一定标准的公务费用后，按照"工资、薪金"所得项目计征个人所得税；

（2）个人在公司（包括关联公司）任职、受雇，同时兼任董事、监事的，其取得的董事费、监事费属于工资、薪金所得；

（3）个人达到国家规定的退休年龄，领取的年金，按照"工资、薪金所得"项目适用的税率，计征个人所得税；

（4）退休人员再任职取得的收入属于工资、薪金所得。

2．不属于工资、薪金所得的补贴、津贴

个人取得的不予征收个人所得税的补贴、津贴包括：独生子女补贴；执行公务员工资制度未纳入基本工资总额的补贴、津贴差额和家属成员的副食品补贴；托儿补助费；差旅费津贴、误餐补助。

（二）劳务报酬所得

劳务报酬所得是指个人独立从事劳务所取得的所得，包括从事设计、装潢、安装、制图、化验、测试、医疗、法律、会计、咨询、讲学、翻译、审稿、书画、雕刻、影视、录音、录像、演出、表演、广告、展览、技术服务、介绍服务、经纪服务、代办服务以及其他劳务取得的所得。

重点关注

个人担任公司董事、监事且不在公司任职受雇所取得的董事费、监事费收入属于劳务报酬所得。

（三）稿酬所得

稿酬所得是指个人因其作品以图书、报刊等形式出版、发表而取得的所得。包括文学作品、书画作品、摄影作品等出版、发表取得的所得，以及财产继承人取得的遗作稿酬。

任职、受雇于报纸、杂志等单位的记者、编辑等专业人员在本单位的刊物上发表作品取得所得，按"工资、薪金所得"项目征收个人所得税，其他人员在报纸、杂志上发表作品取得所得，按"稿酬所得"项目征收个人所得税。

（四）特许权使用费所得

特许权使用费所得是指个人提供专利权、商标权、著作权、非专利技术以及其他特许权的使用权取得的所得；提供著作权的使用权取得的所得，不包括稿酬所得。

重点关注

作者将自己的文字作品原稿或复印件公开拍卖（竞价）取得的所得，按"特许权使用费所得"项目征税。

（五）经营所得

（1）个体工商户从事生产、经营活动取得的所得，个人独资企业投资人、合伙企业的个人合伙人来源于境内注册的个人独资企业、合伙企业生产、经营的所得；

（2）个人依法从事办学、医疗、咨询以及其他有偿服务活动取得的所得；

（3）个人对企业、事业单位承包经营、承租经营以及转包、转租取得的所得；

（4）个人从事其他生产、经营活动取得的所得。

（六）利息、股息、红利所得

利息、股息、红利所得是指个人拥有债权、股权而取得的利息、股息、红利所得。

利息是指个人拥有债权而取得的利息，包括存款利息、贷款利息和各种债券的利息；股息是指个人拥有股权，取得的公司按照一定的比率对每股发放的息金；红利是指个人拥有股权，取得的公司按股份分配的利润。

（七）财产租赁所得

财产租赁所得是指个人出租不动产、机器设备、车船以及其他财产取得的所得。个人将财产转租取得的收入，属于转租人的财产租赁所得。

（八）财产转让所得

财产转让所得是指个人转让有价证券、股权、合伙企业中的财产份额、不动产、机器设备、车船以及其他财产取得的所得。

重点关注

注意股权转让所得与股息所得的区别："股权转让所得"属于财产转让所得；"股息"属于利息、股息、红利所得。

（九）偶然所得

偶然所得是指个人得奖、中奖、中彩以及其他偶然性质的所得。

个人取得的所得，难以界定应纳税所得项目的，由国务院税务主管部门确定。

三、个人所得税的税率和预扣率

我国的个人所得税实行混合所得税制，按照应税所得的种类分别规定了比例税率和超额累进税率等税率形式。其中居民个人的综合所得按纳税年度合并计算个人所得税，采用按月或按次预扣税款，年终汇算清缴制度，并对居民个人取得的综合所得规定了预扣率。

（一）个人所得税税率

1. 居民个人综合所得税率

居民纳税人取得工资、薪金所得，劳务报酬所得，稿酬所得，特许权使用费所得，即综合所得，按纳税年度合并计算个人所得税，适用七级超额累进税率，税率为3%～45%，如表4-1所示。

表 4-1　综合所得个人所得税税率表

级　数	全年应纳税所得额	税率/%	速算扣除数
1	不超过 36 000 元的	3	0
2	超过 36 000 至 144 000 元的部分	10	2 520
3	超过 144 000 至 300 000 元的部分	20	16 920
4	超过 300 000 至 420 000 元的部分	25	31 920
5	超过 420 000 至 660 000 元的部分	30	52 920
6	超过 660 000 至 960 000 元的部分	35	85 920
7	超过 960 000 元的部分	45	181 920

注：本表所称全年应纳税所得额是指依照税法的规定，居民个人取得综合所得以每一纳税年度收入额减除费用 60 000 元以及专项扣除、专项附加扣除和依法确定的其他扣除后的余额。

2. 非居民个人工资、薪金所得，劳务报酬所得，稿酬所得和特许权使用费所得税率

非居民个人取得工资、薪金所得，劳务报酬所得，稿酬所得和特许权使用费所得，按月或按次适用七级超额累进税率，税率为3%～45%，如表4-2所示。

表4-2　非居民个人取得工资、薪金所得，劳务报酬所得，稿酬所得和特许权使用费所得税税率表

级　　数	应纳税所得额	税率/%	速算扣除数
1	不超过3 000元的	3	0
2	超过3 000至12 000元的部分	10	210
3	超过12 000至25 000元的部分	20	1 410
4	超过25 000至35 000元的部分	25	2 660
5	超过35 000至55 000元的部分	30	4 410
6	超过55 000至80 000元的部分	35	7 160
7	超过80 000元的部分	45	15 160

3. 经营所得税率

经营所得，适用5%～35%的五级超额累进税率，如表4-3所示。

表4-3　经营所得个人所得税税率表

级　　数	全年应纳税所得额	税率/%	速算扣除数
1	不超过30 000元部分	5	0
2	超过30 000元至90 000元部分	10	1 500
3	超过90 000元至300 000元部分	20	10 500
4	超过300 000元至500 000元部分	30	40 500
5	超过500 000元部分	35	65 500

注：本表所称全年应纳税所得额，是指依照税法规定，以每一纳税年度的收入总额减除成本、费用以及损失后的余额。

4. 利息、股息、红利所得，财产租赁所得，财产转让所得，偶然所得的税率

特许权使用费所得，利息、股息、红利所得，财产租赁所得，财产转让所得，偶然所得，适用比例税率，税率为20%。

（二）个人所得税预扣率

1. 居民个人工资、薪金所得预扣率

扣缴义务人向居民个人支付工资、薪金所得时，应当按照累计预扣法计算预扣税款，并按月办理扣缴申报。

累计预扣法是指扣缴义务人在一个纳税年度内预扣预缴税款时，以纳税人在本单位截至当前月份工资、薪金所得累计收入减除累计免税收入、累计减除费用、累计专项扣除、累计专项附加扣除和累计依法确定的其他扣除后的余额为累计预扣预缴应纳税所得额。

扣缴义务人向居民支付个人工资、薪金所得，适用居民个人工资、薪金所得个人所得税预扣率表，如表4-4所示。

表 4-4 居民个人工资、薪金所得个人所得税预扣率表

级 数	累计预扣预缴应纳税所得额	预扣率/%	速算扣除数
1	不超过 36 000 元	3	0
2	超过 36 000 元至 144 000 元的部分	10	2 520
3	超过 144 000 元至 300 000 元的部分	20	16 920
4	超过 300 000 元至 420 000 元的部分	25	31 920
5	超过 420 000 元至 660 000 元的部分	30	52 920
6	超过 660 000 元至 960 000 元的部分	35	85 920
7	超过 960 000 元的部分	45	181 920

2. 居民个人劳务报酬所得预扣率

扣缴义务人向居民个人支付劳务报酬所得,适用居民个人劳务报酬所得个人所得税预扣率表,如表 4-5 所示。

表 4-5 居民个人劳务报酬所得个人所得税预扣率表

级 数	预扣预缴应纳税所得额	预扣率/%	速算扣除数
1	不超过 20 000 元	20	0
2	超过 20 000 元至 50 000 元的部分	30	2 000
3	超过 50 000 元的部分	40	7 000

3. 居民个人稿酬所得、特许权使用费所得预扣率

扣缴义务人向居民个人支付稿酬所得、特许权使用费所得,适用 20% 的比例预扣率。

重点关注

居民个人取得综合所得按月或按次预扣税款适用预扣率,年终汇算清缴适用税率。

四、个人所得税的优惠政策

(一) 免征个人所得税项目

(1) 省级人民政府、国务院部委和中国人民解放军以上单位,以及外国组织、国际组织颁发的科学、教育、技术、文化、卫生、体育、环境保护等方面的奖金;

(2) 国债和国家发行的金融债券利息;

(3) 按照国家统一规定发给的补贴、津贴;

(4) 福利费、抚恤金、救济金;

(5) 保险赔款;

(6) 军人的转业费、复员费、退役金;

(7) 按照国家统一规定发给干部、职工的安家费、退职费、基本养老金或退休工资、离休费、离休生活补助费;

(8) 依照有关法律规定应予免税的各国驻华使馆、领事馆的外交代表、领事官员和其他人员的所得;

（9）中国政府参加的国际公约、签订的协议中规定免税的所得；

（10）国务院规定的其他免税所得。

（二）减征个人所得税项目

有下列情形之一的，可以减征个人所得税，具体幅度和期限，由省、自治区、直辖市人民政府规定，并报同级人民代表大会常务委员会备案。

（1）残疾、孤老人员和烈属的所得；

（2）因严重自然灾害造成重大损失的。

国务院可以规定其他减税情形，报全国人民代表大会常务委员会备案。

五、个人所得税的征收管理

（一）自然人的纳税人识别号

个人所得税以所得人为纳税人，以支付所得的单位或者个人为扣缴义务人。我国个人所得税主要采用扣缴申报和自行纳税申报两种申报方法。在对自然人办理扣缴申报和自然人自行申报时，都要使用自然人纳税人识别号，它是自然人纳税人办理各类涉税事项的唯一代码标识。

有中国公民身份号码的，以其中国公民身份号码作为纳税人识别号；没有中国公民身份号码的，由税务机关赋予其纳税人识别号。

（二）个人所得税的扣缴申报管理

向个人支付所得的单位或者个人为扣缴义务人，扣缴义务人应当依法办理全员全额扣缴申报。

1. 全员全额扣缴申报的应税所得范围

实行个人所得税全员全额扣缴申报的应税所得包括：

（1）工资、薪金所得；

（2）劳务报酬所得；

（3）稿酬所得；

（4）特许权使用费所得；

（5）利息、股息、红利所得；

（6）财产租赁所得；

（7）财产转让所得；

（8）偶然所得。

2. 扣缴义务人扣缴申报期限

（1）扣缴义务人向居民个人支付工资、薪金所得时，按月计算预扣税款并办理扣缴申报；

（2）扣缴义务人向居民个人支付劳务报酬所得、稿酬所得、特许权使用费所得时，按次或者按月预扣预缴税款；

（3）扣缴义务人向非居民个人支付工资、薪金所得，劳务报酬所得，稿酬所得和特许

权使用费所得时,按月或者按次代扣代缴税款;

(4) 扣缴义务人支付利息、股息、红利所得,财产租赁所得,财产转让所得或者偶然所得时,按次或者按月代扣代缴税款。

3.扣缴税款缴库期限

扣缴义务人每月或者每次预扣、代扣的税款,应当在次月 15 日内缴入国库,并向税务机关报送《个人所得税扣缴申报表》。

(三)个人所得税的自行纳税申报

自行申报纳税,是由纳税人自行在税法规定的纳税期限内,向税务机关申报取得的应税所得项目和数额,如实填写个人所得税纳税申报表,并按照税法规定计算应纳税额,据此缴纳个人所得税的一种方法。

1.综合所得汇算清缴

取得综合所得且符合下列情形之一的纳税人,应当依法办理汇算清缴。

(1) 从两处以上取得综合所得,且综合所得年收入额减除专项扣除后的余额超过 6 万元;

(2) 取得劳务报酬所得、稿酬所得、特许权使用费所得中一项或者多项所得,且综合所得年收入额减除专项扣除的余额超过 6 万元;

(3) 纳税年度内预缴税额低于应纳税额;

(4) 纳税人申请退税。

需要办理汇算清缴的纳税人,应当在取得所得的次年 3 月 1 日至 6 月 30 日内,向任职、受雇单位所在地主管税务机关办理纳税申报,并报送《个人所得税年度自行纳税申报表》。

2.取得经营所得

个体工商户业主、个人独资企业投资者、合伙企业个人合伙人、承包承租经营者个人以及其他从事生产、经营活动的个人取得经营所得,按年计算个人所得税,由纳税人在月度或季度终了后 15 日内,向经营管理所在地主管税务机关办理预缴纳税申报;在取得所得的次年 3 月 31 日前,向经营管理所在地主管税务机关办理汇算清缴。从两处以上取得经营所得的,选择向其中一处经营管理所在地主管税务机关办理年度汇总申报。

3.扣缴义务人未扣缴税款

纳税人取得应税所得,扣缴义务人未扣缴税款的,应当区别以下情形办理纳税申报。

(1) 居民个人取得综合所得的,按照取得综合所得办理汇算清缴的规定办理。

(2) 非居民个人取得工资、薪金所得,劳务报酬所得,稿酬所得,特许权使用费所得的,应当在取得所得的次年 6 月 30 日前,向扣缴义务人所在地主管税务机关办理纳税申报。非居民个人在次年 6 月 30 日前离境(临时离境除外)的,应当在离境前办理纳税申报。

(3) 纳税人取得利息、股息、红利所得,财产租赁所得,财产转让所得和偶然所得的,应当在取得所得的次年 6 月 30 日前,按相关规定向主管税务机关办理纳税申报。税务机关通知限期缴纳的,纳税人应当按照期限缴纳税款。

4.取得境外所得

居民个人从中国境外取得所得的,应当在取得所得的次年 3 月 1 日至 6 月 30 日内,向中国境内任职、受雇单位所在地主管税务机关办理纳税申报。

5. 因移居境外注销中国户籍

纳税人因移居境外注销中国户籍的，应当在申请注销中国户籍前，向户籍所在地主管税务机关办理纳税申报，进行税款清算。

6. 非居民个人在中国境内从两处以上取得工资、薪金所得

非居民个人在中国境内从两处以上取得工资、薪金所得的，应当在取得所得的次月15日内，向其中一处任职、受雇单位所在地主管税务机关办理纳税申报。

第二节 个人所得税应纳税额的计算

个人取得的所得，应依法缴纳个人所得税。个人所得的形式，包括现金、实物、有价证券和其他形式的经济利益。

个人所得税的计税依据为应纳税所得额。由于个人所得税的应税项目不同，并且取得某项所得所需费用也不相同，所以，在计算应纳税所得额时应根据不同身份个人的不同所得项目，按各自规定综合计算或分别计算。

一、居民个人综合所得应纳税额的计算

居民个人取得工资、薪金所得，劳务报酬所得，稿酬所得，特许权使用费所得，为综合所得，按纳税年度合并计算个人所得税。

（一）应纳税所得额的确定

居民个人的综合所得，以每一纳税年度的收入额减除费用60 000元以及专项扣除、专项附加扣除和依法确定的其他扣除后的余额，为应纳税所得额。其计算公式为

$$应纳税所得额＝每一纳税年度的收入额－60\ 000－专项扣除－$$
$$专项附加扣除－依法确定的其他扣除$$

（二）收入额的确定

（1）工资、薪金所得的收入额是指在一个纳税年度内工资薪金的总额。

（2）劳务报酬所得、稿酬所得、特许权使用费所得以收入减除20％的费用后的余额为收入额。

（3）稿酬所得的收入额减按70％计算。

【例4-1】 居民个人张教授某月取得稿酬50 000元，计算应并入综合所得缴纳个人所得税的收入额。

解析：稿酬所得以收入减除20％的费用后的余额为收入额，再减按70％计算。

应并入综合所得缴纳个人所得税的收入额＝50 000×（1－20％）×70％＝28 000（元）

（三）扣除项目

1. 费用扣除标准

纳税人每一纳税年度费用扣除标准为60 000元。

2．专项扣除

专项扣除，包括居民个人按照国家规定的范围和标准缴纳的基本养老保险、基本医疗保险、失业保险等社会保险费和住房公积金等。

3．专项附加扣除

专项附加扣除的具体范围、标准如下。

（1）子女教育

纳税人的子女接受全日制学历教育的相关支出，按照每个子女每月1 000元的标准定额扣除。

父母既可以选择由其中一方按扣除标准的100％扣除，也可以选择由双方分别按扣除标准的50％扣除，具体扣除方式在一个纳税年度内不能变更。

（2）继续教育

纳税人在中国境内接受学历（学位）继续教育的支出，在学历（学位）教育期间按照每月400元定额扣除。同一学历（学位）继续教育的扣除期限不能超过48个月。纳税人接受技能人员职业资格继续教育、专业技术人员职业资格继续教育的支出，在取得相关证书的当年，按照3 600元定额扣除。

个人接受本科及以下学历（学位）继续教育，符合本办法规定扣除条件的，可以选择由其父母扣除，也可以选择由本人扣除。

（3）大病医疗

在一个纳税年度内，纳税人发生的与基本医保相关的医药费用支出，扣除医保报销后个人负担（指医保目录范围内的自付部分）累计超过15 000元的部分，由纳税人在办理年度汇算清缴时，在80 000元限额内据实扣除。

纳税人发生的医药费用支出可以选择由本人或者其配偶扣除；未成年子女发生的医药费用支出可以选择由其父母一方扣除。

纳税人及其配偶、未成年子女发生的医药费用支出，分别计算扣除额。

（4）住房贷款利息

纳税人本人或者配偶单独或者共同使用商业银行或者住房公积金个人住房贷款为本人或者其配偶购买中国境内住房，发生的首套住房贷款利息支出，在实际发生贷款利息的年度，按照每月1 000元的标准定额扣除，扣除期限最长不超过240个月。纳税人只能享受一次首套住房贷款的利息扣除。

经夫妻双方约定，可以选择由其中一方扣除，具体扣除方式在一个纳税年度内不能变更。

夫妻双方婚前分别购买住房发生的首套住房贷款，其贷款利息支出，婚后可以选择其中一套购买的住房，由购买方按扣除标准的100％扣除，也可以由夫妻双方对各自购买的住房分别按扣除标准的50％扣除，具体扣除方式在一个纳税年度内不能变更。

（5）住房租金

纳税人在主要工作城市没有自有住房而发生的住房租金支出，可以按照以下标准定额扣除。

① 直辖市、省会（首府）城市、计划单列市以及国务院确定的其他城市，扣除标准为每

月1 500元；

② 除上述所列城市以外，市辖区户籍人口超过100万的城市，扣除标准为每月1 100元；市辖区户籍人口不超过100万的城市，扣除标准为每月800元。

纳税人的配偶在纳税人的主要工作城市有自有住房的，视同纳税人在主要工作城市有自有住房。

夫妻双方主要工作城市相同的，只能由一方扣除住房租金支出。

纳税人及其配偶在一个纳税年度内不能同时分别享受住房贷款利息和住房租金专项附加扣除。

（6）赡养老人

纳税人赡养一位及以上被赡养人的赡养支出，统一按照以下标准定额扣除。

① 纳税人为独生子女的，按照每月2 000元的标准定额扣除；

② 纳税人为非独生子女的，由其与兄弟姐妹分摊每月2 000元的扣除额度，每人分摊的额度不能超过每月1 000元。可以由赡养人均摊或者约定分摊，也可以由被赡养人指定分摊。约定或者指定分摊的须签订书面分摊协议，指定分摊优先于约定分摊。具体分摊方式和额度在一个纳税年度内不能变更。

（7）婴幼儿照护

自2022年1月1日起，纳税人照护3岁以下婴幼儿子女的相关支出，按照每个婴幼儿每月1 000元的标准定额扣除。

父母既可以选择由其中一方按扣除标准的100%扣除，也可以选择由双方分别按扣除标准的50%扣除，具体扣除方式在一个纳税年度内不能变更。

4. 依法确定的其他扣除

其他扣除，包括个人缴付符合国家规定的企业年金、职业年金，个人购买符合国家规定的商业健康保险、税收递延型商业养老保险的支出，以及国务院规定可以扣除的其他项目。

重点关注

专项扣除、专项附加扣除和依法确定的其他扣除，以居民个人一个纳税年度的应纳税所得额为限额；一个纳税年度扣除不完的，不结转以后年度扣除。

（四）应纳税额的计算

居民个人综合所得应纳税额的计算公式为

应纳税额＝应纳税所得额×适用税率－速算扣除数

居民个人综合所得在计算应纳个人所得税额时，适用七级超额累进税率，以每一纳税年度的应纳税所得额为依据，根据表4-1确定税率和速算扣除数。运用速算扣除数计算法，可以简化计算过程。

【例4-2】 居民个人王先生为某科研所研究员，本年度每月工资24 000元，每个月由个人承担的基本"三险一金"为4 500元，12月份取得年终奖金54 000元，为某企业提供技术指导一次性取得收入50 000元；王先生为独生子女，父母均满60周岁，有一女儿上初中，按揭还贷首套房，与其配偶约定子女教育与住房贷款利息全部由王先生扣除，王先生再无其他扣除项目。计算王先生本年度应纳个人所得税。

解析：王先生本年度的收入额包括工资、年终奖金和劳务报酬。

本年度收入额＝24 000×12＋54 000＋50 000×(1－20％)＝382 000(元)

王先生本年度的扣除项目包括费用扣除 60 000 元，专项扣除的基本"三险一金"，专项附加扣除的子女教育、住房贷款利息、赡养老人三项支出。

扣除项目金额＝60 000＋4 500×12＋2 000×12＋1 000×12＋1 000×12

＝162 000(元)

应纳税所得额＝382 000－162 000＝220 000(元)

根据表 4-1 确定王先生本年度综合所得适用税率为 20％，速算扣除数为 16 920 元。

王先生本年度应纳个人所得税＝220 000×20％－16 920＝27 080(元)

二、非居民个人工资、薪金所得，劳务报酬所得，稿酬所得和特许权使用费所得应纳税额的计算

(一) 应纳税所得额的确定

由于非居民个人在一个纳税年度内在中国境内累计居住不满 183 天，对非居民个人取得的工资、薪金所得，劳务报酬所得，稿酬所得和特许权使用费所得采取按月或者按次分项计算个人所得税的方法。非居民个人取得上述四项收入时，由支付方代扣代缴个人所得税，没有汇算清缴的，代扣代缴税额就是其应纳税额。

重点关注

居民个人取得工资、薪金所得，劳务报酬所得，稿酬所得，特许权使用费所得，为综合所得，按纳税年度合并计算个人所得税；非居民个人取得上述四项所得，按月或按次分项计算个人所得税。

1. 非居民个人的工资、薪金所得应纳税所得额

非居民个人的工资、薪金，以每月收入额减除费用 5 000 元后的余额为应纳税所得额。其计算公式为

非居民个人的工资、薪金所得的应纳税所得额＝每月收入额－5 000

2. 非居民个人的劳务报酬所得、稿酬所得、特许权使用费所得的应纳税所得额

非居民个人的劳务报酬所得、稿酬所得、特许权使用费所得，以每次收入额为应纳税所得额。

劳务报酬所得、稿酬所得、特许权使用费所得以收入减除 20％ 的费用后的余额为收入额。稿酬所得的收入额减按 70％ 计算。

劳务报酬所得、稿酬所得、特许权使用费所得，属于一次性收入的，以取得该项收入为一次；属于同一项目连续性收入的，以一个月内取得的收入为一次。

(二) 应纳税额的计算

非居民个人的工资、薪金所得，劳务报酬所得，稿酬所得，特许权使用费所得在计算应纳个人所得税额时，按月或者按次分项计算，适用七级超额累进税率，以每月或者每次

具体项目的应纳税所得额,根据表 4-2 非居民个人取得工资、薪金所得,劳务报酬所得,稿酬所得和特许权使用费所得税税率表确定税率和速算扣除数。其计算公式为

$$应纳税额 = 应纳税所得额 \times 适用税率 - 速算扣除数$$

【例 4-3】 某外籍作家为我国非居民个人,该作家在报刊上连载小说,连载了 2 个月,每月取得报社支付稿酬 12 000 元,该连载小说完结后,该作家又将该小说出版,再取得稿酬 20 000 元,计算该作家的稿酬所得应缴纳的个人所得税。

解析： 同一作品先在报刊上连载,然后再出版,或先出版,再在报刊上连载,应视为两次稿酬所得征税,即连载作为一次,出版作为一次。同一作品在报刊上连载取得的收入,以连载完成后,取得的全部收入合并为一次收入计征个人所得税。

连载小说取得稿酬的应纳税所得额 $= 12\,000 \times 2 \times (1 - 20\%) \times 70\% = 13\,440$(元)

根据表 4-2 确定该作家稿酬所得适用税率为 20%,速算扣除数为 1 410 元。

连载小说取得稿酬应纳个人所得税 $= 13\,440 \times 20\% - 1\,410 = 1\,278$(元)

出版小说的应纳税所得额 $= 20\,000 \times (1 - 20\%) \times 70\% = 11\,200$(元)

根据表 4-2 确定该作家稿酬所得适用税率为 10%,速算扣除数为 210 元。

出版小说取得稿酬应纳个人所得税 $= 11\,200 \times 10\% - 210 = 910$(元)

三、经营所得应纳税额的计算

（一）应纳税所得额的确定

经营所得,以每一纳税年度的收入总额减除成本、费用以及损失后的余额,为应纳税所得额。取得经营所得的个人,没有综合所得的,计算其每一纳税年度的应纳税所得额时,应当减除费用 6 万元、专项扣除、专项附加扣除以及依法确定的其他扣除。专项附加扣除在办理汇算清缴时减除。

从事生产、经营活动,未提供完整、准确的纳税资料,不能正确计算应纳税所得额的,由主管税务机关核定应纳税所得额或者应纳税额。

（二）应纳税额的计算

经营所得,适用 5%～35% 的五级超额累进税率,以每一纳税年度的应纳税所得额为依据,根据表 4-3 确定适用的税率和速算扣除数。经营所得应纳税额的计算公式为

$$应纳税额 = 应纳税所得额 \times 适用税率 - 速算扣除数$$

四、财产租赁所得应纳税额的计算

（一）应纳税所得额的确定

财产租赁所得按次计征个人所得税,以一个月内取得的收入为一次。计算应纳税所得额税前扣除税费的次序如下。

(1) 准予扣除的项目,主要指财产租赁过程中缴纳的税费。

(2) 向出租方支付的租金,主要指个人将承租房屋转租取得的租金收入,支付给房屋出租方的租金。

（3）由纳税人负担的租赁财产实际开支的修缮费用，以每次 800 元为限，一次扣除不完的，准予下次继续扣除，直到扣完为止。

（4）税法规定的费用扣除标准，每次收入不超过 4 000 元的，定额减除费用 800 元；每次收入在 4 000 元以上的，定率扣除 20%，其余额为应纳税所得额。

（二）应纳税额的计算

财产租赁所得适用 20% 的比例税率，但对个人出租住房取得的所得暂减按 10% 的税率征收个人所得税，其计算公式为

$$应纳税额＝应纳税所得额×适用税率（20\%或10\%）$$

五、财产转让所得应纳税额的计算

（一）应纳税所得额的确定

财产转让所得，以纳税人每次转让财产的收入额减除财产原值和合理费用后的余额为应纳税所得额。其计算公式为

$$财产转让所得应纳税所得额＝财产的收入额－财产原值－合理费用$$

（二）应纳税额的计算

财产转让所得适用 20% 的比例税率，应纳税额的计算公式为

$$应纳税额＝应纳税所得额×适用税率$$
$$＝（收入总额－财产原值－合理税费）×20\%$$

六、利息、股息、红利所得和偶然所得应纳税额的计算

利息、股息、红利所得和偶然所得，以纳税人每次收入额为应纳税所得额，不扣除任何费用。

利息、股息、红利所得，以支付利息、股息、红利时取得的收入为一次；偶然所得，以每次取得该项收入为一次。

利息、股息、红利所得和偶然所得应纳税额的计算公式为

$$应纳税额＝应纳税所得额×适用税率$$
$$＝每次收入额×20\%$$

第三节　个人所得税预扣税款的计算

由于居民个人的综合所得，以每一纳税年度的应纳税所得额为依据计算应纳个人所得税。扣缴义务人在向居民个人支付工资、薪金所得，劳务报酬所得，稿酬所得和特许权使用费时，应预扣税款，以保障税款及时入缴国库。

一、工资、薪金预扣税款的计算

扣缴义务人向居民个人支付工资、薪金所得时，应当按照累计预扣法计算预扣税款，

并按月办理扣缴申报。

（一）累计预扣预缴应纳税所得额

$$累计预扣预缴应纳税所得额＝累计收入－累计免税收入－累计减除费用－$$
$$累计专项扣除－累计专项附加扣除－$$
$$累计依法确定的其他扣除$$

（二）本期应预扣预缴税额

本期应预扣预缴税额为，以累计预扣预缴应纳税所得额和居民个人工资、薪金所得个人所得税预扣率表（表 4-4）计算出累计应预扣预缴税额，再减除累计减免税额和累计已预扣预缴税额后的余额。当余额为负值时，暂不退税；纳税年度终了后余额仍为负值时，由纳税人办理综合所得年度汇算清缴，税款多退少补。

$$本期应预扣预缴税额＝（累计预扣预缴应纳税所得额×预扣率－速算扣除数）－$$
$$累计减免税额－累计已预扣预缴税额。$$

（三）累计专项附加扣除的相关规定

享受子女教育、继续教育、住房贷款利息或者住房租金、赡养老人专项附加扣除的纳税人，自符合条件开始，可以向支付工资、薪金所得的扣缴义务人提供与上述专项附加扣除有关的信息。居民个人向扣缴义务人提供有关信息并依法要求办理专项附加扣除的，扣缴义务人应当按照规定在工资、薪金所得按月预扣预缴税款时，按其在本单位本年可享受的累计扣除额办理扣除，不得拒绝。

重点关注

纳税人同时从两处以上取得工资、薪金所得，并由扣缴义务人办理上述专项附加扣除的，对同一专项附加扣除项目，一个纳税年度内，纳税人只能选择从其中一处扣除。

【例 4-4】 刘女士为一公司的高级管理人员，本年 6 月从本单位取得工资 15 000 元，半年奖金 12 000 元。已知刘女士本年 1 月至 5 月的工资累计收入为 75 000，每月的减除费用、专项扣除、专项附加扣除和依法确定的其他扣除维持不变，合计为 8 000 元，刘女士累计已预扣预缴税额 1 050 元，计算该公司 6 月应预扣刘女士的个人所得税。

解析：

累计预扣预缴应纳税所得额＝（15 000＋12 000＋75 000）－8 000×6＝54 000（元）

根据表 4-4 确定刘女士 6 月份工资适用 10% 的预扣率和 2 520 的速算扣除数。

本期应预扣预缴税额＝（54 000×10%－2 520）－1 050＝1 830（元）

二、劳务报酬所得、稿酬所得、特许权使用费所得预扣税款的计算

扣缴义务人向居民个人支付劳务报酬所得、稿酬所得、特许权使用费所得时，应按次或者按月预扣预缴税款。

（一）预扣预缴应纳税所得额

劳务报酬所得、稿酬所得、特许权使用费所得，以每次收入额为预扣预缴应纳税所得

额。劳务报酬所得、稿酬所得、特许权使用费所得以收入减除费用后的余额为收入额；其中,稿酬所得的收入额减按 70% 计算。

减除费用：预扣预缴税款时,劳务报酬所得、稿酬所得、特许权使用费所得每次收入不超过 4 000 元的,减除费用按 800 元计算;每次收入 4 000 元以上的,减除费用按收入的 20% 计算。

(二)应预扣预缴税额

劳务报酬所得以预扣预缴应纳税所得额和居民个人劳务报酬所得个人所得税预扣率表(表 4-5)计算应预扣预缴税额。

【例 4-5】 居民个人江先生为设计师,本年为一企业提供产品设计,一次性取得收入 45 000 元,计算该企业应为江先生预扣预缴的个人所得税。

解析：江先生为企业提供产品设计取得的所得,属于劳务报酬所得。

本次收入超过 4 000 元,减除费用按收入的 20% 计算。

$$预扣预缴应纳税所得额 = 45\ 000 \times (1 - 20\%) = 36\ 000(元)$$

根据表 4-5 确定江先生本项劳务报酬所得适用税率为 30%,速算扣除数为 2 000 元。

$$应预扣预缴的个人所得税 = 36\ 000 \times 30\% - 2\ 000 = 8\ 800(元)$$

稿酬所得、特许权使用费所得以预扣预缴应纳税所得额和 20% 的比例预扣率计算应预扣预缴税额。

【例 4-6】 某作家在甲出版社出版一部小说,稿酬 20 000 元,计算甲出版社在向该作家支付稿酬时应预扣预缴的个人所得税。

解析：因本次收入超过 4 000 元,减除费用按收入的 20% 计算,稿酬所得的收入额减按 70% 计算。

$$应纳税所得额 = 20\ 000 \times (1 - 20\%) \times 70\% = 11\ 200(元)$$
$$应纳税额 = 11\ 200 \times 20\% = 2\ 240(元)$$

第四节　个人所得税的会计处理

对于个人而言,个人所得税纳税不涉及会计核算问题,因而个人所得税的会计核算主要指的是企业代扣代缴个人所得税所涉及的会计核算,以及个体工商户的生产经营所得缴纳个人所得税的会计核算。

一、企业代扣代缴个人所得税的会计核算

为了核算代扣代缴的个人所得税,企业一般应设置"应交税费——应交个人所得税"账户,贷方登记按规定应代扣代缴的个人所得税,借方登记已缴纳代扣的个人所得税,期末贷方余额为尚未缴纳的代扣个人所得税。

(一)支付工资、薪金所得代扣代缴的个人所得税

企业作为个人所得税的扣缴义务人,应按规定代扣代缴职工应缴纳的个人所得税。企业扣缴的个人所得税税款实际上是个人工资、薪金所得的一部分。代扣个人所得税

时，借记"应付职工薪酬——工资"账户，贷记"应交税费——应交个人所得税"账户，缴纳代扣的个人所得税时，借记"应交税费——应交个人所得税"账户，贷记"银行存款"账户。

（二）支付其他各项所得代扣代缴个人所得税

这里的其他所得包括承包经营、承租经营所得，劳务报酬所得，财产租赁所得，特许权使用费所得，稿酬所得，利息、股息、红利所得等。企业在支付上述费用时，借记"管理费用""财务费用""销售费用""其他应付款"等账户，贷记"应交税费——应交个人所得税""银行存款"等账户。上缴代扣的个人所得税时，借记"应交税费——应交个人所得税"账户，贷记"银行存款"账户。

（三）代扣代缴单位取得代扣代缴手续费

扣缴义务人扣缴税款收取的 2% 的手续费，作为扣缴义务人的营业外收入，借记"银行存款"账户，贷记"营业外收入"账户。

二、个体工商户应缴个人所得税的会计核算

实行查账征收的个体工商户、个人独资和合伙企业，其生产经营所得应缴纳的个人所得税，应以每一纳税年度的收入总额减除成本、费用及损失后，按适用税率计算。其会计核算应通过"所得税费用"和"应交税费——应交个人所得税"等账户进行。在计算应纳个人所得税时，借记"所得税费用"账户，贷记"应交税费——应交个人所得税"账户；实际缴纳时，借记"应交税费——应交个人所得税"账户，贷记"银行存款"账户。

第五章

其他税种的纳税方法

第一节　城市维护建设税及教育费附加的纳税方法

城市维护建设税简称城建税,是国家对缴纳增值税和消费税的单位和个人,就其实际缴纳的增值税和消费税的税额为计税依据而征收的一种税。城建税属于附加税,征收范围广泛,根据城镇规模设计不同的比例税率,要求税款专款专用。征收城市维护建设税,可以补充城市维护建设资金的不足,也可以调动地方政府进行城市维护和建设的积极性。

一、城市维护建设税税收政策及计算

(一)征税范围

城市维护建设税在全国范围内征收包括城市、县城、建制镇以及城镇以外的地区。即只要是缴纳增值税和消费税的地方,除税法另有规定外,都属于城市维护建设税的征税范围。

(二)纳税人与扣缴义务人

城市维护建设税的纳税人是指负有增值税和消费税纳税义务的单位和个人。

城市维护建设税的扣缴义务人为负有增值税、消费税扣缴义务的单位和个人,在扣缴增值税、消费税的同时扣缴城市维护建设税。

(三)税率

城市维护建设税按纳税人所在地的不同,设置了三档地区差别比例税率:

(1)纳税人所在地为市区的,税率为7%;

(2)纳税人所在地为县城、镇的,税率为5%;

(3)纳税人所在地不在市区、县城或者镇的,税率为1%。

下列两种情况,可按缴纳增值税和消费税所在地的规定税率缴纳城市维护建设税:

(1)由受托方代扣代缴、代收代缴增值税和消费税的单位和个人,其代扣代缴、代收

代缴的城市维护建设税按受托方所在地适用税率执行；

（2）流动经营等无固定纳税地点的单位和个人，在经营地缴纳增值税和消费税的，其城市维护建设税的缴纳按经营地适用税率执行。

（四）税收优惠

（1）对黄金交易所会员单位通过黄金交易所销售且发生实物交割的标准黄金，免征城市维护建设税。

（2）对上海期货交易所会员和客户通过上海期货交易所销售且发生实物交割并已出库的标准黄金，免征城市维护建设税。

（3）对国家重大水利工程建设基金免征城市维护建设税。

（4）自 2021 年 1 月 1 日至 2024 年 12 月 31 日，对增值税小规模纳税人、小型微利企业和个体工商户可以在 50% 的税额幅度内减征城市维护建设税。

（5）自 2019 年 1 月 1 日至 2021 年 12 月 31 日，为扶持自主就业退役士兵创业就业，对其实行城市维护建设税减免效果。

（6）自 2019 年 1 月 1 日至 2025 年 12 月 31 日，实施支持和促进重点群体创业就业政策，对其减免城市维护建设税。

城市维护建设税原则上不单独减免，但因城市维护建设税具有附加税性质，因此，当主税发生减免时，城市维护建设税相应发生减免。

（五）城市维护建设税的纳税管理

1. 纳税义务发生时间

城市维护建设税的纳税义务发生时间与增值税、消费税的纳税义务发生时间一致，分别与增值税、消费税同时缴纳。

2. 纳税期限

由于城市维护建设税是由纳税人在缴纳增值税和消费税时同时缴纳的，所以其纳税期限分别与增值税和消费税的纳税期限一致。

3. 纳税地点

纳税人缴纳增值税和消费税的地点，就是该纳税人缴纳城市维护建设税的地点。在向所在地税务机关申报和缴纳增值税、消费税的同时，应当在两税同一缴纳地点、同一缴纳期限内，一并缴纳对应的城建税。

同时缴纳是指在缴纳两税时，采用委托代征、代扣代缴、代收代缴、预缴、补缴等方式缴纳两税的，应当同时缴纳城建税。代扣代缴，不含因境外单位和个人向境内销售劳务、服务、无形资产代扣代缴增值税的情形。

（六）城市维护建设税应纳税额的计算

1. 计税依据

城市维护建设税以纳税人依法实际缴纳的增值税、消费税税额为计税依据。

依法实际缴纳的增值税税额是指纳税人依照增值税相关法律法规和税收政策规定计算应当缴纳的增值税税额，加上增值税免抵税额，扣除直接减免的增值税税额和期末留抵退税退还的增值税税额(以下简称留抵退税额)后的金额。

依法实际缴纳的消费税税额是指纳税人依照消费税相关法律法规和税收政策规定计算应当缴纳的消费税税额,扣除直接减免的消费税税额后的金额。

应当缴纳的两税税额,不含因进口货物或境外单位和个人向境内销售劳务、服务、无形资产缴纳的两税税额。

纳税人自收到留抵退税额之日起,应当在下一个纳税申报期从城建税计税依据中扣除。

留抵退税额仅允许在按照增值税一般计税方法确定的城建税计税依据中扣除。当期未扣除完的余额,在以后纳税申报期按规定继续扣除。

确定计税依据要注意以下几点。

(1) 城市维护建设税的计税依据是增值税和消费税的正税,不包括纳税人违反增值税和消费税有关规定而加收的滞纳金、罚款等。

重点关注

纳税人在被查补增值税和消费税以及被处以罚款时,应同时对其偷漏的城市维护建设税进行补税,并缴纳滞纳金和罚款。

(2) 城市维护建设税随增值税和消费税同时征收,如果要免征或者减征增值税和消费税,也要同时免征或者减征城市维护建设税。

(3) 对出口产品退还增值税、消费税的,不退还已缴纳的城市维护建设税。对进口货物或者境外单位和个人向境内销售劳务、服务、无形资产缴纳的增值税、消费税税额,不征收城市维护建设税。

(4) 对增值税免抵税额征收的城建税,纳税人应在税务机关核准免抵税额的下一个纳税申报期内向主管税务机关申报缴纳。

(5) 对实行增值税期末留抵退税的纳税人,允许其从城市维护建设税、教育费附加和地方教育附加的计税(征)依据中扣除退还的增值税税额。

(6) 对于增值税小规模纳税人更正、查补此前按照一般计税方法确定的城建税计税依据,允许扣除尚未扣除完的留抵退税额。

2. 应纳税额的计算

城市维护建设税的应纳税额,是在纳税人实际缴纳增值税和消费税的基础上计算出来的。其计算公式为

应纳税额＝(实际缴纳的增值税税额＋实际缴纳的消费税税额)×适用税率

二、教育费附加的税收政策及计算

教育费附加是对缴纳增值税和消费税的单位和个人,就其实际缴纳的增值税和消费税的税额为计税依据征收的一种附加费。教育费附加名义上是一种专项资金,但其实质上具有税收的性质。教育费附加的开征,有利于筹集教育资金,发展地方教育事业。

(一) 征收范围及计征依据

教育费附加对缴纳增值税和消费税的单位和个人征收,以其实际缴纳的增值税和消

费税为计征依据，分别与增值税和消费税同时缴纳。

（二）计征比率

现行教育费附加征收比率为3%，地方教育附加征收率统一为2%。

（三）减免规定

（1）对海关进口的产品征收的增值税、消费税，不征收教育费附加。

（2）对由于减免增值税和消费税而发生退税的，可同时退还已征收的教育费附加。但对出口产品退还增值税、消费税的，不退还已征的教育费附加。

（3）为支持国家重大水利工程建设，对国家重大水利工程建设基金免征教育费附加。

（四）教育费附加的征收管理

教育费附加的征收管理，比照增值税和消费税的有关规定执行，与城市维护建设税的纳税环节、纳税期限、纳税地点相同。

（五）教育费附加的计算

教育费附加以实际缴纳的增值税和消费税为计税依据，其计税依据的具体规定与城市维护建设税相同。

教育费附加的计算公式为

应纳教育费附加＝（实际缴纳的增值税税额＋实际缴纳的消费税税额)×征收比率

三、城市维护建设税及教育费附加的会计处理

核算城市维护建设税和教育费附加，应在"应交税费"账户下设置"应交税费——应交城市维护建设税"和"应交税费——应交教育费附加"账户，计提城市维护建设税及教育费附加时，借记"税金及附加""固定资产清理"等账户，贷记"应交税费——应交城市维护建设税"和"应交税费——应交教育费附加"账户；实际上缴时，借记"应交税费——应交城市维护建设税"和"应交税费——应交教育费附加"账户，贷记"银行存款"账户。

第二节 关税的纳税方法

关税是由海关依法对进出境的货物、物品征收的一种税。关税由海关负责征收，征税对象是进出境的货物和物品，在其进出关境的环节一次性征收，它的征收增加了进出口贸易的成本，影响了与外贸有关联的国内集团和国外集团的利益，成为调节国际经济关系的工具。

一、关税税收政策

（一）关税的征税对象与纳税人

1. 关税的征税对象

关税的征税对象是准许进出境的货物和物品。

货物是指贸易性商品；物品是指入境旅客随身携带的行李物品、个人邮递物品、各种运输工具上的服务人员携带进口的自用物品、馈赠物品以及其他方式进境的个人物品。

2．关税的纳税人

进口货物的收货人、出口货物的发货人、进出境物品的所有人是关税的纳税人。进出口货物的收、发货人是依法取得对外贸易经营权，并进口或者出口货物的法人或者其他社会团体。

（二）关税税率

进出口税则是一国政府根据国家关税政策和经济政策，通过一定的立法程序制定公布实施的进出口货物和物品应税的关税税率表。进出口税则以税率表为主体，通常还包括实施税则的法令、适用税则的有关说明和附录等。

税率作为税则的主体，包括税则商品分类目录和税率栏两大部分。

关税税率分为进口关税税率和出口关税税率，我国现行进口税则设有最惠国税率、协定税率、特惠税率、普通税率、关税配额税率等税率；出口税则为一栏税率。

（三）原产地规则

原产地规则是指确定进出口产品生产或制造国家（地区）的标准和方法。由于进口货物税率的适用与货物的原产地密切相关，所以原产地规则是各国海关关税制度的一项重要内容。我国原产地的规定基本上采用了"完全获得标准"和"实质性改变标准"两种国际上通用的原产地标准。

重点关注

对于进口货物涉及两个或两个以上国家参与生产的原产国确认，采用实质性改变标准，可以避免纳税人为了降低税负，以"转口"的方式将货物先转移到适用关税税率低的国家，再从该国家进口。

（四）关税的税收优惠

关税减免是对某些纳税人和征税对象给予鼓励和照顾的一种特殊调节手段。

1．法定减免税

我国《海关法》和《进出口条例》明确规定，下列货物、物品予以减免关税：

（1）关税税额在人民币50元以下的货物；

（2）无商业价值的广告品和货样；

（3）外国政府、国际组织无偿赠送的物资；

（4）在海关放行前遭受损失的货物；

（5）规定数额以内的物品；

（6）进出境运输工具装载的途中必需的燃料、物料和饮食用品；

（7）我国缔结或者参加的国际条约规定减征、免征关税的货物、物品；

（8）法律规定减征、免征关税的其他货物、物品。

2．特定减免税

特定减免也称政策性减免，是在法定减免税之外，国家按照国际通行规则和我国实际情况，制定发布的有关进出口货物减免关税的政策。具体包括：

（1）科教用品；

（2）残疾人专用品；

（3）扶贫、慈善性捐赠物资；

（4）其他特定减免税规定。

3．临时减免税

临时减免是指在法定减免税和特定减免税之外，由国务院根据《中华人民共和国海关法》对某个单位、某类商品、某个项目或某批进出口货物的特殊情况，给予特别照顾，一案一批，专门下达的减免税。

（五）关税的征收管理

1．关税的缴纳

进口货物自运输工具申报进境之日起 14 日内，出口货物在货物运抵海关监管区后装货的 24 小时以前，应由进出口货物的纳税人向货物进（出）境地海关申报，海关根据税则归类和完税价格计算应缴纳的关税和进口环节代征税，并填发税款缴款书。

纳税义务人应当自海关填发税款缴款书之日起 15 日内，向指定银行缴纳税款。关税纳税人因不可抗力或者在国家税收政策调整的情形下，不能按期缴纳税款的，经海关总署批准，可以延期缴纳税款，但最长不得超过 6 个月。

2．关税的退还

关税退还是指关税纳税义务人按海关核定的税额缴纳关税后，因某种原因的出现，海关将实际征收多于应当征收的税额退还给原纳税人的一种行政行为。

海关发现多征税款的，应当立即通知纳税义务人办理退还手续。

若纳税义务人发现多缴税款的，应当在缴纳税款之日起 1 年内，以书面形式要求海关退还多缴的税款。

3．关税的补征和追征

关税补征和追征是海关在纳税义务人按规定缴纳关税后，发现实际征收税额少于应当征收的税额时，责令纳税义务人补缴所差税款的一种行政行为。

关税补征是非因纳税人违反海关规定造成少征关税。进出口货物放行后，海关发现少征或者漏征税款的，应当自缴纳税款或者货物放行之日起 1 年内，向纳税人补征税款。

关税追征是由于纳税人违反海关规定造成少征关税。因纳税人违反规定造成少征或者漏征税款的，海关可以自缴纳税款或者货物放行之日起 3 年内追征税款，并从缴纳税款或者货物放行之日起按日加收少征或者漏征税款万分之五的滞纳金。

二、关税完税价格与应纳税额的计算

（一）关税完税价格

我国关税以进出口货物的完税价格为计税依据。进出口货物的完税价格，由海关以该货物的成交价格为基础审查确定。成交价格不能确定时,完税价格由海关估定。

1. 进口货物完税价格确定的一般方法

进口货物的完税价格包括货物的货价、货物运抵我国境内输入地点起卸前的运输及其相关费用、保险费用。

货物的货价应以货物成交价格为基础。进口货物成交价格是指买方为购买该货物,并按《中华人民共和国海关审定进出口货物完税价格办法》有关规定调整后的实付或应付价格。包括直接支付的价款和间接支付的价款。

2. 进口货物海关估定价格

进口货物的价格不符合进出口关税条例有关规定,或成交价格不能确定的,海关应当依次按下列方法估定完税价格。

(1) 相同或类似货物成交价格方法。

(2) 倒扣价格法。

(3) 计算价格法。

(4) 以其他方法估定价格。

3. 出口货物完税价格确定的一般方法

出口货物的完税价格,由海关以该货物向境外销售时的实际成交价格为基础审查确定。具体包括成交价格加上货物运至我国境内输出地点装卸前的运输及其相关费用、保险费,但其中包含的出口关税应当扣除。

4. 出口货物海关估定价格

出口货物的成交价格不能确定时,海关应当依次按下列方法估定:

(1) 同时或大约同时向同一国家或地区出口相同货物的成交价格;

(2) 同时或大约同时向同一国家或地区出口类似货物的成交价格;

(3) 根据境内生产相同或类似货物的成本、利润和一般费用、境内发生的运费及其相关费用、保险费计算所得的价格;

(4) 按照合理方法估定的价格。

(二)关税应纳税额的计算

1. 从价税应纳税额的计算

$$关税税额=应税进(出)口货物数量×单位完税价格×税率$$

2. 从量税应纳税额的计算

$$关税税额=应税进(出)口货物数量×单位货物税额$$

3. 复合税应纳税额的计算

我国目前实行的复合税都是先计征从量税,再计征从价,其优点是既可发挥从量税抑制低价商品进口,又可发挥从价税税负合理的特点,但因手续复杂,难以普遍使用。其计算公式为

$$关税税额=应税进(出)口货物数量×单位货物税额+应税进(出)口货物数量×$$
$$单位完税价格×税率$$

三、关税的会计处理

对于关税的核算,企业可以在"应交税费"账户下设置"应交进口关税"和"应交出口关税"两个明细账户,贷方反映企业在进出口报关时经海关核准应缴纳的进出口关税,借方反映企业实际缴纳的进出口关税,余额在贷方反映企业应交而未交的进出口关税。

对于进口关税,应当计入进口货物的成本,而对于出口关税,通常应当计入"税金及附加"。

（一）自营进口业务关税的核算

企业自营进口货物缴纳的进口关税构成进口货物的采购成本。在实际工作中,为了保证税款及时缴入国库,进口货物一般在申报并缴纳了相关税金后才能从海关放行,通常不需要通过"应交税费——应交进口关税"科目核算,缴纳的关税直接计入进口货物成本。

【例 5-1】 某外贸公司从国外进口高尔夫球及球具一批,成交价折合人民币为 84 万元,支付运抵我国输入地点起卸前的运费、保险费、手续费等折合人民币共计 6 万元。高尔夫球及球具关税税率为 30%,消费税税率为 10%。该公司在海关缴纳了关税、消费税和增值税,进口货物已验收入库(以万元为单位进行核算)。

解析：　　　关税完税价格＝84＋6＝90(万元)

　　　　　　进口关税＝90×30%＝27(万元)

　　　　　　组成计税价格＝(90＋27)÷(1－10%)＝130(万元)

　　　　　　进口环节应纳增值税＝130×13%＝16.9(万元)

　　　　　　进口环节应纳消费税＝130×10%＝13(万元)

借：库存商品　　　　　　　　　　　　　　　　　130

　　应交税费——应交增值税(进项税额)　　　　 16.9

　　贷：银行存款(外币户)　　　　　　　　　　　　 90

　　　　银行存款(人民币户)　　　　　　　　　　 56.9

（二）自营出口业务关税的核算

由于出口关税是对销售环节征收的一种税金,因此,出口关税的核算应通过"税金及附加"账户进行。企业计算出口应缴纳的出口关税时,借记"税金及附加"账户,贷记"应交税费——应交出口关税"账户;实际缴纳出口关税时,借记"应交税费——应交出口关税"账户,贷记"银行存款"账户。

【例 5-2】 某外贸公司出口山羊板皮一批,向境外销售的成交价为 12 万美元并经海关核定。已知该货物出口的关税税率为 20%,当日的市场汇率为 1∶6.25,计算应纳出口关税。(以万元为单位进行核算)

解析：　　　关税完税价格＝12÷(1＋20%)＝10(万美元)

　　　　　　应纳出口关税＝10×6.25×20%＝12.5(万元)

借：税金及附加　　　　　　　　　　　　　　　　12.5
　　贷：应交税费——应交出口关税　　　　　　　　12.5

（三）代理进出口业务关税的核算

外贸企业在代理进出口业务计算应缴纳的关税时，借记"应收账款"账户，贷记"应交税费——应交进（出）口关税"账户；实际代缴时，借记"应交税费——应交进（出）口关税"账户，贷记"银行存款"账户；实际收到委托方的税款时，借记"银行存款"账户，贷记"应收账款"账户。

第三节　资源税的纳税方法

资源税是对在我国领域及管辖的其他海域开发应税资源的单位和个人，就其应税产品的销售额或销售数量为计税依据而征收的一种税。我国现行资源税只对特定的资源征税，实行"普遍征收，级差调节"的原则。征收资源税对于促进企业之间开展平等竞争，促进自然资源的合理开发利用发挥着重要作用。

一、资源税税收政策

（一）纳税人与扣缴义务人

资源税的纳税人是指在中华人民共和国领域及管辖的其他海域开发应税资源的单位和个人。

（二）税目与税率

1. 税目

资源税税目包括 5 大类，在 5 个税目下面又设有若干个子目。具体包括以下几类。

（1）能源矿产。能源矿产包括原油，天然气、页岩气、天然气水合物，煤炭，煤成（层）气，铀、钍，油页岩、油砂、天然沥青、石煤，地热。

重点关注

用已税原煤加工的洗选煤不再需要缴纳资源税。

（2）金属矿产。金属矿产包括黑色金属和有色金属。

（3）非金属矿产。非金属矿产包括矿物类、岩石类和宝玉石类矿产。

（4）水气矿产。水气矿产包括二氧化碳气、硫化氢气、氦气、氡气、矿泉水。

（5）盐。盐包括钠盐、钾盐、镁盐、锂盐，天然卤水，海盐。

2. 税率

资源税的税率采用比例税率和定额税率两种形式。资源税税目税率表见表 5-1 所示。

表 5-1　资源税税目税率表

税　目		征 税 对 象	税　率
一、能源矿产	原油	原矿	6%
	天然气、页岩气、天然气水合物	原矿	6%
	煤	原矿或者选矿	2%～10%
	煤成(层)气	原矿	1%～2%
	铀、钍	原矿	4%
	油页岩、油砂、天然沥青、石煤	原矿或者选矿	1%～4%
	地热	原矿	1%～20%或者每立方米1～30元
二、金属矿产	黑色金属　铁、锰、铬、钒、钛	原矿或者选矿	1%～9%
	有色金属　铜、铅、锌、锡、镍、锑、镁、钴、铋、汞	原矿或者选矿	2%～10%
	铝矿土	原矿或者选矿	2%～9%
	钨	选矿	6.5%
	钼	选矿	8%
	金、银	原矿或者选矿	2%～6%
	铂、钯、钌、锇、铱、铑	原矿或者选矿	3%～10%
	轻稀土	选矿	7%～12%
	中重稀土	选矿	20%
	铍、锂、锆、锶、铷、铯、铌、钽、锗、镓、铟、铊、铪、铼、镉、硒、碲	原矿或者选矿	2%～10%
三、非金属矿产	矿物类　高岭土	原矿或者选矿	1%～6%
	石灰岩	原矿或者选矿	1%～6%或者每吨（或者每立方米）1～10元
	磷	原矿或者选矿	3%～8%
	石墨	原矿或者选矿	3%～12%
	萤石、硫铁矿、自然硫	原矿或者选矿	1%～8%
	天然石英砂、脉石英、粉石英、水晶、工业用金刚石、冰洲石、蓝晶石、硅线石(矽线石)、长石、滑石、刚玉、菱镁矿、颜料矿物、天然碱、芒硝、钠硝石、明矾石、砷、硼、碘、溴、膨润土、硅藻土、陶瓷土、耐火粘土、铁矾土、凹凸棒石粘土、海泡石粘土、伊利石粘土、累托石粘土	原矿或者选矿	1%～12%
	叶蜡石、硅灰石、透辉石、珍珠岩、云母、沸石、重晶石、毒重石、方解石、蛭石、透闪石、工业用电气石、白垩、石棉、蓝石棉、红柱石、石榴子石、石膏	原矿或者选矿	2%～12%

续表

税　　目		征税对象	税　率
三、非金属矿产 · 矿物类	其他粘土（铸型用粘土、砖瓦用粘土，陶粒用粘土、水泥配料用粘土、水泥配料用红土、水泥配料用黄土、水泥配料用泥岩、保温材料用粘土）	原矿或者选矿	1%～5%或者每吨（或者每立方米）0.1～5元
三、非金属矿产 · 岩石类	大理岩、花岗岩、白云岩、石英岩、砂岩、辉绿岩、安山岩、闪长岩、板岩、玄武岩、片麻岩、角闪岩、页岩、浮石、凝灰岩、黑曜岩、霞石正长岩、蛇纹岩、麦饭原石、泥灰岩、含钾岩石、含岩石类钾砂页岩、天然油石、橄榄岩、松脂岩、粗面岩、辉长岩、辉石岩、正长岩、火山灰、火山渣、泥炭	原矿或者选矿	1%～10%
三、非金属矿产 · 岩石类	砂石	原矿或者选矿	1%～5%或者每吨（或者每立方米）0.1～5元
三、非金属矿产 · 宝玉石类	宝石、玉石、宝石级金刚石、玛瑙、黄玉、碧玺	原矿或者选矿	4%～20%
四、水气矿产	二氧化碳气、硫化氢气、氮气、氦气	原矿	2%～5%
四、水气矿产	矿泉水	原矿	1%～20%或者每吨（或者每立方米）1～30元
五、盐	钠盐、钾盐、镁盐、锂盐	选矿	3%～15%
五、盐	天然卤水	原矿	3%～15%或者每吨（或者每立方米）1～30元
五、盐	海盐		2%～5%

　　纳税人开采或者生产不同税目应税产品的，应当分别核算不同税目应税产品的销售额或者销售数量；未分别核算或者不能准确提供不同税目应税产品的销售额或者销售数量的，从高适用税率。

　　纳税人开采或者生产同一税目下不同税率应税产品的，应当分别核算不同税率应税产品的销售额或销售数量；未分别核算或者不能准确提供不同税率应税产品的销售额或销售数量的，从高适用税率。

重点关注

　　纳税人在开采主矿产品的过程中伴采的其他应税矿产品，凡未单独规定适用税额或税率的，一律按主矿产品或视同主矿产品税目征收资源税。

3．扣缴义务人适用的税率

（1）独立矿山、联合企业收购未税资源税应税产品的单位，按照本单位应税产品税额、税率标准，依据收购的金额（数量）代扣代缴资源税。

（2）其他收购单位收购的未税资源税应税产品，按主管税务机关核定的应税产品税额、税率标准，依据收购的金额（数量）代扣代缴资源税。

（三）税收优惠

1．免征资源税的情形

（1）开采原油以及在油田范围内运输原油过程中用于加热的原油、天然气；

（2）煤炭开采企业因安全生产需要抽采的煤成（层）气。

2．减征资源税的情形

（1）从低丰度油气田开采的原油、天然气，减征 20％资源税；

（2）高含硫天然气、三次采油和从深水油气田开采的原油、天然气，减征 30％资源税；

（3）稠油、高凝油减征 40％资源税；

（4）从衰竭期矿山开采的矿产品，减征 30％资源税。

3．省、自治区、直辖市可以决定免征或者减征资源税的情形

（1）纳税人开采或者生产应税产品过程中，因意外事故或者自然灾害等原因遭受重大损失；

（2）纳税人开采共伴生矿、低品位矿、尾矿。

纳税人的免税、减税项目，应当单独核算销售额或者销售数量；未单独核算或者不能准确提供销售额或者销售数量的，不予免税或者减税。

（四）资源税的纳税管理

1．纳税环节

（1）资源税在应税产品销售或者自用环节计算缴纳。纳税人以自采原矿加工选矿产品的，在原矿移送使用时不缴纳资源税，在选矿销售或者自用时缴纳资源税。

（2）纳税人以自采原矿直接加工为非应税产品或者以自采原矿加工的选矿连续生产非应税产品的，在原矿或者选矿移送环节计算缴纳资源税。

（3）纳税人以应税产品投资、分配、抵债、赠与、以物易物等，在应税产品所有权转移时计算缴纳资源税。

重点关注

资源税对生产者或开采者征收，并且于其销售或自用时一次性征收，批发、零售环节不征收资源税。

2．纳税义务发生时间

（1）销售应税产品

纳税人销售应税产品，其纳税义务发生时间如下：

① 纳税人采取分期收款结算方式的，其纳税义务发生时间，为销售合同规定的收款日期的当天；

② 纳税人采取预收货款结算方式的,其纳税义务发生时间,为发出应税产品的当天;

③ 纳税人采取其他结算方式的,其纳税义务发生时间,为收讫销售款或者取得索取销售款凭据的当天。

(2) 自产自用应税产品

纳税人自产自用应税产品的纳税义务发生时间,为移送使用应税产品的当天。

(3) 扣缴义务人的扣缴义务

扣缴义务人代扣代缴税款的纳税义务发生时间,为支付首笔货款或者开具应支付货款凭据的当天。

3. 纳税期限

资源税按月或者按季申报缴纳;不能按固定期限计算缴纳的,可以按次申报缴纳。

纳税人按月或者按季申报缴纳的,应当自月度或者季度终了之日起 15 日内,向税务机关办理纳税申报并缴纳税款;按次申报缴纳的,应当自纳税义务发生之日起 15 日内,向税务机关办理纳税申报并缴纳税款。

4. 纳税地点

(1) 凡是缴纳资源税的纳税人,都应当向应税产品的开采或者生产所在地主管税务机关缴纳税款。

(2) 如果纳税人在本省、自治区、直辖市范围内开采或者生产应税产品,其纳税地点需要调整的,由所在地省、自治区、直辖市税务机关决定。

(3) 如果纳税人应纳的资源税属于跨省开采,其下属生产单位与核算单位不在同一省、自治区、直辖市的,对其开采的矿产品一律在开采地纳税,其应纳税款由独立核算、自负盈亏的单位,按照开采地的实际销售量(或者自用量)及适用的单位税额计算划拨。

二、资源税应纳税额的计算

(一)计税依据

资源税应纳税额的计算,分为从价定率和从量定额两种方法。计税依据为计税销售额和计税销售数量。

1. 一般规定

(1) 计税销售额是指纳税人销售应税产品向购买方收取的全部价款和价外费用,不包括增值税销项税额。

对同时符合以下条件的运杂费用,纳税人在计算应税产品计税销售额时,予以扣减。

① 包含在应税产品销售收入中;

② 属于纳税人销售应税产品环节发生的运杂费用,具体是指运送应税产品从坑口或者洗选(加工)地到车站、码头或者购买方指定地点的运杂费用;

③ 取得相关运杂费用发票或者其他合法有效凭据;

④ 将运杂费用与计税销售额分别进行核算。

重点关注

若纳税人扣减的运杂费用明显偏高导致应税产品价格偏低且无正当理由的,主管税务机关可以合理调整计税价格。

（2）计税销售数量是指从量计征的应税产品销售数量。

2．原矿与选矿

对同一种应税产品，征税对象为选矿的，纳税人销售原矿时，应将原矿销售额换算为选矿销售额缴纳资源税；征税对象为原矿的，纳税人销售自采原矿加工的选矿，应将选矿销售额折算为原矿销售额缴纳资源税。

重点关注

原矿和选矿的销售额或者销售量应当分别核算，未分别核算的，从高确定计税销售额或者销售数量。

3．视同销售

计税销售额或者销售数量，包括应税产品实际销售和视同销售两部分。视同销售包括以下几种情形：

（1）纳税人以自采原矿直接加工为非应税产品的，视同原矿销售；

（2）纳税人以自采原矿洗选（加工）后的选矿连续生产非应税产品的，视同选矿销售；

（3）以应税产品投资、分配、抵债、赠与、以物易物等，视同应税产品销售。

4．核定计税价格

纳税人有视同销售应税产品行为而无销售价格的，或者申报的应税产品销售价格明显偏低且无正当理由的，税务机关应按下列顺序确定其应税产品计税价格。

（1）按纳税人最近时期同类产品的平均销售价格确定。

（2）按其他纳税人最近时期同类产品的平均销售价格确定。

（3）按应税产品组成计税价格确定。

$$组成计税价格＝成本×（1＋成本利润率）÷（1－资源税税率）$$

（4）按后续加工非应税产品销售价格，减去后续加工环节的成本利润后确定。

（5）按其他合理方法确定。

5．已税产品购进金额的扣除

纳税人以自采未税产品和外购已税产品混合销售或者混合加工为应税产品销售的，在计算应税产品计税销售额时，准予扣减已单独核算的已税产品购进金额；未单独核算的，一并计算缴纳资源税。已税产品购进金额当期不足扣减的可结转下期扣减。

（二）应纳税额的计算

1．从价定率应纳税额的计算

从价定率征收资源税应纳税额，以应税产品的计税销售额乘以纳税人具体适用的比例税率计算。其计算公式为

$$应纳税额＝计税销售额×适用的比例税率$$

2．从量定额应纳税额的计算

从量定额征收资源税应纳税额，以应税产品的计税销售数量乘以纳税人具体适用的定额税率计算。其计算公式为

$$应纳税额＝计税销售数量×适用的定额税率$$

【例 5-3】 某煤矿企业为增值税一般纳税人,10 月该煤矿销售原煤 2 000 吨,开具增值税专用发票注明不含税价款 41 万元,包括支付从坑口到车站的运输费用 1 万元,并取得相关票据;向某煤场销售选煤,开具增值税专用发票列明销售额 15 万元。该煤矿资源税税率为 5%,选煤折算率为 80%。

解析:对符合规定条件的运杂费用,纳税人在计算应税产品计税销售额时,可予以扣减;纳税人将其开采的原煤加工为洗选煤销售的,以洗选煤销售额乘以折算率作为应税煤炭销售额计算缴纳资源税。

$$当月应纳资源税=[(41-1)+15×80\%]×5\%=2.6(万元)$$

三、资源税的会计核算

企业缴纳的资源税,应通过"应交税费——应交资源税"账户进行核算。该账户贷方反映企业应缴纳的资源税税额;借方反映企业已经缴纳或允许抵扣的资源税税额。余额在贷方,表示企业应交而未交的资源税税额。

(一)销售应税产品的会计核算

企业按规定计算对外销售应税产品应缴纳的资源税时,借记"税金及附加"账户,贷记"应交税费——应交资源税"账户;按规定上缴资源税时,借记"应交税费——应交资源税"账户,贷记"银行存款"账户。

(二)自产自用应税产品的会计核算

对于企业自产自用应税产品,按其计算应纳的资源税税额,借记"生产成本""制造费用""管理费用"等账户,贷记"应交税费——应交资源税"账户;按规定上缴资源税时,借记"应交税费——应交资源税",贷记"银行存款"账户。

第四节 土地增值税的纳税方法

土地增值税,是对有偿转让国有土地使用权及地上建筑物和其附着物产权,取得收入的单位和个人,就其取得的增值额征收的一种税。土地增值税以增值额为计税依据,实行超率累进税率,增强了政府对房地产开发和交易市场的调控,有利于抑制炒买炒卖土地获取暴利的行为,也增加了国家财政收入。

一、土地增值税税收政策

(一)征税范围

1. 基本征税范围

土地增值税的征税对象为转让的国有土地使用权及其地上建筑物和附着物,不包括出让的国有土地使用权和未转让的土地使用权、房产产权。

2. 特殊征税范围

(1)房地产的继承、赠与,因其只发生房地产权属的转让,没有取得相应的收入,不将其纳入土地增值税的征税范围。

（2）房地产的出租，没有发生房地产权属的转让，不属于土地增值税的征税范围。

（3）房地产的抵押，在抵押期间没有发生权属的变更，不征收土地增值税。待抵押期满后，视该房地产是否转移占有而确定是否征收土地增值税。

（4）房地产的交换，既发生了权属的变更，交换双方又取得了实物形态的收入，属于土地增值税的征税范围。但对个人之间互换自有居住用房地产的，经当地税务机关核实，可暂免征土地增值税。

（5）房地产的投资、联营，将房地产转让到所投资、联营的企业中时，暂免征收土地增值税。对投资、联营企业将上述房地产再转让的，应征收土地增值税。

对于以土地（房地产）作价投资入股进行投资或联营的，凡所投资、联营的企业从事房地产开发的，或者房地产开发企业以其建造的商品房进行投资和联营的，均应按规定缴纳土地增值税。

（6）合作建房，建成后按比例分房自用的，暂免征收土地增值税；建成后转让的，应征收土地增值税。

（7）企业兼并转让房地产，对被兼并企业将房地产转让到兼并企业中的，暂免征收土地增值税。

（8）房地产的代建行为，没有发生房地产权属的转移，不属于土地增值税的征税范围。

（9）房地产评估增值，既没有发生房地产权属的转移，房产产权人、土地使用权人也未取得收入，不属于土地增值税的征税范围。

（二）纳税人

土地增值税的纳税人为转让国有土地使用权、地上建筑物及其附着物，并取得收入的单位和个人。

（三）税率

土地增值税实行四级超率累进税率。超率累进税率如表 5-2 所示。

表 5-2　土地增值税四级超率累进税率表

级　数	增值额与扣除项目金额的比率	税率/%	速算扣除系数/%
1	不超过 50% 的部分	30	0
2	超过 50% 至 100% 的部分	40	5
3	超过 100% 至 200% 的部分	50	15
4	超过 200% 的部分	60	35

（四）税收优惠

（1）纳税人建造普通标准住宅出售，增值额未超过扣除项目金额 20% 的，免征土地增值税。

（2）因国家建设需要依法征用、收回的房地产，免征土地增值税。

（3）因城市实施规划、国家建设的需要而搬迁，由纳税人自行转让原房地产的，免征土地增值税。

（4）对企事业单位、社会团体以及其他组织转让旧房作为公共租赁住房房源，且增值额未超过扣除项目金额 20％的，免征土地增值税。

（五）土地增值税的征收管理

1. 土地增值税的征管方式

纳税人在项目全部竣工结算前转让房地产取得的收入，由于涉及成本确定或其他原因，而无法据以计算土地增值税的，可以预征土地增值税，待该项目全部竣工、办理结算后再进行清算，多退少补。

（1）预征管理

由于我国的房地产开发与转让周期较长，预售的产品较多，导致土地增值税征管难度较大。各地可以实行平时预征、竣工结算后汇算清缴的管理办法。即在项目销售阶段，按月或季度以申报收入预征土地增值税；在项目售完之后，再按照实际销售收入所得，清算应纳土地增值税额，多退少补。具体办法由各省、自治区、直辖市税务局根据当地情况制定。

对已经实行预征办法的地区，可根据不同类型房地产的实际情况，确定适当的预征率。除保障性住房外，东部地区省份预征率不得低于 2％，中部和东北地区省份不得低于 1.5％，西部地区省份不得低于 1％。

（2）清算管理

① 土地增值税的清算单位

土地增值税清算以国家有关部门审批的房地产开发项目为单位进行清算。对于分期开发的项目，以分期项目为清算单位。如果开发项目中同时包含普通住宅和非普通住宅的，应分别计算增值额。

② 土地增值税的清算条件

符合下列情形之一的，纳税人应进行土地增值税的清算：地产开发项目全部竣工、完成销售的；整体转让未竣工决算房地产开发项目的；直接转让土地使用权的。

符合下列情形之一的，主管税务机关可要求纳税人进行土地增值税清算：

已竣工验收的房地产开发项目；已转让的房地产建筑面积占整个项目可售建筑面积的比例在 85％以上，或该比例虽未超过 85％，但剩余的可售建筑面积已经出租或自用的；取得销售（预售）许可证满三年仍未销售完毕的；纳税人申请注销税务登记但未办理土地增值税清算手续的；省（自治区、直辖市、计划单列市）税务机关规定的其他情况。

③ 土地增值税的清算期限

对于符合清算条件，应进行土地增值税清算的项目，纳税人应当在满足条件之日起 90 日内到主管税务机关办理清算手续。对于税务机关可要求纳税人进行土地增值税清算的项目，由主管税务机关确定是否进行清算；对于确定需要进行清算的项目，由主管税务机关下达清算通知，纳税人应当在收到清算通知之日起 90 日内办理清算手续。

2. 纳税期限

土地增值税的纳税人应在转让房地产合同签订后的 7 日内，到房地产所在地主管税务机关办理纳税申报,并向税务机关提交房屋及建筑物产权、土地使用权证书,土地转让、房产买卖合同,房地产评估报告及其他与转让房地产有关的资料。

纳税人因经常发生房地产转让而难以在每次转让后申报的,经税务机关审核同意后,可以定期进行纳税申报,具体期限由税务机关根据情况确定。

3. 纳税地点

土地增值税的纳税人应向房地产所在地主管税务机关办理纳税申报,并在税务机关核定的期限内缴纳土地增值税。

这里所说的"房地产所在地"是指房地产的坐落地。纳税人转让的房地产坐落在两个或两个以上地区的,应按房地产所在地分别申报纳税。

二、土地增值税计税依据的计算

土地增值税的计税依据是纳税人转让房地产所取得的增值额。转让房地产的增值额,是指纳税人转让房地产所取得的收入减除税法规定的扣除项目金额后的余额。其计算公式为

$$增值额＝收入额－扣除项目$$

（一）应税收入的确定

纳税人转让房地产取得的应税收入,为不含增值税收入,包括转让房地产的全部价款及有关的经济收益。从形式来看,收入包括货币收入、实物收入和其他收入。

（二）扣除项目的确定

计算土地增值税应纳税额,并不是直接对转让房地产所取得的收入征税,而是要对收入额减除国家规定的各项扣除项目金额后的余额计算征税。因此,要计算增值额,首先必须确定扣除项目。

1. 转让新建房屋及建筑物

（1）取得土地使用权所支付的金额

取得土地使用权所支付的金额包括以下两方面的内容。

① 纳税人为取得土地使用权所支付的地价款。

② 纳税人在取得土地使用权时按国家统一规定缴纳的有关费用。

重点关注

房地产开发企业取得土地使用权时支付的契税,应视同"按国家统一规定缴纳的有关费用",计入"取得土地使用权所支付的金额"中扣除。

（2）房地产开发成本

房地产开发成本是指纳税人房地产开发项目实际发生的成本,包括土地的征用及拆迁补偿费、前期工程费、建筑安装工程费、基础设施费、公共配套设施费、开发间接费用等。

（3）房地产开发费用

房地产开发费用是指与房地产开发项目有关的销售费用、管理费用和财务费用。作为土地增值税扣除项目的房地产开发费用,不按纳税人房地产开发项目实际发生的费用

进行扣除,而按如下标准进行扣除。

① 财务费用中的利息支出,凡能够按转让房地产项目计算分摊并提供金融机构证明的,允许据实扣除,但最高不能超过按商业银行同类同期贷款利率计算的金额。超过贷款期限的利息和加罚的利息均不允许扣除。其他房地产开发费用,按取得土地使用权所支付的金额和房地产开发成本之和的5%以内计算扣除。其计算公式为

$$允许扣除的房地产开发费用 = 实际支付的利息 + (取得土地使用权所支付的金额 + 房地产开发成本) \times 5\% 以内$$

② 财务费用中的利息支出,凡不能按转让房地产项目计算分摊或不能提供金融机构证明的,其房地产开发费用按取得土地使用权所支付的金额和房地产开发成本之和的10%以内计算扣除。其计算公式为

$$允许扣除的房地产开发费用 = (取得土地使用权所支付的金额 + 房地产开发成本) \times 10\% 以内$$

（4）与转让房地产有关的税金

与转让房地产有关的税金是指在转让房地产时缴纳的城市维护建设税、印花税。因转让房地产缴纳的教育费附加,也可视同税金予以扣除。

房地产开发企业在房地产转让时缴纳的印花税因列入管理费用中,故在此不允许单独再扣除。其他纳税人缴纳的印花税允许在此扣除。

（5）财政部规定的其他扣除项目

对从事房地产开发的纳税人可按取得土地使用权所支付的金额和房地产开发成本计算的金额之和,加计20%扣除。

重点关注

20%加计扣除的优惠只适用于从事房地产开发的纳税人,除此之外的其他纳税人不适用。

2. 转让旧房及建筑物

（1）房屋及建筑物的评估价格

旧房及建筑物的评估价格是指在转让已使用的房屋及建筑物时,由政府批准设立的房地产评估机构评定的重置成本价乘以成新度折扣率后的价格。评估价格须经当地税务机关确认。

纳税人转让旧房及建筑物,凡不能取得评估价格,但能提供购房发票的,经当地税务部门确认,取得土地使用权所支付的金额和旧房及建筑物的评估价格扣除项目的金额,可按发票所载金额并从购买年度起至转让年度止每年加计5%计算。对纳税人购房时缴纳的契税,凡能提供契税完税凭证的,准予作为"与转让房地产有关的税金"予以扣除,但不作为加计5%的基数。对于转让旧房及建筑物,既没有评估价格,又不能提供购房发票的,实行核定征收。

（2）取得土地使用权所支付的地价款和按国家统一规定缴纳的有关费用

对取得土地使用权时未支付地价款或不能提供已支付的地价款凭据的,在计征土地增值税时不允许扣除。

（3）转让环节缴纳的税金

与转让旧房及建筑物有关的税金,在计征土地增值税时允许扣除。

3. 转让未进行项目开发的土地使用权

（1）扣除取得土地使用权所支付的地价款和按国家统一规定缴纳的有关费用；

（2）扣除转让环节缴纳的税金。

（三）增值额计算的特殊规定

纳税人有下列情形之一的,应按照房地产评估价格计算征收土地增值税：

（1）隐瞒、虚报房地产成交价格的；

（2）提供扣除项目金额不实的；

（3）转让房地产的成交价格低于房地产评估价格,又无正当理由的。

三、土地增值税应纳税额的计算

土地增值税按照纳税人转让房地产取得的增值额和规定的税率计算征收。

【例 5-4】 某房地产开发公司出售一幢自行开发的写字楼,取得收入 10 000 万元（不含税）,开发写字楼的有关支出为：支付的地价款和相关费用共计 2 000 万元；该项目开发成本为 3 000 万元；财务费用的利息支出为 400 万元（可按转让项目计算分摊并提供金融机构证明）,但其中 60 万元属于加罚的利息。该公司所在地政府规定的其他房地产开发费用的扣除比例为 5％。与转让房地产有关的税金为 550 万元。计算该房地产开发公司应纳的土地增值税额。

解析：

（1）应税收入额＝10 000 万元。

（2）扣除项目：

取得土地使用权支付的金额＝2 000 万元

开发成本＝3 000 万元

开发费用＝（400－60）＋（2 000＋3 000）×5％＝590（万元）

与转让房地产有关的税金及附加＝550 万元

其他扣除项目＝（2 000＋3 000）×20％＝1 000（万元）

扣除项目合计数＝2 000＋3 000＋590＋550＋1 000＝7 140（万元）

（3）土地增值额＝10 000－7 140＝2 860（万元）。

（4）增值额与扣除项目金额的比率＝2 860÷7 140×100％＝40.06％,适用 30％的税率。

（5）应纳土地增值税＝2 860×30％＝858（万元）。

四、土地增值税的会计处理

企业核算土地增值税,应当在"应交税费"账户下设置"应交税费——应交土地增值税"明细账户,该账户贷方反映企业计算出应缴纳的土地增值税,借方反映企业实际缴纳的土地增值税,余额在货方,反映企业应交而未交的土地增值税。

房地产开发企业销售开发产品应缴纳的土地增值税应当计入"税金及附加"账户,按规定计算应由当期营业收入负担的土地增值税,借记"税金及附加",贷记"应交税费——应交土地增值税"账户。

对于其他非房地产企业转让其已经作为"固定资产""无形资产"等入账的土地使用权、房屋等,其应当缴纳的土地增值税应当计入"固定资产清理""营业外支出"等账户。

企业缴纳土地增值税时,借记"应交税费——应交土地增值税"账户,贷记"银行存款"账户。

第五节　城镇土地使用税的纳税方法

城镇土地使用税是以国有土地为征税对象,对在城镇范围内拥有土地使用权的单位和个人,按实际占用的土地面积征收的一种税。城镇土地使用税实行差别幅度税额,有利于促进土地的合理使用,调节土地级差收入,也有利于筹集地方财政资金。

一、城镇土地使用税税收政策

(一)征税范围

城镇土地使用税的征税范围,包括在城市、县城、建制镇和工矿区内的国家所有和集体所有的土地。

重点关注

建立在城市、县城、建制镇和工矿区以外的工矿企业不需要缴纳城镇土地使用税。

(二)纳税人

在城市、县城、建制镇、工矿区范围内使用土地的单位和个人,为城镇土地使用税的纳税人。

城镇土地使用税的纳税人通常包括以下几类:

(1)拥有土地使用权的单位和个人;

(2)拥有土地使用权的单位和个人不在土地所在地的,其土地的实际使用人和代管人为纳税人;

(3)土地使用权未确定或权属纠纷未解决的,其实际使用人为纳税人;

(4)土地使用权共有的,共有各方都是纳税人,由共有各方分别纳税。

(三)税率

城镇土地使用税采用定额税率,即采用有幅度的差别税额,按大、中、小城市和县城、建制镇、工矿区分别规定每平方米土地使用税年应纳税额。具体标准如表5-3所示。

表 5-3　城镇土地使用税税率表

级　　别	人口/人	每平方米税额/元
大城市	50 万以上	1.5~30
中等城市	20 万~50 万	1.2~24
小城市	20 万以下	0.9~18
县城、建制镇、工矿区	—	0.6~12

各省、自治区、直辖市人民政府可根据市政建设情况和经济繁荣程度在规定税额幅度内,确定所辖地区的适用税额幅度。经济落后地区,土地使用税的适用税额标准可适当降低,但降低额不得超过上述规定最低税额的30％。经济发达地区的适用税额标准可以适当提高,但须报财政部批准。

（四）税收优惠

1. 免税项目的规定

（1）国家机关、人民团体、军队自用的土地。

（2）由国家财政部门拨付事业经费的单位自用的土地。

（3）宗教寺庙、公园、名胜古迹自用的土地。

（4）市政街道、广场、绿化地带等公共用地。

（5）直接用于农、林、牧、渔业的生产用地。

（6）经批准开山填海整治的土地和改造的废弃土地,从使用的月份起免缴城镇土地使用税5年至10年。具体免税期限由各省、自治区、直辖市税务局在规定的期限内自行确定。

（7）对非营利性医疗机构、疾病控制机构和妇幼保健机构等卫生机构自用的土地,免征城镇土地使用税。

（8）企业办的学校、医院、托儿所、幼儿园,其用地能与企业其他用地明确区分的,免征城镇土地使用税。

（9）免税单位无偿使用纳税单位的土地,免征城镇土地使用税。纳税单位无偿使用免税单位的土地,纳税单位应照章缴纳城镇土地使用税。

（10）对行使国家行政管理职能的中国人民银行总行（含国家外汇管理局）所属分支机构自用的土地,免征城镇土地使用税。

（11）为了体现国家的产业政策,支持重点产业的发展,对石油、电力、煤炭等能源用地,民用港口、铁路等交通用地和水利设施用地,三线调整企业、盐业、采石场、邮电等一些特殊用地划分了征免税界限和给予政策性减免税照顾。

2. 由省、自治区、直辖市税务局确定的减免税项目

（1）个人所有的居住房屋及院落用地。

（2）房产管理部门在房租调整改革前经租的居民住房用地。

（3）免税单位职工家属的宿舍用地。

（4）民政部门举办的安置残疾人占一定比例的福利工厂用地。

（5）集体和个人办的各类学校、医院、托儿所、幼儿园用地。

（五）城镇土地使用税的征收管理

1. 纳税义务发生时间

（1）纳税人购置新建商品房,自房屋交付使用之次月起,缴纳城镇土地使用税。

（2）纳税人购置存量房,自办理房屋权属转移、变更登记手续,房地产权属登记机关签发房屋权属证书之次月起,缴纳城镇土地使用税。

（3）纳税人出租、出借房产,自交付出租、出借房产之次月起,缴纳城镇土地使用税。

（4）以出让或转让方式有偿取得土地使用权的,应由受让方从合同约定交付时间的次月起缴纳城镇土地使用税；合同未约定交付时间的,由受让方从合同签订的次月起缴纳城镇土地使用税。

（5）纳税人新征用的耕地,自批准征用之日起满 1 年时开始缴纳城镇土地使用税。

（6）纳税人新征用的非耕地,自批准征用次月起缴纳城镇土地使用税。

重点关注

纳税人因土地的权利发生变化而依法终止城镇土地使用税纳税义务的,其应纳税款的计算应截止到土地权利发生变化的当月末。

2. 纳税期限

城镇土地使用税实行按年计算、分期缴纳的征收方法,具体纳税期限由省、自治区、直辖市人民政府确定。

3. 纳税地点

城镇土地使用税在土地所在地缴纳。

纳税人使用的土地不属于同一省、自治区、直辖市管辖的,由纳税人分别向土地所在地的税务机关缴纳土地使用税；在同一省、自治区、直辖市管辖范围内,纳税人跨地区使用的土地,其纳税地点由各省、自治区、直辖市税务局确定。

二、城镇土地使用税应纳税额的计算

（一）计税依据

城镇土地使用税的计税依据是纳税人实际占用的土地面积,土地面积的计量标准为每平方米。对纳税人实际占用土地面积的具体规定如下:

（1）由省、自治区、直辖市人民政府确定的单位组织测定土地面积的,以测定的面积为准；

（2）尚未组织测量的,但纳税人持有政府部门核发的土地使用证书的,以证书确认的土地面积为准；

（3）尚未核发土地使用证书的,应由纳税人据实申报土地面积,据以纳税,待核发土地使用证书后再作调整；

（4）对在城镇土地使用税征税范围内单独建造的地下建筑用地,按规定征收城镇土地使用税。

重点关注

地下建筑用地暂按应征税款的 50% 征收城镇土地使用税。

（二）应纳税额的计算

城镇土地使用税的应纳税额可以根据纳税人实际占用的土地面积乘以该土地所在地段的适用税额来计算。其计算公式为

全年应纳税额＝实际占用应税土地面积(平方米)×适用税额

三、城镇土地使用税的会计处理

为了核算城镇土地使用税，企业应设置"应交税费——应交城镇土地使用税"账户。计提城镇土地使用税时，借记"税金及附加"账户，贷记"应交税费——应交城镇土地使用税"账户；缴纳城镇土地使用税时，借记"应交税费——应交城镇土地使用税"账户，贷记"银行存款"账户。期末，"应交税费——应交城镇土地使用税"账户贷方余额反映企业应交未交的城镇土地使用税。

第六节　房产税的纳税方法

房产税是以房产为征税对象，按照房产的计税余值或租金收入，向产权所有人征收的一种财产税。房产税区别房屋的经营方式规定征税办法，有利于提高房产的使用效率，有利于社会公平和资源节约。

一、房产税税收政策

（一）征税对象

房产税的征税对象是房产。所谓房产，是指以房屋形态表现的财产。所谓房屋，是指有屋面和围护结构（有墙或两边有柱），能够遮风避雨，可供人们在其中生产、学习、工作、娱乐、居住或贮藏物资的场所。独立于房屋之外的建筑物，如水塔、围墙、室外游泳池、石灰窑等不属于房屋，不征收房产税。

房地产开发企业建造的商品房，在出售前，不征收房产税；但对出售前房地产开发企业已使用或出租、出借的商品房应按规定征收房产税。

（二）征税范围

房产税的征税范围为城市、县城、建制镇和工矿区。

（三）纳税人

房产税以在征税范围内的房屋产权所有人为纳税人。其中：

（1）产权属国家所有的，由经营管理单位纳税；产权属集体和个人所有的，由集体单位和个人纳税。

（2）产权出典的，由承典人依照房产余值缴纳房产税。

（3）产权所有人、承典人不在房屋所在地的，由房产代管人或者使用人纳税。

（4）产权未确定及租典纠纷未解决的，由房产代管人或者使用人纳税。

重点关注

对租典纠纷尚未解决的房产，规定由代管人或使用人为纳税人，其主要目的在于加强征收管理，保证房产税及时入库。

（5）无租使用其他单位房产的应税单位和个人，应由使用人依照房产余值代为缴纳房产税。

（6）对出租房产，租赁双方签订的租赁合同约定有免收租金期限的，免收租金期限由产权所有人按照房产原值缴纳房产税。

重点关注

无租使用房产和约定有免收租金期限的，在房产税征收的规定不同。

（四）税率

我国现行房产税采用比例税率。根据计税依据的不同可分为两种形式。

（1）以房产的余值为计税依据的，税率为 1.2%。

房产余值，是指从房产的原值中一次减除 10%～30% 后的余值。

（2）以房产的租金收入为计税依据的，税率为 12%。

对个人出租住房，不区分用途，按 4% 的税率征收房产税；对企事业单位、社会团体以及其他组织按市场价格向个人出租用于居住的住房，减按 4% 的税率征收房产税。

（五）税收优惠

（1）国家机关、人民团体、军队自用的房产；

（2）由国家财政部门拨付事业经费的单位自用的房产；

（3）宗教寺庙、公园、名胜古迹自用的房产；

（4）个人所有非营业用的房产；

（5）对行使国家行政管理职能的中国人民银行总行（含国家外汇管理局）所属分支机构自用的房产，免征房产税；

（6）经财政部批准免税的其他房产。

（六）房产税的征收管理

1. 纳税义务发生时间

（1）纳税人将原有房产用于生产经营，从生产经营之月起缴纳房产税；

（2）纳税人自行新建房屋用于生产经营，从建成之次月起缴纳房产税；

（3）纳税人委托施工企业建设的房屋，从办理验收手续之次月起缴纳房产税；

（4）纳税人购置新建商品房，自房屋交付使用之次月起缴纳房产税；

（5）纳税人购置存量房，自办理房屋权属转移、变更登记手续，房地产权属登记机关签发房屋权属证书之次月起，缴纳房产税；

（6）纳税人出租、出借房产，自交付出租、出借房产之次月起，缴纳房产税；

（7）房地产开发企业自用、出租、出借本企业建造的商品房，自房屋使用或交付之次月起，缴纳房产税。

重点关注

房地产开发企业建造的商品房，在出售前不征收房产税，但在出售前已使用或出租、出借的商品房应按规定征收房产税。

2. 纳税期限

房产税实行按年计算、分期缴纳的征收方法，具体纳税期限由省、自治区、直辖市人民政府确定。

3. 纳税地点

房产税在房产所在地缴纳。房产不在同一地方的纳税人，应按房产的坐落地点分别向房产所在地的税务机关纳税。

二、房产税应纳税额的计算

（一）计税依据

房产税的计税依据是房产的余值或房产的租金收入。按照房产的余值征税的，称为从价计征；按照房产的租金收入征税的，称为从租计征。

1. 从价计征

纳税人自用的房产，采用从价计征的方式，以房产余值为计税依据。

房产余值按照房产原值一次减除 $10\%\sim30\%$ 后的余值计算缴纳。具体减除幅度，由省、自治区、直辖市人民政府规定。

房产原值是指纳税人按有关会计制度的规定，在账簿"固定资产"科目中记载的房屋原价。对依照房产原值计税的房产，不论是否记载在会计账簿固定资产科目中，均应按照房屋原价计算缴纳房产税。在确定房产原值时应注意如下相关规定。

（1）按照房产余值计税的房产，无论会计上如何核算，房产原值均应包含地价，包括为取得土地使用权支付的价款、开发土地发生的成本费用等。宗地容积率低于 0.5 的，按房产建筑面积的 2 倍计算土地面积并据此确定计入房产原值的地价。

（2）房产原值包括与房屋不可分割的各种附属设备或一般不单独计算价值的配套设施。

对于更换房屋附属设备和配套设施的，在将其价值计入房产原值时，可扣减原来相应设备和设施的价值；对附属设备和配套设施中易损坏、需要经常更换的零配件，更新后不再计入房产原值。

（3）纳税人对原有房屋进行改建、扩建的，要相应增加房屋的原值。

2. 从租计征

纳税人出租的房产，以房产租金收入为计税依据。计征房产税的租金收入不含增值税。

房产租金收入是指房屋产权所有人出租房产使用权所得的报酬，包括货币收入和实物收入。对以劳务或者其他形式为报酬抵付房租收入的，应根据当地同类房产的租金水平，确定一个标准租金额从租计征。

3. 计税依据的特殊规定

（1）对投资联营的房产，在计征房产税时应予以区别对待。对于以房产投资联营，投资者参与投资利润分红、共担风险的，按房产余值作为计税依据计算缴纳房产税；对以房产投资收取固定收入、不承担联营风险的，实际上是以联营名义取得房产租金，应由出租方按租金收入计算缴纳房产税。

（2）融资租赁的房产，由承租人自融资租赁合同约定开始日的次月起依照房产余值缴纳房产税。

（3）对居民住宅区内业主共有的经营性房产，由实际经营（包括自营和出租）的代管人或使用人缴纳房产税。

（4）具备房屋功能的地下建筑的房产税政策如下。

① 自用的地下建筑，按房产余值计税。其中：工业用途房产，以房屋原价的 50%～60% 作为应税房产原值；商业和其他用途房产，以房屋原价的 70～80% 作为应税房产原值；对于与地上房屋相连的地下建筑，如房屋的地下室、地下停车场、商场的地下部分等，应将地下部分与地上房屋视为一个整体按照地上房屋建筑的有关规定计算征收房产税。

② 出租的地下建筑，按照出租地上房屋建筑的有关规定计算征收房产税。

（二）应纳税额的计算

1. 从价计征应纳税额的计算

$$应纳税额＝应税房产原值 \times (1-扣除比例) \times 1.2\%$$

2. 从租计征应纳税额的计算

$$应纳税额＝租金收入 \times 12\%（或 4\%）$$

三、房产税的会计处理

为了核算房产税，企业应设置"应交税费——应交房产税"账户。分期计提房产税时，借记"税金及附加"账户，贷记"应交税费——应交房产税"账户；缴纳房产税时，借记"应交税费——应交房产税"账户，贷记"银行存款"账户。期末，"应交税费——应交房产税"账户贷方余额反映企业应交未交的房产税。

第七节　车船税的纳税方法

车船税是以车船为征税对象，向拥有应税车船的单位和个人所征收的一种税。车船税实行分类、分级（项）的定额税率，实行以保险机构代收代缴税款为主的征收办法，有利于车船的管理和合理配置，也有利于调节财富差异。

一、车船税税收政策

（一）征税范围

车船税的征税范围是指在中华人民共和国境内属于车船税法所附《车船税税目税额表》规定的车辆、船舶。车辆、船舶是指：

（1）依法应当在车船管理部门登记的机动车辆和船舶；

（2）依法不需要在车船管理部门登记、在单位内部场所行驶或者作业的机动车辆和船舶。

车船管理部门是指公安、交通运输、农业、渔业、军队、武装警察部队等依法具有车船登记管理职能的部门。

（二）纳税人

车船税的纳税人，是指在我国境内，应税车辆、船舶（以下简称车船）的所有人或者管理人。

所有人，是指在我国境内拥有车船的单位和个人；管理人，是指对车船具有管理权或者使用权而不具有所有权的单位。

重点关注

从事机动车第三者责任强制保险业务的保险机构为机动车车船税的扣缴义务人，应当在收取保险费时依法代收车船税。

（三）税目与税率

车船税采用定额税率。车船的适用税额，依照车船税法所附《车船税税目税额表》执行，如表5-4所示。

表 5-4　车船税税目税额表

税目		计税单位	年基准税额	备注
1. 乘用车按发动机汽缸容量（排气量）分档	1.0升（含）以下的	每辆	60元至360元	核定载客人数9人（含）以下
	1.0升以上至1.6升（含）的		300元至540元	
	1.6升以上至2.0升（含）的		360元至660元	
	2.0升以上至2.5升（含）的		660元至1 200元	
	2.5升以上至3.0升（含）的		1 200元至2 400元	
	3.0升以上至4.0升（含）的		2 400元至3 600元	
	4.0升以上的		3 600元至5 400元	
2. 商用车客车		每辆	480元至1 440元	核定载客人数9人以上，包括电车
3. 商用车货车		整备质量每吨	16元至120元	包括半挂牵引车、三轮汽车和低速载货汽车等
4. 挂车		整备质量每吨	按照货车税额的50%计算	—
5. 其他车辆专用作业车		整备质量每吨	16元至120元	不包括拖拉机
6. 其他车辆轮式专用机械车		整备质量每吨	16元至120元	不包括拖拉机
7. 摩托车		每辆	36元至180元	—

续表

税　　目		计税单位	年基准税额	备　　注
8．机动船舶	净吨位不超过 200 吨的	净吨位每吨	3 元	拖船、非机动驳船分别按照机动船舶税额的 50% 计算； 拖船按照发动机功率每 1 千瓦折合净吨位 0.67 吨计算
	净吨位超过 200 吨但不超过 2 000 吨的		4 元	
	净吨位超过 2 000 吨但不超过 10 000 吨的		5 元	
	净吨位超过 10 000 吨的		6 元	
9．游艇	艇身长度不超过 10 米的	艇身长度每米	600 元	辅助动力帆艇按每米 600 元
	艇身长度超过 10 米但不超过 18 米的		900 元	
	艇身长度超过 18 米但不超过 30 米的		1 300 元	
	艇身长度超过 30 米的		2 000 元	

车辆的具体适用税额由省、自治区、直辖市人民政府依照《车船税税目税额表》规定的税额幅度和国务院的规定确定。

（四）税收优惠

1．法定减免项目

（1）捕捞、养殖渔船。

（2）军队、武装警察部队专用的车船。

（3）警用车船。

（4）依照法律规定应当予以免税的外国驻华使领馆、国际组织驻华代表机构及其有关人员的车船。

（5）对节约能源的车船，减半征收车船税；对使用新能源的车船，免征车船税。

（6）授权省、自治区、直辖市人民政府规定的减免税项目。

2．特定减免

（1）经批准临时入境的外国车船和香港特别行政区、澳门特别行政区、台湾地区的车船，不征收车船税。

（2）按照规定缴纳船舶吨税的机动船舶，自车船税法实施之日起 5 年内免征车船税。

（3）依法不需要在车船登记管理部门登记的机场、港口、铁路站场内部行驶或者作业的车船，自车船税法实施之日起 5 年内免征车船税。

（五）车船税的征收管理

1．纳税义务发生时间

车船税纳税义务发生时间为取得车船所有权或者管理权的当月，应当以购买车船的发票或者其他证明文件所载日期的当月为准。

2. 纳税期限

车船税按年申报，分月计算，一次性缴纳。纳税年度为公历 1 月 1 日至 12 月 31 日。纳税人具体申报纳税期限由省、自治区、直辖市人民政府规定。

扣缴义务人应当及时解缴代收代缴的税款和滞纳金，并向主管税务机关申报。扣缴义务人解缴税款和滞纳金的具体期限，由省、自治区、直辖市税务机关依照法律、行政法规的规定确定。

3. 纳税申报

扣缴义务人已代收代缴车船税的，纳税人不再向车辆登记地的主管税务机关申报缴纳车船税。

没有扣缴义务人的，纳税人应当向主管税务机关自行申报缴纳车船税。

4. 纳税地点

车船税由税务机关负责征收。纳税地点为车船的登记地或者车船税扣缴义务人所在地。依法不需要办理登记的车船，车船税的纳税地点为车船的所有人或者管理人所在地。

二、车船税应纳税额的计算

车船税的应纳税额是以税法规定的计税依据乘以适用单位税额计算征收。其计算公式为

$$应纳税额＝计税依据×单位税额$$

对于购置的新车船，购置当年的应纳税额自纳税义务发生的当月起按月计算。其计算公式为

$$应纳税额＝年应纳税额÷12×应纳税月份数$$

三、车船税的会计处理

为了核算车船税，企业应设置"应交税费——应交车船税"账户。分期计提车船税时，借记"税金及附加"账户，贷记"应交税费——应交车船税"账户；缴纳车船税时，借记"应交税费——应交车船税"账户，贷记"银行存款"账户。期末，"应交税费——应交车船税"账户贷方余额反映企业应交未交的车船税。

第八节 耕地占用税的纳税方法

耕地占用税是对占用耕地建设建筑物、构筑物或者从事非农业建设的单位和个人，就其实际占用的耕地面积征收的一种税。耕地占用税采用地区差别税率，在占用耕地环节一次性征收，通过调节占用耕地的单位和个人的经济利益，引导其节约、合理的使用耕地资源，以保护耕地和农民的切身利益。

一、耕地占用税税收政策

（一）征税对象

耕地占用税的征税对象为，在中华人民共和国境内为建设建筑物、构筑物或从事非

农业建设而占用的耕地。

耕地是指种植农业作物的土地。占用耕地建设农田水利设施的,不缴纳耕地占用税。

重点关注

占用园地、林地、草地、农田水利用地、养殖水面、渔业水域滩涂以及其他农用地建设建筑物、构筑物或者从事非农业建设的,属于耕地占用税的征税范围。

(二)纳税人

耕地占用税的纳税人指在中华人民共和国境内占用耕地建设建筑物、构筑物或者从事非农业建设的单位和个人。

(三)税率

耕地占用税在税率设计上采用了地区差别定额税率。各地区耕地占用税的适用税额,由省、自治区、直辖市人民政府根据人均耕地面积和经济发展等情况,在规定的税额幅度内提出,报同级人民代表大会常务委员会决定,并报全国人民代表大会常务委员会和国务院备案。税额幅度具体规定如表5-5所示。

表5-5　耕地占用税税额幅度表

级　　次	人均耕地面积 (以县、自治县、不设区的市、市辖区为单位)	税　额　幅　度
1	人均耕地不超过1亩的地区	10元~50元/平方米
2	人均耕地超过1亩但不超过2亩的地区	8元~40元/平方米
3	人均耕地超过2亩但不超过3亩的地区	6元~30元/平方米
4	人均耕地超过3亩的地区	5元~25元/平方米

各省、自治区、直辖市耕地占用税适用税额的平均水平,不得低于《各省、自治区、直辖市耕地占用税平均税额表》规定的平均税额,如表5-6所示。

表5-6　各省、自治区、直辖市耕地占用税平均税额表　　　　单位:元

地　　区	每平方米平均税额
上海	45
北京	40
天津	35
江苏、浙江、福建、广东	30
辽宁、湖北、湖南	25
河北、安徽、江西、山东、河南、重庆、四川	22.5
广西、海南、贵州、云南、陕西	20
山西、吉林、黑龙江	17.5
内蒙古、西藏、甘肃、青海、宁夏、新疆	12.5

在人均耕地低于0.5亩的地区,省、自治区、直辖市可以根据当地经济发展情况,适当提高耕地占用税的适用税额,但提高的部分不得超过根据上述规定确定的适用税额

的 50%。

占用基本农田的,应加按 150% 征收。

（四）税收优惠

1. 免征耕地占用税

（1）军事设施、学校、幼儿园、社会福利机构、医疗机构占用耕地,免征耕地占用税。

（2）农村居民经批准搬迁,新建自用住宅占用耕地不超过原宅基地面积的部分,免征耕地占用税。

（3）农村烈士遗属、因公牺牲军人遗属、残疾军人以及符合农村最低生活保障条件的农村居民,在规定用地标准以内新建自用住宅,免征耕地占用税。

2. 减征耕地占用税

（1）铁路线路、公路线路、飞机场跑道、停机坪、港口、航道、水利工程占用耕地,减按 2 元/平方米的税额征收耕地占用税。

（2）农村居民在规定用地标准以内占用耕地新建自用住宅,按照当地适用税额减半征收耕地占用税。

根据国民经济和社会发展的需要,国务院可以规定免征或者减征耕地占用税的其他情形,报全国人民代表大会常务委员会备案。

重点关注

免征或减征耕地占用税后,纳税人改变原占地用途,不再属于免征或减征耕地占用税情形的,应按当地适用税额补缴耕地占用税。

（五）耕地占用税的征收管理

1. 纳税义务发生时间

耕地占用税的纳税义务发生时间为纳税人收到自然资源主管部门办理占用耕地手续的书面通知的当日。

2. 纳税期限

纳税人应当自纳税义务发生之日起 30 日内申报缴纳耕地占用税。

纳税人因建设项目施工或者地质勘查临时占用耕地,应当依照规定缴纳耕地占用税。纳税人在批准临时占用耕地期满之日起 1 年内依法复垦,恢复种植条件的,全额退还已经缴纳的耕地占用税。

3. 纳税地点

耕地占用税由耕地所在地税务机关负责征收。土地管理部门在通知单位或者个人办理占用耕地手续时,应当同时通知耕地所在地同级税务机关。

二、耕地占用税应纳税额的计算

耕地占用税以纳税人实际占用的耕地面积为计税依据,以每平方米土地为计税单位,按适用的定额税率计税一次性征收。其计算公式为

$$应纳税额＝实际占用耕地面积（平方米）×适用定额税率$$

三、耕地占用税的会计处理

企业因建造厂房等占用耕地,缴纳的耕地占用税应计入建造成本,借记"在建工程"账户,贷记"银行存款"账户。

第九节 车辆购置税的纳税方法

车辆购置税是以在中国境内购置规定车辆为课税对象,在特定的环节向车辆购置者征收的一种税。车辆购置税具有征收范围和征收环节单一、特定目的和价外征收的特点。征收车辆购置税有利于合理筹集财政资金,规范政府行为,调节收入差距;也有利于配合打击车辆走私和维护国家权益。

一、车辆购置税税收政策

(一)征税对象

车辆购置税的征税对象为,在中华人民共和国境内购置的汽车、有轨电车、汽车挂车、排气量超过 150 毫升的摩托车。

重点关注

地铁、轻轨等城市轨道交通车辆,装载机、平地机、挖掘机、推土机等轮式专用机械车,以及起重机(吊车)、叉车、电动摩托车,不属于应税车辆。

购置是指以购买、进口、自产、受赠、获奖或者其他方式取得并自用应税车辆的行为。

(二)纳税人

车辆购置税的纳税人是指中华人民共和国境内购置应税车辆的单位和个人。

(三)税率

车辆购置税实行统一比例税率,税率为 10%。

(四)税收优惠

下列车辆免征车辆购置税:

(1)依照法律规定应当予以免税的外国驻华使馆、领事馆和国际组织驻华机构及其有关人员自用的车辆;

(2)中国人民解放军和中国人民武装警察部队列入装备订货计划的车辆;

(3)悬挂应急救援专用号牌的国家综合性消防救援车辆;

(4)设有固定装置的非运输专用作业车辆;

(5)城市公交企业购置的公共汽电车辆。

根据国民经济和社会发展的需要,国务院可以规定减征或者其他免征车辆购置税的情形,报全国人民代表大会常务委员会备案。

（五）车辆购置税的征收管理

1．纳税环节

车辆购置税的纳税环节为使用环节，即最终消费环节。车辆购置税实行一次征收制度。购置已征车辆购置税的车辆，不再征收车辆购置税。

2．纳税义务发生时间

车辆购置税的纳税义务发生时间为纳税人购置应税车辆的当日，具体按照下列情形确定：

（1）购买自用应税车辆的为购买之日，即车辆相关价格凭证的开具日期；

（2）进口自用应税车辆的为进口之日，即《海关进口增值税专用缴款书》或者其他有效凭证的开具日期；

（3）自产、受赠、获奖或者以其他方式取得并自用应税车辆的为取得之日，即合同、法律文书或者其他有效凭证的生效或者开具日期。

3．纳税期限

纳税人应当自纳税义务发生之日起60日内申报缴纳车辆购置税。纳税人应当在向公安机关交通管理部门办理车辆注册登记前，缴纳车辆购置税。

免税、减税车辆因转让、改变用途等原因不再属于免税、减税范围的，纳税人应当在办理车辆转移登记或者变更登记前缴纳车辆购置税。

4．纳税地点

车辆购置税由税务机关负责征收。购置应税车辆的纳税人，应当到下列地点申报纳税：

（1）需要办理车辆登记的，向车辆登记地的主管税务机关申报纳税。

（2）不需要办理车辆登记的，单位纳税人向其机构所在地的主管税务机关申报纳税，个人纳税人向其户籍所在地或者经常居住地的主管税务机关申报纳税。

5．车辆购置税的申报、纳税信息管理

（1）申报管理

车辆购置税实行一车一申报制度，纳税人办理纳税申报时应当如实填报《车辆购置税纳税申报表》，同时提供车辆合格证明和车辆相关价格凭证。

重点关注

车辆相关价格凭证是指境内购置车辆为机动车销售统一发票或者其他有效凭证；进口自用车辆为《海关进口关税专用缴款书》或者海关进出口货物征免税证明，属于应征消费税车辆的还包括《海关进口消费税专用缴款书》。

（2）纳税信息管理

纳税人在全国范围内办理车辆购置税纳税业务时，税务机关不再打印和发放纸质车辆购置税完税证明。纳税人办理完成车辆购置税纳税业务后，在公安机关交通管理部门办理车辆注册登记时，不需向公安机关交通管理部门提交纸质车辆购置税完税证明。

纳税人办理完成车辆购置税纳税业务后，可以直接前往公安机关交通管理部门办理车辆注册登记手续。税务机关应当在税款足额入库或者办理免税手续后，将应税车辆完

税或者免税电子信息,及时传送给公安机关交通管理部门。

二、车辆购置税应纳税额的计算

(一)计税依据

车辆购置税的计税依据是车辆的计税价格。计税价格根据不同情况,具体规定如下。

1. 购买自用的应税车辆的计税价格

纳税人购买自用的应税车辆,计税价格为纳税人实际支付给销售者的全部价款,依据纳税人购买应税车辆时相关凭证载明的价格确定,不包含增值税税款。

2. 进口自用的应税车辆的计税价格

纳税人进口自用的应税车辆的计税价格,为关税完税价格加上关税和消费税。其计算公式为

$$进口自用应税车辆计税价格=关税完税价格+关税+消费税$$

重点关注

进口自用的应税车辆,是指纳税人直接从境外进口或者委托代理进口自用的应税车辆,不包括境内购买的进口车辆。

3. 纳税人自产自用应税车辆的计税依据

纳税人自产自用应税车辆的计税价格,按照同类应税车辆(即车辆配置序列号相同的车辆)的销售价格确定,不包括增值税税款;没有同类应税车辆销售价格的,按照组成计税价格确定。组成计税价格计算公式为

$$组成计税价格=成本×(1+成本利润率)$$

属于应征消费税的应税车辆,其组成计税价格中应加计消费税税额。

上述公式中的成本利润率,由国家税务总局各省、自治区、直辖市和计划单列市税务局确定。

4. 纳税人以受赠、获奖或者其他方式取得自用应税车辆的计税价格

纳税人以受赠、获奖或者以其他方式取得自用的应税车辆的计税价格,按照购置应税车辆时相关凭证载明的价格确定,不包括增值税税款。

纳税人申报的应税车辆计税价格明显偏低,又无正当理由的,由税务机关依照《中华人民共和国税收征收管理法》的规定核定其应纳税额。

纳税人以外汇结算应税车辆价款的,按照申报纳税之日的人民币汇率中间价折合成人民币计算缴纳税款。

(二)应纳税额的计算

车辆购置税实行从价定率的办法计算应纳税额。应纳税额按照应税车辆的计税价格乘以税率计算。其计算公式为

$$应纳税额=计税价格×适用税率$$

纳税人以外汇结算应税车辆价款的,按照申报纳税之日中国人民银行公布的人民币

基准汇价,折合成人民币计算应纳税额。

三、车辆购置税缴纳与退回的其他规定

（一）免税、减税条件消失车辆应纳税额的计算

已经办理免税、减税手续的车辆因转让、改变用途等原因不再属于免税、减税范围的,纳税人、纳税义务发生时间、应纳税额按以下规定执行。

（1）发生转让行为的,受让人为车辆购置税纳税人；未发生转让行为的,车辆所有人为车辆购置税纳税人。

（2）纳税义务发生时间为车辆转让或者用途改变等情形发生之日。

（3）应纳税额计算公式为

$$应纳税额＝初次办理纳税申报时确定的计税价格×（1－使用年限×10\%）×$$
$$10\%－已纳税额$$

应纳税额不得为负数。

重点关注

使用年限的计算方法是,自纳税人初次办理纳税申报之日起,至不再属于免税、减税范围的情形发生之日止。使用年限取整计算,不满一年的不计算在内。

（二）车辆购置税的退回

已征车辆购置税的车辆退回车辆生产或销售企业,纳税人申请退还车辆购置税的,应退税额计算公式为

$$应退税额＝已纳税额×（1－使用年限×10\%）$$

应退税额不得为负数。

使用年限的计算方法是,自纳税人缴纳税款之日起,至申请退税之日止。

四、车辆购置税的会计处理

企业购买、进口、自产、受赠及以其他方式取得并自用的应税车辆应缴的车辆购置税,或者当购置的属于减免税的车辆在转让或改变用途后,按规定应补缴的车辆购置税,在规定期限缴纳车辆购置税后,会计根据有关凭证,借记"固定资产"等账户,贷记"银行存款"或"应交税费——应交车辆购置税"账户。

第十节　印花税的纳税方法

印花税是对经济活动和经济交往中书立、使用、领受应税凭证的单位和个人征收的一种税。印花税具有征税范围广泛,税收负担较轻,纳税人自行完税的特点。征收印花税有利于增加财政收入；有利于促进经济活动的规范化、合理化,配合和加强经济合同的监督管理；有利于培养纳税人的法制观念和纳税意识；也有利于配合对其他应纳税种的监督管理。

一、印花税税收政策

(一)征税对象

印花税征税对象为在中华人民共和国境内书立、领受的应税凭证。应税凭证是指《中华人民共和国印花税法》所附《印花税税目税率表》列明的合同、产权转移书据和营业账簿。

重点关注

印花税只对《中华人民共和国印花税法》中列举的凭证征税,没有列举的凭证不征税。

(二)印花税的纳税人

在中华人民共和国境内书立应税凭证、进行证券交易的单位和个人,为印花税的纳税人,应当依法缴纳印花税。

证券交易,是指转让在依法设立的证券交易所、国务院批准的其他全国性证券交易场所交易的股票和以股票为基础的存托凭证。

证券交易印花税对证券交易的出让方征收,不对受让方征收。

(三)税目与税率

印花税税目税率的具体规定,如表 5-7 所示。

表 5-7 印花税税目税率表

税 目		税 率	备 注
合同(指书面合同)	借款合同	借款金额的万分之零点五	指银行业金融机构、经国务院银行业监督管理机构批准设立的其他金融机构与借款人(不包括同业拆借)的借款合同
	融资租赁合同	租金的万分之零点五	
	买卖合同	价款的万分之三	指动产买卖合同(不包括个人书立的动产买卖合同)
	承揽合同	报酬的万分之三	
	建设工程合同	价款的万分之三	
	运输合同	运输费用的万分之三	指货运合同和多式联运合同(不包括管道运输合同)
	技术合同	价款、报酬或者使用费的万分之三	不包括专利权、专有技术使用权转让书据
	租赁合同	租金的千分之一	
	保管合同	保管费的千分之一	
	仓储合同	仓储费的千分之一	
	财产保险合同	保险费的千分之一	不包括再保险合同

续表

税　目		税　率	备　注
产权转移书据	土地使用权出让书据	价款的万分之五	转让包括买卖（出售）、继承、赠与、互换、分割
	土地使用权、房屋等建筑物和构筑物所有权转让书据（不包括土地承包经营权和土地经营权转移）	价款的万分之五	
	股权转让书据（不包括应缴纳证券交易印花税的）	价款的万分之五	
	商标专用权、著作权、专利权、专有技术使用权转让书据	价款的万分之三	
营业账簿		实收资本（股本）、资本公积合计金额的万分之二点五	
证券交易		成交金额的千分之一	

（四）税收优惠

下列凭证免征印花税：

（1）应税凭证的副本或者抄本；

（2）依照法律规定应当予以免税的外国驻华使馆、领事馆和国际组织驻华代表机构为获得馆舍书立的应税凭证；

（3）中国人民解放军、中国人民武装警察部队书立的应税凭证；

（4）农民、家庭农场、农民专业合作社、农村集体经济组织、村民委员会购买农业生产资料或者销售农产品书立的买卖合同和农业保险合同；

（5）无息或者贴息借款合同、国际金融组织向中国提供优惠贷款书立的借款合同；

（6）财产所有权人将财产赠与政府、学校、社会福利机构、慈善组织书立的产权转移书据；

（7）非营利性医疗卫生机构采购药品或者卫生材料书立的买卖合同；

（8）个人与电子商务经营者订立的电子订单。

根据国民经济和社会发展的需要，国务院对居民住房需求保障、企业改制重组、破产、支持小型微型企业发展等情形可以规定减征或者免征印花税，并报全国人民代表大会常务委员会备案。

（五）印花税的征收管理

1. 纳税方式

印花税可以采用粘贴印花税票或者由税务机关依法开具其他完税凭证的方式缴纳。

印花税票粘贴在应税凭证上的,由纳税人在每枚税票的骑缝处盖戳注销或者画销。印花税票由国务院税务主管部门监制。

2. 纳税义务发生时间

印花税的纳税义务发生时间为纳税人书立应税凭证或者完成证券交易的当日。

证券交易印花税扣缴义务发生时间为证券交易完成的当日。

3. 纳税期限

印花税按季、按年或者按次计征。实行按季、按年计征的,纳税人应当自季度、年度终了之日起十五日内申报缴纳税款;实行按次计征的,纳税人应当自纳税义务发生之日起十五日内申报缴纳税款。

证券交易印花税按周解缴。证券交易印花税扣缴义务人应当自每周终了之日起五日内申报解缴税款以及银行结算的利息。

4. 纳税地点

纳税人为单位的,应当向其机构所在地的主管税务机关申报缴纳印花税;纳税人为个人的,应当向应税凭证书立地或者纳税人居住地的主管税务机关申报缴纳印花税。

不动产产权发生转移的,纳税人应当向不动产所在地的主管税务机关申报缴纳印花税。

纳税人为境外单位或者个人,在境内有代理人的,以其境内代理人为扣缴义务人;在境内没有代理人的,由纳税人自行申报缴纳印花税,具体办法由国务院税务主管部门规定。

证券登记结算机构为证券交易印花税的扣缴义务人,应当向其机构所在地的主管税务机关申报解缴税款以及银行结算的利息。

二、印花税应纳税额的计算

(一)计税依据

2022年7月1日起施行的《中华人民共和国印花税法》,采用从价计征方式计算应纳印花税。

1. 计税依据的一般规定

(1)应税合同的计税依据,为合同所列的金额,不包括列明的增值税税款;

(2)应税产权转移书据的计税依据,为产权转移书据所列的金额,不包括列明的增值税税款;

(3)应税营业账簿的计税依据,为账簿记载的实收资本(股本)、资本公积合计金额;

(4)证券交易的计税依据,为成交金额。

2. 计税依据的特殊规定

(1)应税合同、产权转移书据未列明金额的,印花税的计税依据按照实际结算的金额确定。按照上述规定仍不能确定的,按照书立合同、产权转移书据时的市场价格确定;依法应当执行政府定价或者政府指导价的,按照国家有关规定确定。

(2)证券交易无转让价格的,按照办理过户登记手续时该证券前一个交易日收盘价计算确定计税依据;无收盘价的,按照证券面值计算确定计税依据。

（二）应纳税额的计算

印花税的应纳税额按照计税依据乘以适用税率计算。其计算公式为

$$应纳税额＝应税凭证计税金额×比例税率$$

三、印花税的会计处理

印花税由于缴纳方式的特殊性，可以不通过"应交税费"账户核算，企业缴纳印花税时，借记"税金及附加"等账户，贷记"银行存款""库存现金"等账户。

第十一节　契税的纳税方法

契税是以在中华人民共和国境内转移的土地、房屋权属为征税对象，向产权承受人征收的一种财产税。契税属于财产转移税，由产权承受人缴纳。征收契税有利于增加地方财政收入，有利于保护合法产权，避免产权纠纷。

一、契税税收政策

（一）征税范围

契税的征税范围是境内转移的土地、房屋权属，具体是指下列行为：

（1）土地使用权出让；

（2）土地使用权转让，包括出售、赠与、互换，不包括土地承包经营权和土地经营权的转移；

（3）房屋买卖、赠与、互换。

重点关注

以作价投资（入股）、偿还债务、划转、奖励等方式转移土地、房屋权属的，应当依照规定征收契税。

（二）纳税人

在中华人民共和国境内转移土地、房屋权属，承受的单位和个人为契税的纳税人。

（三）税率

契税实行3%～5%的幅度税率。契税的具体适用税率，由省、自治区、直辖市人民政府在规定的税率幅度内提出，报同级人民代表大会常务委员会决定，并报全国人民代表大会常务委员会和国务院备案。

（四）税收优惠

1. 法定减免税优惠

有下列情形之一的，免征契税：

（1）国家机关、事业单位、社会团体、军事单位承受土地、房屋权属用于办公、教学、医

疗、科研、军事设施；

（2）非营利性的学校、医疗机构、社会福利机构承受土地、房屋权属用于办公、教学、医疗、科研、养老、救助；

（3）承受荒山、荒地、荒滩土地使用权用于农、林、牧、渔业生产；

（4）婚姻关系存续期间夫妻之间变更土地、房屋权属；

（5）法定继承人通过继承承受土地、房屋权属；

（6）依照法律规定应当予以免税的外国驻华使馆、领事馆和国际组织驻华代表机构承受土地、房屋权属。

根据国民经济和社会发展的需要，国务院对居民住房需求保障、企业改制重组、灾后重建等情形可以规定免征或者减征契税，报全国人民代表大会常务委员会备案。

2. 省、自治区、直辖市可以决定对下列情形免征或者减征契税

（1）因土地、房屋被县级以上人民政府征收、征用，重新承受土地、房屋权属；

（2）因不可抗力灭失住房，重新承受住房权属。

（五）契税的征收管理

1. 纳税义务发生时间

契税纳税义务发生时间，为纳税人签订土地、房屋权属转移合同的当天，或者纳税人取得其他具有土地、房屋权属转移合同性质凭证的当天。

纳税人因改变土地、房屋用途应当补缴已经减征、免征契税的，其纳税义务发生时间为改变有关土地、房屋用途的当天。

2. 纳税期限

纳税人应当在依法办理土地、房屋权属登记手续前申报缴纳契税。纳税人办理纳税事宜后，税务机关应当开具契税完税凭证。未按照规定缴纳契税的，不动产登记机构不予办理土地、房屋权属登记。

3. 纳税地点

契税的纳税地点为土地、房屋所在地。由土地、房屋所在地的税务机关依照规定征收管理。

二、契税应纳税额的计算

（一）计税依据

（1）土地使用权出让、出售，房屋买卖的计税依据，为土地、房屋权属转移合同确定的成交价格，包括应交付的货币以及实物、其他经济利益对应的价款；

（2）土地使用权互换、房屋互换的计税依据，为所互换的土地使用权、房屋价格的差额；

（3）土地使用权赠与、房屋赠与以及其他没有价格的转移土地、房屋权属行为的计税依据，为税务机关参照土地使用权出售、房屋买卖的市场价格依法核定的价格。

纳税人申报的成交价格、互换价格差额明显偏低且无正当理由的，由税务机关依照《中华人民共和国税收征收管理法》的规定核定。

（二）应纳税额的计算

契税的应纳税额按照计税依据乘以适用税率计算征收。其计算公式为

应纳税额＝计税依据×适用税率

三、契税的会计处理

契税是在土地、房屋权属转移，由承受单位取得该项产权时缴纳的一种税，对购买单位而言，契税是取得不动产产权的一种必然支出。由于资产是按实际成本计价的，所以取得房产产权所支付的契税也应计入该项资产的实际成本。因此，企业取得土地、房屋产权按规定计算缴纳的契税，可以借记"在建工程""固定资产""无形资产"等账户，贷记"应交税费——应交契税"账户或"银行存款"账户。

第十二节　环境保护税的纳税方法

环境保护税是对在中华人民共和国领域和中华人民共和国管辖的其他海域，直接向环境排放应税污染物的企业事业单位和其他生产经营者征收的一种税。环境保护税的主要目的是促进环境保护，只对直接向环境排放应税物的行为征税，通过其税收杠杆的调节作用，引导企业绿色转型。

一、环境保护税税收政策

（一）征税对象

环境保护税的征税对象为应税污染物。应税污染物是指《中华人民共和国环境保护税法》所附《环境保护税税目税额表》《应税污染物和当量值表》规定的大气污染物、水污染物、固体废物和噪声。

（二）纳税人

环境保护税的纳税人是指在中华人民共和国领域和中华人民共和国管辖的其他海域，直接向环境排放应税污染物的企业事业单位和其他生产经营者。

（三）税目与税率

环境保护税采用定额税率如表 5-8 所示。

表 5-8　环境保护税税目税额表

税　目		计税单位	税　额
大气污染物		每污染当量	1.2 元至 12 元
水污染物		每污染当量	1.4 元至 14 元
固体废物	煤矸石	每吨	5 元
	尾矿	每吨	15 元
	危险废物	每吨	1 000 元
	冶炼渣、粉煤灰、炉渣、其他固体废物（含半固态、液态废物）	每吨	25 元

续表

税　　目		计税单位	税　　额
噪声	工业噪声	超标 1～3 分贝	每月 350 元
		超标 4～6 分贝	每月 700 元
		超标 7～9 分贝	每月 1 400 元
		超标 10～12 分贝	每月 2 800 元
		超标 13～15 分贝	每月 5 600 元
		超标 16 分贝以上	每月 11 200 元

环境保护税的税目、税额,依照《环境保护税税目税额表》执行。应税大气污染物和水污染物的具体适用税额的确定和调整,由省、自治区、直辖市人民政府统筹考虑本地区环境的承载能力、污染物排放现状和经济社会生态发展目标要求,在所附《环境保护税税目税额表》规定的税额幅度内提出,报同级人民代表大会常务委员会决定,并报全国人民代表大会常务委员会和国务院备案。

(四) 税收优惠

1. 暂免征环境保护税的情况

下列情形,暂予免征环境保护税:

(1) 农业生产(不包括规模化养殖)排放应税污染物的;

(2) 机动车、铁路机车、非道路移动机械、船舶和航空器等流动污染源排放应税污染物的;

(3) 依法设立的城乡污水集中处理、生活垃圾集中处理场所排放相应应税污染物,不超过国家和地方规定的排放标准的;

(4) 纳税人综合利用的固体废物,符合国家和地方环境保护标准的;

(5) 国务院批准免税的其他情形。

2. 减征环境保护税的情况

(1) 纳税人排放应税大气污染物或者水污染物的浓度值低于国家和地方规定的污染物排放标准 30% 的,减按 75% 征收环境保护税。

(2) 纳税人排放应税大气污染物或者水污染物的浓度值低于国家和地方规定的污染物排放标准 50% 的,减按 50% 征收环境保护税。

重点关注

享受减征环境保护税的,应当对每一排放口排放的不同应税污染物分别计算。

(五) 环境保护税的征税管理

1. 纳税义务发生时间

环境保护税纳税义务发生时间为纳税人排放应税污染物的当日。

2. 纳税地点

纳税人应当向应税污染物排放地的税务机关申报缴纳环境保护税。

3. 纳税期限

环境保护税按月计算，按季申报缴纳。不能按固定期限计算缴纳的，可以按次申报缴纳。

纳税人按季申报缴纳的，应当自季度终了之日起 15 日内，向税务机关办理纳税申报并缴纳税款。纳税人按次申报缴纳的，应当自纳税义务发生之日起 15 日内，向税务机关办理纳税申报并缴纳税款。

4. 征收管理

（1）环境保护税由税务机关依照《中华人民共和国税收征收管理法》和《环境保护税法》的有关规定征收管理。

（2）环境保护主管部门和税务机关应当建立涉税信息共享平台和工作配合机制。

（3）税务机关应当将纳税人的纳税申报数据资料与环境保护主管部门交送的相关数据资料进行比对。

（4）对不能按照规定的方法计算应税大气污染物、水污染物、固体废物的排放量和噪声的分贝数的，按照省、自治区、直辖市人民政府环境保护主管部门规定的抽样测算的方法核定计算。

二、环境保护税应纳税额的计算

环境保护税实行从量计征，按应税污染物的计税单位和单位税额计算应纳环境保护税。

（一）计税依据

1. 大气污染物、水污染物计税依据的确定

（1）计税项目的确定

大气污染和水污染的污染物种类繁多，一个污染源往往会排放多种污染物，环境保护税对大气污染和水污染的应税污染物项目进行了规定：

① 每一排放口或者没有排放口的应税大气污染物，按照污染当量数从大到小排序，对前三项污染物征收环境保护税；

② 每一排放口的应税水污染物，按照《应税污染物和当量值表》（该表略），区分第一类水污染物和其他类水污染物，按照污染当量数从大到小排序，对第一类水污染物按照前五项征收环境保护税，对其他类水污染物按照前三项征收环境保护税。

省、自治区、直辖市人民政府根据本地区污染物减排的特殊需要，可以增加同一排放口征收环境保护税的应税污染物项目数，报同级人民代表大会常务委员会决定，并报全国人民代表大会常务委员会和国务院备案。

（2）计税依据的确定

应税大气污染物、水污染物的计税依据，按照污染物排放量折合的污染当量数确定。

应税大气污染物、水污染物的污染当量数，以该污染物的排放量除以该污染物的污染当量值计算。其计算公式为

$$应税大气污染物、水污染物的污染当量数 = \frac{污染物的排放量}{该污染物的污染当量值}$$

每种应税大气污染物、水污染物的具体污染当量值，依照《应税污染物和当量值表》执行。

2．固体污染物的计税依据

应税固体废物的计税依据，按照固体废物的排放量确定。

（1）固体废物的排放量为当期应税固体废物的产生量减去当期应税固体废物的贮存量、处置量、综合利用量的余额。

重点关注

纳税人应当准确计量应税固体废物的贮存量、处置量和综合利用量，未准确计量的，不得从其应税固体废物的产生量中减去。

（2）纳税人有下列情形之一的，以其当期应税固体废物的产生量作为固体废物的排放量：

① 非法倾倒应税固体废物；

② 进行虚假纳税申报。

3．噪声的计税依据

应税噪声的计税依据按照超过国家规定标准的分贝数确定。

噪声超标分贝数不是整数值的，按四舍五入取整。一个单位的同一监测点当月有多个监测数据超标的，以最高一次超标声级计算应纳税额。

4．排放量和噪声分贝数的计算方法和顺序

应税大气污染物、水污染物、固体废物的排放量和噪声的分贝数，按照下列方法和顺序计算：

（1）纳税人安装使用符合国家规定和监测规范的污染物自动监测设备的，按照污染物自动监测数据计算；

（2）纳税人未安装使用污染物自动监测设备的，按照监测机构出具的符合国家有关规定和监测规范的监测数据计算；

（3）因排放污染物种类多等原因不具备监测条件的，按照国务院环境保护主管部门规定的排污系数、物料衡算方法计算；

（4）不能按照上述第（1）至第（3）规定的方法计算的，按照省、自治区、直辖市人民政府环境保护主管部门规定的抽样测算的方法核定计算。

5．计税依据的其他规定

（1）从两个以上排放口排放应税污染物的，对每一排放口排放的应税污染物分别计算征收环境保护税；纳税人持有排污许可证的，其污染物排放口按照排污许可证载明的污染物排放口确定。

（2）属于未安装使用污染物自动监测设备的纳税人，自行对污染物进行监测所获取的监测数据，符合国家有关规定和监测规范的，视同监测机构出具的监测数据。

（二）应纳税额的计算

环境保护税应纳税额按照下列方法计算：

（1）应税大气污染物的应纳税额为污染当量数乘以具体适用税额；

（2）应税水污染物的应纳税额为污染当量数乘以具体适用税额；

（3）应税固体废物的应纳税额为固体废物排放量乘以具体适用税额；

（4）应税噪声的应纳税额为超过国家规定标准的分贝数对应的具体适用税额。

【例 5-5】 某企业 8 月向大气直接排放二氧化硫 76 千克、氟化物 87 千克、一氧化碳 100 千克、氯化氢 90 千克，假设大气污染物每污染当量税额按《环境保护税税目税额表》最低标准 1.2 元计算，这家企业只有一个排放口，计算企业 8 月大气污染物应缴纳的环境保护税。

注： 二氧化硫污染当量值 0.95，氟化物污染当量值 0.87，一氧化碳污染当量值 16.7，氯化氢污染当量值 10.75。

解析：

（1）计算各污染物的污染当量数。

$$二氧化硫污染当量数＝76÷0.95＝80$$

$$氟化物污染当量数＝87÷0.87＝100$$

$$一氧化碳污染当量数＝100÷16.7＝5.99$$

$$氯化氢污染当量数＝90÷10.75＝8.37$$

（2）按污染物的污染当量数排序。

$$氟化物(100)＞二氧化硫(80)＞氯化氢(8.37)＞一氧化碳(5.99)$$

（3）计算应纳税额。

环境保护税法规定，每一排放口或者没有排放口的应税大气污染物，对前三项污染物征收环境保护税。这家企业只有一个排放口，所以选取前三项污染物：氟化物、二氧化硫、氯化氢。

$$应纳税额＝(100＋80＋8.37)×1.2＝226.04(元)$$

三、环境保护税的会计处理

企业核算环境保护税，应当在"应交税费"账户下设置"应交税费——应交环境保护税"明细账户。企业排放应税污染物按规定计算应缴纳的环境保护税，借记"税金及附加"账户，贷记"应交税费——应交环境保护税"账户；缴纳环境保护税时，借记"应交税费——应交环境保护税"账户，贷记"银行存款"账户。期末，"应交税费——应交环境保护税"账户贷方余额反映企业应交未交的环境保护税。

第二篇

企业纳税筹划

本篇针对企业经营的各个环节及经营所涉及的税种，以案例的形式全面地介绍了各种行之有效的纳税筹划方法。纳税人在法律允许或不违反税法规定的前提下，通过纳税筹划取得合法收益，以实现企业价值最大化。

第六章

纳税筹划概述及企业设立的纳税筹划

第一节　纳税筹划概述

一、纳税筹划的含义

纳税筹划是纳税人以降低纳税风险，实现企业价值最大化为目的，在遵守国家税收法律法规的前提下，对企业的组建、经营、投资、筹资等活动涉及的纳税事项进行事先安排、选择和策划的总称。

二、纳税筹划的原则

（一）合法性原则

合法性原则是指企业进行纳税筹划时必须严格遵守国家税收法律、法规的规定。合法性原则主要有以下两方面的内容。

1. 全面、准确理解和掌握国家税收法律、法规

企业进行纳税筹划，首先应遵守国家相关法律、法规，这就要求纳税筹划者应熟知国家各项法律、法规，掌握法律法规的变动情况，只有在懂法、知法的基础上，才能实施纳税筹划。全面、准确理解和掌握国家税收法律、法规是实施纳税筹划的前提。

2. 将税收法律、法规正确运用于纳税筹划的实践活动中

企业如果不能将国家税收法律、法规正确用于纳税筹划的实践活动中，会使纳税筹划行为演化为避税、偷税等违法行为，导致纳税风险加大，纳税成本提高，损害企业的经济利益。因此，在纳税筹划工作中，不但要熟知税收法律、法规，还应结合企业经济活动的实际，正确运用相关法律、法规。

（二）事前性原则

事前性原则是指在企业经营行为发生之前对未来将要发生的纳税事项进行预先安排，以获取最大的税收利益。企业可以在充分了解现行税收法规政策、金融政策、财会制度的基础上，事先对未来的生产经营、投资，筹资等活动进行全面的统筹规划与安排，寻求未来税负相对最轻，经营效益相对最好的决策方案。企业在纳税筹划实践中，必须坚持事前性原则,将纳税风险与纳税成本控制在经济业务发生之前,确保纳税筹划有效性的实现。如果事前不进行规划和安排,待纳税行为既成事实,再想减轻税负就不太可能了,纳税筹划也就失去了意义。

（三）成本效益原则

成本效益原则是指作出纳税筹划安排要以效益大于成本为原则,即某一方案的预期效益大于其所需成本时,这一方案才可行；否则,则应放弃。纳税筹划可以减轻企业的税收负担,减少现金流出。但是在实际操作中,许多纳税筹划方案理论上虽然可以降低部分税负,但在实际运作中往往达不到预期效果,其中主要原因是未考虑成本效益原则,使其在降低税收负担、取得节税收益的同时,却付出了额外费用,增加了企业的其他相关成本。因此,在纳税筹划方案选择上应考虑成本效益原则,只有当选择的纳税筹划方案所得大于支出,该纳税筹划方案才是有效的。

（四）整体性原则

纳税筹划的整体性原则是指企业在进行一种税的纳税筹划时,一定要考虑与之相关的其他税种的税负效应,进行整体筹划,综合考量,以实现整体税负最轻,长期税负最轻,防止顾此失彼,以实现企业价值最大化。企业在进行纳税筹划时,要考量诸多错综复杂的影响因素,这些因素之间有的是相互独立的,有的因素之间是相互关联的,而这种关联关系又有两种类型,一是互补关系,另一种是互斥关系。在确立纳税筹划方案时,要详细判断各个因素的关系及对其他因素的影响程度。在选择确定纳税筹划总体方案时,应将各个税种的不同方案采用多种组合进行综合评估,然后选择整体税负最轻的方案。考虑整体性原则是纳税筹划效益性的关键。

（五）风险防范原则

企业纳税风险是企业的涉税行为因未能正确有效地遵守税收法律、法规而导致企业未来利益遭受损失的可能性。由于税收法律、法规的多样性,企业涉税活动的复杂性,以及纳税筹划者对税法的认知程度等原因,企业的纳税筹划活动在给纳税人带来税收利益的同时,也蕴藏着一定的纳税风险。由于税法规定在前,纳税筹划在后,因此,征纳双方获得税收信息的不对称性以及纳税人对税收政策理解上的偏差是纳税风险产生的主要原因。面对纳税风险,纳税筹划者应当未雨绸缪,针对风险产生的原因,采取积极有效的措施,预防和减少纳税风险的发生。

三、纳税筹划的基本技术

纳税筹划的基本技术既可以单独使用,也可以同时使用,在同时使用多种纳税筹划技术时,要注意各种纳税筹划技术之间的相互影响。下面介绍几种常用的纳税筹划基本技术。

（一）减免税技术

1. 减免税技术的含义

减免税技术是指在不违反税收法律、法规的前提下,使纳税人成为减免税人,或使纳税人从事减免税活动,或使征税对象成为减免税对象而少交税款的纳税筹划技术。

2. 减免税技术的特点

减免税技术主要是对税额进行纳税筹划,直接减少应纳税额;适用范围比较窄,技术比较简单。

3. 应用减免税技术应注意的问题

(1) 减免税必须有税收法律、法规的明确规定。

(2) 在进行减免税筹划时,应尽量争取更多的减免税待遇和更长的减免税期间。

(3) 当遇到减免税政策交叉时,可选择采用其中一项最优惠的政策,不可以两项或几项优惠政策累加执行。

(二)分割技术

1. 分割技术的含义

分割技术是指在不违反税收法律、法规的前提下,使征税对象在两个或更多纳税人之间,或者在适用不同税种、不同税率和减免税政策的多个部分之间进行分割的纳税筹划技术。

2. 分割技术的特点

分割技术主要通过对纳税人的应税基数进行纳税筹划,直接减少应纳税额;其适用范围比较窄,技术比较复杂。

3. 应用分割技术应注意的问题

(1) 使用分割技术,必须要考虑分割后经济上的合理性。

(2) 在采用分割技术进行纳税筹划时,应注意分割的合法性,防止出现违规的偷税行为。

(三)扣除抵免技术

1. 扣除抵免技术的含义

扣除抵免技术是指在不违反税收法律、法规的前提下,使扣除抵免额增加而直接减少应纳税额,或调整扣除抵免额在各个应税期间的分布而相对减少应纳税额的纳税筹划技术。

2. 扣除抵免技术的特点

既对纳税人的应税基数进行纳税筹划,直接减少应纳税额,又对扣除抵免项目在各个应税期间的分布进行纳税筹划,减少相对应纳税额;该技术适用范围比较广,技术比较复杂。

3. 应用扣除抵免技术应注意的问题

(1) 在不违反税收法律、法规的前提下,尽量使更多的项目得到扣除抵免。

(2) 在不违反税收法律、法规的前提下,尽量使各项扣除抵免额最大化。

(3) 在不违反税收法律、法规的前提下,尽量使允许扣除抵免的项目尽早得到扣除。

(四)税率差异技术

1. 税率差异技术的含义

税率差异技术是指在不违反税收法律、法规的前提下,利用税率的差异直接减少应纳税额的纳税筹划技术。

2．税率差异技术的特点

通过寻求最低的税率,直接减少应纳税额;适用范围比较广,技术比较复杂,具有相对确定性。

3．应用税率差异技术应注意的问题

(1)在不违反税收法律、法规的前提下,尽量使税率最低。

(2)在企业经营活动的各个阶段都要充分考虑税率差异的影响。

(五)退税技术

1．退税技术的含义

退税技术是指在不违反税收法律、法规的前提下,使税务机关退还纳税人已纳税款的纳税筹划技术。

2．退税技术的特点

退税技术直接减少纳税人的税款支付额;一般只适用于某些特定行为的纳税人,适用范围较小。

3．应用退税技术应注意的问题

(1)在不违反税收法律、法规的前提下,尽量争取退税项目最多化。

(2)在不违反税收法律、法规的前提下,尽量使退税额最大化。

(六)延期纳税技术

1．延期纳税技术的含义

延期纳税技术是指在不违反税收法律、法规的前提下,使纳税人延期缴纳税款而取得相对收益的纳税筹划技术。

2．延期纳税技术的特点

应用延期纳税技术时一定时期的纳税绝对额并没有减少,是利用货币时间价值节减税款;该技术需要对纳税人的预期应纳税额进行测算,需要考虑的因素较多,技术复杂;延期纳税技术几乎适用所有的纳税人,适用范围较大。

3．应用延期纳税技术应注意的问题

(1)在不违反税收法律、法规的前提下,尽量使延期纳税项目最多化。

(2)在不违反税收法律、法规的前提下,尽量争取纳税延期最长化。

四、纳税筹划的步骤

(一)收集信息分析环境

1．收集纳税筹划外部信息

收集信息是纳税筹划的基础,纳税人是在一定的环境中生存和发展的,外界条件制约着纳税人的经济活动,也影响着经济活动的效果,纳税筹划必须掌握与纳税人相关的外部信息主要包括:税收法规,与纳税筹划相关的其他政策法规,主管税务机关的观点。

2．收集纳税筹划内部信息

纳税人的自身情况是纳税筹划的出发点,纳税筹划必须掌握纳税人的内部信息主要包括：纳税人的组织形式，纳税人的注册地点，纳税人所从事的产业，纳税人的财务情况，决策者对待风险的态度，纳税人的税务情况。

3．分析纳税筹划环境

纳税人在进行纳税筹划方案设计之前，应对收集的纳税筹划信息进行整理和归类，建立企业税收信息资料库，以备今后使用。纳税筹划人员应分析与纳税人相关的行业、部门税收政策和其他政策，了解政府的相关涉税行为，分析政府对纳税筹划中可能涉及的避税活动的态度、政府反避税的主要法规和措施以及政府反避税的运作规程等，分析政府对纳税筹划方案可能做出的行为反应，对具体问题把握不准时，可以咨询税务机关，以增强纳税筹划成功的可能性。

（二）确定纳税筹划的具体目标

1．分析纳税人的要求

纳税人对纳税筹划的共同要求都是尽可能多地节减税款，获得税收利益，增加财务收益。但不同纳税人的基本情况及纳税要求会有所不同，在确定纳税筹划具体目标时，要充分考虑纳税人的具体要求，纳税人的意图是纳税筹划活动的出发点。

2．确定纳税筹划的具体目标

纳税筹划其最终目标是企业价值最大化，纳税人在确定具体目标时，要综合考虑多方面因素，结合纳税人的要求，确定出纳税筹划的具体目标，并以此为基准设计纳税筹划方案。纳税筹划具体目标主要包括：实现税负的最小化，实现税后利润最大化，获取资金时间价值最大化，实现纳税风险最小化。

（三）制订纳税筹划备选方案

1．纳税筹划方案的设计角度

制订纳税筹划方案可以从以下两个不同的角度进行：围绕税种进行的纳税筹划，围绕经营活动进行的纳税筹划。

2．纳税筹划方案的设计步骤

纳税筹划方案的设计一般按照以下几个步骤进行：首先，对涉税问题进行认定，即涉税项目的性质，涉及哪些税种；其次，对涉税问题进行分析，即涉税项目的发展态势，引发后果，纳税筹划的空间大小，需解决的关键问题等；最后，设计多种备选方案，即针对涉税问题，设计若干可选方案，包括涉及的经营活动、财务运作和会计处理等配套方案。

（四）选择确定最优纳税筹划方案

1．确定最优纳税筹划方案应考虑的因素

确定最优纳税筹划方案应考虑的因素包括：方案的节税金额或带来的财务收益金额，方案的执行成本，方案是否便于执行，方案的风险大小。

2．确定最优纳税筹划方案应进行的分析

纳税筹划方案是多种筹划技术的组合运用，方案列示后必须进行一系列的分析，主要包括以下几个方面：合法性分析，可行性分析，目标分析。通过上述分析方法，对备选方案进行分析、比较和评估后，从中选择一个最优方案。

（五）纳税筹划方案的实施

纳税筹划方案选定之后,经管理部门批准,即进入实施阶段。纳税人应当按照选定的纳税筹划方案,对自己的纳税人身份、组织形式、注册地点、所从事的产业、经济活动以及会计处理等做出相应的处理和改变,并同时记录纳税筹划方案的收益。

（六）纳税筹划方案的监控与改进

在纳税筹划方案的实施过程中,要密切关注信息反馈,及时监控出现的问题,如国家税收政策有所调整,相关人员操作不当、纳税筹划方案出现漏洞等,这些差异要及时反馈给纳税筹划人员,使其对纳税筹划方案进行改进。在纳税筹划方案实施后,要不断对实施情况和结果进行跟踪,对纳税筹划方案进行绩效评价,考核其经济效益和最终效果。

第二节 企业设立组织形式的纳税筹划

在设立企业时,必须对企业未来的纳税事项作出充分的考量,企业首先面临的问题便是组建何种形式的企业才能有利于降低企业今后的税负。

一、我国企业的组织形式

依据财产组织形式和法律责任权限,我国企业组织形式包括以下三种。

（一）个人独资企业

个人独资企业是依据《中华人民共和国个人独资企业法》在我国境内设立的,由一个自然人投资,财产为投资人个人所有,投资人以其个人财产对企业债务承担无限责任的经营实体。个人独资企业的投资人取得的经营所得,只缴纳个人所得税,税率适用五级超额累进税率。

（二）合伙企业

合伙企业是指自然人、法人和其他组织,依照《中华人民共和国合伙企业法》,在中国境内设立的普通合伙企业和有限合伙企业。其中,普通合伙企业由普通合伙人组成,合伙人对合伙企业债务承担无限连带责任。有限合伙企业由普通合伙人和有限合伙人组成,普通合伙人对合伙企业债务承担无限连带责任,有限合伙人以其认缴的出资额为限对合伙企业债务承担责任。

合伙企业的自然人投资者取得的经营所得,只缴纳个人所得税,税率适用五级超额累进税率。

（三）公司制企业

公司是指依照《中华人民共和国公司法》在中国境内设立的有限责任公司和股份有限公司。公司是企业法人,有独立的法人财产,享有法人财产权。公司以其全部财产对公司的债务承担责任。有限责任公司的股东以其认缴的出资额为限对公司承担责任;股份有限公司的股东以其认购的股份为限对公司承担责任。我国税法规定,公司制企业以应纳税所得为基础计算、缴纳企业所得税。

二、企业组织形式选择的纳税筹划

由于我国税法规定,个人独资企业和合伙企业的自然人投资者只缴纳个人所得税,而公司制企业既要以法人单位缴纳企业所得税,另外其自然人投资者在收到税后利润时还要缴纳个人所得税。所以企业组织形式直接影响企业今后的税负高低,因此,在进行纳税筹划时应考虑以下几种情况。

(一)对盈利能力较低的企业,应选择非公司制企业

个人独资企业和合伙企业不存在重复征税问题,只缴纳一次个人所得税;而公司制企业公司和个人都要缴纳所得税,存在两个层次的纳税,税负较高。个人独资企业、合伙企业的个人投资者取得经营所得,适用5%～35%的五级超额累进税率,计算缴纳个人所得税,具体税率见表6-1所示。

表 6-1　经营所得个人所得税税率表

级数	全年应纳税所得额	税率/%	速算扣除数
1	不超过30 000元部分	5	0
2	超过30 000元至90 000元部分	10	1 500
3	超过90 000元至300 000元部分	20	10 500
4	超过300 000元至500 000元部分	30	40 500
5	超过500 000元部分	35	65 500

注:本表所称全年应纳税所得额,是指依照税法规定,以每一纳税年度的收入总额减除成本、费用以及损失后的余额。

从税率表可以看出,对盈利能力较低的企业,其适用的税率也就较低,应纳税所得额低于30万元以下的,其三档税率分别为5%、10%和20%,均低于25%的企业所得税税率。(不考虑所得税优惠政策)

【例6-1】　甲、乙、丙三个自然人准备设立一家企业,三人投资比例相同。假设拟设立的企业预计年应纳税所得额75万元。企业在设立时有两个方案可供选择,方案一是设立合伙企业,方案二是设立公司制企业。(假设不考虑税收优惠因素)

解析:

方案一:设立合伙企业。

甲、乙、丙三个自然人分别应纳个人所得税=750 000÷3×20%−10 500=39 500(元)

甲、乙、丙三个自然人合计纳税总额=39 500×3=118 500(元)

方案二:设立公司制企业。

公司应纳企业所得税=750 000×25%=187 500(元)

假设公司税后利润全部平均分配给甲、乙、丙三个自然人,每个人收到的利润属于利息、股息、红利所得,还需按20%的税率缴纳个人所得税。

甲、乙、丙三个自然人合计应纳个人所得税=(750 000−187 500)×20%=112 500(元)

采用方案二应纳所得税总额=187 500+112 500=300 000(元)

如果不考虑其他因素，仅从所得税的角度考虑，方案一比方案二少负担所得税181 500（300 000－118 500）元，投资者应作出设立合伙企业的选择。

（二）对盈利能力较强，投资规模较大的企业应选择公司制组织形式

在我国个人独资企业、合伙企业的个人投资者取得的经营所得，适用 5%～35% 的五级超额累进税率，计算缴纳个人所得税。对于独资企业、合伙企业的个人投资者，应纳税所得额超过 30 万元的部分，适用 30% 的税率，高于企业所得税 25% 的税率，因此利润远远超过 30 万元的企业，应选择公司制企业，可以通过滞后分配利润的方法，推迟个人所得税的缴纳。

【例 6-2】 甲、乙、丙三个自然人准备设立一家企业，三人投资比例相同。假设拟设立的企业预计年应纳税所得额 750 万元。企业在设立时有两个方案可供选择，方案一是设立合伙企业，方案二是设立公司制企业。（假设不考虑税收优惠因素）

解析：

方案一：设立合伙企业。

甲、乙、丙三个自然人分别应纳个人所得税＝7 500 000÷3×35%－65 500＝809 500（元）

甲、乙、丙三个自然人合计纳税总额＝809 500×3＝2 428 500（元）

方案二：设立公司制企业。

$$公司应纳企业所得税＝7 500 000×25\%＝1 875 000（元）$$

假设公司税后利润不进行分配，则不需缴纳个人所得税。

如果不考虑其他因素，不考虑公司税后利润分配，方案二比方案一少负担所得税553 500（2 428 500－1 875 000）元，投资者应作出设立公司制企业的选择。

结论：一般来说，如果预期企业盈利能力较低，且只有一个投资人，应选择个人独资企业作为组织形式；如果预期企业盈利能力不高，但投资人数较多，应选择合伙企业作为组织形式；如果企业投资规模较大，对管理水平要求较高，预期有较高的盈利能力应选择设立公司制企业。

（三）公司制企业的其他优势

公司是企业法人，有独立的法人财产，享有法人财产权。公司以其全部财产对公司的债务承担责任。有限责任公司的股东以其认缴的出资额为限对公司承担责任；股份有限公司的股东以其认购的股份为限对公司承担责任；而个人独资企业、合伙企业的投资人对债务承担无限责任。另外，我国很多所得税税收优惠政策是针对公司制企业，个人独资企业、合伙企业一般不能享受。最后，公司制企业具有现代企业制度的特点，更容易在资本市场中取得资金，有利于企业的发展。下面设立分支机构的纳税筹划主要是针对公司制企业展开研究的。

第三节 企业设立分支机构的纳税筹划

公司扩大经营规模，需要在总公司或母公司下设立分支机构，分公司与子公司是现代大公司企业经营组织的重要形式。企业在选择设立分公司还是子公司时，最主要是从

纳税筹划的角度进行分析研究的。

一、分支机构的组织形式

（一）分公司

分公司是指在业务、资金、人事等方面受总公司管辖而不具有法人资格的分支机构。分公司属于分支机构，在法律上、经济上没有独立性，仅是总公司的附属机构。分公司没有自己的名称、章程，没有自己的财产，并以总公司的资产对分公司的债务承担法律责任。分公司流转税在所在地缴纳，发生的利润或亏损要与总公司合并计算缴纳企业所得税。

（二）子公司

子公司是相对于母公司而言的，子公司是指一定数额的股份被母公司控制或依照协议被母公司实际控制、支配的公司。子公司具有独立法人资格，拥有自己所有的财产，自己的公司名称、章程和董事会，以自己的名义开展经营活动、从事各类民事活动，独立承担公司行为所带来的一切责任和后果。但涉及公司利益的重大决策或重大人事安排，仍要由母公司决定。子公司是独立法人，编制自身的会计报表，企业所得税的计算缴纳独立进行，并有权享受国家赋予的税收优惠政策。

二、分公司与子公司税收优势比较

（一）设立分公司的税收优势

（1）分公司设立简单，一般不需要注册资本，不必缴纳印花税。

（2）分公司交付给总公司的利润不属于利润分配，这部分利润不必先缴纳企业所得税。

（3）分公司不是独立法人，由总公司合并缴纳企业所得税。在经营初期，分公司往往出现亏损，其亏损可以抵减总公司的利润，减轻税收负担。

（4）分公司与总公司之间的资本转移，由于不涉及所有权变动，因此不必负担税款。

（二）设立子公司的税收优势

（1）因为子公司为独立法人，所以母公司对其债务只承担有限责任。

（2）子公司作为独立法人，享受所在国给予的税收优惠待遇。

（3）境外设立的子公司，若东道国税率低于居住国，子公司的累积利润可得到递延纳税的好处。

（4）同一国家的母子公司，子公司向母公司支付的股息一般免征企业所得税。

三、分公司与子公司选择的纳税筹划

分公司和子公司的税收优势存在着较大差异，各有利弊，公司在选择分支机构形式时应考虑以下几种情况。

（一）如果新设分支机构在开办初期可能发生亏损，应设立分公司

开办初期，企业发生亏损的可能性较大，设立分公司，其亏损可以抵减总公司的利润，可以减少应税所得，少缴企业所得税。而设立子公司就得不到这一项好处。

【例 6-3】 甲公司 2023 年年初欲在外地设立一分支机构，预计新设的分支机构当年可能发生亏损 240 万元，甲公司预计当年可实现利润 620 万元。企业在设立时有两个方案可供选择，方案一是设立分公司，方案二是设立子公司。

解析：

方案一：设立分公司。

分公司与总公司合并纳税。

$$合并应纳企业所得税＝（620－240）×25\%＝95（万元）$$

方案二：设立子公司。

$$甲公司应纳企业所得税＝620×25\%＝155（万元）$$

子公司不纳税，其亏损额可以结转到以后年度弥补。

如果不考虑其他因素，方案二比方案一多负担企业所得税 60(155－95)万元，甲公司应作出设立分公司的选择。

（二）如果新设分支机构在开办初期即能实现盈利，应设立子公司

如果分支机构在开设的不长时间内就能盈利，或能很快扭亏为盈，那么设立子公司就比较适宜，除了可以得到作为独立法人经营的便利之处，还可以享受税法赋予的各种税收优惠政策。

【例 6-4】 某化工总公司今年准备设立一个分支机构，该拟设立分支机构需要资产总额 600 万元，从业人员 25 人，主要利用化工总公司产生的化工废渣生产纯碱，然后再销售给总公司。由于原材料和产品主要针对总公司，预计该分支机构设立当年即可盈利。化工总公司在设立时有两个方案可供选择，方案一是设立分公司，方案二是设立子公司。分支机构利用化工废渣生产纯碱的行为，享受综合利用资源企业所得税优惠政策，销售纯碱取得的收入，可以在计算应纳税所得额时减按 90％计入收入总额，计算应纳税所得额。

解析：

方案一：设立分公司。

分公司不具有法人资格，应与总公司合并缴纳企业所得税。分公司利用化工总公司产生的化工废渣生产纯碱，销售给总公司的行为，实际是属于在同一纳税人内部使用，按照税法规定不能确认收入，也不能享受综合利用资源企业所得税优惠政策，因此，设立分公司几乎不能享受税收优惠政策。

方案二：设立子公司。

由于子公司具有独立法人资格，与总公司之间为两个独立的法人实体，其提供给化工总公司的纯碱属于对外销售，可以享受综合利用资源企业所得税优惠政策。

另外，该分支机构资产总额 600 万元，从业人员 25 人，如果减计收入后的应纳税所得额低于 300 万元，符合小型微利企业标准，还可以享受小型微利企业所得税优惠政策。

因此,设立子公司可以充分享受税收优惠政策。该化工总公司应选择方案二,设立子公司。

结论:一般来说,如果设立的分支机构在设立之初既能实现盈利,设立子公司比较适宜,除了可以得到作为独立法人经营的便利之处外,还可以享受税法赋予的各种税收优惠政策。反之,可以设立为分公司,亏损可以抵减总公司的利润,可以减少应税所得,少缴企业所得税。

（三）开设连锁分店,设立子公司以享受小型微利企业优惠

【例 6-5】　某海鲜酒店餐饮公司是一家知名企业,2023 年准备在其他城市开设 20 家分店,由于都是新成立,初步预算这 20 家店每家利润为 150 万元,20 家分店的资产和人数满足小型微利企业条件。公司在设立时有两个方案可供选择,方案一是设立分公司,方案二是设立子公司。

解析:

方案一:设立分公司。

由于所有分公司需要汇总申报企业所得税,汇总后超过了小型微利企业标准,无法享受小微企业税收优惠,应按照 25％税率缴纳企业所得税。

$$20 \text{ 家店共计应纳企业所得税} = 150 \times 20 \times 25\% = 750(\text{万元})$$

方案二:设立子公司。

由于每家店不论是从人员人数、资产总额还是应纳税所得额,都满足小型微利企业条件。2023 年 1 月 1 日至 2024 年 12 月 31 日对年应纳税所得额减按 25％计入应纳税所得额,按 20％的税率缴纳企业所得税。根据上述规定:

$$\text{每家店应纳企业所得税} = 150 \times 25\% \times 20\% = 7.5(\text{万元})$$
$$20 \text{ 家店共计应纳企业所得税} = 7.5 \times 20 = 150(\text{万元})$$

如果不考虑其他因素,方案一比方案二多负担企业所得税 600 万元(750－150),该海鲜酒店餐饮公司应作出设立子公司的选择。

（四）分公司与子公司选择的综合纳税筹划

企业在进行设立分支机构决策时,选择分公司还是子公司,要综合考虑方方面面诸多因素,但仅从纳税上考虑,可以先注册设立分公司,因为企业在创业的初期风险较大,企业经常处于亏损状态,分公司和总公司合并缴纳企业所得税,可以抵减总公司的部分利润。等到分公司的经营步入正轨,可以将分公司改组设立为子公司,因为分公司不具有法人资格,它的民事责任由总公司承担,容易使总公司陷入法律纠纷,而设立子公司在这方面可以避免上述问题。

第四节　企业设立地点及注册资本的纳税筹划

一、企业设立地点的纳税筹划

世界各国及国家内部不同地区都存在着税收待遇上的地区性差异,因此,企业应充

分利用不同地区的税收优惠政策进行纳税筹划。目前,我国流转税已经取消了地区差异,企业所得税只对少数地区提供税收优惠,部分财产税和行为目的税仍存在着地区差异。

（一）利用地区税收优惠政策进行纳税筹划

企业在选择设立地点时,应对国家有关地区方面的税收优惠政策进行充分了解,用好国家制定的不同地区税收优惠政策。目前,我国有关地区税收的优惠政策主要包括以下几点。

1. 民族自治地方的税收优惠

民族自治地方的自治机关对本民族自治地方的企业应缴纳的企业所得税中属于地方分享的部分,可以决定减征或者免征。自治州、自治县决定减征或者免征的,须报省、自治区、直辖市人民政府批准。

2. 西部大开发企业所得税优惠政策

自2021年1月1日至2030年12月31日,对设在西部地区的鼓励类产业企业减按15%的税率征收企业所得税。本条所称鼓励类产业企业是指以《西部地区鼓励类产业目录》中规定的产业项目为主营业务,且其主营业务收入占企业收入总额60%以上的企业。

3. 海南自由贸易港企业所得税优惠政策

（1）对注册在海南自由贸易港并实质性运营的鼓励类产业企业,减按15%的税率征收企业所得税。

（2）对在海南自由贸易港设立的旅游业、现代服务业、高新技术产业企业新增境外直接投资取得的所得,免征企业所得税。

（3）对在海南自由贸易港设立的企业,新购置（含自建、自行开发）的固定资产或无形资产,单位价值不超过500万元（含）的,允许一次性计入当期成本费用在计算应纳税所得额时扣除,不再分年度计算折旧和摊销;新购置（含自建、自行开发）的固定资产或无形资产,单位价值超过500万元的,可以缩短折旧、摊销年限或采取加速折旧、摊销的方法。

上述税收优惠政策自2020年1月1日起执行至2024年12月31日止。

企业在利用地区税收优惠政策选择注册地时除考虑税收外,还应考虑企业自身的特点,依据自身条件进行纳税筹划,尽量创造条件,充分享受优惠政策。

（二）利用同一税种在不同地区的税负差异进行纳税筹划

税法对同一税种在不同地区的征收规定也是不同的,如城市维护建设税、房产税、城镇土地使用税等,企业在选择注册地时应尽量选择税率低及免税的地区。

【例6-6】 某食品公司计划投资设立一肉食加工厂,生产的肉食主要销售到城市,原料主要来自农村的生猪、肉牛饲养基地,采用就近的原则,可以将厂址选在销售的城市或农村的生猪、肉牛饲养基地。但无论厂址选在哪里,对生产和销售均无明显不同的影响。该食品公司在设立肉食加工厂时有两个方案可供选择,方案一是将肉食加工厂设在城市,方案二是将肉食加工厂设在农村。

解析：

方案一：肉食加工厂设在城市。

肉食加工厂设在城市,适用的城市维护建设税的税率为 7%,所用房产应缴纳房产税,所占土地应缴纳城镇土地使用税。

方案二:肉食加工厂设在农村。

由于农村不属于课征房产税和城镇土地使用税的地域范围,因而,将厂址选在农村可以规避缴纳房产税和城镇土地使用税。另外,将厂址设在农村,适用的城市维护建设税税率仅为 1%。

结论:如果从房产税、城镇土地使用税和城市维护建设税等税种综合考虑,食品生产企业选择农村作为加工厂的注册地,可以免纳或少纳房产税、城镇土地使用税和城市维护建设税。

二、企业注册资本的纳税筹划

(一)注册资本数额的纳税筹划

企业在设立时,会对企业未来发展做出规划,确定具体投资规模,这就需要对注册资本的数额进行纳税筹划。从财务管理的角度分析,当企业的总资产报酬率高于借款利息时,借入资金可以提高净资产收益率,发挥财务杠杆作用;另外,借入资金的借款利息可以在企业所得税税前扣除,可以有效降低企业的税收负担。下面举例进行分析。

【例 6-7】 甲、乙两个自然人年初准备注册设立一有限责任公司,经测算该拟设立公司未来需要资金 1 000 万元,甲、乙两个自然人协商等额出资,且双方均有足够的资金。在确定注册资本时有两个方案可供选择。方案一双方均出资 300 万元,登记注册资金 600 万元,其余 400 万元以借款的形式投资于拟设立公司。公司与甲、乙股东签订借款合同,合同约定借款年利率为 10%,不高于金融机构同期同类贷款利率。年末,甲、乙两个自然人合计取得借款利息 40(400×10%)万元。方案二双方均出资 500 万元,登记注册资本 1 000 万元。年末,甲、乙两个自然人合计取得相当于借款利息的股利 40 万元。

假设拟设立公司当年不考虑利息费用的应纳税所得额为 360 万元。

解析:

方案一:双方均出资 300 万元,登记注册资本 600 万元,其余 400 万元以借款的形式投资于拟设立公司。

公司应缴纳企业所得税=(360−40)×25%=80(万元)

甲、乙两个自然人取得利息应缴纳的个人所得税=40×20%=8(万元)

甲、乙两个自然人取得利息应缴纳的增值税=40×3%=1.2(万元)

假设城市维护建设税的税率为 7%,教育费附加征收率为 3%。

甲、乙两个自然人应缴纳的城市维护建设税及教育费附加=1.2×(7%+3%)=0.12(万元)

应纳税总额=80+8+1.2+0.12=89.32(万元)

方案二:双方均出资 500 万元,登记注册资本 1 000 万元。

公司应缴纳企业所得税=360×25%=90(万元)

甲、乙两个自然人取得股利应缴纳个人所得税=40×20%=8(万元)

应纳税总额=90+8=98(万元)

方案二比方案一多纳税款额=98−89.32=8.68(万元)

由于借款利息可以税前扣除,因此可以抵减企业应纳税所得额,减少当期应纳所得税额;虽然利息收入应缴纳增值税、城市维护建设税及教育费附加,但减少的应纳所得税额远远大于应纳的三种税费;由于投资者无论是收到利息还是股利都需要缴纳个人所得税。因此,方案一优于方案二。

（二）进行注册资本纳税筹划时应注意的问题

1. 以借款形式投入的资金要签订借款合同

企业向内部职工或其他人员借款的利息支出,符合条件的利息支出在不超过按照金融机构同期同类贷款利率计算的数额的部分,准予扣除。但必须满足以下条件:企业与个人之间的借贷是真实、合法、有效的,并且不具有非法集资目的或其他违反法律、法规的行为;企业与个人之间签订了借款合同,明确借入资金是为了满足企业生产经营需要,不存在违反法律、法规行为。

2. 合同约定的借款利率不要高于金融机构同期同类贷款利率

企业所得税法规定,企业向非金融企业借款的利息支出,不超过按照金融机构同期同类贷款利率计算的数额的部分,准予在税前扣除。企业向非金融企业的借款,包括向无关联的一般企业借款,也包括向股东或其他与企业有关联关系的自然人借款和向企业向内部职工或其他人员借款。如果高于金融机构同期同类贷款利率,高出的部分在计算应纳税所得额时不允许税前扣除,并且多出的这部分利息也要计算缴纳个人所得税、增值税、城市维护建设税和教育费附加,增加投资者的纳税负担。

3. 合理安排借入资金比例

根据规定,企业实际支付给关联方的利息支出,一般情况下其接受关联方债权性投资与其权益性投资比例为:金融企业为5∶1;其他企业为2∶1。不超过上述比例的规定计算的利息支出,准予扣除(不超过金融机构同期贷款利率的部分),超过的部分不得在发生当期和以后年度扣除。因此,企业在确定注册资本时要注意,避免使借款比例超过规定比例,产生不能税前扣除的利息支出。

第七章

流转税的纳税筹划

流转税是以纳税人商品生产、流通环节的流转额或者数量以及非商品交易的营业额为征税对象的一种税。其特点是以商品、劳务的销售额或营业额作为计税依据,一般不受生产、经营成本和费用变化的影响,纳税人只要开展经营活动,就要承担流转税的纳税义务,流转税的纳税筹划是企业纳税筹划的重要方面。

第一节　增值税的纳税筹划

增值税作为一种流转税具有税负转嫁的特性,一般情况下,供求双方都要负担一定的增值税税负,这为增值税纳税筹划提供了可能和空间。增值税的纳税筹划主要包括增值税纳税人身份的选择、兼营业务、农产品加工企业、购货对象和销售方式的选择以及利用税收优惠等方面的纳税筹划。

一、增值税纳税人的纳税筹划

增值税的纳税人是指在中华人民共和国境内销售货物、劳务、服务、无形资产、不动产以及发生进口业务的单位和个人,增值税纳税人分为一般纳税人和小规模纳税人两类。增值税一般纳税人的税率包括:13%、9%、6%,并允许抵扣进项税额;对小规模纳税人实行 3% 的征收率,不允许作任何抵扣。

(一)增值税纳税人的认定

小规模纳税人标准为年应征增值税销售额 500 万元及以下。除国家税务总局另有规定外,一经认定为一般纳税人后,不得转为小规模纳税人。年应税销售额未超过规定标准的纳税人,会计核算健全,能够提供准确税务资料的,可以向主管税务机关办理一般纳税人登记。

(二)两类纳税人的现金净流量比较

增值税是价外税,两类纳税人在不含税销售额相同的情况下,收到的价税合计金额不同;一般纳税人和小规模纳税人对购进业务支付的增值税处理也不相同。一般纳税人支付的增值税作为进项税额处理,可以抵扣销项税额,抵减当期应纳税额,而小规模纳税人支付的增值税只能计入成本。因此，在进行纳税人身份选择时，方案的现金净流量更能反映增值税业务的全貌。

【例 7-1】 甲企业为新开业的商业零售企业，购进和销售的产品适用的增值税税率均为 13％。预计年销售额可达到 678 万元，购进商品金额预计为 480 万元，均为含税金额。请为该零售企业选择纳税人身份做出纳税筹划方案。

解析：

作为一般纳税人：

$$应纳增值税 = (678 - 480) \div (1 + 13\%) \times 13\% = 22.78（万元）$$

$$现金净流量 = 678 - 480 - 22.78 = 175.22（万元）$$

作为小规模纳税人：

$$应纳增值税 = 678 \div (1 + 3\%) \times 3\% = 19.75（万元）$$

$$现金净流量 = 678 - 480 - 19.75 = 178.25（万元）$$

纳税筹划方案：将该零售企业设立为两个独立核算的企业，各自预计含税销售额为 339 万元，低于小规模纳税人标准，因此两个独立核算的企业可以选择作为小规模纳税人纳税，这两个企业应纳增值税税额计算如下：

$$应纳增值税税额 = 339 \div (1 + 3\%) \times 3\% \times 2 = 19.75（万元）$$

低于按照一般纳税人身份应纳增值税税额 3.03 万元（22.78 - 19.75）。因此，通过纳税筹划，将企业设立为两个独立核算的企业，按照小规模纳税人身份纳税，可以有效降低企业的税负。

（三）两类纳税人身份选择时应注意的问题

1. 销售额稳定且符合纳税筹划条件

纳税主体的应税销售额应在税法规定的一般纳税人销售额标准附近，可以通过在临界点上下进行调节，或者通过对纳税主体的分割或合并满足税法规定的标准；纳税主体的经营状况比较稳定，在可预见的期间内不会有太大的波动。

2. 纳税筹划取得的收益大于纳税筹划增加的成本

纳税人的合并或分拆是需要成本的。分拆一般纳税人企业需要将原企业注销，重新设立两个或以上新企业，合并同理。只有当纳税筹划取得的收益大于纳税筹划增加的成本时，纳税筹划才是可行的。

3. 考虑税收优惠政策对纳税人身份选择的影响

增值税小规模纳税人可以在 50％ 的税额幅度内减征资源税、城市维护建设税、房产税、城镇土地使用税、印花税(不含证券交易印花税)、耕地占用税和教育费附加、地方教育附加。

由于小规模纳税人核算简单，可以减少税收工作的投入，且其纳税风险较低，因此它是纳税人身份选择应注意的问题。

二、增值税税率的纳税筹划

增值税一般纳税人的税率包括 13％、9％、6％，为增值税税率的纳税筹划提供了空间。

（一）混合销售行为的纳税筹划

一项销售行为如果既涉及服务又涉及货物，即为混合销售。从事货物的生产、批发或者零售的单位和个体工商户的混合销售行为，按照销售货物缴纳增值税；其他单位和个体工商户的混合销售行为，按照销售服务缴纳增值税。

1. 通过增加税率较低项目的销售额，选择适用低税率

税法规定混合销售行为只按一个税率征收增值税，而具体按哪个项目征收增值税，取决于纳税人的主营业务。如果企业能够改变纳税人的主营业务，就可以改变纳税人应按哪个税种的税率计算应纳增值税。这种方法主要适用于混合销售额两个税种的销售额比重较接近的情况，纳税人通过控制货物及服务所占比例，来选择按哪个税种缴纳增值税。

2. 通过分立方式分别按各自适用的税率缴纳增值税

如果税率较高项目的销售额所占比重远远大于税率较低项目的销售额所占比重，则无法通过控制货物和服务所占比例，来选择适用较低税率，这时，混合销售行为应选择分别适用税率的纳税筹划方法，分别按各自适用的税率计算缴纳增值税。

【例 7-2】 某公司为增值税一般纳税人，主要生产高科技产品，在销售自产产品的同时负责技术指导。该公司全年实现含税销售额 9 040 万元，其中技术指导费为 2 260 万元，由于技术指导费所占比重较小，该混合销售行为按销售货物适用的税率交纳增值税。全年可以抵扣的进项税额为 650 万元。试为该企业做出纳税筹划方案。

解析：企业在销售自产产品的同时负责技术指导的行为属于混合销售行为，销售产品适用 13% 的增值税税率，技术指导属于现代服务业，适用 6% 的增值税税率。在进行纳税筹划前，由于该公司的混合销售行为，统一按 13% 的税率计算缴纳增值税。

应纳增值税税额 = 9 040 ÷ (1+13%) × 13% − 650 = 390（万元）

纳税筹划方案：该公司应设立一个独立法人的技术服务公司，将技术服务业务与货物销售业务分开，分别核算产品的销售收入和技术指导的服务收入，分别按各自适用的税率计算确认增值税销项税额。

纳税筹划后应纳税情况：

应纳增值税税额 = (9 040 − 2 260) ÷ (1+13%) × 13% + 2 260 ÷ (1+6%) × 6% − 650
= 257.92（万元）

纳税筹划后少纳税额 = 390 − 257.92 = 132.08（万元）

（二）兼营行为适用税率的纳税筹划

兼营行为是指纳税人的经营范围包括销售货物、劳务、服务、无形资产或者不动产中的两项或多项业务，但是这些业务不同时发生在同一项销售行为中。纳税人销售货物、劳务、服务、无形资产或者不动产适用不同税率或者征收率的，应当分别核算适用不同税率或者征收率的销售额；未分别核算的，从高适用税率或征收率。

兼营销售行为的纳税筹划，是将不同税率货物或劳务的销售额分别核算，避免出现从高适用税率的情况，增加企业的税收负担。

（三）选择适用低税率的纳税筹划

增值税一般纳税人的税率包括13％、9％、6％，纳税人可以通过变更合同类型，选择适用较低增值税税率的方法进行纳税筹划。

【例7-3】 甲物流公司为增值税一般纳税人，现将3台大型装卸设备，以每月32万元的价格出租给客户乙公司，租期半年，租金为192万元，乙公司还需临时从甲公司聘用4名操作人员，4人半年的工资为34万元。上述工资和租赁费由乙公司一起支付给甲公司，由甲公司向聘用员工发放工资。请为上述业务做出纳税筹划方案。

解析：纳税筹划前，双方签订的合同为租赁合同，提供有形动产租赁服务，适用13％的增值税税率，收取的代发工资属于价外费用，应并入销售额。

甲公司的销售额＝（192＋34）÷（1＋13％）＝200（万元）

甲公司应确认的增值税销项税额＝200×13％＝26（万元）

纳税筹划方案：甲物流公司将租赁合同变为异地作业合同，由甲物流公司派遣4名操作人员并支付工资34万元，为客户乙公司提供装卸作业，并收取226万元装卸作业费。

纳税筹划后，由于装卸劳务属于现代服务业应税劳务，适用6％的增值税税率。

甲公司的销售额＝226÷（1＋6％）＝213.21（万元）

甲公司应确认的增值税销项税额＝213.21×6％＝12.79（万元）

通过纳税筹划，可以使甲公司少缴增值税13.21万元（26－12.79）。

结论：纳税人通过变更合同业务类型，进而改变业务性质，实现将税率较高的业务变更为适用较低税率的业务，以实现降低税负的纳税筹划目标。

（四）一般纳税人选择计税方法的纳税筹划

增值税一般纳税人通常按照一般计税方法缴纳增值税，即当期应纳税额等于销项税额减去进项税额。如果一般纳税人符合规定条件，也可以选择适用简易计税方法计算缴纳增值税。一般纳税人可以根据自身的实际情况选择适当的计税方法，以降低其应纳增值税税额。

【例7-4】 甲建筑公司为增值税一般纳税人，承建一装修工程，若采用清包工方式，则共收取工程款103万元。若采用全包方式，采用一般计税方法，应收取工程款327万元，其中人工费103万元，材料费224万元，所用材料均能取得增值税专用发票，材料适用的税率为13％。

解析：

（1）采用简易计税方法。

应纳增值税＝103÷（1＋3％）×3％＝3（万元）

（2）采用一般计税方法。

应纳增值税＝327÷（1＋9％）×9％－224÷（1＋13％）×13％＝1.23（万元）

甲公司应选择一般计税方法纳税，可以少缴增值税1.77万元（3－1.23）。

风险提示

　　增值税一般纳税人要慎重选择增值税的计税方法。税法规定，一般纳税人选择简易计税方法计算缴纳增值税后，36个月内不得变更。纳税人不仅要考虑对当前应纳税额的影响，还要考虑对未来3年应纳税额的影响。

三、增值税进项税额的纳税筹划

（一）购货对象选择的纳税筹划

　　对于小规模纳税人来说，无论从增值税一般纳税人处购进货物取得增值税专用发票，还是从小规模纳税人处购进货物取得普通发票，都不能抵扣进项税额。因此，小规模纳税人在选择购货对象时，主要考虑购进货物含税价格的高低，即选择支付价款最低的购货对象。购货对象选择的纳税筹划主要针对一般纳税人进行。

　　1. 一般纳税人可以选择的购货对象

　　一般纳税人在购进货物时，可以选择不同纳税身份的购货对象，其主要包括以下三种类型：一是从一般纳税人处购进货物并取得增值税专用发票；二是从小规模纳税人处购进货物，并取得由主管税务机关代开（或自开）的税率为3％的增值税专用发票；三是从小规模纳税人处购进货物并取得普通发票。

　　2. 一般纳税人选择购货对象应考虑的因素

　　在分析选择购货对象时，既要考虑不同购货对象提供的进项税额不同对增值税应纳税额产生的影响，以及对以增值税为计税依据计提的城市维护建设税和教育费附加的影响；又要考虑不同购货对象提供货物的成本不同，对获利能力和现金流量产生的影响。

　　3. 一般纳税人选择购货对象的分析方法

　　（1）比较从不同购货对象处购货实现的利润情况

　　以购货企业利润最大化作为纳税筹划目标，即分析从不同购货对象购货实现的利润情况，对于同一企业，比较净利润和比较税前利润的结果是一样的，为了简化纳税筹划分析内容，本书以税前利润为比较对象，通过比较税前利润选择购货对象。

　　【例7-5】 甲公司为增值税一般纳税人，适用增值税税率为13％，适用的城市维护建设税税率为7％，教育费附加率为3％。甲公司现在需要采购一批原材料，在同样质量和服务的前提下，有以下三种方案可供选择。

　　方案一：从一般纳税人A公司处购买，每吨含税价格11 300元，A公司适用增值税税率为13％，并能取得增值税专用发票。

　　方案二：从小规模纳税人B公司处购买，该小规模纳税人能够开具增值税征收率为3％的专用发票，每吨含税价格10 300元。

　　方案三：从个体工商户C处购买，每吨含税价格9 800元，出具普通发票。

　　甲公司以此原材料生产的产品每吨不含税销售价格为20 000元，增值税税额为2 600元，发生的相关费用对纳税筹划不产生影响，本题不予考虑，请为甲公司选择最佳购货对象。

解析：

方案一：从一般纳税人 A 公司处购买。

应纳增值税＝2 600－11 300÷（1＋13％）×13％＝1 300（元）

应纳城市维护建设税与教育费附加＝1 300×（7％＋3％）＝130（元）

税前利润＝20 000－11 300÷（1＋13％）－130＝9 870（元）

方案二：从小规模纳税人 B 公司处购买。

应纳增值税＝2 600－10 300÷（1＋3％）×3％＝2 300（元）

应纳城市维护建设税与教育费附加＝2 300×（7％＋3％）＝230（元）

税前利润＝20 000－10 300÷（1＋3％）－230＝9 770（元）

方案三：从个体工商户 C 处购买。

应纳增值税＝2 600 元

应纳城市维护建设税与教育费附加＝2 600×（7％＋3％）＝260（元）

税前利润＝20 000－9 800－260＝9 940（元）

结论：方案三最优。虽然方案三应纳增值税、城市维护建设税与教育费附加最多，但由于购货成本最低，实现的税前利润最多，因此综合结果是最优的。

（2）比较从不同购货对象处购货实现的现金净流量

将购货企业现金净流量最大化作为纳税筹划目标，即分析从不同购货对象购货实现的现金净流量情况，选择购货对象。

【例 7-6】 仍以例 7-5 为研究对象。

解析：

方案一：从一般纳税人 A 公司处购买。

应纳增值税＝2 600－11 300÷（1＋13％）×13％＝1 300（元）

应纳城市维护建设税与教育费附加＝1 300×（7％＋3％）＝130（元）

现金净流量＝20 000＋2 600－11 300－1 300－130＝9 870（元）

方案二：从小规模纳税人 B 公司处购买。

应纳增值税＝2 600－10 300÷（1＋3％）×3％＝2 300（元）

应纳城市维护建设税与教育费附加＝2 300×（7％＋3％）＝230（元）

现金净流量＝20 000＋2 600－10 300－2 300－230＝9 770（元）

方案三：从个体工商户 C 处购买。

应纳增值税＝2 600 元

应纳城市维护建设税与教育费附加＝2 600×（7％＋3％）＝260（元）

现金净流量＝20 000＋2 600－9 800－2 600－260＝9 940（元）

结论：方案三最优，实现的现金净流量最多。

通过以上分析，可以看出两种分析方法的计算结果是相同的。原因是在购货与销货过程中，收入对应着现金的流入，成本对应着现金的流出，作为税费的城市维护建设税与教育费附加也对应着现金的流出。因此，计算利润和计算现金净流量的结果是一样的。另外，增值税作为价外税，不影响损益，其收到的销项税额减去可以抵扣的进项税额的差额,为应交增值税金额,对利润和现金净流量的影响为零。因此,在实际工作中我们可以选取其中任何一种方法进行分析,得出的结论是相同的。

(二) 进项税额确认时点的纳税筹划

1. 尽早认证抵扣凭证,以获取货币时间价值收益

增值税一般纳税人取得 2017 年 1 月 1 日及以后开具的增值税专用发票、海关进口增值税专用缴款书、机动车销售统一发票、收费公路通行费增值税电子普通发票,取消认证确认、稽核比对、申报抵扣的期限。但企业在取得抵扣凭证后应尽快进行认证,以便及时抵扣销项税额,以获取货币的时间价值收益。

2. 通过改变结算方式尽早获取抵扣凭证

销售方为了尽早收到销货款,会在合同中约定全额收到购货款后,向购货方开具发票。如果企业购货业务采用直接收款的方式结算,那么只有在支付全部货款后才能取得增值税专用发票,这便会造成前期支付的货款无法取得与之对应的进项税额,会出现提前纳税垫付税款的情况。企业可以改直接收款方式为分期收款方式购买货物,延期纳税使企业获取货币时间价值收益。

【例 7-7】 甲企业 12 月份将从乙企业购进原材料一批,价值 2 000 万元,适用增值税税率 13%。合同约定采取直接收款结算方式,因购货金额较大,甲企业在收到货物时先向乙企业支付 1 000 万元货款,乙企业全额收到剩余购货款后,再向甲企业开具增值税专用发票。甲企业因资金紧张预计 6 个月后才支付剩余货款,取得增值税专用发票。请为甲企业的购货业务提出纳税筹划方案。

解析: 甲企业可以采用分期收款的方式购买货物,约定支付每期购货款后,销售方按照付款金额开具发票。按照分期收款方式购买货物,甲企业在收到货物时支付 1 000 万元,乙企业应按收款金额开具增值税专用发票,甲企业可以取得 130 万元(1 000×13%)的进项税额,使 12 月份少纳增值税 130 万元,延期纳税可以使甲企业获取货币时间价值收益。

(三) 进项税额转出的纳税筹划

1. 固定资产、无形资产和不动产用于简易计税方法计税项目、免征增值税项目、集体福利或者个人消费的进项税额抵扣筹划

一般纳税人购进固定资产、无形资产和不动产用于简易计税方法计税项目、免征增值税项目、集体福利或者个人消费,其进项税额不得在销项税额中抵扣的情形,是仅指专用于上述项目固定资产、无形资产和不动产。如果既用于增值税应税项目(不含免征增值税项目),也用于非增值税应税项目、免征增值税项目、集体福利或个人消费,则发生的进项税额可以抵扣。因此,企业应避免购置专门用于上述项目的固定资产、无形资产和不动产。

2. 非正常损失进项税额转出的筹划

非正常损失:是指因管理不善造成被盗、丢失、霉烂变质,以及因违反法律法规造成货物或者不动产被依法没收、销毁、拆除的情形。经济现状的复杂性决定了转出的标准和范围都有选择的余地,而这种选择的余地就是纳税筹划的空间。例如,纳税人发生的材料损耗，如果是正常损耗，则进项税额不需要转出；企业可以只把税法列举的情况作为界定非正常损失的标准，对发生的火灾损失，产品超过保质期的损失等，不做非正常损失处理。

3．一般纳税人兼营免税项目进项税额的筹划

一般纳税人兼营免税项目应分别核算，免税项目对应的进项税额不可以抵扣。对于无法划分不得抵扣进项税额的，通常是按免税项目销售额占总收入之比，计算总进项税额中需要转出的部分。上述规定可以使纳税人根据自身利益最大化的原则选择转出较少进项税额的方法，从而形成纳税筹划空间。

【例 7-8】　某制药厂主要生产适用 13％增值税税率的抗菌类药物，也生产免征增值税的药品。某年度该厂抗菌类药物的不含税销售额为 400 万元，免税药品的不含税销售额为 100 万元。全年购进货物的增值税进项税额为 40 万元。该制药厂对进项税额没有进行严格的划分。按照销售收入百分比来计算生产免税药品应转出的进项税额。该厂经过测算，发现免税药品耗用的原材料占销售收入的比重大大低于应税药品，销售收入 100 万元的免税商品耗用原材料的进项税额只有 5 万元。试为该药厂做出纳税筹划方案。

解析：该制药厂按照销售收入百分比来计算应转出的进项税额。

$$进项税额转出 = 40 \times 100 \div (400 + 100) = 8（万元）$$

$$可以抵扣的进项税额 = 40 - 8 = 32（万元）$$

纳税筹划方案：该药厂应对免税药品和应税药品分开核算，因为销售收入 100 万元的免税商品耗用原材料的进项税额只有 5 万元。

进行纳税筹划后，实际转出的进项税额由 8 万元减少到 5 万元。

$$可以抵扣的进项税额 = 40 - 5 = 35（万元）$$

$$纳税筹划效益 = 35 - 32 = 3（万元）$$

反之，如果经过测算，免税药品耗用的原材料比重较大，则可以继续采用销售收入百分比法来进行分摊。

结论：当免税商品的增值税进项税额占全部商品增值税进项税额的比例与免税商品销售额占全部商品销售额的比例相等时，分开核算与合并核算在税收上没有差别。当免税商品的增值税进项税额占全部商品增值税进项税额的比例小于免税商品销售额占全部商品销售额的比例时，分开核算比较有利，反之，合并核算比较有利。这一原理同样适用于购进项目用于简易计税项目、用于集体福利或者个人消费、发生非正常损失等进项税额转出的情形。

四、销售方式选择的纳税筹划

企业在销售活动中，为了达到促销的目的，会采用多种销售方式。税法对各种销售方式的税务处理分别做出了不同的规定，这些规定为我们进行纳税筹划提供了广阔的空间和法律依据。

（一）销售方式选择的纳税筹划

1. 折扣方式销售的纳税筹划

（1）折扣销售（商业折扣）按折扣后的净额开具发票

纳税人采取折扣方式销售货物，销售额和折扣额在同一张发票上的"金额"栏分别注明的，可按折扣后的销售额征收增值税。未在同一张发票"金额"栏注明折扣额，而仅在发票的"备注"栏注明折扣额的，折扣额不得从销售额中减除。如果将折扣额另开发票，不论其在财务上如何处理，均不得从销售额中减除折扣额。

由于折扣销售的成交价格是确定的，即折扣额在交易时已经确定，为了避免开具发票的不规范导致不可以扣除，企业可以按照折扣后的净额开具发票，避免不必要的麻烦。

（2）改变销售折扣（现金折扣）方式

销售折扣本质上是企业的一种融资行为，销售折扣实际发生时计入财务费用，不得从销售额中扣减。企业在进行纳税筹划时可以改变销售折扣（现金折扣）方式。《国家税务总局关于增值税纳税义务发生时间有关问题的公告》规定，纳税人生产经营活动中采取直接收款方式销售货物，已将货物移送对方并暂估销售收入入账，但既未取得销售款（或取得索取销售款凭据）也未开具销售发票的，其增值税纳税义务发生时间为取得销售款或取得索取销售款凭据的当天；先开具发票的，为开具发票的当天。

【例 7-9】 某企业为增值税一般纳税人，增值税税率为 13%。销售产品一批，售价 10 000 元，产品已经发出，合同约定的付款期为一个月。为了尽早收到货款，给予对方的付款条件为 2/10,1/20,n/30。根据税法的规定，销售折扣（现金折扣）的折扣额不得从销售额中扣除，因此，企业应按 10 000 元的销售额计算增值税销项税额。销项税额＝10 000×13%＝1 300(元)。如果对方在 10 天内付款，按照合同约定将给予 2% 的折扣。请为该企业做出纳税筹划方案。

解析：由于销售折扣（现金折扣）的折扣额不得从销售额中扣除，如果对方在 10 天内付款，企业不能全额收到款项，则增值税销项税额也不可以抵减。企业在进行纳税筹划时可以根据国家税务总局公告相关规定，改变销售折扣（现金折扣）方式。

纳税筹划方案：签订直接收款方式销售货物的合同，合同约定销售方先发货并暂估销售收入入账；将产品的售价定为 9 800 元，在取得销售款时向对方开具增值税专用发票，确认增值税纳税义务发生；合同约定付款期为 10 天，每超过付款期 10 天，加收 100 元延期付款罚息，最长付款期为 30 天，在实际收到货款时按照实际收款金额开具发票。

如果对方在 10 天内付款，依据合同约定按 9 800 元开具增值税专用发票，销项税额＝9 800×13%＝1 274(元)，可以减少应纳税额 26 元(1 300－1 274)。

如果对方在第 30 天付款，企业可以按照合同约定收取 200 元延期付款罚息，并按照实际收款金额即售价 10 000 元开具发票。

这样既实现了企业尽早收款的目的，又可以避免多纳税的风险，且上述做法符合相关法律的规定。

2. 多种销售方式选择的纳税筹划

目前我国企业经常采用的销售方式主要包括以旧换新、还本销售和"买一赠一"。比较不同销售方式的优劣,应该综合考虑各种因素。既要考虑应纳的增值税,又要考虑对收益的影响,在进行纳税筹划时,在不存在非付现项目的情况下,分析利润和分析现金净流量,其计算结果是一致的。在多种销售方式选择的纳税筹划中,比较各方案的现金净流量更为直观、简单。

【例 7-10】 甲商场为增值税一般纳税人,增值税税率为 13%,城市维护建设税税率为 7%,教育费附加率为 3%,商品的销售毛利率为 30%。该商场为了扩大销售,设计了三种促销方案:方案一是商品八折销售(直接按折扣后的净额开具发票);方案二是购买价值 1 000 元的商品,赠送价值 200 元的商品;方案三是购物满 1 000 元,返回 200 元现金。通过纳税筹划为该商场选择最佳销售方式(以上价格均为含税价)。

解析: 这三种销售方式,都向顾客让利 200 元,只是让利的方式不同,在进行纳税筹划时,可以比较各销售方式的现金净流量,具体分析如下。

方案一:商品八折销售,价值 1 000 元的商品售价 800 元。

商品成本 $= 1\,000 \times (1 - 30\%) = 700$(元)

应纳增值税 $= [800 \div (1 + 13\%) - 700 \div (1 + 13\%)] \times 13\% = 11.50$(元)

应纳城市维护建设税与教育费附加 $= 11.50 \times (7\% + 3\%) = 1.15$(元)

现金净流量 $= 800 - 700 - 11.50 - 1.15 = 87.35$(元)

方案二:购买价值 1 000 元的商品,赠送价值 200 元的商品,赠送商品增值税按视同销售处理。

赠送商品成本 $= 200 \times (1 - 30\%) = 140$(元)

应纳增值税 $= [(1\,000 + 200) \div (1 + 13\%) - (700 + 140) \div (1 + 13\%)] \times 13\% = 41.42$(元)

应纳城市维护建设税与教育费附加 $= 41.42 \times (7\% + 3\%) = 4.14$(元)

现金净流量 $= 1\,000 - 840 - 41.42 - 4.14 = 114.44$(元)

方案三:购物满 1 000 元,返回 200 元现金,不得从销售额中扣减返现支出 200 元。

应纳增值税 $= [1\,000 \div (1 + 13\%) - 700 \div (1 + 13\%)] \times 13\% = 34.51$(元)

应纳城市维护建设税与教育费附加 $= 34.51 \times (7\% + 3\%) = 3.45$(元)

现金净流量 $= 800 - 700 - 34.51 - 3.45 = 62.04$(元)

在上述三个方案中,方案二对商场最为有利,为最佳促销方式。

(二)销项税额确认时点的纳税筹划

1. 在遵守税法规定的前提下,收到购货款后再确认收入的实现

采取赊销和分期收款方式销售货物,纳税义务发生时间为书面合同约定的收款日期的当天,无书面合同或书面合同没有约定收款日期的,为货物发出的当天。销货企业如果约定收款日期没有收到货款或没有约定收款日期,按照税法规定在没有收到销货款的情况下,需要确认收入的实现,计算增值税销项税额,这样就会出现垫付税款的情况。

正确做法:与购货方签订直接收款方式的销货合同,合同约定销售方先发货并暂估销售收入入账;在取得销售款时再向对方开具增值税专用发票,确认增值税纳税义务发生。这样,销货单位在没有收到货款的情况下,不向购货方开具发票,便可以避免出现垫付税款的情况。

2. 对滞销的商品,避免采用委托代销的方式

委托其他纳税人代销货物,为收到代销单位的代销清单或者收到全部或部分货款的当天;未收到代销清单及货款的,为发出代销货物满 180 天的当天。由于滞销商品销售时间较长,销货企业经常在没有收到销货款的情况下,发出的代销货物已满 180 天,按照税法的规定需要确认增值税销项税额,因此会出现垫付税款的情况。

正确做法:可以变委托代销方式为收到购货款后再确认收入实现的直接收款方式。

五、农产品加工企业的纳税筹划

对于农产品这种社会生活中最主要的产品,我国在税收政策上赋予了一系列的税收优惠政策和特殊规定。在增值税核算中,有关农产品的相关规定如下。

购进农产品,除取得增值税专用发票或者海关进口增值税专用缴款书外,按照农产品收购发票或者销售发票上注明的农产品买价和 9%(或 10%)的扣除率计算进项税额。进项税额计算公式为

$$进项税额=买价×扣除率$$

农业生产者销售的自产农产品免征增值税。农业生产者销售的自产农业产品是指直接从事植物的种植、收割和动物的饲养、捕捞的单位和个人销售的《农业产品征税范围注释》所列的自产农业产品;从事农业生产的单位和个人自产自销的初级农业产品免征增值税。免税的农业产品必须是初级农业产品,即只是通过简单的晒干、腌制、切片等粗略的方式制成的农业产品。

上述规定为农产品加工企业提供了纳税筹划空间。农产品加工企业的纳税筹划包括以下内容。

(一)利用自产农产品进行深加工的纳税筹划

利用自产农产品进行深加工的企业,由于生产农产品的环节进项税额较少,深加工后的农产品已经不属于《农业产品征税范围注释》(简称《注释》)所列的自产农产品,这会导致该种类型的企业税负较高。

【例 7-11】 某蓝莓公司为增值税一般纳税人,主要经营蓝莓的生产、加工和销售,下设蓝莓种植基地、蓝莓加工车间和产品销售部。基地生产的蓝莓一部分直接出售,另一部分移送到加工车间,由加工车间生产出蓝莓饮料、蓝莓果酱等蓝莓制品,然后由销售部进行产品销售。公司实行统一核算,经过深加工的蓝莓制品不属于《注释》所列的农业产品,适用 13% 的增值税税率。由于该企业实施种植、加工、销售一条龙经营,主要生产环节几乎没有对外协作,种植环节可以抵扣的进项税额为 40 万元,蓝莓加工过程中取得进项税额 50 万元,全年销售蓝莓制品取得收入 3 000 万元(不含税价)。

解析: 该企业全年应纳增值税=3 000×13%-(40+50)=300(万元)

增值税税负率=300÷3 000×100%=10%

纳税筹划的法律依据:由于农业生产者销售自产农产品免征增值税,因此一般纳税人购进农产品,如果用于生产销售或委托加工 13% 税率的货物,可以按照农产品收购发

票或者销售发票上注明的农产品买价和10%的扣除率计算进项税额。

纳税筹划方案：该公司应将蓝莓种植基地分离出来，设立为独立核算的法人单位，这样就变成种植公司和蓝莓制品加工销售公司（简称蓝莓制品公司）两个法人单位。种植公司销售给蓝莓制品公司的蓝莓为免税农产品，增值税税负为0。而蓝莓制品公司从种植公司购进的免税农产品可以按照买价和10%的扣除率计算进项税额。假设种植公司全年销售给蓝莓制品公司的蓝莓为2 000万元。

$$全年应纳增值税＝3\ 000×13\%－2\ 000×10\%－50＝140(万元)$$
$$增值税税负率＝140÷3\ 000×100\%＝4.67\%$$

通过纳税筹划，该公司少缴增值税160万元（300－140）。

结论：利用自产农产品进行深加工的企业，应将自产业务与深加工业务分离，分别设立两个法人单位，可以有效降低增值税税负。

风险提示

种植公司向蓝莓制品公司销售蓝莓的行为，属于关联交易，应注意税法对关联方交易价格的规定，应采用市场价格进行交易，避免产生纳税风险。另外，分立为两个法人单位，办理工商登记需要增加一些费用，但只要节约的税款大于增加的费用，该纳税筹划方法就是可行的。

（二）收购农产品加工程度的纳税筹划

农产品加工企业，应收购经过初加工仍属于《注释》所列的免税初级农产品，可以增加可抵扣进项税额。免税的初级农业产品，是指通过简单的晒干、腌制、切片等粗略的方式制成的农业产品，这类农产品享受与未加工农产品同样的税收政策。

【例7-12】 某食品厂为增值税一般纳税人，主要生产各种罐头，适用13%的增值税税率。在生产杏仁罐头时，有以下两个生产方案可供选择。

方案一：从农业生产者手中收购没有去壳的杏核120万元，将杏核去壳加工成杏仁，发生人工及制造费用40万元；然后将杏仁进一步加工成杏仁罐头。全年销售杏仁罐头取得收入200万元（不含税）。

方案二：企业不进行杏仁的生产，直接从农业生产者手中收购已经去壳的杏仁。收购价格为160万元，该企业将收购的杏仁直接加工成杏仁罐头。本年度销售杏仁罐头取得收入200万元（不含税）。

解析：

方案一：收购没有去壳的杏核。

$$应纳增值税税额＝200×13\%－120×10\%＝14(万元)$$
$$增值税税负率＝14÷200×100\%＝7\%$$

方案二：收购已经去壳的杏仁。

根据《注释》的规定，属于农产品的园艺植物是指可供食用的果实，如水果、果干（如荔枝干、桂圆干、葡萄干等），干果、果仁、果用瓜（如甜瓜、西瓜、哈密瓜等），以及胡椒、花椒、大料、咖啡豆等。经冷冻、冷藏、包装等工序加工的园艺植物，也属于本货物的征税范围。因此,农业生产者销售自产的杏仁仍为免税农产品,该杏仁用于生产13%税率的罐头,可以按照农产品收购发票或者销售发票上注明的农产品买价和10%的扣除率计算进项税额。

$$应纳增值税税额=200\times13\%-160\times10\%=10(万元)$$
$$增值税税负率=10\div200\times100\%=5\%$$

方案二比方案一节约税款金额4万元(14－10),因此,应采用方案二。

结论:企业收购经过初加工仍然属于税法《注释》所列的免税农产品,可将加工费转入到收购成本,使可以抵扣的进项税额增大,以此来降低增值税税负。

(三)设立农产品生产部门的纳税筹划

由于农产品的价格受市场影响较大,经常发生波动。因此一些农产品加工企业,为了稳定原材料价格,提高产品的市场竞争力,在企业发展到一定规模的情况下,会设立农产品生产部门,为企业提供原材料。农产品加工企业设立农产品生产部门时,应与原企业初加工部门合并为一个法人单位,因为初加工的农产品仍属于免税农产品,可以有效降低企业税负。

【例7-13】 某肉食加工企业,从事肉制品加工销售业务,下设生猪屠宰车间和火腿肠等熟制品加工车间。企业将收购的生猪屠宰后,加工成火腿肠等熟制品销售,生猪屠宰成本和火腿肠等熟制品的加工成本的比例为1:2。为了降低原材料成本,实现原材料自给自足,企业决定投资设立一个生猪饲养基地,有以下两个设立方案可供选择。

方案一:新设独立核算的生猪饲养基地,原企业组织结构不变。新设生猪饲养基地每年为肉食加工厂提供生猪价值5 000万元,肉食加工厂全年实现销售额9 000万元(不含税价)。

方案二:调整组织结构,新设立的生猪饲养基地与生猪的屠宰车间合并为一个纳税单位,而将加工火腿肠等熟制品的车间独立为一个纳税单位。合并企业每年提供鲜肉价值6 000万元,肉食加工厂全年实现销售额9 000万元(不含税价)。

解析:

方案一:新设独立核算的生猪饲养基地。

$$应纳增值税税额=9\,000\times13\%-5\,000\times10\%=670(万元)$$
$$增值税税负率=670\div9\,000\times100\%=7.44\%$$

方案二:新设立的生猪饲养基地与生猪的屠宰车间合并为一个纳税单位。

根据《注释》的规定,属于农产品的兽类、禽类和爬行类动物的肉产品,包括整块或者分割的鲜肉、冷藏或者冷冻肉、腌渍肉、兽类、禽类和爬行类动物的内脏、头、尾、蹄等组织。因此,合并后的单位为农业生产者,销售的鲜肉为免税农产品,该鲜肉用于生产13%税率的火腿肠等熟制品,可以按照农产品收购发票或者销售发票上注明的农产品买价和10%的扣除率计算进项税额。

$$应纳增值税税额=9\,000\times13\%-6\,000\times10\%=570(万元)$$
$$增值税税负率=570\div9\,000\times100\%=6.33\%$$

方案二比方案一节约税款100万元(670－570),因此,应采用方案二。

结论：通过调整组织结构，将生猪饲养基地与生猪的屠宰车间合并为一个纳税单位，合并后的单位为农业生产者，销售的鲜肉为免税农产品，企业收购经过初加工仍然属于税法注释所列的免税农产品，将生猪屠宰加工成本计入鲜肉成本，可以抵扣的进项税额增大，降低了增值税税负。

（四）购进农产品价格的纳税筹划

农产品加工企业在购进农产品时，既可以购进农业生产者销售的自产农产品，按照农产品收购发票或者销售发票上注明的农产品买价和9％或10％的扣除率计算进项税额，也可以购进一般纳税人销售的非自产农产品，取得的增值税专用发票上列示的税额为进项税额。由于购进渠道不同，导致在支付相同购货价款的情况下，对应的进项税额和采购成本均不同，上述不同为纳税筹划提供了条件。

【例7-14】 某水果加工企业，主要业务是将收购的水果经过分类、清洗、切割加工成水果拼盘后，销售给各大超市，全年的水果购进量很大。假设该企业现在需要购进一批水果，有两个方案可供选择。

方案一：从当地农业生产者手中购进其自产水果，购进价格为80 000元。

方案二：从水果批发商手中购进同样数量和质量的水果，也需要80 000元价款，取得的增值税专用发票上列示价款73 394.50元、税额6 605.50元。

该水果加工企业以此为原材料加工的水果拼盘全部销售给各大超市，取得销售收入90 000元，增值税销项税额8 100元，加工水果拼盘的费用对增值税应纳税额不产生影响，在进行纳税筹划时不予考虑。假设城市维护建设税税率为7％，教育费附加率为3％。请为该企业选择最优的购进方案，并提出购进农产品的纳税筹划方案。

解析：

（1）比较两个方案的现金净流量。

方案一：现金流入量＝90 000＋8 100＝98 100（元）。

现金流出量：

支付的购货价款＝80 000元

应纳的增值税＝8 100－80 000×9％＝900（元）

应纳城市维护建设税与教育费附加＝900×（7％＋3％）＝90（元）

现金流出量合计＝80 000＋900＋90＝80 990（元）

现金净流量＝98 100－80 990＝17 110（元）

方案二：方案二和方案一的现金流入量相同＝90 000＋8 100＝98 100（元）。

现金流出量：

支付的购货价款＝80 000元

应纳的增值税＝8 100－6 605.50＝1 494.50（元）

应纳城市维护建设税与教育费附加＝1 494.50×（7％＋3％）＝149.45（元）

现金流出量合计＝80 000＋1 494.50＋149.45＝81 643.95（元）

现金净流量＝98 100－81 643.95＝16 456.05（元）

通过上述计算结果可以看出，方案一优于方案二。

（2）比较两个方案的税前利润额。

由于税前利润高的方案其净利润也高，所以为了突出重点，不考虑企业所得税的影响，只比较税前利润即可。

方案一：销售收入＝90 000 元。

成本税费：

成本＝80 000－80 000×9％＝72 800（元）

应纳城市维护建设税与教育费附加＝900×（7％＋3％）＝90（元）

税前利润＝90 000－72 800－90＝17 110（元）

方案二：销售收入＝90 000 元。

成本税费：

成本＝73 394.50 元

应纳城市维护建设税与教育费附加＝1 494.50×（7％＋3％）＝149.45（元）

税前利润＝90 000－73 394.50－149.45＝16 456.05（元）

通过上述计算结果可以看出，方案一优于方案二。

风险提示

为了调整和完善农产品增值税抵扣机制，自 2012 年 7 月 1 日起，国家在部分行业开展增值税进项税额核定扣除试点。以购进农产品为原料生产销售液体乳及乳制品、酒及酒精、植物油的增值税一般纳税人，其农产品增值税进项税额按照投入产出法、成本法和参照法进行核定抵扣，不适用上述纳税筹划方法。

六、增值税优惠政策的纳税筹划

（一）设立农民专业合作社，享受免征增值税优惠政策

按照规定设立和登记的农民专业合作社，享受下列优惠政策：一是对农民专业合作社销售本社成员生产的农业产品，视同农业生产者销售自产农业产品免征增值税；二是增值税一般纳税人从农民专业合作社购进的免税农业产品，可按 13％的扣除率计算抵扣增值税进项税额；三是对农民专业合作社向本社成员销售的农膜、种子、种苗、化肥、农药、农机，免征增值税；四是对农民专业合作社与本社成员签订的农业产品和农业生产资料购销合同，免征印花税。

【例 7-15】 某个体工商户主要针对农民开展购销业务，其主要业务包括：一是从农民手中收购农产品销售；二是购进农膜、种子、化肥、农药等再销售给农民。全年销售额70 万元（不含税），缴纳增值税 2.1（70×3％）万元。请为该个体工商提出纳税筹划方案。

解析： 该个体工商户可以依照《农民专业合作社法》的规定，设立农民专业合作社，将其开展购销业务的农民全部纳入农民专业合作社。成立农民专业合作社后，该个体工商户从农民手中收购农产品销售，符合"对农民专业合作社销售本社成员生产的农业产品，视同农业生产者销售自产农业产品免征增值税"的规定；购进农膜、种子、化肥、农药等再销售给农民，符合"对农民专业合作社向本社成员销售的农膜、种子、种苗、化肥、农药、农

机，免征增值税"的规定。这样，成立农民专业合作社后，上述购销业务均为免税业务，该个体工商户全年少纳增值税 2.1 万元，节约的税款可以扩大经营规模，有利于农民专业合作社的发展、壮大。

（二）在条件允许的情况下设立安置残疾人就业单位，享受税收优惠政策

为了更好地发挥税收政策对促进残疾人就业的作用，进一步保障残疾人的切身利益，在全国范围内统一实行促进残疾人就业的税收优惠政策。纳税人可以根据政策规定，结合自身情况设立安置残疾人单位（福利企业、工疗机构），享受税收优惠政策。

1. 安置残疾人就业的增值税优惠政策

对安置残疾人的单位，实行由税务机关按单位实际安置残疾人的人数，限额即征即退增值税的办法。实际安置的每位残疾人每年可退还的增值税具体限额，由县级以上税务机关根据单位所在区县（含县级市、旗，下同）适用的经省（含自治区、直辖市、计划单列市，下同）级人民政府批准的最低工资标准的 6 倍确定，但最高不得超过每人每年 3.5 万元。

2. 安置残疾人就业增值税优惠政策的适用条件

如果既适用促进残疾人就业税收优惠政策，又适用下岗再就业、军转干部、随军家属等支持就业的税收优惠政策的，单位可选择适用最优惠的政策，但不能累加执行。

3. 执行安置残疾人就业增值税优惠政策应注意的问题

享受安置残疾人就业税收优惠政策的单位必须同时符合以下条件：一是依法与安置的每位残疾人签订了一年以上（含一年）的劳动合同或服务协议，并且安置的每位残疾人在单位实际上岗工作；二是月平均实际安置的残疾人占单位在职职工总数的比例应高于25%（含25%），并且实际安置的残疾人人数多于 10 人（含 10 人）；三是为安置的每位残疾人按月足额缴纳了单位所在区县人民政府根据国家政策规定的基本养老保险、基本医疗保险、失业保险和工伤保险等社会保险；四是通过银行等金融机构向安置的每位残疾人实际支付了不低于单位所在区县适用的经省级人民政府批准的最低工资标准的工资；五是具备安置残疾人上岗工作的基本设施。

（三）享受即征即退优惠政策相关企业的纳税筹划

纳税人享受增值税即征即退优惠政策，不影响增值税计算抵扣链条的完整性。纳税人按规定核算即征即退的销售额、进项税额、应纳税额、应退税额，即征即退正常进行纳税申报后，再向主管税务机关提交资料申请办理退税。下面以软件企业为例，研究其纳税筹划。根据规定，增值税一般纳税人销售其自行开发生产的软件产品，按 13% 税率征收增值税后，对其增值税实际税负超过 3% 的部分实行即征即退政策。

征即退税额＝当期软件产品增值税应纳税额－当期软件产品销售额×3%

【例 7-16】 某公司为一软件开发生产企业，预计全年销售自行开发生产的软件产品价值 20 000 万元（不含税），外购货物和应税劳务成本 10 000 万元（不含税）。企业在进行纳税筹划时有以下两个方案可供选择。

方案一：从一般纳税人处采购全部货物和应税劳务，均能取得增值税专用发票，需要支付价税合计金额 11 300 万元（10 000＋10 000×13%）。

方案二：从小规模纳税人处采购全部货物和应税劳务,均能取得增值税专用发票,需要支付价税合计金额 10 300 万元(10 000＋10 000×3%)。

解析：

在计算应退还增值税的基础上,比较各购货方案的现金净流量。

方案一：从一般纳税人处采购。

应纳增值税＝20 000×13%－10 000×13%＝1 300(万元)

应退还增值税＝1 300－20 000×3%＝700(万元)

现金净流量＝(20 000＋20 000×13%)－11 300－1 300＋700＝10 700(万元)

方案二：从小规模纳税人处采购。

应纳增值税＝20 000×13%－10 000×3%＝2 300(万元)

应退还增值税＝2 300－20 000×3%＝1 700(万元)

现金净流量＝(20 000＋20 000×13%)－10 300－2 300＋1 700＝11 700(万元)

因此,方案二优于方案一。

增加的退税额即为增加的现金流入量＝1 700－700＝11 700－10 700＝1 000(万元)

结论：软件开发生产企业无论从哪里购货,最终实际缴纳的增值税都是相同的,真正影响企业现金净流量的是企业取得的退税额,而退税额的大小取决于企业可以抵扣的进项税额。因此,选择供货价格较低,提供较少抵扣进项税额的小规模纳税人作为供应商,可以增加退税额,取得更多的政府补助,获得更多的现金流入量,增加企业的利润总额。上述纳税筹划方法,同样适用其他税负超过规定比率,享受增值税即征即退的企业。

第二节　消费税的纳税筹划

消费税是在对货物普遍征收增值税的基础上,选择少数消费品在特定环节征收的一种流转税。消费税为价内税,具有征税对象具有选择性、征收环节单一、征收方法灵活和税负具有转嫁性等特点,这些特点为其纳税筹划提供了条件。

在消费税的纳税筹划分析中,可以通过比较纳税筹划前后应纳消费税的变化情况,来确定纳税筹划方案。由于城市维护建设税与教育费附加是根据消费税计提的,降低消费税税负即降低了二者的税负,因此,为了简化和突出重点,在消费税纳税筹划分析中一般不考虑城市维护建设税与教育费附加的影响。

一、消费税计税依据的纳税筹划

消费税实行从价定率、从量定额以及从价从量复合计征三种征收方法,其计税依据为销售额与销售数量。消费税实行价内税,除个别情况外,只在应税消费品的生产、委托加工和进口环节缴纳,在以后的批发、零售等环节,因为价款中已包含消费税,因此不用再缴纳消费税,税款最终由消费者承担。针对消费税计税依据的多样性及征税环节的单一性,提出如下纳税筹划方法。

（一）设立独立法人的销售公司以降低应税销售额

消费税最终由消费者负担，但为了防止税款流失、加强税源控制，消费税的纳税环节主要确定在生产销售环节。生产销售应税消费品的企业，可以采用分设独立法人的销售公司，以较低但合理的销售价格向销售公司供货，可以降低应纳消费税税额；销售公司再以市场价格对外销售，由于消费税只在生产企业销售环节征收，销售公司销售应税消费品不需要再纳消费税，因此企业的税收负担就会降低。

【例 7-17】 某摩托车生产企业，主要生产气缸容量在 250 毫升以上的摩托车，摩托车的消费税税率为 10％，产品主要在本地销售，也有部分产品销往全国各地。对于本地消费者直接到企业购买摩托车，每辆售价 9 000 元（不含税），全年可以销售 2 万辆；销往全国各地经销商的摩托车，每辆售价 8 500 元（不含税），其中每辆摩托车含 100 元包装费和运费等费用，全年可以销售 1 万辆。请为该企业作出纳税筹划方案。

解析：纳税筹划前，由企业直接销售摩托车，销售价格较高。

应纳消费税额 $= (9\,000 \times 2 + 8\,500 \times 1) \times 10\% = 2\,650$（万元）

纳税筹划方案：企业在本市设立独立法人的销售公司，按照成本加合理利润的方法，将每辆摩托车的价格定为 8 400 元（不含税），企业先按每辆售价 8 400 元（不含税）的价格销售给销售公司，再由销售公司销售给个人或全国各地的经销商。

纳税筹划后应纳消费税额 $= 8\,400 \times (2+1) \times 10\% = 2\,520$（万元）

企业节约的税款 $= 2\,650 - 2\,520 = 130$（万元）

结论：上述做法在烟、酒、高档化妆品、小汽车等生产企业得到普遍的应用。

企业通过设立独立法人的销售公司，降低应税销售额时需要注意，生产企业向销售公司出售应税消费品时，只能适度压低价格，可以采用成本加合理利润的方法确定销售价格；如果生产企业定价过低，就属于税法所称的"销售价格明显偏低又无正当理由"的情况，主管税务机关有权核定其销售价格。

（二）改"包装物销售"为收取"包装物押金"

纳税人销售应税消费品连同包装物销售的，无论包装物是否单独计价，也不论在会计上如何核算，均应并入应税消费品的销售额中征收消费税。

如果包装物不作价随同产品销售，而是收取押金，此项押金则不应并入应税消费品的销售额中征税。但对因逾期未收回的包装物不再退还的或者已收取的时间超过 12 个月的押金，应并入应税消费品的销售额，按照应税消费品的适用税率缴纳消费税；酒类产品生产企业销售酒类产品（黄酒、啤酒除外）而收取的包装物押金，无论押金是否返还以及在会计上如何核算，均需并入酒类产品销售额中，依酒类产品适用税率征收消费税。

【例 7-18】 某鞭炮、焰火生产企业为增值税一般纳税人，本年 12 月份销售鞭炮、焰火价值 2 000 万元（不含税），另外收取随同产品出售单独计价的包装物价款 113 万元（含税）。（鞭炮的消费税税率为 15％）

解析：纳税筹划前，包装物作价销售，该企业纳税的情况为

增值税销项税额 $= 2\,000 \times 13\% + 113 \div (1+13\%) \times 13\% = 273$（万元）

应纳消费税金额 $= 2\,000 \times 15\% + 113 \div (1+13\%) \times 15\% = 315$（万元）

纳税筹划方案：改"包装物销售"为收取"包装物押金"，则此项押金不应并入应税消费品的销售额中征税。

纳税筹划后该企业应纳税情况：

$$增值税销项税额＝2\ 000×13\%＝260（万元）$$

$$应纳消费税金额＝2\ 000×15\%＝300（万元）$$

$$企业节约的税款＝273＋315－260－300＝28（万元）$$

如果包装物逾期没有退回，押金并入销售额计税，可以推迟纳税时间，获取货币时间价值收益。

（三）将销售货物收取的运费作代垫运费处理

企业在销售货物时收取的运费同时符合以下条件的为代垫运输费用，不属于价外费用，不必并入销售额计征消费税。其具体条件为：①承运部门的运输费用发票开具给购买方；②纳税人将该项发票转交给购买方。

【例7-19】 某家地处农村的烟花爆竹企业为增值税一般纳税人，全年销售烟花爆竹价值2 000万元（不含税），因大部分产品销往外地，且烟花爆竹为危险品，因此对运输条件的要求特别高，产品均由该企业联系运输单位负责运输，运输单位将增值税专用发票直接开具给该企业。企业在销售货物的同时向购买方收取运费，并将运费按运输单位收取的相同金额加入烟花爆竹的售价一起向购买方开具发票，全年收取运费452万元（含税），由于向购买方收取运费为价外费用，应并入销售额计征增值税、消费税，因此企业的税收负担较高。已知该企业全年取得的增值税进项税额为100万元（不含运费计算的进项税额），请为该企业作出纳税筹划方案。

解析：纳税筹划前，向购买方收取运费为价外费用，应并入销售额计征增值税、消费税，该企业应纳税情况：

$$应纳增值税＝2\ 000×13\%＋452÷（1＋13\%）×13\%－100－452÷（1＋9\%）×9\%$$
$$＝174.68（万元）$$

$$应纳消费税＝[2\ 000＋452÷（1＋13\%）]×15\%＝360（万元）$$

$$应纳税款合计＝174.68＋360＝534.68（万元）$$

纳税筹划方案：该企业将销售货物收取的运费作代垫运费处理。具体做法为：承运部门的运输费用发票开具给购买方并将运费发票转交给购买方，这样向购买方收取的运费为代垫运费，不必并入销售额计征增值税、消费税。

纳税筹划后该企业应纳税情况：

$$应纳增值税＝2\ 000×13\%－100＝160（万元）$$

$$应纳消费税＝2\ 000×15\%＝300（万元）$$

$$应纳税款合计＝160＋300＝460（万元）$$

$$纳税筹划后少纳税款金额＝534.68－460＝74.68（万元）$$

通过纳税筹划该企业可以节约税款74.68万元，因此，该企业应将销售货物收取的运费作代垫运费处理。

（四）避免采用"实物折扣"销售方式

纳税人销售从量计征消费税的应税消费品时，其计税依据为销售数量。企业应避免采用实物折扣的形式，因为根据税法规定，采用实物折扣的，赠送的实物视同销售处理，计算征收消费税。

【例 7-20】　某啤酒厂为了扩大市场占有率，销售啤酒准备采用"购买 10 吨送 1 吨"的促销策略。预计促销期间可以销售啤酒 400 吨，需赠送啤酒 40 吨。已知目前每吨啤酒的销售单价为 3 190 元/吨（不含税）。请为该企业促销方式做出纳税筹划方案。

解析：纳税筹划前，采用"购买 10 吨送 1 吨"的促销策略，赠送的 40 吨啤酒也需要缴纳消费税，由于销售单价为 3 190 元/吨（不含税）的啤酒为甲类啤酒，适用 250 元/吨的定额税率。

$$该啤酒厂应纳消费税 = 250 \times (400 + 40) = 110\,000（元）$$

纳税筹划方案：该啤酒厂应改"实物折扣"销售方式为"给予购买方价格优惠"销售方式。采取降低销售价格的方式，在整体销售金额不变的情况下，按 11 吨的数量计算销售金额，使啤酒的单价得以降低。

纳税筹划后该企业应纳税情况：

$$啤酒的销售单价 = 3\,190 \times 10 \div 11 = 2\,900（元/吨）$$

销售单价为 2 900 元/吨（不含税）的啤酒为乙类啤酒，适用 220 元/吨的定额税率。

$$纳税筹划后应纳消费税 = 220 \times (400 + 40) = 96\,800（元）$$
$$节约税款金额 = 110\,000 - 96\,800 = 13\,200（元）$$

风险提示

> 在运用上述方法进行纳税筹划时，应注意纳税筹划后的销售单价应满足税法规定的合理价格，否则税务机关有权核定销售单价，并增加企业的应纳税额。

（五）金银首饰尽量采用"以旧换新"方式销售

"以旧换新"是以旧货物货款抵减所售产品价款的一种销售方式。对于一般货物（不含金银首饰），按照同时期一般货物的销售价格作为计算增值税、消费税的计税依据，不得减去回收旧货物的价款。而纳税人采用"以旧换新"（含翻新改制）方式在零售环节销售的金银首饰，按实际收取的不含增值税的全部价款确定计税依据征收增值税、消费税。即可以通过减去回收旧金银的价款，来降低计税依据。

结论：金银首饰尽量采用"以旧换新"方式销售，可以减轻税负。

二、消费税税率的纳税筹划

（一）通过分别核算进行纳税筹划

消费税采用列举法，按具体应税消费品设置税目税率。税法规定，纳税人兼营不同税率的应税消费品，应当分别核算不同税率应税消费品的销售额、销售数量；未分别核算销售额、销售数量，或者将不同税率的应税消费品组成成套消费品销售的，从高适用税率。

生产不同税率应税消费品的企业,应将不同税率的应税消费品分别核算,避免出现从高适用税率的情况,增加企业的税收负担。

(二)成套销售应税消费品的纳税筹划

纳税人将应税消费品与非应税消费品,以及适用不同税率的应税消费品组成成套消费品销售的,应根据成套产品取得的全部销售额,按应税消费品中适用最高税率的消费品税率计算缴纳消费税。

1. 慎重选择成套销售应税消费品

由于成套销售应税消费品会加重纳税人的纳税负担,因此纳税人应慎重选择成套销售应税消费品,尽量避免将不同税率的应税消费品或与非应税消费品组成成套消费品销售,以免加重纳税负担。

2. 通过改变包装地点或包装环节进行纳税筹划

对于确实需要成套销售的应税消费品,可以通过将成套销售的应税消费品改"先包装后销售"为"先销售后包装",来降低消费税税负。

【例7-21】　某日用化妆品厂,将生产的高档化妆品、护肤护发品等组成成套消费品销售。每套消费品由下列产品组成:化妆品包括一瓶香水110元(10毫升)、一瓶指甲油60元(5毫升)、一支口红90元(4克);护肤护发品包括一瓶洁面乳液40元(50毫升)、一瓶洗发水45元(50毫升)、一块香皂(5元);化妆工具(15元)、化妆包(5元)。上述产品价格均为不含税价格,高档化妆品消费税税率为15%。

解析:纳税筹划前,由于一瓶香水110元(10毫升)、一瓶指甲油60元(5毫升)、一支口红90元(4克),高于10元/毫升(克),属于高档化妆品,将上述产品包装后再销售给商家,成套产品取得的全部销售额应按高档化妆品适用的消费税税率,计算应纳消费税。

应纳消费税=(110+60+90+40+45+5+15+5)×15%=55.50(元)

纳税筹划方案:将成套销售的应税消费品改"先包装后销售"为"先销售后包装",并实行分别销售、分别核算。

纳税筹划后,只有香水、指甲油和口红属于高档化妆品,需要缴纳消费税。

应纳消费税=(110+60+90)×15%=39(元)

每套化妆品节约税款金额=55.50-39=16.50(元)

销售成套消费品可以为企业带来较大的利润空间,目前被广泛应用于酒类、化妆品类及贵重首饰类产品的销售。企业在对成套消费品销售进行纳税筹划主要通过以下方法。

(1)改变包装地点

对于可以在批发或零售环节包装的成套消费品,生产企业可以在销售时分别对每种产品开具发票,分别核算销售额和销售数量,同时将产品包装盒也销售给购货商,由购货商根据消费者的要求进行包装。由于消费税只在生产销售环节纳税,批发与零售环节不再缴纳消费税,因此,上述做法可以降低消费税税负,而且根据消费者的要求进行包装,对扩大产品销售也有一定的积极作用。

（2）改变包装环节

对于不适合在零售环节包装的成套消费品，企业可以通过设立独立法人的销售公司，将产品先卖给销售公司，由销售公司包装成成套消费品再对外销售，以此来降低消费税税负。生产企业向销售公司出售应税消费品时，应注意产品定价的合理性。

三、应税消费品定价的纳税筹划

（一）降低销售价格适用低税率

在消费税的税目中，有些税目根据销售价格的差异对同一产品制定不同的税率，目前主要是啤酒和卷烟。对于这类消费品，当产品的销售价格在税法确认税率规定的临界点附近时，税负会有较大差异。

【例 7-22】 某啤酒厂生产销售啤酒 1 000 吨，每吨啤酒出厂价格为 3 005 元（不含税）。城市维护建设税税率为 7%，教育费附加率为 3%。

解析： 啤酒采用从量征收，每吨出厂价格（含包装物及包装物押金）在 3 000 元（含 3 000 元，不含增值税）以上为甲类啤酒，税率为 250 元/吨，3 000 元以下为乙类啤酒，税率为 220 元/吨。该啤酒厂销售的啤酒适用的税率为 250 元/吨。

（1）利用税后收益进行纳税筹划

税后收益是指销售额扣除消费税、城建税与教育费附加后的收益。

纳税筹划前该企业应纳税情况：

应纳消费税＝250×0.10＝25（万元）

应纳城市维护建设税与教育费附加＝25×（7%＋3%）＝2.50（万元）

税后收益＝3 005×0.10－25－2.50＝273（万元）

纳税筹划方案：将每吨啤酒的出厂价格降低 10 元为 2 995 元，则适用 220 元/吨的税率。

纳税筹划后该企业应纳税情况：

应纳消费税＝220×0.10＝22（万元）

应纳城市维护建设税与教育费附加＝22×（7%＋3%）＝2.2（万元）

税后收益＝2 995×0.10－22－2.2＝275.30（万元）

增加税后收益金额＝275.30－273＝2.30（万元）

本题没有考虑根据增值税计提的城建税与教育费附加，因为方案一的销售价格高于方案二，其应纳的增值税也较多，因此对分析结果不产生影响。

结论：啤酒出厂价格在税法确认税率规定的临界点附近时，应适当降低出厂价格，使产品适用较低税率，这种做法可以提高企业的整体收益，还可以提高产品的市场竞争力。

（2）利用税后收益无差别点的价格差进行纳税筹划

利用税后收益无差别点的价格差进行的分析如下：

税后收益＝不含税销售额－消费税－城市维护建设税与教育费附加

甲类啤酒的税后收益＝不含税销售额－250×（1＋7%＋3%）

乙类啤酒的税后收益＝不含税销售额－220×（1＋7%＋3%）

两种出厂价格下税后收益相等的点,叫作税后收益无差别点。

经过计算,税后收益无差别点的价格差为 33 元,即啤酒的销售价格在 3 000～3 033 元为定价禁区,此时将价格定为 2 999 元,其税后收益将高于此价格区间的税后收益。

(二)降低销售价格避开消费税征税范围

一些消费品是否能成为消费税的征税对象,取决于其销售价格的高低。如高档手表,如果其销售价格在 1 万元以上,则需要缴纳消费税;再比如高档化妆品,如果其生产(进口)环节销售(完税)价格(不含增值税)在 10 元/毫升(克)或 15 元/片(张)及以上的美容、修饰类化妆品和护肤类化妆品,就需要缴纳消费税。对于这类消费品便可以通过定价策略进行纳税筹划。

【例 7-23】 甲企业是一家手表生产企业,生产销售的一款手表每只出厂价为 10 100 元(不含增值税),该款手表的相关成本费用为 5 000 元。假设城市维护建设税税率为 7%,教育费附加率为 3%。

解析:该款表的出厂价为 10 100 元(不含增值税),属于税法规定的应税消费品,适用 20%的消费税税率。

(1)通过比较每只手表的利润进行纳税筹划

这里的利润是指销售额扣除手表的相关成本费用,再减去消费税、城建税与教育费附加后的利润。

纳税筹划前,将每只手表的出厂价格定为 10 100 元。

每只手表应纳消费税＝10 100×20%＝2 020(元)

应纳城市维护建设税与教育费附加＝2 020×(7%+3%)＝202(元)

每只手表的利润＝10 100－5 000－2 020－202＝2 878(元)

纳税筹划方案:将每只手表的出厂价格降为 9 900 元后,则不属于税法规定的应税消费品,不必缴纳消费税,也不必缴纳对应的城建税与教育费附加。

纳税筹划后,该企业不必缴纳消费税。

每只手表的利润＝9 900－5 000－0－0＝4 900(元)

将每只手表的出厂价格降为 9 900 元,可多获取利润 2 022 元(4 900－2 878),少纳消费税 2 020 元(2 020－0),少纳城建税与教育费附加 202 元(202－0),因此该企业应将每只手表的出厂价格降为 9 900 元。

(2)通过计算手表的定价禁区进行纳税筹划

高档手表如何定价才能获得高于不征消费税中档手表的利润?我们以 10 000 元为临界点,小于 10 000 元则不纳消费税,大于或等于 10 000 元,企业需要缴纳消费税,现将手表定价为 Y 元,计算临界点的销售价格。

$$Y－Y×20\%×(1+7\%+3\%)＝10\ 000$$

则 $Y＝12\ 820.50$ 元

本例中手表的出厂价格定为 10 100 元(不含增值税),正好处以临界点的销售价格之下。因此,通过纳税筹划适当降低产品价格,规避消费税纳税义务,可以有效增加企业利润。

结论：10 000～12 820.50 元为手表的定价禁区。要么定价低于 10 000 元，获取免税待遇。要么定价高于 12 820.50 元，使增加的收入足以弥补多纳的税费。

对于高档化妆品及在零售环节征收消费税的超豪华小汽车同样适用上述纳税筹划方法。

对于超豪华小汽车零售价以 130 万元（不含增值税）为临界点，小于 130 万元不纳消费税，大于或等于 130 万元需要缴纳消费税，设超豪华小汽车的零售价为 Y 元，假设城市维护建设税税率为 7%，教育费附加率为 3%。计算临界点的销售价格。

$$Y-Y\times10\%\times(1+7\%+3\%)=130$$

则
$$Y=146.07 万元$$

同样的方法也可以计算高档化妆品的临界点销售价格。

结论：超豪华小汽车的定价禁区为 130 万～146.07 万元；10 元/毫升高档化妆品的定价禁区为 10～11.98 元；15 元/张高档化妆品的定价禁区为 15～17.96 元。

四、自产自用应税消费品的纳税筹划

自产自用的应税消费品，是指用于生产非应税产品、在建工程、管理部门、非生产机构、提供劳务，以及用于馈赠、赞助、集资、广告、样品、职工福利、奖励等方面的，应视同销售征收消费税。

如果应税消费品是用于连续生产应税消费品的，即纳税人将自产自用的应税消费品作为直接材料生产最终应税消费品，自产自用应税消费品构成最终应税消费品的实体的，不缴纳消费税，这种情况不属于本节研究的自产自用的应税消费品。

（一）避免采用最高销售价格计税

纳税人用于换取生产资料和消费资料，投资入股或抵偿债务等方面的应税消费品，应当以纳税人同类应税消费品的最高销售价格作为计税依据计算征收消费税。在实际工作中，当纳税人发生上述情况时，应通过纳税筹划改变上述业务内容，避免采用最高销售价格计税，以达到降低税负的目的。

【例 7-24】　某实木地板生产企业，当月对外销售同类型实木地板共有三种价格，以单价每平方米 280 元销售 5 000 平方米，以单价每平方米 300 元销售 1 000 平方米，以单价每平方米 350 元销售 400 平方米。当月以同类型实木地板 600 平方米与甲企业换取原材料。双方约定按单价每平方米 280 元确定实木地板的价格，实木地板的消费税税率为 5%。请为该企业做出纳税筹划方案。

解析：纳税筹划前，按照税法的规定，该企业用实木地板换取原材料的行为，应以纳税人同类应税消费品的最高销售价格作为计税依据计算征收消费税。

$$应纳消费税=600\times350\times5\%=10\ 500（元）$$

纳税筹划方案：该企业先按照单价每平方米 280 元的价格将实木地板销售给甲企业，再用上述销货款购买甲企业原材料。

纳税筹划后按双方约定的价格计算消费税。

$$应纳消费税=600×280×5\%=8\,400(元)$$
$$节约的税款金额=10\,500-8\,400=2\,100(元)$$

结论：纳税人若需要用自产应税消费品换取生产资料和消费资料，投资入股或抵偿债务，应先销售应税消费品，然后再用销售款或应收债权购买生产资料和消费资料，投资入股或抵偿债务。避免按照同类应税消费品的最高销售价格作为计税依据，可以有效降低消费税税负。

（二）自产自用应税消费品销售额的纳税筹划

1. 有同类消费品销售价格的纳税筹划

对于有同类消费品销售价格的，按纳税人生产的同类消费品的销售价格作为计税销售额。其计算公式为

$$销售额=自产自用数量×同类消费品销售单价$$

同类消费品的销售价格，是指纳税人或代收代缴义务人当月销售同类消费品的销售价格；如果当月同类消费品各期销售价格高低不同，则应按销售数量加权平均计算。但销售的应税消费品有下列情况之一者，不得列入加权平均计算：销售价格明显偏低又无正当理由的；无销售价格的。如果当月无销售或当月未完结，应按照同类消费品上月或最近月份的销售价格计算纳税。

结论：纳税人在发生自产自用应税消费品行为的当月，应尽量将应税消费品销售给定价较低的客户，对定价较高的客户在条件许可的情况下推迟销售，通过使当月加权平均单价较低，来实现纳税筹划的目的。

2. 没有同类消费品销售价格的纳税筹划

没有同类消费品销售价格的，以组成计税价格作为计税销售额。其计算公式为

$$组成计税价格=(成本+利润)÷(1-比例税率)$$

对于采用组成计税价格计税的自产自用应税消费品，其成本的高低，会对应纳消费税产生直接的影响，因此纳税人应通过降低成本进行纳税筹划。

【例 7-25】 甲企业将自产的特制高档化妆品（假设此种类高档化妆品不对外销售，且无市场同类产品价格）作为福利发放给职工，该批高档化妆品的成本为 100 万元，成本利润率为 5%，消费税税率为 15%。试为甲企业做出纳税筹划方案。

解析：对于自产自用应税消费品，若无市场同类商品售价，则成本的高低直接影响组成计税价格的高低，从而影响消费税税额的高低。企业通过降低成本，可以达到降低组成计税价格的目的，从而减轻企业消费税税负。

纳税筹划前该企业应纳税情况：

$$组成计税价格=100×(1+5\%)÷(1-15\%)=123.53(万元)$$
$$应纳消费税=123.53×15\%=18.53(万元)$$

纳税筹划方案：甲企业可以通过成本控制，降低直接成本。还可以在涉及多种产品成本费用分配的情况下，通过选择合理的成本分配方法，将成本在合理范围内较多地分摊给不需要缴纳消费税的产品或按市场售价计税的应税消费品，从而相应地压缩了特制化妆品的成本，假设通过上述纳税筹划企业将成本降低为 80 万元。

纳税筹划后该企业应纳税款情况：

$$组成计税价格＝80×（1＋5\%）÷（1－15\%）＝98.82（万元）$$
$$应纳消费税＝98.82×15\%＝14.82（万元）$$
$$节约的税款金额＝18.53－14.82＝3.71（万元）$$

结论：对于没有同类消费品销售价格的应税消费品，通过降低产品成本，可以有效降低消费税税负。

五、酒类生产企业的纳税筹划

（一）酒类生产企业尽量不外购、委托加工应税消费品

外购或委托加工已税酒和酒精生产的酒（包括以外购已税白酒加浆降度，用外购已税的不同品种的白酒勾兑的白酒，用曲香、香精对外购已税白酒进行调香、调味以及外购散装白酒装瓶出售等），外购酒及酒精已纳税款或受托方代收代缴税款不准予抵扣。另外，外购已税珠宝玉石用以生产金银首饰，由于金银首饰在零售环节纳税，因此也不执行抵扣已纳消费税的规定。

结论：酒类生产企业应完善生产工艺，尽量不外购、委托加工应税消费品。上述做法同样适用于金银首饰的生产。

（二）酒类生产企业合并的纳税筹划

纳税人自产自用的应税消费品，用于连续生产应税消费品的不纳税。因此，企业内部自产的酒类应税消费品，被企业内部其他部门作为原材料使用，用于连续生产另一种酒类应税消费品的，这一环节不用缴纳消费税。

【例 7-26】　甲酒厂是一家以生产药酒为主的酒厂，适用的消费税税率为 10%，其生产药酒的原材料为某白酒，均从乙酒厂购入。每年乙酒厂需向甲酒厂提供白酒 5 000 吨，售价为 4 000 万元。白酒适用消费税比例税率为 20%，定额税率为 0.50 元/500 克。本年度甲酒厂销售药酒取得收入 6 000 万元，销售数量为 5 000 吨。药酒适用的消费税税率为 10%。试为甲酒厂作出纳税筹划方案。

解析：由于购进或委托加工的酒类或酒精，用于连续生产酒类产品，不能抵扣已纳的消费税。

纳税筹划前，甲酒厂采购乙酒厂白酒作为原料：

$$甲酒厂应纳消费税＝6 000×10\%＝600（万元）$$
$$乙酒厂应纳消费税＝4 000×20\%＋（5 000×2 000×0.50）÷10 000$$
$$＝1 300（万元）$$
$$应纳消费税合计＝600＋1 300＝1 900（万元）$$

纳税筹划方案：甲酒厂和乙酒厂合并为一个法人单位，乙酒厂作为甲酒厂的白酒生产车间，使原来企业间的购销行为转变为企业内部的原材料领用行为，从而达到规避重复缴纳消费税的目的。

纳税筹划后，甲企业并购乙酒厂。

$$并购后企业应纳消费税＝6 000×10\%＝600（万元）$$
$$应纳消费税合计＝600 万元$$

通过纳税筹划,并购后的企业少纳消费税 1 300 万元(1 900 万元－600 万元),因此,纳税筹划方案可行。

风险提示

企业在选择并购方案时,不仅要考虑降低消费税税负的优点,还要考虑企业自身是否具有兼并能力、合并对企业未来发展的影响、被兼并的企业财务状况是否良好等因素。

第八章

所得税及其他税种的纳税筹划

第一节　企业所得税的纳税筹划

企业所得税是企业主要的税种之一,是企业所有税种中专业性最强、纳税处理最复杂的一种税,具有较大的纳税筹划空间。

一、企业所得税税率的纳税筹划

企业所得税税率的纳税筹划主要是利用优惠税率,减少纳税人应纳企业所得税税额。企业所得税优惠税率包括:符合条件的小型微利企业,减按 20% 的税率征收企业所得税;国家需要重点扶持的高新技术企业,减按 15% 的税率征收企业所得税。

(一)小型微利企业的纳税筹划

2023 年 1 月 1 日至 2024 年 12 月 31 日,对年应纳税所得额的数额减按 25% 计入应纳税所得额,按 20% 的税率缴纳企业所得税。

符合条件的小型微利企业是指从事国家非限制和禁止行业,且同时符合以下三个条件的企业:①年度应纳税所得额不超过 300 万元;②从业人数不超过 300 人;③资产总额不超过 5 000 万元。

年度中间开业或者终止经营活动的,以其实际经营期作为一个纳税年度确定上述相关指标。

1. 将一般企业转化为小型微利企业

【例 8-1】 甲建筑公司主要从事建筑、安装工程和建筑装饰劳务。2023 年的应纳税所得额预计为 500 万元,其中这三项业务的应纳税所得额分别为 280 万元、120 万元和 100 万元,假设没有纳税调整项目,即税前利润正好等于应纳税所得额。公司现有职工 420 人,资产总额 5 500 万元。试为甲建筑公司作出纳税筹划方案。

解析: 纳税筹划前,应纳企业所得税＝500×25%＝125(万元)

纳税筹划方案:甲建筑公司应采用分立的方式,按三项业务分别设立三个独立法人的纳税单位,这样所设单位的应纳税所得额都满足小型微利企业的划分标准,再将这三家企业的职工人数控制在 300 人以下,资产总额控制在 5 000 万元以下。

纳税筹划后企业纳税情况：

$$建筑工程应纳企业所得税＝280×25\%×20\%＝14(万元)$$
$$安装工程应纳企业所得税＝120×25\%×20\%＝6(万元)$$
$$建筑装饰劳务应纳企业所得税＝100×25\%×20\%＝5(万元)$$
$$甲建筑公司合计应纳企业所得税总额＝14＋6＋5＝25(万元)$$
$$纳税筹划后甲建筑公司少纳企业所得税＝125－25＝100(万元)$$

结论：对于业务多元化的中小企业，应按业务类型进行分立，将企业转化为小型微利企业，实现少缴纳企业所得税的目的。

2. 使纳税人符合小型微利企业的条件

如果纳税人的应纳税所得额在小型微利企业临界点之上，可以通过增加一些合理的费用支出，使之符合小型微利企业条件。

【例 8-2】 甲企业资产总额 4 900 万元，有职工 280 人。该企业在 2023 年末预测全年实现应纳税所得额为 302 万元。假设没有纳税调整事项，即税前利润正好等于应纳税所得额。试为甲企业作出纳税筹划方案。

解析：纳税筹划前，甲企业的规模符合小型微利企业的条件，但应纳税所得额超过 300 万元，不符合小型微利企业的条件，应按 25% 的税率缴纳企业所得税。

$$应纳企业所得税＝302×25\%＝75.5(万元)$$
$$净利润＝302－75.5＝226.5(万元)$$

纳税筹划方案：甲企业可以在当年 12 月 31 日之前安排支付一笔公益性捐赠，捐赠金额为 4 万元。

纳税筹划后，甲企业的应纳税所得额＝302－4＝298(万元)，符合小型微利企业划型标准。

$$应纳企业所得税＝298×25\%×20\%＝14.9(万元)$$
$$净利润＝298－14.9＝283.1(万元)$$
$$纳税筹划后甲企业少纳企业所得税＝75.5－14.9＝60.6(万元)$$
$$纳税筹划后甲企业增加的净利润＝283.1－226.5＝56.6(万元)$$

结论：如果企业预计应纳税所得额在小型微利企业临界点附近，可增加一些合理的费用支出，使企业满足小型微利企业条件，以增加企业的净利润。

3. 应纳税所得额临界点区间的确定

为了准确掌握通过增加费用支出，使纳税人符合小型微利企业应纳税所得额的条件，应该了解临界点区间的计算。

对于满足小型微利企业资产和人数条件的小型企业，如果应纳税所得额超过 300 万元，将整体适用 25% 的税率。这时，企业所得税适用税率可以理解为全额累进税率，其临界点处的税负存在跳跃式上升的现象，在一定范围内应纳税所得额的增长额小于税负增长额。以 2022 年度小型微利企业税收优惠情况进行研究。

$$小型微利企业最高净利润＝300－[100×12.5\%×20\%＋(300－100)×25\%×20\%]$$
$$＝287.5(万元)$$
$$应纳税所得额临界点＝287.5÷(1－25\%)＝383.33(万元)$$

临界点的净利润＝383.33×(1－25％)＝287.5(万元)

结论：应纳税所得额在300万～383.33万元时，临界点区间增加的应纳税所得额小于增加的税负。企业应当尽可能避免应纳税所得额处于这一区间。

(二)享受企业所得税低税率的纳税筹划

国家需要重点扶持的高新技术企业，减按15％的税率征收企业所得税。对经认定的技术先进型服务企业，减按15％的税率征收企业所得税。对于企业通过享受企业所得税低税率实现纳税筹划目的来说，相关资格的认定，是纳税筹划的关键。

1. 了解相关资格条件要求

(1)国家需要重点扶持的高新技术企业，是指拥有核心自主知识产权，并同时符合下列条件的企业。

① 企业申请认定时须注册成立一年以上。

② 企业通过自主研发、受让、受赠、并购等方式，获得对其主要产品(服务)在技术上发挥核心支持作用的知识产权的所有权。

③ 对企业主要产品(服务)发挥核心支持作用的技术属于《国家重点支持的高新技术领域》规定的范围。

④ 企业从事研发和相关技术创新活动的科技人员占企业当年职工总数的比例不低于10％。

⑤ 企业近三个会计年度(实际经营期不满三年的按实际经营时间计算)的研究开发费用总额占同期销售收入总额的比例符合规定要求。

⑥ 近一年高新技术产品(服务)收入占企业同期总收入的比例不低于60％。

⑦ 企业创新能力评价应达到相应要求。

⑧ 企业申请认定前一年内未发生重大安全、重大质量事故或严重环境违法行为。

(2)享受符合规定的企业所得税优惠政策的技术先进型服务企业，必须同时符合以下条件：

① 在中国境内(不包括港、澳、台地区)注册的法人企业。

② 从事《技术先进型服务业务认定范围(试行)》中的一种或多种技术先进型服务业务，采用先进技术或具备较强的研发能力。

③ 具有大专以上学历的员工占企业职工总数的50％以上。

④ 从事《技术先进型服务业务认定范围(试行)》中的技术先进型服务业务取得的收入占企业当年总收入的50％以上。

⑤ 从事离岸服务外包业务取得的收入不低于企业当年总收入的35％。

2. 按规定程序办理资格认定

(1)高新技术企业资格的审批权限由省科技厅、财政厅、税务局联合审批。高新技术企业的认定程序包括：自我评价、注册登记、准备并提交材料、组织审查与认定及颁布证书五个环节。企业在进行高新技术企业的认定中，拥有核心知识产权是通过认证的关键。

(2)符合条件的技术先进型服务企业应向所在省级科技部门提出申请，由省级科技部门会同本级商务、财政、税务和发展改革部门联合评审后发文认定,并将认定企业名单及有关情况通过科技部"全国技术先进型服务企业业务办理管理平台"备案,科技部与商务部、财政部、税务总局和国家发展改革委共享备案信息。符合条件的技术先进型服务企业须在商务部"服务贸易统计监测管理信息系统(服务外包信息管理应用)"中填报企业基本信息,按时报送数据。

3. 享受低税率的优惠

(1)具备资格的高新技术企业,持"高新技术企业证书"和有关资料,向主管税务机关申请办理减免税手续。

(2)经认定的技术先进型服务企业,持相关认定文件向所在地主管税务机关办理享受企业所得税优惠政策事宜。

二、收入的纳税筹划

企业的收入总额包括以货币形式和非货币形式从各种来源取得的收入,企业应纳税所得额计算中的收入总额,同会计核算中收入总额存在个别不同,上述不同为企业纳税筹划提供了空间。

(一)营业收入的纳税筹划

1. 推迟收入的确认时点

(1)选择适当的结算方式,避免垫付税款

企业应根据具体情况选择适当的销售结算方式,避免垫付税款,同时应尽量推迟确认销售收入,以达到延缓纳税的目的。

(2)通过签订分期收款销售合同,实现递延纳税

对销售金额较大,不能一次性收到所有销售款的,在签订销售合同时应选择分期收款销售方式,让法定收入确认时间与实际收款时间一致或晚于实际收款时间,使企业获得较为充足的现金纳税,并享受该笔资金差额的时间价值。

(3)赊销产品应在收到销售款时再开具发票

赊销产品应尽量不开具销售发票,在收到货款时再开具销售发票并确认收入,以免垫付税款。

(4)在合理合法的前提下,将年终发生的销售推迟到次年确认收入

企业还应特别注意临近年终所发生的销售确认时点的筹划,比如,采用直接收款方式销售货物的,可以通过推迟收款时间或推迟提货单的交付时间,把收入确认时点延至次年,获得延迟纳税的利益。

2. 采用合理的收入确认方法

企业受托加工制造大型机械设备、船舶、飞机等,以及从事建筑、安装、装配工程业务或者提供劳务等,持续时间超过 12 个月的,按照纳税年度内完工进度或者完成的工作量确认收入的实现,即采用完工百分比法确认收入。纳税人应慎重确认完工比例,以避免提前纳税。

【例 8-3】 某软件开发公司于本年 2 月 1 日为客户开发一项软件,工期大约 15 个月,

合同总收入 300 万元，估计的开发总成本为 120 万元。至本年末，已发生开发成本 75 万元；已提供的劳务量占估计的工程总量 70%；经专业测量师测量，软件的开发程度为 65%。试从纳税筹划的角度考虑，该公司应选择哪种方法确认完工程度。

解析：

（1）根据对已完工的测量确定，完工程度为 65%。

$$应确认的收入 = 300 \times 65\% = 195（万元）$$

（2）按已提供的劳务量占估计的工程总量的百分比确定，完工程度为 70%。

$$应确认的收入 = 300 \times 70\% = 210（万元）$$

（3）按已发生的工程成本占估计总成本的百分比确定。

$$完工程度 = 75 \div 120 \times 100\% = 62.50\%$$

$$应确认的收入 = 300 \times 62.50\% = 187.50（万元）$$

该公司应选择按已发生的工程成本占估计总成本的百分比确定完工程度，该方法确认的收入最少，可以避免垫付税款的情况发生。

结论：对于有多种方法测算完工程度的，企业应选择计算的完成程度最低的方法。

（二）不征税收入的纳税筹划

不征税收入主要包括：财政拨款、依法收取并纳入财政管理的行政事业性收费、政府性基金及国务院规定的其他不征税的收入。不征税收入必须同时符合以下三个条件：企业能够提供规定资金专项用途的资金拨付文件；财政部门或其他拨付资金的政府部门对该资金有专门的资金管理办法或具体管理要求；企业对该资金以及以该资金发生的支出单独进行核算。同时，企业的不征税收入用于支出所形成的费用，不得在计算应纳税所得额时扣除；企业的不征税收入用于支出所形成的资产，其计算的折旧、摊销不得在计算应纳税所得额时扣除。企业对不征税收入进行纳税筹划应主要从以下两个角度进行。

1. 盈利企业取得财政拨款应做不征税收入处理

盈利企业取得财政拨款应做不征税收入，可以获得货币时间价值，企业应对该资金以及以该资金发生的支出单独进行核算。

2. 企业存在未弥补亏损且亏损年度将够 5 年的，应将财政拨款做征税收入处理

【例 8-4】 某企业 2022 年取得财政拨款 600 万元，2017 年亏损 700 万元，目前只弥补了 50 万元，在不考虑财政拨款的情况下，2022 年企业的应纳税所得额预计为 20 万元。该企业应如何处理这笔财政拨款。

解析：将不征税收入用于支出所形成的费用，不得在计算应纳税所得额时扣除；用于支出所形成的资产，其计算的折旧、摊销不得在计算应纳税所得额时扣除。

如果将财政拨款确认为不征税收入，企业 2022 年不需要缴纳企业所得税，但未来形成的支出均不可在税前扣除，且 2017 年的亏损将不能得到弥补。该项收入对于应纳税所得额的影响为 0。

如果确认为征税收入，企业 2022 年的应纳税所得额为 620 万元（600+20），弥补 2017 年亏损后当年的应纳税额为 -30 万元 [620-（700-50）]，仍然不需要缴纳企业所得税，但以后年度形成的支出（或折旧或者摊销）可以在税前扣除。

结论：企业存在未弥补亏损且亏损年度将够 5 年的，应将财政拨款做征税收入处理。

三、扣除项目的纳税筹划

（一）工资薪金的纳税筹划

税法规定，企业发生的合理的工资薪金支出，准予扣除。企业发生的职工福利费、职工教育经费、拨缴的工会经费，分别在不超过工资薪金总额 14％、8％、2％ 以内的部分，准予扣除；对职工教育经费超过限额的部分，准予在以后纳税年度结转扣除。企业在工资薪金的纳税筹划中要注意以下几点。

1. 保证工资薪金支付的合理性

判断工资薪金的合理性，主要从雇员实际提供的服务与报酬总额在数量上是否配比合理进行，凡是符合企业生产经营活动常规而发生的工资薪金支出都可以在税前据实扣除。因此，企业在进行税前抵扣工资支出时，一定要注意参考同行业的正常工资水平。

2. 取得合法的扣除凭证

对于建立工会组织的纳税人，按规定向工会拨缴经费，凭工会组织开具的"工会经费拨缴款专用收据"税前扣除。否则不得税前扣除。

3. 软件生产企业应加大职工培训费用的支出

由于软件生产企业的职工培训费用，可按实际发生额在计算应纳税所得额时扣除。因此，软件生产企业在条件允许的情况下，应加大职工培训费用的支出，以降低企业的应纳税所得额。

4. 为职工缴存住房公积金，以减少应纳税所得额

企业依照国务院有关主管部门或者省级人民政府规定的范围和标准为职工缴纳的基本养老保险费、基本医疗保险费、失业保险费，工伤保险费，生育保险费等基本社会保险费和住房公积金，准予扣除。由于住房公积金的缴存不像基本社会保险的强制性那样强，很多私营企业没有为员工缴存住房公积金。私营企业可以根据政策规定的最低标准以较少的支出缴存住房公积金达到少缴企业所得税的效果，同时还可增加职工的收入。

（二）存货计价方法选择的纳税筹划

纳税人的各种存货应以取得时的实际成本计价。企业发出存货成本的计算方法，可以在先进先出法、加权平均法、个别计价法中选用一种。计价方法一经选用，不得随意变更。

在物价变动的情况下，由于不同的存货计价方法可以通过改变销售成本，继而影响应纳税所得额，因此，纳税人可以通过采用不同的计价方法对发出存货的成本进行筹划，根据自己的实际情况选择使本期发出存货成本最有利于纳税筹划的存货计价办法。在不同企业或企业处于不同的盈亏状态下，应选择不同的存货计价方法。

1. 盈利企业存货计价方法的选择

盈利企业的存货成本可以最大限度地在本期应纳税所得额中税前抵扣，因此应选择能使本期成本最大化的计价方法。一般来说，原材料的价格是不断上涨的，采用先进先出法核算发出存货的成本，计入成本、费用的金额相对较低，当期利润较高，应纳企业所得税也就较高,因此在物价上升的情况下,一般应选择加权平均法。在通货紧缩、物价下跌时期,应选择先进先出法。

2. 亏损企业存货计价方法的选择

亏损企业选择存货计价方法应与亏损弥补情况相结合。选择的计价方法,必须使不能得到或不能完全得到税前弥补的亏损年度的成本费用降低,使成本费用延迟到以后能够完全得到抵补的时期,保证成本费用的抵税效果得到最大限度的发挥。

3. 享受税收优惠的企业存货计价方法的选择

如果企业正处于企业所得税的减税或免税期,应选择减免税优惠期间内存货成本最小化的计价方法,扩大当期利润。即在物价上涨的情况下,企业在减免税期间应采用先进先出法核算发出存货成本,增加当期利润,以享受减免税优惠;相反,对于不享受减免税优惠的企业,应选择使得存货成本最大化的计价方法,即在物价上涨的情况下,应采用加权平均法核算发出存货成本,以达到减少当期利润,推迟纳税期的目的。

风险提示

> 企业应根据实际情况选择存货计价方法。同时注意存货计价方法一经选定,不得随意变更。

（三）固定资产计提折旧的纳税筹划

固定资产通过计提折旧影响损益,影响固定资产计提折旧的因素主要包括:固定资产计提折旧的方法、固定资产原值、折旧年限和预计净残值等因素。我国税法对计提折旧有比较严格的规定,要求采用直线法计提,并对不同固定资产规定了最低折旧年限,此时的固定资产计提折旧的纳税筹划空间不大。但国家不断推出的固定资产加速折旧政策,为固定资产计提折旧提供了较大的纳税筹划空间。折旧的纳税筹划主要研究盈利企业如何通过计提折旧降低当期税负,获取资金时间价值。

1. 通过合理合法手段使固定资产的价值尽早抵减利润

（1）折旧是在未来较长时间内陆续计提抵减利润的,新增成套的固定资产的可以将其易损件、小配件单独开具发票,作为低值易耗品入账,在领用时直接或分次计入当期成本费用,尽早降低当期的应纳税所得额。

（2）对于在建工程,应尽可能早地转入固定资产,以便尽早计提折旧。如果整体工程建设工期较长,但完工部分已投入使用,可对该部分进行分项决算,以便尽早转入固定资产账户。

2. 避免对未足额提取折旧的房屋、建筑物进行推倒重置的改扩建

对房屋、建筑物固定资产推倒重置,根据《企业会计准则》属于两笔业务,一是固定资产清理,二是新建固定资产。而税法规定,企业对房屋、建筑物固定资产在未足额提取折旧前进行属于推倒重置改扩建的,该资产原值减除提取折旧后的净值,应并入重置后的固定资产计税成本。

税法主要是出于对企业所得税和房产税征管的考虑做出上述规定。如果按照会计规定进行税务处理,推倒后产生的固定资产损失将减少当年应纳税所得额;新建固定资产的计税基础不包括未足额提取折旧部分的价值,会减少房产税的计税基础,会使企业愿意采用推倒重置的方法进行固定资产建造,不利于资源的充分利用,并造成不必要的浪费。

【例 8-5】　甲企业有一临街门市房,账面原价 900 万元,已计提折旧 720 万元。因当时建造的比较简陋,现在该地段增值空间较大,甲企业决定将其推倒重置,预计建造新门市房将发生支出 1 200 万元,甲企业所得税税率为 25%,假设不考虑清理费和变现残值等其他因素。试为该企业作出纳税筹划方案。

解析:纳税筹划前,企业在门市房未足额提取折旧前推倒重置。按照税法规定,固定资产的账面净值 180 万元(900－720),不可以抵减当期应纳税所得额,应并入重置后的固定资产计税成本。

纳税筹划方案:该企业可以将门市房进行简单的维修,发生的维修费可以直接抵减当期应纳税所得额,将门市房坚持使用到提足折旧。

纳税筹划后,固定资产的账面净值 180 万元,以折旧的形式计入当期损益,可以直接抵减当期应纳税所得额,减少应纳所得税税额 45 万元(180×25%),实现了递延纳税,获取了资金时间价值。

3. 按税法规定的最低折旧年限计提折旧

折旧年限的长短不能从总额上影响企业所得税税负,但考虑资金时间价值,从纳税筹划的角度来看,企业应按税法规定的最低折旧年限计提折旧。

4. 企业应在合理范围内将预计净残值设定为较低金额

企业应在合理范围内将预计净残值设定为较低金额,但没有确切证据证明固定资产报废时没有任何剩余价值,企业不要把预计净残值设定为零,以免产生纳税筹划风险。

5. 采用缩短折旧年限的方法进行加速折旧

全部制造业及信息传输、软件和信息技术服务业的企业,享受固定资产加速折旧优惠政策。符合固定资产加速折旧政策的企业,可以在缩短折旧年限或采取加速折旧中选择折旧计算方法。缩短折旧年限允许按不低于企业所得税法规定的最低折旧年限的 60% 缩短折旧年限,加速折旧包括双倍余额递减法或年数总和法。从纳税筹划的角度来看,符合加速折旧政策的企业,缩短折旧年限对企业更为有利,因为加速折旧只增加了前期的折旧额,而整体折旧年限并没有缩短。

6. 灵活运用固定资产一次性税前扣除优惠政策

企业在 2018 年 1 月 1 日至 2023 年 12 月 31 日期间新购进的设备、器具,单位价值不超过 500 万元的,允许一次性计入当期成本费用在计算应纳税所得额时扣除,不再分年度计算折旧。从投入使用的月份的次月所属年度一次性税前扣除;单位价值超过 500 万元的,仍按税法相关规定计提折旧。设备、器具,是指除房屋、建筑物以外的固定资产。从纳税筹划的角度来看,新购进的单位价值不超过 500 万元的设备、器具一次性税前扣除,可以有效获取资金的时间价值,另外,如果在小型微利企业临界点附近,其节税力度将更大。

【例 8-6】　某企业满足小型微利企业资产和人数的要求,2023 年的应纳税所得额预计为 380 万元。企业准备在 2023 年 12 月份购入一台价值 100 万元的设备并投入使用。

为该企业做出纳税筹划方案。

解析：由于该企业应纳所得税额为 380 万元，超过小微企业标准，不能享受小微企业优惠政策

$$应纳企业所得税 = 380 \times 25\% = 95(万元)$$

纳税筹划方案：该企业在 2023 年 11 月份购入这台价值 100 万元的设备并投入使用，并选择从投入使用的月份的次月所属年度一次性税前扣除固定资产价值，则该企业的应纳税所得额为 280 万元，符合小微企业标准。

$$应纳企业所得税款 = 280 \times 25\% \times 20\% = 14(万元)$$
$$少缴纳企业所得税 = 95 - 14 = 81(万元)$$

（四）业务招待费的纳税筹划

1. 确认业务招待费的节税临界点

《企业所得税法实施条例》规定，企业发生的与生产经营活动有关的业务招待费支出，按照实际发生额的 60% 扣除，但最高不得超过当年销售（营业）收入的 5‰。

根据业务招待费的扣除规定，无论企业开支多少业务招待费，至少有 40% 的费用不能在企业所得税税前扣除；如果发生额的 60% 超过了当年销售收入的 5‰，不得在所得税前扣除的费用比例会更高。

业务招待费可以税前扣除的最高限额为当年销售（营业）收入的 5‰。企业可以通过建立实际发生额的 60% 与当年销售（营业）收入 5‰ 相等的等式，确认业务招待费的发生额。此时的业务招待费发生额，为业务招待费节税临界点，此时企业既能充分使用业务招待费的限额又可以减少纳税调整事项。

设销售（营业）收入为 X，业务招待费的发生额为 Y：

$$Y \cdot 60\% = X \cdot 5‰$$
$$Y = X \cdot 8.33‰$$

当业务招待费实际发生额等于销售（营业）收入的 8.33‰ 时，企业税前扣除的业务招待费达到最高扣除限额。盈利企业在进行纳税筹划时，应使业务招待费实际发生额大于或等于销售（营业）收入的 8.33‰，由于业务招待费对应的发票比较容易取得，因此企业可以多抵减利润，减少应纳所得税金额。

2. 实现业务招待费的转换

业务招待费与会议经费、业务宣传费存在着可以相互替代、相互交叉的项目内容。这为业务招待费与其他费用项目的相互转化提供了纳税筹划空间。企业可以考虑将部分业务招待费转为业务宣传费。比如，一般情况下，外购礼品用于赠送应作为业务招待费，但如果礼品印有企业标记，对企业的形象、产品有宣传作用的，也可以作为业务宣传费。企业可以通过业务招待费的转换，实现纳税筹划目标。

【例 8-7】 甲企业预计本年销售（营业）收入为 12 000 万元，全年广告费和业务招待费预算支出 1 200 万元，其中广告费和业务宣传费预计 1 000 万元，业务招待费预计 200 万元，其他可税前扣除的支出为 8 000 万元。请对业务招待费进行纳税筹划。

解析：广告费和业务宣传费支出的扣除限额 = 12 000 × 15% = 1 800（万元），广告费

和业务宣传费支出的实际发生额 1 000 万元,可据实扣除。

$$业务招待费的扣除限额 = 12\,000 \times 5‰ = 60(万元)$$
$$业务招待费实际发生额的 60\% = 200 \times 60\% = 120(万元)$$

业务招待费可以税前扣除金额为 60 万元,其实际发生额为 200 万元,需调增应纳税所得额 140 万元(200−60)。

$$应纳企业所得税 = (12\,000 - 1\,000 - 200 + 140 - 8\,000) \times 25\% = 735(万元)$$
$$净利润 = 12\,000 - 1\,000 - 200 - 8\,000 - 735 = 2\,065(万元)$$

纳税筹划分析:当业务招待费实际发生额等于销售(营业)收入的 8.33‰ 时,企业税前扣除的业务招待费达到最高扣除限额。此时

$$业务招待费实际发生额 = 12\,000 \times 8.33‰ = 100(万元)$$

纳税筹划方案:企业在不影响经营的前提下,调减业务招待费至 100 万元,同时调增广告费和业务宣传费至 1 100 万元。

广告费和业务宣传费的扣除限额为 1 800 万元,1 100 万元可据实扣除。

业务招待费的扣除限额为 60 万元,需调增应纳税所得额 40 万元(100−60)。

$$应纳企业所得税 = (12\,000 - 1\,100 - 100 + 40 - 8\,000) \times 25\% = 710(万元)$$
$$净利润 = 12\,000 - 1\,100 - 100 - 8\,000 - 710 = 2\,090(万元)$$

少纳企业所得税 25 万元(735−710),多获净利润 25 万元(2 090−2 065)。

风险提示

> 企业在业务招待费的转换过程中应注意,业务招待费与广告费、业务宣传费合理转换的前提是在准确把握会计原则的基础上正确归集费用,切不可随意将不符合会计政策规定的业务招待费归集为业务宣传费。

(五)公益性捐赠支出的纳税筹划

1. 准确把握公益性捐赠的界定

企业可以享受税前扣除的捐赠支出必须是《中华人民共和国公益事业捐赠法》中规定的公益事业捐赠支出。具体捐赠范围包括:救助灾害、救济贫困、扶助残疾人等困难的社会群体和个人的活动,教育、科学、文化、卫生、体育事业,环境保护、社会公共设施建设,促进社会发展和进步的其他社会公共和福利事业四个方面。企业和个人发生的上述范围之外的捐赠支出均不属于公益救济性捐赠支出,不能享受公益性捐赠支出相应的优惠政策。

2. 必须通过符合规定的非营利组织或者国家机关进行捐赠

企业必须通过符合规定的非营利组织或者国家机关实施捐赠,企业应提供省级以上(含省级)财政部门印制并加盖接受捐赠单位印章的公益性捐赠票据,或加盖接受捐赠单位印章的"非税收入一般缴款书"收据联,方可按规定进行税前扣除。

3. 将捐赠金额控制在利润总额的 12% 以内

企业发生的公益性捐赠支出,在年度利润总额 12% 以内的部分,准予在计算应纳税所得额时扣除。超过年度利润总额 12% 的部分,准予结转以后三年内在计算应纳税所得

额时扣除。超过部分的公益性捐赠虽然可以结转，但从资金时间价值考虑还是应将捐赠金额控制在利润总额的 12% 以内，保证捐赠金额可以全部税前扣除。

【例 8-8】 甲企业本年度计划直接向当地贫困地区捐赠 400 万元，预计本年度全年实现会计利润总额为 1 840 万元（已扣除上述捐赠 400 万元），假设除此以外无其他纳税调整项目。请对捐赠行为进行纳税筹划。

解析： 纳税筹划前，企业直接向受赠人进行捐赠，不满足公益性捐赠的条件，其捐赠支出不允许在计算应纳税所得额时扣除。

$$甲企业应纳企业所得税＝（1 840＋400）×25\%＝560（万元）$$
$$甲企业的净利润＝1 840－560＝1 280（万元）$$

纳税筹划分析如下。

捐赠方式：甲企业应通过符合规定的非营利组织或国家机关向当地贫困地区进行捐赠，这样将满足公益性捐赠的条件。

捐赠金额：公益性捐赠支出在年度利润总额 12% 以内的部分，准予在计算应纳税所得额时扣除，设年度利润总额 12% 的捐赠数额为 X，则

$$（1 840＋400－X）×12\%＝X$$

通过计算，得 $X＝240$ 万元。

纳税筹划方案：甲企业应通过符合规定的非营利组织或国家机关向灾区捐赠 240 万元。纳税筹划后，甲企业 2020 年净利润的计算过程如下：

$$会计利润总额＝1 840＋400－240＝2 000（万元）$$
$$捐赠支出的扣除限额＝2 000×12\%＝240（万元）$$
$$甲企业应纳企业所得税＝2 000×25\%＝500（万元）$$
$$甲企业的净利润＝2 000－500＝1 500（万元）$$

甲企业可以少缴企业所得税 60 万元（560－500），增加净利润 220 万元（1 500－1 280）。

4. 捐赠时机的把握

企业应选择企业会计利润较高的期间进行公益性捐赠，既可以取得更高的税前扣除限额，降低纳税人应纳企业所得税金额，又可以实现企业的社会效益。

（六）长期待摊费用的纳税筹划

（1）已足额提取折旧的固定资产发生的改建支出，在合理合法的前提下，将预计尚可使用年限估计得较低，可以增加当期的摊销额，降低当期的应纳税所得额。

（2）对租入的固定资产，在签订租赁合同时，不要将租赁期限约定得太长。这样，租入固定资产的改建支出按照合同约定的剩余租赁期限分期摊销，可以增加当期的摊销额，降低当期的应纳税所得额。

（3）在对固定资产进行大修理时，应控制大修理支出，使其不要超过取得固定资产时计税基础的 50%。这样，不满足大修理的确认条件，便可以作为日常修理处理，直接计入当期成本费用，降低当期的应纳税所得额。

【例 8-9】 某公司本年 9 月份对一条生产线进行大修理，12 月份完工。该生产线原值及计税基础均为 6 000 万元，共发生修理费 3 060 万元，其中人工费 600 万元，更换各种

零部件支出 1 500 万元,更换一台设备价值 960 万元。修理后固定资产的使用寿命可以延长 3 年,尚可使用 5 年。假设当年该公司实现利润 4 500 万元(未考虑大修理的影响),不考虑其他纳税调整事项,试为该企业做出纳税筹划方案。

解析:纳税筹划前,该公司的修理方案发生修理费 3 060 万元,占固定资产计税基础的 51%(3 060÷6 000×100%),超过固定资产取得时计税基础的 50%,且修理后固定资产的使用寿命可以延长 3 年,满足固定资产大修理的条件,对生产线的修理属于大修理,发生的 3 060 万元修理费按照固定资产尚可使用年限分期摊销。

本年应摊销的大修理费＝3 060÷5÷12＝51(万元)

本年应纳企业所得税＝(4 500－51)×25%＝1 112.25(万元)

纳税筹划方案:该公司应控制大修理支出,使其不要超过取得固定资产时计税基础的 50%,在不满足大修理的确认条件,便可以作为日常修理处理。具体来说,该公司不应该在此次修理过程中更换设备,待修理完成后,在 2020 年 1 月份再更换设备,也能满足生产经营的需要。

纳税筹划后,修理费为 2 100 万元(600＋1 500),占固定资产计税基础的 35%(2 100÷6 000×100%),未超过 50%,属于日常修理,修理费可通过直接计入当期成本费用来降低当期的应纳税所得额。

本年应纳企业所得税＝(4 500－2 100)×25%＝600(万元)

纳税筹划后少纳企业所得税＝1 112.25－600＝512.25(万元)

结论:企业在对固定资产进行大修理时,应控制大修理支出,使其不要超过取得固定资产时计税基础的 50%,这样便可以减少当期应纳企业所得税,获得资金时间价值收益。

四、企业所得税应纳税额的纳税筹划

(一)集团公司应将亏损子公司变更为分公司

企业集团的子公司具有法人资格,能够独立承担法律责任,是独立的法律主体和纳税主体。企业集团下属的分公司不具有法人资格,不能独立承担法律责任。税法规定,居民企业在中国境内设立不具有法人资格的分公司的,应当同总公司汇总计算并缴纳企业所得税。因此,对于一些存在亏损子公司的企业集团,可以通过工商变更,撤销下属子公司的法人资格,将其变更为分公司,从而汇总缴纳企业所得税,达到少缴企业所得税的目的。

【例 8-10】 某集团公司本年预计总部实现利润为 800 万元,下属 A 公司盈利 200 万元,B 公司盈利 300 万元,C 公司亏损 400 万元。上述公司均为独立法人单位,所得税率为 25%,试为该集团公司作出纳税筹划方案。

解析:纳税筹划前,各公司应纳企业所得税情况为

集团公司总部应纳企业所得税＝800×25%＝200(万元)

A 公司应纳企业所得税＝200×25%＝50(万元)

B 公司应纳企业所得税＝300×25%＝75(万元)

C 公司亏损,不需要缴纳企业所得税。

　　集团公司应纳企业所得税总额＝200＋50＋75＝325(万元)

　　纳税筹划方案：集团公司将下属的 A、B、C 公司撤销法人资格,变更为分公司,汇总缴纳企业所得税。也可以只撤销 C 公司法人资格,与 C 公司汇总纳税。

　　纳税筹划后,该集团公司应纳企业所得税情况为

　　集团公司应纳企业所得税总额＝(800＋200＋300－400)×25％＝225(万元)

　　通过纳税筹划,集团公司少纳企业所得税 100 万元(325－225)。

(二) 预缴企业所得税的纳税筹划方法

1. 纳税人应争取采用按季度预缴企业所得税的方法

　　企业所得税分月或者分季预缴,由税务机关具体核定,但是纳税人应尽量向当地税务机关申请,争取核定为按照季度预缴企业所得税。

2. 根据企业的实际情况,确定最佳的预缴方法

　　当纳税人的应纳税所得额处于上升状态时,选择按上一年度应纳税所得额的一定比例预缴企业所得税,对纳税人比较有利;当纳税人的应纳税所得额处于下降趋势时,选择按实际利润额预缴企业所得税,对纳税人比较有利。

3. 合理控制预缴金额,尽量避免多预缴税款

　　纳税人经常受市场和季节等因素的影响,其收入具有一定的不确定性,一般会出现上半年收入较多但支出较少,而下半年收入较少但支出较多的情况。由于发票已经开出,确认收入必须纳税,结果到年终发现纳税人多纳了很多企业所得税。纳税人多纳的企业所得税可以抵顶下一年度应纳企业所得税税款,如果抵缴后仍有结余的,或下一年度发生亏损的,才允许办理税款退库。如果多预缴税款,会造成企业资金被占用,损失了资金的时间价值。纳税人应力争年终不存在多预缴税款的现象。

　　【例 8-11】　某企业经税务机关核定是按季度申报缴纳企业所得税,所得税率为 25％。今年第一季度产品正值销售旺季,第一季度的应纳税所得额为 200 万元,而第二季度进入销售淡季,第二季度的应纳税所得额为－120 万元,试为该企业作出纳税筹划方案。

　　解析： 纳税筹划前,因该企业收入不均衡,第一季度预缴较多的企业所得税,而第二季度亏损,出现企业多预缴企业所得税的情况。

　　　　该企业应预缴的企业所得税＝200×25％＝50(万元)

　　纳税筹划方案：该企业应在第一季度增加成本费用的列支,比如将第二季度的一些成本费用计入第一季度,使该企业第一季度应纳税所得额减少 120 万元纳税筹划后,该企业一季度应纳税所得额减少 120 万元。

　　　　该企业应预缴的企业所得税＝(200－120)×25％＝20(万元)

　　　　该企业少预缴的企业所得税＝50－20＝30(万元)

(三) 企业所得税征收方式的纳税筹划方法

　　(1) 如果能够预测到企业今后会发生亏损或盈利的数额很少,应该规范财务核算和会计处理,达到税务机关的要求,向当地税务机关申请采用查账征收方式。

　　【例 8-12】　某建筑业企业因建设工期长,业务地点不固定等原因,税务机关对其采

取核定应税所得率方式征收企业所得税。假设税务机关规定当地建筑业应税所得率为8%,该企业本年实现营业收入1 000万元,由于建筑业原材料涨价,人工成本提高,该企业计算的应纳税所得额为32万元。试为该企业作出纳税筹划方案。

解析:纳税筹划前,该企业采用核定应税所得率的方式征收企业所得税。

$$应纳税所得额＝1\,000×8\%＝80(万元)$$
$$本年应纳企业所得税金额＝80×25\%＝20(万元)$$

由于按照核定应税所得率计算的应纳税所得额,高于该企业实际的应纳税所得额,该企业应采用查账征收的方式。

纳税筹划方案:该企业应该规范财务核算和会计处理,做到账证健全,达到税务机关查账征收方式的要求,向当地税务机关申请采用查账征收方式。

纳税筹划后,该企业采用查账征收方式征收企业所得税。

$$应纳企业所得税金额＝32×25\%＝8(万元)$$
$$纳税筹划节约税额＝20-8＝12(万元)$$

(2) 如果纳税人的实际利润率比应税所得率高,应该选择核定征收方式。

(3) 当主营业务的应税所得率明显低于其他业务时,纳税人可以通过合并拥有其他业务的企业,降低整体税负。反之,当主营业务的应税所得率明显高于其他业务时,纳税人可以通过分立其他业务,以降低整体税负。

【例8-13】 经营酒店的甲公司和经营KTV的乙公司均能正确核算(查实)收入总额,但不能正确核算(查实)成本费用总额,适用核定应税所得率方式缴纳企业所得税。本年甲公司取得餐饮收入800万元,乙公司取得娱乐收入500万元。当地餐饮业应税所得率为10%,娱乐业为20%。

解析:纳税筹划前应纳企业所得税情况:

$$甲公司应纳企业所得税金额＝800×10\%×25\%＝20(万元)$$
$$乙公司应纳企业所得税金额＝500×20\%×25\%＝25(万元)$$
$$两公司合计应纳企业所得税金额＝20+25＝45(万元)$$

纳税筹划方案:将甲公司与乙公司合并,设立为丙公司,经营业务和经营收入不变。新设的丙公司,餐饮业营业收入800万元,高于娱乐业营业收入500万元,该公司主营项目应为餐饮业,适用10%的应税所得率。

纳税筹划后应纳企业所得税情况:

$$丙公司应纳企业所得税金额＝(800+500)×10\%×25\%＝32.50(万元)$$
$$通过合并少纳企业所得税的金额＝45-32.50＝12.50(万元)$$

【例8-14】 某娱乐城经营KTV和餐饮服务,其中娱乐业收入900万元,餐饮收入800万元,税务机关规定的餐饮业应税所得率为10%,娱乐业为20%。试为该娱乐城做出纳税筹划方案。

解析:纳税筹划前,娱乐业收入高于餐饮业,该公司主营项目应为娱乐业,适用20%的应税所得率。

$$娱乐城应纳企业所得税金额＝(900+800)×20\%×25\%＝85(万元)$$

纳税筹划方案:将娱乐城分立为两个法人单位,分别经营餐饮业和娱乐业,分别适用不同的应税所得率。

纳税筹划后应纳企业所得税情况为

餐饮业应纳企业所得税金额＝800×10％×25％＝20(万元)

娱乐业应纳企业所得税金额＝900×20％×25％＝45(万元)

通过分立少纳企业所得税金额＝85－(20＋45)＝20(万元)

五、利用企业所得税税收优惠政策的纳税筹划

(一) 利用产业优惠政策的纳税筹划

1. 了解相关政策规定

《企业所得税法》规定,企业的下列所得,可以免征、减征企业所得税：

(1) 从事农、林、牧、渔业项目的所得；

(2) 从事国家重点扶持的公共基础设施项目投资经营的所得；

(3) 从事符合条件的环境保护、节能节水项目的所得；

(4) 符合条件的技术转让所得。

2. 利用产业优惠政策进行纳税筹划应注意的问题

(1) 单独核算优惠项目所得

企业在利用上述规定进行纳税筹划时,应注意单独核算优惠项目所得。因为《企业所得税实施条例》规定,企业同时从事适用不同企业所得税待遇项目的,其优惠项目应当单独计算所得,并合理分摊企业的期间费用；没有单独计算的,不得享受企业所得税优惠。

(2) 严格按规定条件享受优惠政策

产业优惠政策是为了促进相关产业的健康发展,对享受相关优惠政策有明确的条件,只有满足规定条件,才可以享受税收优惠政策。纳税人必须严格按规定执行,避免发生因不符合规定条件而不得享受税收优惠政策的情况发生,这不仅会影响纳税人的纳税信用,还可能发生被加收滞纳金等税务处罚。

(二) 利用加计扣除优惠政策的纳税筹划

1. 了解相关政策规定

《企业所得税法》规定,企业的下列支出,可以在计算应纳税所得额时加计扣除：

(1) 开发新技术、新产品、新工艺发生的研究开发费用；

(2) 安置残疾人员及国家鼓励安置的其他就业人员所支付的工资。

(3) 企业投入基础研究的支出。

2. 研究开发费用加计扣除应注意的问题

(1) 明确研发费用加计扣除政策的适用范围

适用行业：除烟草制造业、住宿和餐饮业、批发和零售业、房地产业、租赁和商务服务业、娱乐业以外,其他企业均可享受。

适用活动：企业为获得科学与技术新知识,创造性运用科学技术新知识,或实质性改进技术、产品(服务)、工艺而持续进行的具有明确目标的系统性活动。

（2）明确加计扣除比率

企业开展研发活动中实际发生的研发费用，未形成无形资产计入当期损益的。

在按规定据实扣除的基础上，自 2023 年 1 月 1 日起，再按照实际发生额的 100% 在税前加计扣除；形成无形资产的，自 2023 年 1 月 1 日起，按照无形资产成本的 200% 在税前摊销。

3. 企业支付残疾人员工资加计扣除应注意的问题

企业安置残疾人员所支付的工资费用，在按照支付给残疾职工工资据实扣除的基础上，按照支付给残疾职工工资的 100% 加计扣除。

（1）残疾人员的界定

残疾人员的范围适用《中华人民共和国残疾人保障法》的有关规定。

（2）企业应同时具备的条件

企业享受安置残疾职工工资 100% 加计扣除应同时具备如下条件：

① 依法与安置的每位残疾人签订了 1 年以上（含 1 年）的劳动合同或服务协议，并且安置的每位残疾人在企业实际上岗工作。

② 为安置的每位残疾人按月足额缴纳了企业所在区县人民政府根据国家政策规定的基本养老保险、基本医疗保险、失业保险和工伤保险等社会保险。

③ 定期通过银行等金融机构向安置的每位残疾人实际支付了不低于企业所在区县适用的经省级人民政府批准的最低工资标准的工资。

④ 具备安置残疾人上岗工作的基本设施。

【例 8-15】　甲工业企业因扩大生产规模，本年计划招聘 15 名新员工，预计每年支付给新员工的工资为 3.2 万元。本年应纳税所得额预计为 760 万元，企业所得税税率为 25%，不存在未弥补亏损，为该企业员工招聘业务做出纳税筹划方案。

解析：如果企业招聘 15 名身体健全的职工，则

本年应纳企业所得税金额＝760×25%＝190（万元）

如果企业招聘 15 名残疾人职工，则企业安置残疾人员，单位支付给残疾人的实际工资可在企业所得税前据实扣除，并可按支付给残疾人实际工资的 100% 加计扣除。

本年应纳企业所得税金额＝(760－15×3.2)×25%＝178（万元）

招聘残疾职工可以少缴企业所得税 22(190－178) 万元。

结论：在条件允许的情况下，企业安置残疾人就业不仅能为社会做贡献，而且企业也能得到企业所得税税收优惠，是一件一举两得的好事。

（三）利用税额抵免优惠政策的纳税筹划

为鼓励企业保护环境、节能节水、重视安全生产，对于企业在生产经营中购置并实际使用国家有关规定的环境保护、节能节水、安全生产等专用设备的，该专用设备投资额的 10% 可以从企业当年的应纳税额抵免；当年不足抵免的，可以在以后 5 个纳税年度结转抵免。

【例 8-16】　某水泥厂本年购置设备时，有两种方案可供选择：一是购置不属于环保要求的设备，价款为 380 万元，增值税为 49.4 万元；二是购置符合环保要求的专用设备，

价款为 400 万元，增值税为 52 万元，均能取得增值税专用发票。该水泥厂预计本年的应纳税所得额为 360 万元。该水泥厂应选择购置哪种设备？

解析：

（1）如果该水泥厂购置非环保性的设备：

$$本年应缴纳企业所得金额＝360×25\%＝90（万元）$$

（2）如果该水泥厂购置环保专用设备：

专用设备投资额不包括增值税进项税额。

$$购置环保专用设备投资额可抵免所得税金额＝400×10\%＝40（万元）$$

$$应缴纳企业所得税金额＝90－40＝50（万元）$$

（3）购置专用环保设备与购置非环保设备收益比较

购置专用环保设备比非环保设备增加的支出＝400＋52－380－49.4＝22.60（万元）

购置专用环保设备比非环保设备少缴纳的企业所得税＝90－50＝40 万元（万元）

购置专用环保设备比非环保设备少缴纳的增值税＝52－49.4＝2.6 万元（万元）

购置专用环保设备与购置非环保设备总体增加的收益＝40＋2.6－22.6＝20（万元）

第二节　个人所得税的纳税筹划

我国将个人取得的各项所得根据性质划分为 9 类，其中居民个人取得的工资、薪金所得，劳务报酬所得，稿酬所得，特许权使用费所得四项所得（也称综合所得），按纳税年度合并计算个人所得税，取得时由扣缴义务人预扣预缴；非居民个人取得上述四项所得，按月或按次分项计算个人所得税；而经营所得，利息、股息、红利所得，财产租赁所得，财产转让所得和偶然所得五项所得，按适用的税率和征收方法分别计算个人所得税。混合征收制为个人所得税的纳税筹划提供了条件。

一、通过发放非税项目收入，降低职工的综合所得

企业应了解个人所得税的免税项目，按规定发放给职工，在提高职工个人收入水平的情况下并没有增加职工的应税收入。不予征收个人所得税的项目主要包括：

（1）按照国家统一规定发放的补贴、津贴；

（2）福利费、抚恤金、救济金；

（3）按照国家统一规定发给干部、职工的安家费、退职费、退休工资、离休工资、离休生活补助费；

（4）企业和个人按照国家或者地方政府规定的比例缴付的住房公积金、基本医疗保险费、基本养老保险费、失业保险费；

（5）个人与用人单位因解除劳动关系而取得的一次性经济补偿收入，相当于当地上年职工平均工资 3 倍数额以内的部分；

（6）破产企业的安置费收入；

（7）据实报销的通信费用；

（8）个人按照规定办理代扣代缴税款手续取得的手续费；

（9）集体所有制企业改为股份合作制企业时，职工个人以股份形式取得的拥有所有权的企业量化资产；

（10）独生子女补贴；

（11）执行公务员工资制度未纳入基本工资总额的补贴、津贴差额和家属成员的副食品补贴；

（12）托儿补助费；

（13）差旅费津贴、误餐补贴等。

风险提示

企业在发放这些免税收入时，要注意必须单独进行核算，以避免发生因未单独核算而不得享受免税优惠的情况。

二、通过非货币支付的方式，降低职工的综合所得

对于职工因工作需要而发生的支出，通过由单位提供的方式，可以在满足职工需要的情况下，没有增加职工的收入。通过非货币支付方式，尽量降低名义收入，以降低职工应纳个人所得税税负。具体做法包括：由企业为员工提供上下班交通服务，由企业为员工提供住宿服务，由企业给员工提供培训机会，由企业为员工提供办公设施及用品，由企业给员工提供必要的福利等。

【例 8-17】　某企业因业务发展，将厂区迁至郊区，为解决职工吃饭问题单位设立了职工食堂，并决定职工在食堂吃饭给予一定的补贴，现有两种做法可供选择：一是直接将补贴款项拨付给食堂，职工吃饭时免费或象征性收取低于成本的饭钱；二是给每个职工办就餐卡，定时定额的向就餐卡里打钱，由职工拿着就餐卡在餐厅划卡吃饭。通过纳税筹划分析，选择最佳方案。

解析：直接将补贴款项拨付给食堂，只要在食堂吃饭就能享受福利，无法准确计算每个职工实际得到的利益，属于单位的集体福利，这种情况职工得到的福利是不征收个人所得税的；企业给每个职工办就餐卡，定时定额的向就餐卡里打钱，企业给职工打进卡里的钱，就要归入到工资薪金所得缴纳个人所得税。

因此，企业应采用直接将补贴款项拨付给食堂的做法，这样才没有增加职工的应税收入。

结论：非货币支付方式的纳税筹划是在消费水平提高的前提下，通过降低所得额来达到减轻税负的目的，是在遵守国家法律的前提下，合理选择职工工资的支付方式，以帮助职工在提高消费水平的同时减轻个人所得税税负。

三、利用专项附加扣除进行纳税筹划

（一）了解专项附加扣除的相关税法规定

个人所得税专项附加扣除遵循公平合理、利于民生、简便易行的原则。其具体范围、标准如下。

1．子女教育

纳税人的子女接受全日制学历教育的相关支出，按照每个子女每月1 000元的标准定额扣除。

父母可以选择由其中一方按扣除标准的100％扣除，也可以选择由双方分别按扣除标准的50％扣除，具体扣除方式在一个纳税年度内不能变更。

2．继续教育

纳税人在中国境内接受学历（学位）继续教育的支出，在学历（学位）教育期间按照每月400元定额扣除。同一学历（学位）继续教育的扣除期限不能超过48个月。纳税人接受技能人员职业资格继续教育、专业技术人员职业资格继续教育的支出，在取得相关证书的当年，按照3 600元定额扣除。

个人接受本科及以下学历（学位）继续教育，符合本办法规定扣除条件的，可以选择由其父母扣除，也可以选择由本人扣除。

3．大病医疗

在一个纳税年度内，纳税人发生的与基本医保相关的医药费用支出，扣除医保报销后个人负担（指医保目录范围内的自付部分）累计超过15 000元的部分，由纳税人在办理年度汇算清缴时，在80 000元限额内据实扣除。

纳税人发生的医药费用支出可以选择由本人或者其配偶扣除；未成年子女发生的医药费用支出可以选择由其父母一方扣除。

纳税人及其配偶、未成年子女发生的医药费用支出，分别计算扣除额。

4．住房贷款利息

纳税人本人或者配偶单独或者共同使用商业银行或者住房公积金个人住房贷款为本人或者其配偶购买中国境内住房，发生的首套住房贷款利息支出，在实际发生贷款利息的年度，按照每月1 000元的标准定额扣除，扣除期限最长不超过240个月。纳税人只能享受一次首套住房贷款的利息扣除。

经夫妻双方约定，可以选择由其中一方扣除，具体扣除方式在一个纳税年度内不能变更。

夫妻双方婚前分别购买住房发生的首套住房贷款，其贷款利息支出，婚后可以选择其中一套购买的住房，由购买方按扣除标准的100％扣除，也可以由夫妻双方对各自购买的住房分别按扣除标准的50％扣除，具体扣除方式在一个纳税年度内不能变更。

5．住房租金

纳税人在主要工作城市没有自有住房而发生的住房租金支出，可以按照以下标准定额扣除：

（1）直辖市、省会（首府）城市、计划单列市以及国务院确定的其他城市，扣除标准为每月1 500元；

（2）除上述所列城市以外，市辖区户籍人口超过100万的城市，扣除标准为每月1 100元；市辖区户籍人口不超过100万的城市，扣除标准为每月800元。

纳税人及其配偶在一个纳税年度内不能同时分别享受住房贷款利息和住房租金专项附加扣除。

6．赡养老人

纳税人赡养一位及以上被赡养人的赡养支出,统一按照以下标准定额扣除:

(1) 纳税人为独生子女的,按照每月 2 000 元的标准定额扣除;

(2) 纳税人为非独生子女的,由其与兄弟姐妹分摊每月 2 000 元的扣除额度,每人分摊的额度不能超过每月 1 000 元。可以由赡养人均摊或者约定分摊,也可以由被赡养人指定分摊。约定或者指定分摊的须签订书面分摊协议,指定分摊优先于约定分摊。具体分摊方式和额度在一个纳税年度内不能变更。

被赡养人,是指年满 60 岁的父母,以及子女均已去世的年满 60 岁的祖父母、外祖父母。

7．3 岁以下婴幼儿照护

(1) 纳税人照护 3 岁以下婴幼儿子女的相关支出,按照每个婴幼儿每月 1 000 元的标准定额扣除。

(2) 父母可以选择由其中一方按扣除标准的 100% 扣除,也可以选择由双方分别按扣除标准的 50% 扣除,具体扣除方式在一个纳税年度内不能变更。

(二)选择由节税效果较高的一方进行专项附加扣除

上述六项专项附加扣除中,子女教育支出、住房贷款利息支出、住房租金支出,均可以选择由夫妻一方扣除 100% 或双方分别扣除 50%;继续教育支出中的本科及以下继续教育,可以选择由其父母扣除,或选择由本人扣除;大病医疗支出可以选择由本人或者其配偶扣除;未成年子女发生的医药费用支出可以选择由其父母一方扣除;纳税人为非独生子女的,赡养老人的支出由其与兄弟姐妹分摊扣除。由于个人所得税中工资薪金所得属于综合所得,采用的是超额累进税率,所以当某一纳税人的所得超过一定金额后就应当按照更高一级的税率来纳税,所以通过计算,将专项附加扣除在家庭内部适当调整,可以有效降低家庭成员总体的个税负担。

1．选择合适的纳税人进行专项附加扣除

对于那些可以选择由纳税人一方扣除的项目,通过选择合适的纳税人扣除,其节税效果更加明显。

【例 8-18】 中国公民张某为某公司高管,本年其每月工资收入为 40 000 元,公司代扣代缴社会保险费及公积金共 7 400 元,其妻子王某本年每月工资收入为 10 000 元,单位代扣代缴社会保险费及公积金共 1 850 元,两人每月住房贷款支出为 8 000 元,约定由张某扣除。本年王某因病住院接受手术治疗,扣除医保报销后个人负担 61 000 元。假定双方无其他收入及其他专项附加扣除项目。通过纳税筹划分析,选择由谁扣除大病医疗支出。

解析:刘某的大病医疗支出应在年终汇算清缴时扣除,可以选择由其本人扣除或由其配偶即张某扣除。

根据规定可以扣除金额＝61 000－15 000＝46 000(元)

如果选择由王某自己扣除:

张某全年应纳税所得额＝40 000×12－60 000－7 400×12－1 000×12＝319 200（元）

张某应纳个人所得税＝319 200×25％－31 920＝47 880（元）

王某全年应纳税所得额＝10 000×12－60 000－1 850×12－46 000＝－8 200（元）

王某应纳税所得额为负数，不需要缴纳个人所得税。

家庭合计应纳个人所得税为 47 880 元

如果由王某配偶张某计算扣除：

张某全年应纳税所得额＝40 000×12－60 000－7 400×12－1 000×12－46 000＝273 200（元）

张某应纳个人所得税＝273 200×20％－16 920＝37 720（元）

王某全年应纳税所得额＝10 000×12－60 000－1 850×12＝37 800（元）

王某应纳个人所得税＝37 800×10％－2 520＝1 260（元）

家庭合计应纳个人所得税＝37 720＋1 260＝38 980（元）

选择由张某扣除大病医疗支出节税金额＝47 880－38 980＝8 900（元）

结论：如果夫妻双方一方收入明显高于另一方，专项附加扣除可以考虑由高收入一方扣除，这样可以降低高收入一方的应纳税所得额，以降低其适用的税率，起到更好的节税效果。

2. 选择合理方式分摊专项附加扣除

对于那些可以由纳税人分摊或由一方扣除的项目，可以通过测算选择是由一方扣除还是由双方（或多方）分摊扣除，以达到节税的目的。

【例 8-19】 中国公民将某，本年每月工资收入 21 400 元，公司代扣代缴社会保险费及公积金共 3 960 元，妻子郑某，本年每月工资收入也为 21 400 元，公司代扣代缴社会保险费及公积金共 3 960 元，两人每月共同的住房贷款支出为 8 000 元。假定双方无其他收入及其他专项附加扣除项目。通过纳税筹划分析，选择专项附加扣除的分摊方式。

解析：住房贷款支出每月的扣除金额为 1 000 元，全年为 12 000 元，可以选择由夫妻一方扣除或者双方各自扣除 50％。

如果选择由将某或郑某一方单独计算扣除：

扣除一方全年应纳税所得额＝21 400×12－60 000－3 960×12－1 000×12＝137 280（元）

扣除一方应纳个人所得税＝137 280×10％－2 520＝11 208（元）

未扣除一方全年应纳税所得额＝21 400×12－60 000－3 960×12＝149 280（元）

未扣除一方应纳个人所得税＝149 280×20％－16 920＝12 936（元）

家庭合计应纳个人所得税＝11 208＋12 936＝24 144（元）

如果由双方分别计算扣除 50％：

每人全年应纳税所得额＝21 400×12－60 000－3 960×12－500×12＝143 280（元）

每人应纳个人所得税＝143 280×10％－2 520＝11 808（元）

家庭合计应纳个人所得税＝11 808×2＝23 616（元）

选择由双方分别扣除比一方扣除节税金额＝24 144－23 616＝528（元）

结论：如果夫妻双方收入水平接近，专项附加扣除可以考虑各自扣除 50％，这样可以降低双方的应纳税所得额，以适用较低的税率，起到更好的节税效果。

第三节　其他税种的纳税筹划

一、城市维护建设税的纳税筹划

（一）城市维护建设税税率的纳税筹划

城市维护建设税在全国范围内征收，包括城市、县城、建制镇以及城镇以外的地区。即只要是缴纳增值税和消费税的地方，除税法另有规定者外，都属于城市维护建设税的征税范围。

由于不同的地区，规定了不同的城市维护建设税税率，因此，纳税人应根据自身情况，在不影响经济效益的前提下，选择城市维护建设税税率低的区域设立企业，这样不仅可以少缴城市维护建设税，还能降低房产税和城镇土地使用税的税负。

（二）选择委托加工地点的纳税筹划

下列两种情况，可按缴纳增值税、消费税所在地的规定税率缴纳城市维护建设税：一是由受托方代扣代缴、代收代缴消费税的单位和个人，其代扣代缴、代收代缴的城市维护建设税按受托方所在地适用税率执行；二是流动经营等无固定纳税地点的单位和个人，在经营地缴纳增值税和消费税的，其城市维护建设税的缴纳按经营地适用税率执行。

纳税人在委托加工时，可以选择城市维护建设税税率比自己低的地区的受托单位进行委托加工，可以降低城市维护建设税税负。

（三）降低城市维护建设税的计税依据

纳税人可以通过合理合法的手段降低应纳增值税、消费税的税额；通过对出口退税业务的纳税筹划降低当期免抵的增值税税额，从而降低城市维护建设税的计税依据，进而降低城市维护建设税的税负。

【例 8-20】 甲工业企业为增值税一般纳税人，生产的产品适用 13% 的税率，具有进出口经营权，出口货物的退税率为 9%，本年 5 月有关业务如下：外购原材料、燃料、动力取得增值税专用发票，注明价款 600 万元，增值税 78 万元；当月内销货物取得不含税销售收入 300 万元，款项已存入银行；当月外销货物取得不含税销售收入 500 万元。甲企业适用的城市维护建设税税率为 7%，本年 4 月还有 200 万元的购进货物因结算问题，未取得增值税专用发票，为甲企业作出纳税筹划方案。

解析：纳税筹划前，计算甲企业出口退税业务的退税金额。

当期免抵退不得免征和抵扣的税额＝500×（13%－9%）＝20（万元）

当期应纳税额＝300×13%－（78－20）＝－19（万元）

免抵退税额＝500×9%＝45（万元）

当期期末留抵税额≤当期免抵退税额，当期应退税额＝当期期末留抵税额。

当期应退税额＝19 万元

当期免抵税额＝45－19＝26（万元）

当期免抵的增值税税额,应纳入城市维护建设税和教育费附加的计征范围。

甲企业应纳城市维护建设税和教育费附加=26×(7%+3%)=2.60(万元)

纳税筹划方案：甲企业应将本年4月购进的200万元货物与对方协商,以取得增值税专用发票,这样可以增加进项税额26万元(200×13%)。

纳税筹划后,计算甲企业出口退税业务的退税金额。

当期免抵退不得免征和抵扣的税额=500×(13%-9%)=20(万元)

当期应纳税额=300×13%-(78+26-20)=-45(万元)

免抵退税额=500×9%=45(万元)

当期期末留抵税额≤当期免抵退税额,当期应退税额=当期期末留抵税额=免抵退税额。

当期应退税额=45万元

当期免抵税额=0

因为当期免抵的增值税税额为0,甲企业应纳城市维护建设税和教育费附加也为0。通过纳税筹划,甲企业出口退税金额增加26万元(45-19),少纳城市维护建设税和教育费附加2.60万元。

二、土地增值税的纳税筹划

（一）土地增值税征税范围的纳税筹划

1. 变房地产销售为代建行为

代建行为是指房地产开发公司代客户进行房地产开发,开发完成后向客户收取代建收入的行为。因没有发生房地产权属的转移,不属于土地增值税的征税范围。代建行为不用缴纳土地增值税,属于为甲供工程提供建筑服务,可以选择适用简易计税方法,按3%的征收率计算缴纳增值税。而土地增值税适用30%～60%的四级超率累进税率,销售不动产还应按9%的税率缴纳增值税,代建行为节税效果明显。

如果房地产开发公司在开发之初便能确定最终取得房屋权属的客户,则可与客户协商采用代建方式进行开发。房地产开发公司以客户的名义取得土地使用权和购买各种建筑材料及设备,也可以由客户自行购买,房地产开发公司只收取代建劳务收入,以降低税负。

2. 变房地产销售为合作建房行为

对于一方出地,一方出资金,双方合作建房,建成后按比例分房自用的,暂免征收土地增值税；建成后转让的,应征收土地增值税。如果房地产开发公司在开发前能够找到需要购房的单位和个人,可以协商由房地产开发公司提供土地的使用权,由购房者出资共同开发,开发完成后按约定比例分房,这样就符合了合作建房的条件。购房者分得的自用部分房产不必缴纳土地增值税,房地产开发公司在出售剩余部分住房时,才需要对这部分收入缴纳土地增值税,这大大降低了房地产开发公司的税负。

3. 变房地产销售为投资、联营行为

以房地产进行投资、联营的,投资、联营的一方以房地产作价入股进行投资或作为联

营条件,将房地产转让到所投资、联营的企业中时,暂免征收土地增值税。对投资、联营企业将上述房地产再转让的,应征收土地增值税。纳税人可以通过变房地产销售为投资、联营的行为,避免成为土地增值税的纳税人,但上述纳税筹划方法只适用于投资、联营的各方均为非房地产企业。

风险提示

对于以土地(房地产)作价投资入股进行投资或联营的,凡所投资、联营的企业从事房地产开发的,或者房地产开发企业以其建造的商品房进行投资和联营的,均应按规定缴纳土地增值税。

(二)转让房地产收入的纳税筹划

1. 将房地产销售与装修分开核算

在现实生活中,很多房地产在出售之前已经进行了简单的装修和维护,并安装了一些必要的设施。如果将房地产的装修、维护以及设施的安装单独核算,并从房地产销售收入中分离出来,便可以合理合法地降低房地产的销售价格,控制房地产的增值率,从而降低纳税人的土地增值税税负。

【例8-21】 甲房地产开发企业准备开发一栋精装修的楼房,预计精装修房屋的市场售价是2 800万元,其中包含装修费900万元,请为该企业做出纳税筹划方案。

解析:纳税筹划前,甲企业房地产销售收入应为2 800万元,装修费计入销售收入。

纳税筹划方案:甲企业可以分两次签订合同,在毛坯房建成后先签订1 900万元的房屋销售合同,装修时再签订900万元的房屋装修合同。

纳税筹划后,纳税人销售毛坯房属于土地增值税征税范围,需要对其增值额计算缴纳土地增值税;而房屋装修不属于土地增值税征收范围,其增值额不需要缴纳土地增值税。纳税人还可以在合理范围内,降低毛坯房的销售价格,提高装修费收入,降低土地增值税纳税金额。

2. 合理确定普通标准住宅的销售价格以享受免税优惠

土地增值税暂行条例规定,纳税人建造普通标准住宅出售,增值额未超过扣除项目金额的20%,免缴土地增值税;增值额超过扣除项目金额的20%,应就其全部增值额按规定缴纳土地增值税。企业可以利用上述规定进行纳税筹划,合理确定普通标准住宅的销售价格,使增值额不超过扣除项目金额的20%,以达到最佳的节税效果。

【例8-22】 某市房地产开发公司。本年6月出售普通标准住宅总面积8 000平方米。有关支出如下:取得土地使用权支付的土地出让金1 400万元,房地产的开发成本3 200万元,房地产开发费用400万元,其中借款利息支出210万元(能够按照转让房地产项目计算分摊利息并提供金融机构证明),当地省政府规定,不包括利息支出的其他开发费用的扣除标准为5%。城市维护建设税税率为7%,教育费附加率为3%,通过测算,该公司的增值税税负为4.50%。企业营销部门在制订售房方案时,拟订了两个方案。方案一:销售价格为平均售价9 000元/平方米(不含增值税);方案二:销售价格为平均售价8 966元/平方米(不含增值税)。分别计算各方案该公司应缴纳的土地增值税,通过纳税筹划分析选择最佳销售方案。

方案一：计算应纳土地增值税。

（1）销售额＝9 000×8 000＝7 200（万元）。

（2）扣除项目金额：

取得土地使用权所支付的金额＝1 400万元

房地产开发成本＝3 200万元

房地产开发费用＝210＋（1 400＋3 200）×5％＝440（万元）

与转让房地产有关的税金＝7 200×4.50％×（7％＋3％）＝32.4（万元）

加计20％扣除金额＝（1 400＋3 200）×20％＝920（万元）

扣除项目合计＝1 400＋3 200＋440＋32.4＋920＝5 992.4（万元）

（3）增值额＝7 200－5 992.4＝1 207.6（万元）。

（4）增值额与扣除项目的比例＝1 207.6÷5 992.4×100％＝20.15％。

（5）增值额未超过扣除项目的50％,适用的土地增值税税率为30％,速算扣除率为0。

$$应纳土地增值税＝1 207.6×30％＝362.28（万元）$$

方案二：计算应纳土地增值税。

（1）销售额＝8 966×8 000＝7 172.8（万元）。

（2）扣除项目金额：

取得土地使用权所支付的金额＝1 400万元

房地产开发成本＝3 200万元

房地产开发费用＝210＋（1 400＋3 200）×5％＝440（万元）

与转让房地产有关的税金＝7 172.8×4.50％×（7％＋3％）＝32.28（万元）

加计20％扣除金额＝（1 400＋3 200）×20％＝920（万元）

扣除项目合计＝1 400＋3 200＋440＋32.28＋920＝5 992.28（万元）

（3）增值额＝7 172.8－5 992.28＝1 180.52（万元）。

（4）增值额与扣除项目的比例＝1 180.52÷5 992.28×100％＝19.7％。

（5）由于该公司开发普通标准住宅出售,增值额未超过扣除项目的20％,根据税法的规定,免征土地增值税,故应纳土地增值税金额为0。

在选择方案时应比较各方案扣除土地增值税后的收益。

方案一的收益＝7 200－（1 400＋3 200＋400＋32.4＋362.28）＝1 805.32（万元）

方案二的收益＝7 172.8－（1 400＋3 200＋400＋32.28）＝2 140.52（万元）

该公司降低普通标准住宅的销售价格的行为,不但没有降低其扣除土地增值税后的收益,反而使收益增加了335.2万元（2 140.52－1 805.32）。

结论：在对普通标准住宅进行纳税筹划时,在增值额与扣除项目之比略高于20％时,可以适当降低房屋的销售价格,使增值额与扣除项目之比小于20％,以享受免征土地增值税的优惠;在增值额与扣除项目之比远高于20％时,可以采用提高材料档次,或提高绿化品质,或选择好的设计院提高设计费、给合作单位让利等方法增加房地产开发成本,提高扣除项目,使增值额与扣除项目之比控制在20％及以下,从而享受免征土地增值税的优惠,另外,提高品质后更有利于房屋的销售。

风险提示

> 纳税人既建造普通标准住宅,又进行其他房地产开发的,应分别核算增值额;不分别核算增值额或不能准确核算增值额的,其建造的普通标准住宅不享受免税优惠。

（三）土地增值税扣除项目的纳税筹划

1. 均衡分配开发成本

此方法主要是适用于房地产开发业务较多的企业。这类企业通常同时进行多处房地产的开发,不同地点的开发成本会因为地价或其他原因产生不同,这会导致有的房屋开发项目销售后增值率较高,而有的房地产开发项目增值率较低,这种不均匀会加重企业的税收负担,这就要求企业在合理合法的前提下,对开发成本进行必要的调整,使各房地产开发项目的增值率大致相同,从而节省税款。

均衡分配开发成本是抵销增值额、减少应纳税款的极好选择。房地产开发企业可将一段时间内发生的各项开发成本进行最大限度的调整分配,这样便将获得的增值额进行最大限度的平均,避免了某些开发项目增值率过高的情况,从而节省部分税款的缴纳。如果结合其他纳税筹划方法,使增值率刚好在某一临界点以下,可以享受免税优惠政策,则节税效果更加明显。

2. 将开发费用转化为开发成本

在计算土地增值税时,房地产开发费用即期间费用不以实际发生数扣除,而是根据利息是否按转让房地产项目计算分摊作为一定条件,按房地产项目直接成本的一定比例扣除。纳税人可以通过事前筹划,在合理合法的前提下,将实际发生的期间费用转移到房地产开发成本中。例如,属于房地产公司总部人员的工资、福利费等都属于期间费用的开支范围,人事部门可以在不影响总部工作的前提下,把总部的一些人员安排到每个具体房地产开发项目中,这些人的工资、福利费就可以部分计入房地产开发成本。期间费用的减少不影响土地增值税的计算,而房地产的开发成本的增加,却可以有效降低增值额。

房地产开发公司在不增加任何开支的情况下,通过将开发费用转化为开发成本,可以增加土地增值税扣除项目金额,从而达到节税的目的。

3. 利用利息支出进行纳税筹划

财务费用中的利息支出,凡能够按转让房地产项目计算分摊并提供金融机构证明的,允许据实扣除,但最高不能超过按商业银行同类同期贷款利率计算的金额。其他房地产开发费用,按本条(一)(二)项规定计算的金额之和的百分之五以内计算扣除。凡不能按转让房地产项目计算分摊利息支出或不能提供金融机构证明的,房地产开发费用按本条(一)(二)项规定计算的金额之和的百分之十以内计算扣除。

这里所说的"(一)"为取得土地使用权所支付的金额,是指纳税人为取得土地使用权所支付的地价款和按国家统一规定缴纳的有关费用。这里的"(二)"为开发土地和新建房及配套设施的成本,是指纳税人房地产开发项目实际发生的成本,包括土地征用及拆迁补偿费、前期工程费、建筑安装工程费、基础设施费、公共配套设施费、开发间接费用。

【例8-23】 甲房地产公司开发一住宅楼,共支付地价款800万元,发生开发成本1 400万元,该公司在开发过程中主要依靠负债筹资,财务费用中可以按转让房地产项目计算分摊利息的利息支出为200万元,不超过商业银行同类同期贷款利率。该企业在计算土地增值税时,怎样计算开发费用对企业更有利。

解析：

方法一：提供金融机构贷款证明,并按房地产项目计算分摊利息支出。

$$房地产开发费用=200+(800+1\,400)×5\%=310(万元)$$

方法二：不提供金融机构贷款证明或不计算分摊利息支出。

$$房地产开发费用=(800+1\,400)×10\%=220(万元)$$

方法一比方法二开发费用多扣除90万元(310−220),因此方法一对企业更为有利。

结论：在利息费用所占比例较大时,企业应提供金融机构贷款证明,并按房地产项目计算分摊利息支出。反之,利息支出较少时,可不计算应分摊的利息,以增加可扣除的房地产开发费用。

（四）不同增值率的房地产分开与合并纳税的选择

土地增值税适用四档超率累进税率,其中最低税率为30%,最高税率为60%,如果对增值率不同的房地产合并纳税,有可能降低高增值率房地产的适用税率,使该部分房地产的税负下降,同时也可能提高低增值率房地产的适用税率,增加这部分房地产的税负。因此,纳税人需要具体测算分开纳税与合并纳税应纳税款情况,选择低税负的纳税方法,以达到节税的目的。

【例8-24】 某房地产开发公司同时开发A、B两幢商业用房,且处于同一片土地上,销售A房产取得收入3 000万元,允许扣除的金额为2 000万元；销售B房产取得收入4 000万元,允许扣除的项目金额为1 000万元。该房地产企业既可以分开核算也可以合并核算A、B两幢商业用房的收入和成本,试为该房地产企业选择最佳纳税方法。

解析：

(1) 分开核算,分别纳税：

A房地产的增值率=(3 000−2 000)÷2 000×100%=50%,适用税率30%

应纳土地增值税=(3 000−2 000)×30%=300(万元)

B房地产的增值率=(4 000−1 000)÷1 000×100%=300%,适用税率60%

应纳土地增值税=(4 000−1 000)×60%−100×35%=1 450(万元)

共缴纳土地增值税=300+1 450=1 750(万元)

(2) 合并核算,合并纳税：

两幢房地产的收入总额=3 000+4 000=7 000(万元)

允许扣除的金额=2 000+1 000=3 000(万元)

增值率=(7 000−3 000)÷3 000×100%=133.30%,适用税率50%

应纳土地增值税=(7 000−3 000)×50%−3 000×15%=1 550(万元)

（3）合并纳税少缴土地增值税＝1 750－1 550＝200（万元）。

结论：对于增值率相差很大的不同房地产项目，如果合并纳税有利，房地产开发公司应将两处房地产安排在一起开发、出售，并将两处房地产的收入和扣除项目合并在一起核算，一起申报纳税，可以达到少缴税的目的。

三、城镇土地使用税的纳税筹划

（一）经营用地所属区域的纳税筹划

城镇土地使用税的征税范围，包括在城市、县城、建制镇和工矿区内的国家所有和集体所有的土地。城镇土地使用税实行差别幅度税额，不同城镇适用不同税额，对同一城镇的不同地段，根据市政建设状况和经济繁荣程度也确定了不等的负担水平，其目的是调节土地的级差收入，公平税负。经营者占有并实际使用的土地，其所在区域直接关系到缴纳城镇土地使用税数额的大小。因此经营者可以结合投资项目的实际需要在下列几方面进行选择：一是在征税区与非征税区之间的选择。二是在经济发达省份与经济欠发达省份之间的选择。三是在同一省份内的大中小城市以及县城和工矿区之间的选择。四是在同一城市、县城和工矿区之内的不同等级土地之间的选择。

【例8-25】　甲、乙两自然人拟投资设立一有限责任公司，公司需占地2 000平方米。现在有三个地址可供选择：一是设立在A地，其适用的城镇土地使用税税率为每平方米10元；二是设立在B地，其适用的城镇土地使用税税率为每平方米7元；三是设立在C地，其适用的城镇土地使用税税率为每平方米4元。假设不考虑其他因素，分析该公司应设立在何地？

解析：设立在A地，应纳城镇土地使用税金额＝2 000×10＝20 000（元）。

设立在B地，应纳城镇土地使用税金额＝2 000×7＝14 000（元）。

设立在C地，应纳城镇土地使用税金额＝2 000×4＝8 000（元）。

在不考虑其他因素的情况下，该有限公司应选择C地设立，缴纳的城镇土地使用税最少。

（二）利用城镇土地使用税优惠政策进行纳税筹划

1. 企业闲置用地的纳税筹划

【例8-26】　某企业厂区外有一块30 000平方米的空地没有利用，该地地理位置不好，目前的商业开发价值不大，所以一直闲置，主要是职工及家属以及周边居民将其作为休闲娱乐之用。该地区适用的城镇土地使用税税率为每平方米7元，为该企业做出纳税筹划方案。

解析：纳税筹划前，该企业每年需为这地块负担的城镇土地使用税计算为

应纳城镇土地使用税金额＝30 000×7＝210 000（元）

纳税筹划方案：企业应把那块空地改造成公共绿化用地，划分到厂区以外。

纳税筹划后，因为厂区以外的公共绿化用地和向社会开放的公园用地，暂免征收城镇土地使用税。该企业每年可以少缴城镇土地使用税210 000元。

2. 分别核算不同用途的土地

【例8-27】 甲企业本年实际占地面积50 000平方米,其中厂医务室用地1 000平方米,厂办幼儿园用地3 000平方米,将临街的200平方米土地无偿提供给公安部门使用。经税务机关核定,该土地的城镇土地使用税的适用税额为10元/平方米。该企业未明确区分各种用地情况,一直按占地面积50 000平方米计算缴纳城镇土地使用税,为该企业做出纳税筹划方案。

解析：纳税筹划前,因该企业未明确区分各种用地情况,则

$$应纳城镇土地使用税金额 = 50\,000 \times 10 = 500\,000(元)$$

纳税筹划方案：企业应明确区分各种用地情况并分别进行核算。

纳税筹划后,因为企业办的学校、医院、托儿所、幼儿园,其用地能与企业其他用地明确区分的,免征城镇土地使用税；免税单位无偿使用纳税单位的土地,免征城镇土地使用税。因此,幼儿园用地3 000平方米,无偿提供给公安部门使用的200平方米土地,免征城镇土地使用税。

$$应纳的城镇土地使用税 = (50\,000 - 3\,000 - 200) \times 10 = 468\,000(元)$$
$$纳税筹划后少纳城镇土地使用税 = 500\,000 - 468\,000 = 32\,000(元)$$

结论：企业用地存在免税情况,必须分别核算,以享受税收优惠政策。

四、房产税的纳税筹划

(一)将企业设立在农村避免成为房产税的纳税人

【例8-28】 甲公司欲投资建厂,预计房产原值为6 000万元。现有两种方案可供选择：一是建在市区,当地政府规定的扣除比例为30%；二是建在农村。假设该公司无论将厂区建在哪里都不影响公司的生产经营,试为该公司选择厂区建设地点。

解析：将厂区建在市区,应纳房产税金额 $= 6\,000 \times (1 - 30\%) \times 1.2\% = 50.40(万元)$。将厂区建在农村,可以免缴房产税。

该公司应将厂区建在农村,可以少缴房产税50.40万元。另外,甲公司设在农村还可以免缴城镇土地使用税,且城市维护建设税的税率为1%,而设在市内为7%,因此设在农村可以节约大量城市维护建设税。

(二)通过降低房产原值实现从价计征房产税的纳税筹划

纳税人自用的房产,以房产余值为计税依据。房产余值是指从房产原值中一次减除10%～30%后的余值。税法规定,对依照房产原值计税的房产,不论是否记载在会计账簿"固定资产"科目中,均应按照房屋原价计算缴纳房产税。房屋原价应根据国家有关会计制度规定进行核算。对纳税人未按国家会计制度规定核算并记载的,由房产所在地主管税务机关比照同类结构、同等新旧程度的房产予以调整或重新评估。

房产税征税对象是房产,所谓房产,是指有屋面和维护结构(有墙或两边有柱),能够遮风避雨,可供人们在其中生产、学习、工作、娱乐、居住或贮藏物资的场所。凡以房屋为载体,不可随意移动的附属设备和配套设施均应计入房产原值。主要包括：暖气、卫生、通风、照明、煤气、电气及智能化楼宇等设备；各种管线,如蒸汽、压缩空气、石油、给水排

水等管道及电力、电讯、电缆导线；电梯、升降机、过道、晒台等。属于房屋附属设备的水管、下水道、暖气管、煤气管等应从最近的探视井或三通管起，计算原值；电灯网、明线网从进线盒连接管起，计算原值。

独立于房屋之外的建筑物，如围墙、烟囱、水塔、变电塔、油池油柜、酒窖菜窖、酒精池、糖蜜池、室外游泳池、玻璃暖房、砖瓦石灰窑以及各种油气罐等，不属于房产。

由于税法对房产的界定非常明确，同时规定地价应包括在房产原值中计征房产税，因此，按照房产原值从价计征房产税的经营用房，其纳税筹划空间较小，企业在纳税筹划中应注意把企业的一些露天建筑，如室外游泳池、停车场等与企业房产分开核算，避免出现将这部分建筑物的价值计入房产原值，缴纳房产税的情况。

【例 8-29】　甲企业位于某市市区，企业除厂房、办公用房外，还包括厂区围墙、烟囱、水塔、变电塔、游泳池、停车场等建筑物，总计工程造价 5 亿元，除厂房、办公用房外的建筑设施工程造价 1 亿元。假设当地政府规定的扣除比例为 30%，甲企业应如何确认房产原值，以降低应纳房产税税额。

解析：如果将所有建筑物都作为房产计入房产原值。

每年应纳房产税金额 $= 50\,000 \times (1 - 30\%) \times 1.2\% = 420$（万元）

如果将厂房、办公用房外的建筑设施，如游泳池、停车场等都建成露天的，并把这些露天建筑物在会计账簿中单独核算，与厂房、办公用房严格分开。

应纳房产税金额 $= (50\,000 - 10\,000) \times (1 - 30\%) \times 1.2\% = 336$（万元）

分开核算少缴房产税金额 $= 420 - 336 = 84$（万元）

结论：纳税人应注意把企业的一些露天建筑与企业房产分开核算，可以少纳房产税。

（三）分别签订合同以降低房产租金

【例 8-30】　某集团公司准备将其下属的一家开工不足的工厂出租给甲企业，双方约定厂房连同设备一起出租，厂房和设备的租金各为 1\,000 万元（不含增值税），一年的租金共计 2\,000 万元，厂房连同设备合并签订一份租赁合同。在只考虑房产税的情况下，为该集团公司做出纳税筹划方案。

解析：纳税筹划前，由于厂房连同设备一起签订的租赁合同，应按 2\,000 万元计算缴纳房产税。

应纳房产税 $= 2\,000 \times 12\% = 240$（万元）

纳税筹划方案：应分别签订房产租赁合同和设备租赁合同，并分别核算房产的租金收入和设备的租金收入，只有房产的租金收入需要计算缴纳房产税，而设备出租不涉及房产税。

应纳房产税 $= 1\,000 \times 12\% = 120$（万元）

通过纳税筹划，少纳房产税 120 万元（240-120），因此，在厂房连同设备一起出租的情况下，应分别签订租赁合同。

（四）变更业务类型改变房产税的计算方式

【例 8-31】　某市区一房地产开发企业为增值税一般纳税人，其 2020 年开发的一栋房产一直闲置，价值 1\,000 万元，企业经研究提出以下两种利用方案：一是出租方案，将闲置房产出租收取租赁费,年租金收入为 109 万元(含税价);二是仓储方案,配备保管人员为客户提供仓储服务,保管员年工资 6 万元,年用电金额 2.18 万元(含税),能取得增值税专用发票。为取得相同现金收入,每年收取仓储费 117.18 万元(含税价)。已知当地房产余值按房产原值一次性减除 30% 计算。通过纳税筹划分析,为该企业选择最佳利用方案。

解析:

(1) 出租方案

应确认的增值税销项税额 $=109\div(1+9\%)\times9\%=9$(万元),由于没有相关进项税额,该业务应纳增值税也是 9 万元。

$$应纳房产税=109\div(1+9\%)\times12\%=12(万元)$$
$$现金净流入=109-9-12=88(万元)$$

(2) 仓储方案

根据规定,一般纳税人提供仓储服务,可以选择适用简易计税方法计税。

① 按简易计税方法计税

$$应纳增值税=117.18\div(1+3\%)\times3\%=3.41(万元)$$
$$应纳房产税=1\,000\times(1-30\%)\times1.2\%=8.4(万元)$$
$$现金净流入=117.18-6-2.18-3.41-8.4=97.19(万元)$$

② 按一般计税方法计税

应纳增值税 $=117.18\div(1+6\%)\times6\%-2.18\div(1+13\%)\times13\%=6.38$(万元)

应纳房产税 $=1\,000\times(1-30\%)\times1.2\%=8.4$(万元)

现金净流入 $=117.18-6-2.18-6.38-8.4=94.22$(万元)

通过上述比较分析,应选择仓储方案,并按简易计税方法计算应纳增值税,该做法综合节税效果最佳。

风险提示

纳税人在选择提供仓储服务时应注意,租赁对存放商品的安全问题不必负责,而仓储则需对存放商品的安全性负责,出租方必须配有专门的仓储管理人员,添置有关的设备,从而会增加人员工资和经费开支。如果存放物品发生失窃、霉烂、变质等损失,出租方还要承担赔偿责任。假如扣除这些开支后,出租方仍可取得较为可观的收益,则采用仓储方式才是最佳方案。

五、印花税的纳税筹划

(一) 减少合同上所载金额

【例 8-32】 甲企业需要委托乙企业加工一批产品,双方签订一份加工承揽合同,合同金额为 300 万元,其中包括由乙企业提供的辅助材料成本 100 万元。试作出该合同的纳税筹划方案。

解析：纳税筹划前，合同金额为 300 万元。

$$双方各自应纳印花税＝300×0.3‰×10\ 000＝900(元)$$

承揽合同的计税依据是取得的报酬，是指合同中规定的受托方的加工费收入和提供的辅助材料金额之和。如果双方当事人能将辅助材料金额降低或去掉，可以减少合同上所载金额，降低应纳印花税。

纳税筹划方案：甲企业自己提供辅助材料，双方只对加工费签订加工承揽合同。

纳税筹划后，甲企业自己提供辅助材料，加工承揽合同的金额降低 100 万元。

$$双方各自应纳印花税＝(300－100)×0.3‰×10\ 000＝600(元)$$

$$双方各自少纳印花税＝900－600＝300(元)$$

印花税的纳税筹划，双方都可以节省印花税支出。如果这种合同数量较多，将为企业带来较多的纳税筹划收益。

（二）签订不定额合同进行纳税筹划

在现实经济交往中，经济合同的当事人在签订合同时，有时会遇到计税金额无法确定的情况。税法规定，在签订时无法确定计税金额的合同，如技术转让、财产租赁等合同，可先按定额 5 元贴花，以后结算时再按实际金额计税，补贴印花。这为纳税人进行纳税筹划提供了条件。

【例 8-33】 甲公司将办公楼的第一层 1 000 平方米租赁给乙超市，双方约定的租金标准为每平方米 90 元/月，租赁期为 3 年，合同约定总租金为 324 万元，每年年初支付年租金。从纳税筹划的角度考虑，甲乙双方应如何签订租赁合同。

解析：如果在签订合同时明确规定 3 年租金为 324 万元。

$$两企业各自应纳印花税＝3\ 240\ 000×1‰＝3\ 240(元)$$

如果两企业在签订合同时仅规定每天的租金数，而不具体确定租赁合同的执行时限，由于计税金额无法确定，两企业在签订合同时只需各自缴纳 5 元的印花税，余下部分等到结算时才缴纳。虽然税款以后还是要缴纳的，但递延纳税使双方企业获得了资金的时间价值。

因此，甲乙双方应签订租赁期限不确定的租赁合同，使合同的计税金额无法确定，进而实现递延纳税。

（三）在合理合法的前提下保守确认合同金额

印花税是一种行为税，应税合同在签订时纳税义务即已发生，不论合同是否兑现或是否按期兑现，均应计算应纳税额并贴花。已贴花的凭证，修改后所载金额增加的，其增加部分应当补贴印花税票。对已履行并贴花的合同，实际结算金额与合同所载金额不一致的，只要双方未修改合同金额，一般不再补贴印花。

纳税人在签订合同时，要考虑很多合同会因为各种原因而无法实现或无法完全实现的情况。在合同的设计上，应充分考虑未来的不确定因素，在确定合同金额时，在合理合法的前提下，保守地确认合同金额，将合同的金额确认为较低数额，可以降低印花税的缴纳。

（四）减少签订承包合同的环节

建筑工程合同是印花税中的一种应税凭证，该种合同的计税依据为合同所列的金额，其适用税率为 0.3‰。税法规定，建筑工程合同的计税依据为合同所列金额。施工单位将自己承包的建设项目分包或转包给其他施工单位，其所签订的分包或转包合同，应按新的分包或转包合同所列金额另行贴花。

【例 8-34】　甲建筑公司与 A 商场签订了一份建筑工程合同，总计金额为 1 亿元，甲公司因业务需要又分别与建筑公司乙和丙签订了分包合同，分包合同金额分别为 4 000 万元和 3 000 万元，乙公司又将 2 000 万元分包给丁建筑公司。试为工程各方签订建筑工程合同作出纳税筹划方案。

解析：

（1）纳税筹划前，根据各方签订的合同金额，应纳印花税如下。

① 依据甲公司与 A 商场签订的合同计算印花税。

双方各自应纳印花税＝10 000×0.3‰＝3（万元）

② 依据甲公司与乙、丙公司签订的分包合同计算印花税。

甲公司应纳印花税＝（4 000＋3 000）×0.3‰＝2.10（万元）

乙公司应纳印花税＝4 000×0.3‰＝1.20（万元）

丙公司应纳印花税＝3 000×0.3‰＝0.90（万元）

③ 依据乙公司与丁公司签订的分包合同计算印花税。

双方各自应纳印花税＝2 000×0.3‰＝0.60（万元）

④ 这四家建筑公司共应纳印花税＝3＋2.10＋1.20＋0.90＋0.60＋0.60＝8.40（万元）。

（2）纳税筹划方案：工程各方应直接与 A 商场签订建筑工程合同，减少分包环节。这样，可以有效降低应纳印花税税额。

（3）纳税筹划后，工程各方应纳印花税如下：

甲公司应纳印花税＝（10 000－4 000－3 000）×0.3‰＝0.90（万元）

乙公司应纳印花税＝（4 000－2 000）×0.3‰＝0.60（万元）

丙公司应纳印花税＝3 000×0.3‰＝0.90（万元）

丁公司应纳印花税＝2 000×0.3‰＝0.60（万元）

这四家建筑公司共应纳印花税＝0.90＋0.60＋0.90＋0.60＝3（万元）

纳税筹划后少纳印花税＝8.40－3＝5.40（万元）

因此，纳税人应尽量减少签订承包合同的环节，尽量少地书立应税凭证，从而达到节约印花税的目的。

（五）通过分开核算进行纳税筹划

同一凭证因载有两个或两个以上经济事项而适用不同税目税率的，如分别载有金额，则应分别计算应纳税额，相加后按合计税额贴花；如未分别记载金额，则按税率较高的计税贴花。

【例 8-35】　某企业与铁道部门签订运输合同，合同中所载运输费及保管费共计 400 万元，合同没有分别记载运输费及保管费金额。试为该合同做出纳税筹划方案。

解析：纳税筹划前，合同未分别记载金额。

该合同中涉及货物运输合同和仓储保管合同两个印花税税目，而且两者税率不相同，前者为 0.3‰，后者为 1‰。由于合同未分别记载金额，按税率高的计税贴花，即按 1‰ 税率计算应纳印花税。

$$双方企业各自应纳印花税 = 400 \times 1‰ \times 10\ 000 = 4\ 000(元)$$

纳税筹划方案：纳税人应在合同上分别记载运输费及保管费金额，如果运输费为 240 万元，仓储保管费为 160 万元，纳税人应按分别适用的税率，计算缴纳印花税。

纳税筹划后，合同上分别记载运输费及保管费金额。

$$双方企业各自应纳印花税 = (240 \times 0.3‰ + 160 \times 1‰) \times 10\ 000 = 2\ 320(元)$$

$$双方各自少纳印花税 = 4\ 000 - 2\ 320 = 1\ 680(元)$$

第三篇

企业如何接受、配合税务管理

　　本篇在介绍税源管理、税款征收、税务稽查等税务管理工作的基础上,以案例的形式讲解了税务稽查的工作重点,使企业在全面系统地了解税务管理的前提下,明确税务稽查在税务管理中的地位,并提出企业应如何接受、配合税务机关的税务管理工作,赢得税务机关的信任,建立良好征纳环境的方法。

第九章

企业应了解的税务管理知识

税务管理是国家税务机关依照税收政策、法令、制度对税收分配全过程所进行的计划、组织、协调和监督控制的一种管理活动。税务管理与税收相伴而生,它是保证财政收入及时、足额入库,实现税收分配目标的重要手段。企业只有了解税务管理的工作内容,才能接受、配合好税务机关的工作。

我国实行的是以纳税申报和优化服务为基础,以计算机网络为依托,集中征收,重点稽查的征管模式。国家在优化税收服务的过程中,不断简化纳税程序,随着"金税三期"的进一步完善,纳税人已实现足不出户就可以完成纳税申报工作。

第一节　税源管理

税务机关对纳税人的税源管理包括税务登记、纳税申报及会计核算资料的监督管理等内容。纳税人在履行纳税义务的过程中,要严格按照法定程序进行。

一、税务登记

税务登记又称纳税登记,是纳税人依法履行纳税义务的法定手续。税务登记是整个税务征收管理的起点,是征纳双方法律关系成立的依据和证明。

税务登记可分为设立税务登记、变更税务登记、停业与复业税务登记、注销税务登记和跨区域涉税事项报验管理等。

(一)设立税务登记

设立税务登记是指纳税人依法成立并经工商行政管理部门登记后,为确认其纳税人的身份到税务机关办理的登记。

我国实施的"五证合一"企业登记模式,新设立企业在领取由市场监督管理部门核发的载有18位的"统一社会代码"营业执照后,即同时完成工商营业执照、组织机构代码证、税务登记证、社会保险登记证和统计登记证这"五证"的取得。新设立企业无须再次办理税务登记,不必再领取税务登记证。

对于设立登记已采集的信息,税务机关不再重复采集;其他必要涉税的基础信息,可在新设立企业办理有关涉税事宜时,及时采集,陆续补齐。

企业办理涉税事宜时，在主管税务机关完成补充信息采集后，凭加载统一代码的营业执照可代替税务登记证使用。当企业近期无应税行为发生，不用进行纳税申报或申领（代开）发票时，可暂不办理税务报道事宜。

（二）变更税务登记

变更税务登记是指纳税人办理设立税务登记后，因税务登记的内容发生变化，应当向原税务登记机关申报办理的变更税务登记的手续。

纳税人在办理税务登记后，发生下列情形之一的，应当办理变更税务登记：改变纳税人名称、法定代表人、经济性质、隶属关系、住所或经营地点（不涉及主管税务机关变化的）、生产经营范围或经营方式、生产经营期限等，或者增设、撤销分支机构，增减注册资本，改变开户银行和账号，改变生产经营权属以及其他税务登记内容的。

（三）停业、复业税务登记

停业、复业税务登记是指实行定期定额征收方式的纳税人，因自身经营的需要暂停经营或者恢复经营而向主管税务机关申请办理的税务登记手续。纳税人的停业期限不得超过一年。

纳税人在申报办理停业登记时，应如实填写《停业复业报告书》，说明停业理由、停业期限、停业前的纳税情况和发票的领、用、存情况，并结清应纳税款、滞纳金、罚款。税务机关应收存其税务登记证件及副本、发票领购簿、未使用完的发票和其他税务证件。纳税人在停业期间发生纳税义务的，应当按照税收法律、行政法规的规定申报缴纳税款。

纳税人应当于恢复生产经营之前，向税务机关申报办理复业登记，如实填写《停复业报告书》，领回并启用税务登记证件、发票领购簿及其停业前领购的发票。

（四）注销税务登记

纳税人需要办理注销税务登记的情形有：纳税人因经营期限届满而自动解散；企业由于改组、分立、合并等原因而被撤销；企业资不抵债而破产；纳税人住所、经营地址迁移而涉及改变原主管税务机关；纳税人被工商行政管理部门吊销营业执照；以及纳税人依法终止履行纳税义务的其他情形。

重点关注

纳税人在办理注销登记前，应当向税务机关结清应纳税款、滞纳金、罚款、缴销发票、税务登记证件和其他税务证件。

（五）跨区域涉税事项报验管理

外出经营活动税收管理作为现行税收征管的一项基本制度，是税收征管法实施细则和增值税暂行条例规定的法定事项，也是落实现行财政分配体制、解决跨区域经营纳税人的税收收入及征管职责在机构所在地与经营地之间划分问题的管理方式，对维持税收属地入库原则、防止漏征漏管和重复征收具有重要作用。

（1）纳税人跨省（自治区、直辖市和计划单列市）临时从事生产经营活动的，向机构所在地的税务机关填报《跨区域涉税事项报告表》。

纳税人在省(自治区、直辖市和计划单列市)内跨县(市)临时从事生产经营活动的,是否实施跨区域涉税事项报验管理由各省(自治区、直辖市和计划单列市)税务机关自行确定。

(2)纳税人跨区域经营合同延期的,可以向经营地或机构所在地的税务机关办理报验管理有效期限延期手续。

(3)跨区域报验管理事项的报告、报验、延期、反馈等信息,通过信息系统在机构所在地和经营地的税务机关之间传递,实时共享。

(4)纳税人首次在经营地办理涉税事宜时,向经营地的税务机关报验跨区域涉税事项。

(5)纳税人跨区域经营活动结束后,应当结清经营地税务机关的应纳税款以及其他涉税事项,向经营地的税务机关填报《经营地涉税事项反馈表》。

经营地的税务机关核对《经营地涉税事项反馈表》后,及时将相关信息反馈给机构所在地的税务机关。纳税人不需要再另行向机构所在地的税务机关反馈。

重点关注

税务机关对跨区域涉税事项报验管理不再按照 180 天设置固定有效期,改按跨区域经营合同执行期限作为有效期限。

二、账簿和凭证管理

账簿和凭证记载并反映了纳税人的生产经营活动情况和扣缴义务人代收代扣税款情况,是税务检查的重要凭据,也是加强税务监督的主要依据。

(一)设置账簿的范围

纳税人、扣缴义务人按照有关法律、行政法规和国务院财政、税务主管部门的规定设置账簿。

(1)从事生产、经营的纳税人应自其领取工商营业执照或者发生纳税义务之日起 15 日内按照国务院财政、税务部门的规定设置账簿。账簿包括总账、明细账、日记账以及其他辅助性账簿。

(2)扣缴义务人应当自税收法律、行政法规规定的扣缴义务发生之日起 10 日内,按照所代扣、代收的税种,分别设置代扣代缴、代收代缴税款账簿。

(3)生产经营规模小又确无建账能力的纳税人,可以聘请经批准从事会计代理记账业务的专业机构或者经税务机关认可的财会人员代为建账和办理账务。

(二)对纳税人财务会计制度及其处理办法的管理

纳税人、扣缴义务人按照有关法律、行政法规和国务院财政、税务主管部门的规定,根据合法、有效凭证记账,进行核算。

(1)从事生产、经营的纳税人应当自领取税务登记证件之日起 15 日内,将其财务、会计制度或者财务、会计处理办法和会计核算软件报送税务机关备案。

(2)使用计算机进行会计核算的纳税人,应当在使用前将会计电算化系统的会计核算软件、使用说明书及有关资料报送税务机关备案。

（3）纳税人、扣缴义务人会计制度健全，能够通过计算机正确、完整计算其收入和所得或者代扣代缴、代收代缴税款情况的，其计算机输出的完整的书面会计记录，可视同会计账簿。纳税人、扣缴义务人会计制度不健全，不能通过计算机正确、完整计算其收入和所得或者代扣代缴、代收代缴税款情况的，应当建立总账及与纳税或者代扣代缴、代收代缴税款有关的其他账簿。

（4）纳税人、扣缴义务人的财务、会计制度或者财务、会计处理办法与国务院或者国务院财政、税务主管部门有关税收规定抵触的，依照国务院或者国务院财政、税务主管部门有关税收的规定计算应纳税款、代扣代缴和代收代缴税款。

（三）账簿、凭证的保存和管理

（1）从事生产、经营的纳税人、扣缴义务人必须按照国务院财政、税务主管部门规定的保管期限保管账簿、记账凭证、完税凭证及其他有关资料。账簿、记账凭证、完税凭证及其他有关资料不得伪造、变造或者擅自损毁。账簿、记账凭证、报表、完税凭证、发票、出口凭证以及其他有关涉税资料应当合法、真实、完整。

（2）账簿、记账凭证、报表、完税凭证、发票、出口凭证以及其他有关涉税资料应当保存10年；法律、行政法规另有规定的除外。

三、税收票证管理

（一）税收票证的概念

税收票证是指税务机关、扣缴义务人依照法律法规，代征代售人按照委托协议，征收税款、基金、费用、滞纳金、罚款等各项收入（以下统称税款）的过程中，开具的收款、退款和缴库凭证。税收票证是纳税人实际缴纳税款或者收取退还税款的法定证明。

税收票证包括纸质形式和数据电文形式。数据电文税收票证是指通过横向联网电子缴税系统办理税款的征收缴库、退库时，向银行、国库发送的电子缴款、退款信息。

税务机关、代征代售人征收税款时应当开具税收票证。通过横向联网电子缴税系统完成税款的缴纳或者退还后，纳税人需要纸质税收票证的，税务机关应当开具。

扣缴义务人代扣代收税款时，纳税人要求扣缴义务人开具税收票证的，扣缴义务人应当开具。

税收票证的基本要素包括：税收票证号码、征收单位名称、开具日期、纳税人名称、纳税人识别号、税种（费用、基金、罚款）、金额、所属时期等。

纸质税收票证的基本联次包括收据联、存根联、报查联。收据联交纳税人作完税凭证；存根联由税务机关、扣缴义务人、代征代售人留存；报查联由税务机关做会计凭证或备查。

省、自治区、直辖市和计划单列市（以下简称省）税务机关可以根据税收票证管理情况，确定除收据联以外的税收票证启用联次。

（二）税收票证的种类和适用范围

税收票证包括税收缴款书、税收收入退还书、税收完税证明、出口货物劳务专用税收票证、印花税专用税收票证以及国家税务总局规定的其他税收票证。

税收缴款书是纳税人据以缴纳税款,税务机关、扣缴义务人以及代征代售人据以征收、汇总税款的税收票证。

税收收入退还书是税务机关依法为纳税人从国库办理退税时使用的税收票证。

税收完税证明是税务机关为证明纳税人已经缴纳税款或者已经退还纳税人税款而开具的纸质税收票证。

出口货物劳务专用税收票证是由税务机关开具,专门用于纳税人缴纳出口货物劳务增值税、消费税或者证明该纳税人再销售给其他出口企业的货物已缴纳增值税、消费税的纸质税收票证。

印花税专用税收票证是税务机关或印花税票代售人在征收印花税时向纳税人交付、开具的纸质税收票证。

税收票证专用章戳是指税务机关印制税收票证和征、退税款时使用的各种专用章戳。

《税收缴款书(税务收现专用)》《税收缴款书(代扣代收专用)》《税收缴款书(出口货物劳务专用)》《出口货物完税分割单》、印花税票和税收完税证明应当视同现金进行严格管理。

四、纳税申报

纳税申报是指纳税人按照税法规定的期限和内容,向税务机关提交纳税事项书面报告的法律行为。

(一)纳税申报的主体

一切负有纳税义务的单位和个人以及负有扣缴义务的单位和个人,都是办理纳税申报的主体。

(1)纳税人必须依照法律、行政法规规定或者税务机关依照法律、行政法规的规定确定的申报期限、申报内容如实办理纳税申报,报送纳税申报表、财务会计报表以及税务机关根据实际需要要求纳税人报送的其他纳税资料。

(2)扣缴义务人必须依照法律、行政法规的规定或者税务机关依照法律、行政法规的规定确定的申报期限、申报内容如实报送代扣代缴、代收代缴税款报告表以及税务机关根据实际需要要求扣缴义务人报送的其他有关资料。

(二)纳税申报的方式

(1)自行申报。自行申报也称直接申报,是指纳税人、扣缴义务人在规定的申报期限内,自行到主管税务机关办理纳税申报或者代扣代缴、代收代缴税款报告表的申报方式。这是一种传统的纳税申报方式。

(2)邮寄申报。邮寄申报是指经税务机关批准的纳税人、扣缴义务人通过邮寄的方式向主管税务机关办理纳税申报或者代扣代缴、代收代缴税款报告表的申报方式。

(3)数据电文申报。数据电文申报也称电子申报,是指经税务机关批准的纳税人、扣缴义务人通过电话语音、电子数据交换和网络传输等方式向主管税务机关办理纳税申报或者代扣代缴、代收代缴税款报告的申报方式。网上申报是其中最普遍的方式。

重点关注

网上申报,提高了纳税管理的效率,也简化了纳税人申报的时间,纳税人只要输入基本信息,税款的计算纳税申报系统便可以自动完成,大大减少了纳税人的工作量。

(4) 简易申报、简并征期。实行定期定额缴纳税款的纳税人,经税务机关批准,可以实行简易申报或简并征期等方式申报纳税。

简易申报是指纳税人按照税务机关核定的税额按期缴纳税款,以税务机关开具的完税凭证代替纳税申报。简并征期是指纳税人按照税务机关核定的税额,采取将纳税期合并为按季、半年或年的方式缴纳税款的纳税申报方式。

（三）纳税申报的具体要求

(1) 纳税人、扣缴义务人,不论当期是否发生纳税义务,除经税务机关批准外,均应按规定办理纳税申报或者报送代扣代缴、代收代缴税款报告表。

(2) 实行定期定额方式缴纳税款的纳税人,可以实行简易申报、简并征期等申报纳税方式。

(3) 纳税人享受减税、免税待遇的,在减税、免税期间应当按照规定办理纳税申报。

(4) 纳税人、扣缴义务人按照规定的期限办理纳税申报或者报送代扣代缴、代收代缴税款报告表确有困难的,需要延期的,应当在规定的期限内向税务机关提出书面延期申请,经税务机关核准,在核准的期限内办理。

纳税人、扣缴义务人因不可抗力,不能按期办理纳税申报或者报送代扣代缴、代收代缴税款报告表的,可以延期办理;但是应当在不可抗力情形消除后立即向税务机关报告。

经核准延期办理前款规定的申报、报送事项的,应当在纳税期内按照上期实际缴纳的税额或者税务机关核定的税额预缴税款,并在核准的延期内办理税款结算。

重点关注

延期申报不等于延期纳税。延期申报需要预缴税款,并在核准的延期内办理纳税结算。

（四）"非接触式"网上办税

按照"尽可能网上办"的原则,截至2020年3月底,国家税务总局共梳理了185个涉税缴费事项可在网上办理,纳税人可依托电子税务局等各类"非接触式"办税缴费服务渠道,办理各种涉税事宜。

五、纳税评估

（一）纳税评估的概念

纳税评估是指税务机关运用数据信息对比分析的方法,对纳税人和扣缴义务人纳税申报情况的真实性和准确性作出定性和定量的判断,并采取进一步征管措施的管理行为。

纳税评估的工作主要由基层税务机关的税源管理部门及其税收管理员负责,重点税源和重大事项的纳税评估也可由上级税务机关负责。

重点关注

开展纳税评估工作原则上在纳税申报到期之后进行,评估的期限以纳税申报的税款所属当期为主,特殊情况可以延伸到往期或以往年度。

（二）纳税评估的工作内容

纳税评估的主要工作内容包括:根据宏观税收分析和行业税负监控结果以及相关数据设立评估指标及其预警值;综合运用各类对比分析方法筛选评估对象;对所筛选出的异常情况进行深入分析并作出定性和定量的判断;对评估分析中发现的问题分别采取税务约谈、调查核实、处理处罚、提出管理建议、移交稽查部门查处等方法进行处理;维护更新税源管理数据,为税收宏观分析和行业税负监控提供基础信息等。

（三）纳税评估的指标

纳税评估指标是税务机关筛选评估对象、进行重点分析时所选用的主要指标,分为通用分析指标和特定分析指标两大类。纳税评估通用分析指标包括:收入类评估分析指标、成本类评估分析指标、费用类评估分析指标、利润类评估分析指标和资产类评估分析指标等;纳税评估特定分析指标则是根据各个具体税种及其相关因素所运用的各种指标。

（四）纳税评估的对象

纳税评估对象为税务机关负责管理的所有纳税人及其应纳所有税种。

纳税评估对象可采用计算机自动筛选、人工分析筛选和重点抽样筛选等方法。

筛选纳税评估对象,要依据税收宏观分析、行业税负监控结果等数据,结合各项评估指标及其预警值和税收管理员掌握的纳税人实际情况,参照纳税人所属行业、经济类型、经营规模、信用等级等因素进行全面、综合的审核对比分析。

综合审核对比分析中发现有问题或疑点的纳税人要作为重点评估分析对象;重点税源户、特殊行业的重点企业、税负异常变化、长时间零税负和负税负申报、纳税信用等级低下、日常管理和税务检查中发现较多问题的纳税人要列为纳税评估的重点分析对象。

（五）纳税评估的方法

纳税评估工作根据国家税收法律、行政法规、部门规章和其他相关经济法规的规定,按照属地管理原则和管户责任开展;对同一纳税人申报缴纳的各个税种的纳税评估要相互结合、统一进行,避免多头重复评估。

1. 纳税评估的主要依据及数据来源

(1)"一户式"存储的纳税人各类纳税信息资料,主要包括:纳税人税务登记的基本情况,各项核定、认定、减免缓抵退税审批事项的结果,纳税人申报纳税资料,财务会计报表以及税务机关要求纳税人提供的其他相关资料,增值税交叉稽核系统各类票证比对结果等。

（2）税收管理员通过日常管理所掌握的纳税人生产经营实际情况，主要包括：生产经营规模、产销量、工艺流程、成本、费用、能耗、物耗情况等各类与税收相关的数据信息。

（3）上级税务机关发布的宏观税收分析数据，行业税负的监控数据，各类评估指标的预警值。

（4）本地区的主要经济指标、产业和行业的相关指标数据，外部交换信息，以及与纳税人申报纳税相关的其他信息。

2. 纳税评估分析方法

纳税评估可根据所辖税源和纳税人的不同情况采取灵活多样的评估分析方法，主要有以下几点。

（1）对纳税人申报纳税资料进行案头的初步审核比对，以确定进一步评估分析的方向和重点。

（2）通过各项指标与相关数据的测算，设置相应的预警值，将纳税人的申报数据与预警值相比较。

（3）将纳税人申报数据与财务会计报表数据进行比较、与同行业相关数据或类似行业同期相关数据进行横向比较。

（4）将纳税人申报数据与历史同期相关数据进行纵向比较。

（5）根据不同税种之间的关联性和勾稽关系，参照相关预警值进行税种之间的关联性分析，分析纳税人应纳相关税种的异常变化。

（6）应用税收管理员日常管理中所掌握的情况和积累的经验，将纳税人申报情况与其生产经营实际情况相对照，分析其合理性，以确定纳税人申报纳税中存在的问题及其原因。

（7）通过对纳税人生产经营结构，主要产品能耗、物耗等生产经营要素的当期数据、历史平均数据、同行业平均数据以及其他相关经济指标进行比较，推测纳税人的实际纳税能力。

3. 审核分析的重点内容

对纳税人申报纳税资料进行审核分析时，要包括以下重点内容。

（1）纳税人是否按照税法规定的程序、手续和时限履行申报纳税义务，各项纳税申报附送的各类抵扣、列支凭证是否合法、真实、完整。

（2）纳税申报主表、附表及项目、数字之间的逻辑关系是否正确，适用的税目、税率及各项数字的计算是否准确，申报数据与税务机关所掌握的相关数据是否相符。

（3）收入、费用、利润及其他有关项目的调整是否符合税法规定，申请减免缓抵退税、亏损结转、获利年度的确定是否符合税法规定并正确履行相关手续。

（4）与上期和同期申报纳税情况有无较大差异。

（5）税务机关和税收管理员认为应进行审核分析的其他内容。

4. 对实行定期定额（定率）征收税款的纳税人以及未达起征点的个体工商户的纳税评估

对实行定期定额（定率）征收税款的纳税人以及未达起征点的个体工商户，可参照其生产经营情况，利用相关评估指标定期进行分析，以判断定额（定率）的合理性和是否已经达到起征点并恢复征税。

（六）评估结果的处理

对纳税评估中发现的问题,税务机关应区别情况做出相应的处理。

（1）对纳税评估中发现的计算和填写错误、政策和程序理解偏差等一般性问题,或存在的疑点问题经约谈、举证、调查核实等程序认定事实清楚,不具有偷税等违法嫌疑,无须立案查处的,可提请纳税人自行改正。需要纳税人自行补充的纳税资料,以及需要纳税人自行补正申报、补缴税款、调整账目的,税务机关应督促纳税人按照税法规定逐项落实。

（2）对纳税评估中发现的需要提请纳税人进行陈述说明、补充提供举证资料等问题,应由主管税务机关约谈纳税人。

（3）对评估分析和税务约谈中发现的必须到生产经营现场了解情况、审核账目凭证的,应经所在税源管理部门批准,由税收管理员进行实地调查核实。对调查核实的情况,要作认真记录。需要处理处罚的,要严格按照规定的权限和程序执行。

（4）发现纳税人有偷税、逃避追缴欠税、骗取出口退税、抗税或其他需要立案查处的税收违法行为嫌疑的,要移交税务稽查部门处理。

（5）对纳税评估工作中发现的问题要作出评估分析报告,提出进一步加强征管工作的建议,并将评估工作内容、过程、证据、依据和结论等记入纳税评估工作底稿。纳税评估分析报告和纳税评估工作底稿是税务机关内部资料,不发纳税人,不作为行政复议和诉讼依据。

（七）纳税评估工作管理

纳税评估是一项综合性工作,需要各级税务机关的相关部门密切配合,分工协作。

基层税务机关及其税源管理部门要根据所辖税源的规模、管户的数量等实际工作情况,结合自身纳税评估的工作能力,制订评估工作计划,合理确定纳税评估工作量,对重点税源户,要保证每年至少重点评估分析一次。

基层税务机关及其税源管理部门要充分利用现代化信息手段,广泛收集和积累纳税人各类涉税信息,不断提高评估工作水平;要经常对评估结果进行分析研究,提出加强征管工作的建议;要做好评估资料的整理工作,本着"简便、实用"的原则,建立纳税评估档案,妥善保管纳税人报送的各类资料,并注重保护纳税人的商业秘密和个人隐私;要建立健全纳税评估工作岗位责任制、岗位轮换制、评估复查制和责任追究制等各项制度,加强对纳税评估工作的日常检查与考核;要加强对从事纳税评估工作人员的培训,不断提高纳税评估工作人员的综合素质和评估能力。

六、发票管理

发票是在购销商品、提供或者接受服务以及从事其他经营活动中,开具、收取的收付款凭证。税务机关是发票的主管机关,负责发票印制、领购、开具、取得、保管、缴销的管理和监督。纳税人在购销商品、提供或者接受经营服务以及从事其他经营活动中,应当按照规定领用、开具、使用发票。

我国推行的增值税发票管理系统,使纳税人申领、开具、流转、查验发票等都可以通过发票管理系统在互联网上进行。增值税发票管理系统实现纳税人经过税务数字认证书安全认证、加密开具的发票数据，通过互联网实时上传税务机关，生成增值税发票电子底账，作为纳税申报、发票数据查验以及税源管理、数据分析利用的依据。

重点关注

目前，尚未纳入增值税发票管理系统的发票主要有门票、过路（过桥）费发票、定额发票和客运发票。

（一）发票的领用

（1）依法办理税务登记的单位和个人。在领取税务登记证或营业执照到主管税务机关办理落户手续后，可以申请领用发票，这是法定的发票领用对象。

（2）依法不需要办理税务登记或领取《营业执照》但需要临时使用发票的单位和个人，可以凭购销商品、提供或者接受服务以及从事其他经营活动的书面证明，经办人身份证明，直接向经营地税务机关申请代开发票。

（3）临时到本省、自治区、直辖市和计划单列市以外从事经营活动的单位和个人，应当向机构所在地的税务机关填报《跨区域涉税事项报告表》，对按规定需要领用经营地发票的，应在按要求提供保证人或缴纳保证金的前提下，向经营地税务机关领用。

（二）发票的开具

（1）销售商品、提供服务以及从事其他经营活动的单位和个人，对外发生经营业务收取款项，收款方应当向付款方开具发票。特殊情况下，由付款方向收款方开具发票：一是收购单位和扣缴义务人支付个人款项时，二是国家税务总局认为其他需要由付款方向收款方开具发票的。

（2）开具发票应当按照规定的时限、顺序、栏目，全部联次一次性如实开具，并加盖发票专用章。任何单位和个人不得有下列虚开发票的行为：

① 为他人、为自己开具与实际经营业务情况不符的发票；

② 让他人为自己开具与实际经营业务情况不符的发票；

③ 介绍他人开具与实际经营业务情况不符的发票。

（3）安装税控装置的单位和个人，应当按照规定使用税控装置开具发票，并按期向主管税务机关报送开具发票的数据。

（4）任何单位和个人应当按照发票管理规定使用发票，不得有下列行为：

① 转借、转让、介绍他人转让发票、发票监制章和发票防伪专用品；

② 知道或者应当知道是私自印制、伪造、变造、非法取得或者废止的发票而受让、开具、存放、携带、邮寄、运输；

③ 拆本使用发票；

④ 扩大发票使用范围；

⑤ 以其他凭证代替发票使用；

⑥ 除国务院税务主管部门规定的特殊情形外，任何单位和个人不得跨规定的使用区域携带、邮寄、运输空白发票；

⑦ 禁止携带、邮寄或者运输空白发票出入境。

重点关注

增值税发票管理系统,将使私自印制、伪造、变造的假发票无处遁形,未来发票的管理重点是对虚开增值税发票行为的打击。

（三）发票的保管

开具发票的单位和个人应当按照税务机关的规定存放和保管发票,不得擅自损毁。已经开具的发票存根联和发票登记簿,应当保存 5 年。保存期满,报经税务机关查验后销毁。使用发票的单位和个人应当妥善保管发票。发生发票丢失情形时,应当于发现丢失当日书面报告税务机关,并登报作废声明。

（四）增值税专用发票的管理

增值税实行凭国家印发的增值税专用发票注明的税款进行抵扣的制度。增值税专用发票不仅是纳税人经济活动中的重要商事凭证,而且是记录销货方销项税额和购货方进项税额进行税款抵扣的凭证。

1. 增值税专用发票的开具范围

（1）一般纳税人发生应税销售行为,应向购买方开具增值税专用发票。

（2）商业企业一般纳税人零售的烟、酒、食品、服装、鞋帽(不包括劳保专用部分)、化妆品等消费品不得开具增值税专用发票。

（3）所有小规模纳税人(其他个人除外)均可以选择使用增值税发票管理系统自行开具增值税专用发票。

（4）销售免税货物不得开具增值税专用发票(法律、法规及国家税务总局另有规定的除外)。

重点关注

增值税小规模纳税人(其他个人除外)发生增值税应税行为,需要开具增值税专用发票的,可以自愿使用增值税发票管理系统自行开具。选择自行开具增值税专用发票的小规模纳税人,税务机关不再为其代开增值税专用发票。

2. 增值税专用发票的领用

一般纳税人凭发票领购簿、报税盘和经办人身份证明领用增值税专用发票。一般纳税人有下列情形之一的,不得领用开具专用发票。

（1）会计核算不健全,不能向税务机关准确提供增值税销项税额、进项税额、应纳税额数据及其他有关增值税税务资料的。

（2）有《税收征管法》规定的税收违法行为,拒不接受税务机关处理的。

（3）有下列行为之一,经税务机关责令限期改正而仍未改正的:

① 虚开增值税专用发票;

② 私自印制专用发票;

③ 向税务机关以外的单位和个人买取专用发票;

④ 借用他人专用发票；

⑤ 未按规定开具专用发票；

⑥ 未按规定保管专用发票和专用设备；

⑦ 未按规定申请办理防伪税控系统变更发行；

⑧ 未按规定接受税务机关检查。

有上列情形的，如已领购专用发票，主管税务机关应暂扣其结存的专用发票和IC卡。

3. 增值税专用发票的开票限额

增值税专用发票（增值税税控系统）实行最高开票限额管理。最高开票限额，是指单份专用发票或货运专票开具的销售额合计数不得达到的上限额度。最高开票限额由一般纳税人申请，区县税务机关依法审批。税务机关应根据纳税人实际生产经营和销售情况进行审批，保证纳税人生产经营的正常需要。

4. 增值税专用发票的认证及抵扣

（1）增值税专用发票的认证

增值税专用发票的认证是指税务机关通过防伪税控系统对专用发票所列数据的识别、确认。

（2）增值税专用发票的抵扣

增值税一般纳税人取得的增值税专用发票、海关进口增值税专用缴款书、机动车销售统一发票、收费公路通行费增值税电子普通发票，取消认证确认、稽核比对、申报抵扣的期限。纳税人在进行增值税纳税申报时，应当通过本省（自治区、直辖市和计划单列市）增值税发票综合服务平台对上述扣税凭证信息进行用途确认。

第二节　税款征收

税款征收是指税务机关依照税收法律、行政法规的规定将纳税人应纳的税款组织征收入库的一系列活动的总称。

一、税款征收的方式

税款征收方式是指税务机关在组织税款入库的过程中所采取的具体征收方法或征收形式。我国税款征收方式主要有以下几种。

（一）查账征收

查账征收是指税务机关对账务健全的纳税人，依据其报送的纳税申报表、财务会计报表和其他有关纳税资料，计算应纳税款，填写缴款书或完税凭证，由纳税人到银行划解税款的征收方式。它适用于经营规模较大、财务会计制度健全、能够如实核算和提供生产经营状况，并能正确计算应纳税款和如实履行纳税义务的纳税人。

（二）查定征收

查定征收是指对账务不全，但能控制其材料、产量或进销货物的纳税单位或个人，由税务机关依据正常条件下的生产能力对其生产的应税产品查定产量、销售额并据以征收税款的征收方式。它适用于生产规模较小、产品零星、税源分散、会计账册不健全,但能控制原材料或进销货的小型厂矿和作坊。

（三）查验征收

查验征收是指税务机关对纳税人应税商品,通过查验数量,按市场一般销售单价计算其销售收入并据以征收税款的一种方式。它适用于财务制度不健全,生产经营不稳定的纳税人。

（四）定期定额征收

定期定额征收是指对小型个体工商户采取定期确定营业额、利润额并据以核定应纳税额的一种征收方式。它适用于经主管税务机关认定和县以上税务机关（含县级）批准的生产、经营规模小,达不到《个体工商户建账管理暂行办法》规定设置账簿的标准,难以查账征收,不能准确计算计税依据的个体工商户。

（五）代扣代缴

代扣代缴是指按照税法规定,负有扣缴税款法定义务的单位和个人,对纳税人应纳的税款进行扣缴,并定期向税务机关解缴所扣税款的一种方式。它适用于税源零星分散、不易控管的纳税人。

（六）代收代缴

代收代缴是指按照税法规定,负有收缴税款法定义务的单位和个人,对纳税人应纳的税款进行收缴,并定期向税务机关解缴所收税款的一种方式。它适用于税收网络覆盖不到或者难以控管的领域。

（七）委托代征

委托代征是指受委托的有关单位按照税务机关核发的代征证书的要求,以税务机关的名义向纳税人征收税款的一种方式。它适用于零星、分散和流动性大的税款征收。

二、税款征收的措施

为了保证税款足额及时收缴国库,在某些特殊情况下,税务机关需要采取一些特别的征收措施以保证税款的征收。

（一）应纳税额的核定与调整

纳税人有下列情形之一的,税务机关有权核定其应纳税额:

(1) 依照法律、行政法规的规定可以不设置账簿的;

(2) 依照法律、行政法规的规定应当设置但未设置账簿的;

(3) 擅自销毁账簿或者拒不提供纳税资料的;

(4) 虽设置账簿,但账目混乱或者成本资料、收入凭证、费用凭证残缺不全,难以查账的;

（5）发生纳税义务，未按照规定的期限办理纳税申报，经税务机关责令限期申报，逾期仍不申报的；

（6）纳税人申报的计税依据明显偏低，又无正当理由的。

（二）纳税担保

税务机关有根据认为纳税人有不履行纳税义务可能的，可以在规定的纳税期之前，责令限期缴纳应纳税款；在限期内发现纳税人有明显的转移、隐匿其应纳税的商品、货物以及其他财产或者应纳税的收入的迹象的，税务机关可以责成纳税人提供纳税担保。

（三）税收保全

如果纳税人不能提供纳税担保，经县以上税务局（分局）局长批准，税务机关可以采取下列税收保全措施。

（1）书面通知纳税人开户银行或者其他金融机构冻结纳税人的金额相当于应纳税款的存款。

（2）扣押、查封纳税人的价值相当于应纳税款的商品、货物或者其他财产。其他财产包括纳税人的房地产、现金、有价证券等财产。

（四）税收强制执行

纳税人、扣缴义务人未按照规定的期限缴纳或者解缴税款，纳税担保人未按照规定的期限缴纳所担保的税款，由税务机关责令限期缴纳，逾期仍未缴纳的，经县以上税务局（分局）局长批准，税务机关可以采取下列强制执行措施。

（1）书面通知其开户银行或者其他金融机构划拨其存款、汇款至缴清税款为止。

（2）扣押、查封、依法拍卖或者变卖其价值相当于应纳税款的商品、货物或者其他财产，以拍卖或者变卖所得抵缴税款。

（五）欠税报告

（1）纳税人有欠税情形而以其财产设定抵押、质押的，应当向抵押权人、质权人说明其欠税情况。抵押权人、质权人可以请求税务机关提供有关的欠税情况。

（2）纳税人有合并、分立情形的，应当向税务机关报告，并依法缴清税款。纳税人合并时未缴清税款的，应当由合并后的纳税人继续履行未履行的纳税义务；纳税人分立时未缴清税款的，分立后的纳税人对未履行的纳税义务应当承担连带责任。

（六）税收代位权、撤销权

欠缴税款的纳税人因怠于行使到期债权，或者放弃到期债权，或者无偿转让财产或者以明显不合理的低价转让财产而受让人知道该情形，对国家税收造成损害的，税务机关可以依照合同法的有关规定行使代位权、撤销权。

税务机关依法行使代位权、撤销权的，不免除欠缴税款的纳税人尚未履行的纳税义务和应承担的法律责任。

代位权和撤销权的行使必须是税务机关向人民法院提出，其行使范围以纳税人欠缴税款的税额为限。

（七）阻止出境

欠缴税款的纳税人或者其法定代表人在出境前未按照规定结清应纳税款、滞纳金或者提供纳税担保的,税务机关可以通知出入境管理机构阻止其出境。

重点关注

税务机关在某些特殊情况下,可以采取一些特别的征收措施以保证税款的征收,这是税务机关的法定职权,纳税人恶意偷逃税款的行为是行不通的。

三、税款缴纳

为了保证税款足额及时收缴国库,在某些特殊情况下,税务机关需要采取一些特别的征收措施以保证税款的征收。

（一）税款缴纳方式

税款缴纳方式主要包括自核自缴、申报核实缴纳、申报查定缴纳、定额申报缴纳、转账缴纳、税银一体化缴纳、现金缴纳和委托代征缴纳。

（二）延期缴纳

纳税人因有特殊困难,不能按期缴纳税款的,经省、自治区、直辖市国家税务局、地方税务局批准,可以延期缴纳税款,但是最长不得超过三个月。在批准的期限内,不加收滞纳金。

特殊困难的主要内容包括：①因不可抗力,导致纳税人发生较大损失,正常生产经营活动受到较大影响；②当期货币资金在扣除应付职工工资、社会保险费后,不足以缴纳税款的。

纳税人需要延期缴纳税款的,应当在缴纳税款期限届满前提出申请,并报送相关材料。

税务机关应当自收到申请延期缴纳税款报告之日起 20 日内作出批准或者不予批准的决定；不予批准的,从缴纳税款期限届满之日起加收滞纳金。

（三）加收税收滞纳金

纳税人、扣缴义务人未按照规定期限缴纳、解缴税款的,税务机关除责令限期缴纳外,从滞纳税款之日起,按日加收滞纳税款万分之五的滞纳金。

加收滞纳金起止时间,为法律、行政法规规定或者税务机关依照法律、行政法规的规定确定的税款缴纳期限届满次日起至纳税人、扣缴义务人实际缴纳或解缴税款之日止。

（四）税款的退还

纳税人超过应纳税额缴纳的税款,税务机关发现后应当立即退还；纳税人自结算缴纳税款之日起 3 年内发现的,可以向税务机关要求退还多缴的税款并加算银行同期存款利息,税务机关及时查实后应当立即退还；涉及从国库中退库的,依照法律、行政法规有关国库管理的规定退还。

税务机关发现纳税人多缴税款的,应当自发现之日起 10 日内办理退还手续;纳税人发现多缴税款,要求退还的,税务机关应当自接到纳税人退还申请之日起 30 日内查实并办理退还手续。加算银行同期存款利息的多缴税款退税,不包括依法预缴税款形成的结算退税、出口退税和各种减免退税。退税利息按照税务机关办理退税手续当天中国人民银行规定的活期存款利率计算。

当纳税人既有应退税款又有欠缴税款的,税务机关可以将应退税款和利息先抵扣欠缴税款;抵扣后有余额的,退还纳税人。

（五）税款的补缴与追征

因税务机关的责任,致使纳税人、扣缴义务人未缴或者少缴税款的,税务机关在 3 年内可以要求纳税人、扣缴义务人补缴税款,但是不得加收滞纳金。

因纳税人、扣缴义务人计算错误(是指非主观故意的计算公式运用错误以及明显的笔误)等失误,未缴或者少缴税款的,税务机关在 3 年内可以追征税款、滞纳金;有特殊情况的,即纳税人或者扣缴义务人因计算错误等失误,未缴或者少缴、未扣或者少扣、未收或者少收税款,累计数额在 10 万元以上的,追征期可以延长到 5 年。

对偷税、抗税、骗税的,税务机关追征其未缴或者少缴的税款、滞纳金或者所骗取的税款,不受规定期限的限制。

补缴和追征税款、滞纳金的期限,自纳税人、扣缴义务人应缴未缴或者少缴税款之日起计算。

第三节　税务稽查概述

税务检查是税收征收管理的一个重要环节,是一种行政执法行为。税务稽查是税务检查的一种,是指税务稽查机构的专业检查;税务稽查主要对象是对涉及偷、逃、抗、骗税的大案要案的检查;税务稽查专业性较强,要求政策水平高,是高标准的税务检查。

目前税务机关对纳税人的税务管理模式为纳税服务、纳税评估和税务稽查并存。我国实行的是以纳税申报和优化服务为基础,以计算机网络为依托,集中征收,重点稽查的征管模式,除去定额征收的企业外,其他企业都会接受税务机关的税务稽查。企业能否顺利地通过税务稽查,是企业经营者和财税人员非常关注的事项。

一、税务稽查的概念

税务稽查由稽查局依法实施。稽查局的主要职责是依法对纳税人、扣缴义务人和其他涉税当事人履行纳税义务、扣缴义务情况及涉税事项进行检查处理,以及围绕检查处理开展的其他相关工作。

税务稽查是税收征收管理工作的重要步骤和环节,是税务机关代表国家依法对纳税人的纳税情况进行检查监督的一种形式。具体包括日常稽查、专项稽查和专案稽查。

二、税务稽查的检查方式及权限

（一）可以要求其打开该电子信息系统

对采用电子信息系统进行管理和核算的被查对象,可以要求其打开该电子信息系统,或者提供与原始电子数据、电子信息系统技术资料一致的复制件。被查对象拒不打开或者拒不提供的,经稽查局局长批准,可以采用适当的技术手段对该电子信息系统进行直接检查,或者提取、复制电子数据进行检查,但所采用的技术手段不得破坏该电子信息系统原始电子数据,或者影响该电子信息系统的正常运行。

（二）可以调取账簿、记账凭证、报表和其他有关资料

调取账簿、记账凭证、报表和其他有关资料时,应当向被查对象出具《调取账簿资料通知书》,并填写《调取账簿资料清单》交其核对后签章确认;调取纳税人、扣缴义务人以前会计年度的账簿、记账凭证、报表和其他有关资料的,应当经所属税务局局长批准,并在 3 个月内完整退还;调取纳税人、扣缴义务人当年的账簿、记账凭证、报表和其他有关资料的,应当经所属设区的市、自治州以上税务局局长批准,并在 30 日内退还。

重点关注

税务机关调取纳税人相关资料时,要履行批准手续,填写调取资料清单,并在规定时间内退还。

（三）可以提取证据材料原件

需要提取证据材料原件的,应当向当事人出具《提取证据专用收据》,由当事人核对后签章确认。对需要归还的证据材料原件,检查结束后应当及时归还,并履行相关签收手续。需要将已开具的发票调出查验时,应当向被查验的单位或者个人开具《发票换票证》;需要将空白发票调出查验时,应当向被查验的单位或者个人开具《调验空白发票收据》,经查无问题的,应当及时退还。

提取证据材料复制件的,应当由原件保存单位或者个人在复制件上注明"与原件核对无误,原件存于我处",并由提供人签章。

（四）可以采用询问方式

询问应当由两名以上检查人员实施。除在被查对象生产、经营场所询问外,应当向被询问人送达《询问通知书》。

询问时应当告知被询问人如实回答问题。询问笔录应当交被询问人核对或者向其宣读;询问笔录有修改的,应当由被询问人在改动处按指印;核对无误后,由被询问人在尾页结束处写明"以上笔录我看过(或者向我宣读过),与我说的相符",并逐页签章、捺指印。被询问人拒绝在询问笔录上签章、捺指印的,检查人员应当在笔录上注明。

当事人、证人可以采取书面或者口头方式陈述或者提供证言。当事人、证人口头陈述或者提供证言的,检查人员可以笔录、录音、录像。笔录应当使用能够长期保持字迹的书写工具书写,也可使用计算机记录并打印,陈述或者证言应当由陈述人或者证人逐页

签章、捺指印。

当事人、证人口头提出变更陈述或者证言的，检查人员应当就变更部分重新制作笔录，注明原因，由当事人、证人逐页签章、捺指印。当事人、证人变更书面陈述或者证言的，不退回原件。

（五）可以制作录音、录像等视听资料

制作录音、录像等视听资料的，应当注明制作方法、制作时间、制作人和证明对象等内容。调取视听资料时，应当调取有关资料的原始载体；难以调取原始载体的，可以调取复制件，但应当说明复制方法、人员、时间和原件存放处等事项。

对声音资料，应当附有该声音内容的文字记录；对图像资料，应当附有必要的文字说明。

（六）可以要求当事人将电子数据打印成纸质资料

以电子数据的内容证明案件事实的，应当要求当事人将电子数据打印成纸质资料，在纸质资料上注明数据出处、打印场所，注明"与电子数据核对无误"，并由当事人签章。

需要以有形载体形式固定电子数据的，应当与提供电子数据的个人、单位的法定代表人或者财务负责人一起将电子数据复制到存储介质上并封存，同时在封存包装物上注明制作方法、制作时间、制作人、文件格式及长度等，注明"与原始载体记载的电子数据核对无误"，并由电子数据提供人签章。

（七）可以制作现场笔录、勘验笔录

检查人员实地调查取证时，可以制作现场笔录、勘验笔录，对实地检查情况予以记录或者说明。制作现场笔录、勘验笔录，应当载明时间、地点和事件等内容，并由检查人员签名和当事人签章。当事人拒绝在现场笔录、勘验笔录上签章的，检查人员应当在笔录上注明原因；如有其他人员在场，可以由其签章证明。

（八）可以异地调查取证

需要异地调查取证的，可以发函委托相关稽查局调查取证；必要时可以派人参与受托地稽查局的调查取证。

受托地稽查局应当根据协查请求，依照法定权限和程序调查；对取得的证据材料，应当连同相关文书一并作为协查案卷立卷存档；同时根据委托地稽查局协查函委托的事项，将相关证据材料及文书复制，注明"与原件核对无误"，注明原件存放处，并加盖本单位印章后一并移交委托地稽查局。

需要取得境外资料的，稽查局可以提请国际税收管理部门依照税收协定情报交换程序获取，或者通过我国驻外机构收集有关信息。

（九）可以查询从事生产、经营的纳税人、扣缴义务人存款账户和涉嫌人员储蓄存款账户

查询从事生产、经营的纳税人、扣缴义务人存款账户的，应当经所属税务局局长批准，凭《检查存款账户许可证明》向相关银行或者其他金融机构查询。

查询案件涉嫌人员储蓄存款的，应当经所属设区的市、自治州以上税务局局长批准，

凭《检查存款账户许可证明》向相关银行或者其他金融机构查询。

【例 9-1】　某市税务局接到群众举报,称该市某电脑销售公司有偷税行为。为获取有关信息,该市税务局派王某、李某两名税务人员扮作顾客,到该公司购买笔记本电脑。购买后索要发票,服务人员称只能开具收据,如果需要发票,要加价 10%。税务人员支付了加价款后,取得了写有音像制品的销售发票。

第二天,二人又来到电脑销售公司,称自己是税务局的,有人举报你们有偷税行为,并出示了税务稽查证件和《税务检查通知书》,依法对公司进行税务检查。

检查中,该公司老板不予配合,检查人员出示了前一天的购货发票,并趁老板不注意时直接打开柜台,从中搜出大量该公司的自制收据和商业零售发票。经核实,该公司擅自印制收据,并不按货物真实品名开具发票以适用低税率,偷逃税款。分析税务人员的稽查行为是否合法。

解析：税务机关的稽查行为不合法。根据《税收征管法》的相关规定,税务机关有以下六项税务稽查权：账簿资料检查权、商品货物检查权、责成提供纳税资料权、寄运货物单证检查权、查核储蓄存款账户权和询问权。

但是,法律并未赋予税务机关类似公安、安全、检察机关所享有的搜查权利。税务机关实施税务稽查时只能行使上述六项法定职权。税务人员直接打开柜台,搜查违法证据的行为,不符合法律规定。

三、纳税评估与税务稽查的关系

（一）纳税评估与税务稽查的相同之处

1. 两者的被执行对象相同

两者都是根据纳税人的纳税情况而采取相关的工作。

2. 两者的法律依据相同

两者都是根据我国相关法律等明确文件开展实际工作,制度规范在先,工作管理在后,做到有章可循,有法可依。

3. 两者的目标一致

两者都是为了维护健康的纳税环境,落实税收相关政策,保证税收相关法律法规的实施,最终实现将税款足额收缴国库的目的。

（二）纳税评估与税务稽查的不同之处

1. 两者的工作重心不同

纳税评估主要是通过对纳税人当期税源真实性的评估,督促纳税人依法纳税,提高纳税人依法履行纳税义务的能力,同时提高稽查选案的准确性,主要具有服务性质。税务稽查更加侧重针对违章违法纳税人进行惩处,维护国家制度的规范性和强制性,保障和促进依法纳税和税收秩序的好转。

2. 两者的主体和客体不同

纳税评估主要是由基层税务机关的税源管理部门和税收管理员负责；客体主要是指当期管理范围内的所有纳税人、扣缴义务人的纳税活动。税务稽查由税务稽查局负责,主体简单明确；客体针对性较强，主要指有偷税、逃避追缴欠税、骗税和抗税等税收违法嫌疑的纳税人或扣缴义务人的各项活动。

在客体选择上，两者适用不同的方法，一般来说计算机自动筛选、人工分析筛选和重点抽样筛选适合纳税评估。而税务稽查除了计算机选案分析外，其主要客体来源是由有关部门转办、上级交办。

3. 两者的工作程序和工作地点不同

纳税评估的程序是，确定对象—实施分析—询问核实—评估处理—反馈建议和维护更新税源管理数据，这决定了纳税评估一般在税务机关办公场所开展。税务稽查的程序要复杂得多，一般在税务机关办公场所和被稽查对象现场开展工作，税务稽查需要经常进入企业调查取证。

4. 两者的具体作用不同

服务是纳税评估的职能，惩处、威慑和教育是税务稽查的职能。在纳税行为处理上，纳税评估主要起到预警和监督检查的作用，是非执法行为。税务稽查主要通过惩处等打击性措施起到执法作用。纳税评估是税收管理的第一道防线，税务稽查是最后一道防线。

重点关注

纳税评估属于税源管理，税务稽查属于打击性检查，纳税评估关注纳税人是否按正常税负补缴税款，税务稽查除了要求纳税人补缴税款外，更注重对偷漏税的惩戒。

（三）纳税评估与税务稽查的关系

纳税评估与税务稽查两项工作是相辅相成的关系，纳税评估工作的纠错环节，其本质就是为税务稽查工作提供案源，使其在纳税评估后有针对性地进行查税延伸，借助纳税评估取得的一手信息，着手开展税务稽查工作；同时，税务稽查也促进了纳税评估工作的顺利完成。两者结合，能够对税务相关工作的执行更为有利，彼此配合以构建合规的税收监管平台。

四、税务稽查的具体工作步骤

稽查局办理税务稽查案件时，实行选案、检查、审理、执行分工制约原则。

（一）选案

选案是选择和确定税务稽查对象，是税务稽查的基础和重要环节。稽查局应当统筹安排检查工作，严格控制对纳税人、扣缴义务人的检查次数。

选案部门负责稽查对象的选取，并对税收违法案件查处情况进行跟踪管理。税务稽查对象一般通过以下三种方法产生。

1. 通过对案源信息进行分析，选择稽查对象

选案部门对案源信息采取计算机分析、人工分析、人机结合分析等方法进行筛选，发现有税收违法嫌疑的，应当确定为待查对象。待查对象确定后，选案部门填制《税务稽查立案审批表》，附有关资料，经稽查局局长批准后立案检查。

稽查局的案源信息主要包括财务指标、税收征管资料、稽查资料、情报交换和协查线索；上级税务机关交办的税收违法案件；上级税务机关安排的税收专项检查；税务局相关部门移交的税收违法信息；检举的涉税违法信息；其他部门和单位转来的涉税违法信息；社会公共信息；其他相关信息。

2. 根据税务局相关部门移交的税收违法信息，筛选稽查对象

税务局相关部门移交的税收违法信息，稽查局经筛选未立案检查的，应当及时告知移交信息的部门；移交信息的部门仍然认为需要立案检查的，经所属税务局领导批准后，由稽查局立案检查。

3. 根据举报情况，确定稽查对象

国家税务总局和各级国家税务局、地方税务局在稽查局设立税收违法案件举报中心，负责受理单位和个人对税收违法行为的检举。

税收违法案件举报中心应当对检举信息进行分析筛选，区分不同情形，经稽查局局长批准后分别处理：

（1）线索清楚，涉嫌偷税、逃避追缴欠税、骗税、虚开发票、制售假发票或者其他严重税收违法行为的，由选案部门列入案源信息；

（2）检举内容不详，无明确线索或者内容重复的，暂存待办；

（3）属于税务局其他部门工作职责范围的，转交相关部门处理；

（4）不属于自己受理范围的检举，将检举材料转送有处理权的单位。

4. 对上级税务机关指定和税收专项检查安排的检查对象，应当立案检查

经批准立案检查的，由选案部门制作《税务稽查任务通知书》，连同有关资料一并移交检查部门。

重点关注

税务实践证明，许多大型、恶性偷税案件，是以群众举报所提供的信息为突破口，被稽查出来的。税务机关非常重视群众举报，并对举报人保密并加以保护，还会根据具体情况给予举报人一定的奖励。

（二）检查

税务检查是税务稽查工作的核心和关键环节，税务检查必须依照法定权限和程序实施。

1. 下达《税务检查通知书》

检查部门接到《税务稽查任务通知书》后，应及时安排人员实施检查。检查部门在检查前，应当告知被查对象检查时间、需要准备的资料等，但预先通知有碍检查的除外。

检查应当由两名以上具有执法资格的检查人员共同实施，并向被查对象出示税务检查证件、出示或者送达税务检查通知书，告知其权利和义务。

2. 调查取证

税务人员实施检查时，依照法定权限和程序，可以采取实地检查、调取账簿资料、询问、查询存款账户或者储蓄存款、异地协查等方法。税务人员在调查取证时，不得违反法定程序收集证据材料；不得以偷拍、偷录、窃听等手段获取侵害他人合法权益的证据材料；不得以利诱、欺诈、胁迫、暴力等不正当手段获取证据材料。

3．需要按逃避、拒绝或者以其他方式阻挠税务检查的规定处理的情形

被查对象有下列情形之一的，依照《税收征管法》和《税收征管法细则》有关逃避、拒绝或者以其他方式阻挠税务检查的规定处理：

（1）提供虚假资料，不如实反映情况，或者拒绝提供有关资料的；

（2）拒绝或者阻止检查人员记录、录音、录像、照相、复制与税收违法案件有关资料的；

（3）在检查期间转移、隐匿、损毁、丢弃有关资料的；

（4）有不依法接受税务检查的其他情形的。

4．实施强制措施的情况

税务机关有根据认为从事生产、经营的纳税人有逃避纳税义务的行为，可以在规定的纳税期之前，责令限期缴纳应纳税款；在限期内发现纳税人有明显的转移、隐匿其应纳税的商品、货物以及其他财产或者应纳税收入迹象的，可以责成纳税人提供纳税担保。如果纳税人不能提供纳税担保，经县以上税务局局长批准，可以依法采取税收强制措施。

5．中止检查的情形

有下列情形之一，致使检查暂时无法进行的，经稽查局局长批准后，中止检查。

（1）当事人被有关机关依法限制人身自由的；

（2）账簿、记账凭证及有关资料被其他国家机关依法调取且尚未归还的；

（3）与税收违法行为直接相关的事实需要人民法院或者其他国家机关确认的；

（4）法律、行政法规或者国家税务总局规定的其他可以中止检查的。

中止检查的情形消失，经稽查局局长批准后，恢复检查。

6．终结检查的情形

有下列情形之一，致使检查确实无法进行的，检查部门可以填制《税收违法案件终结检查审批表》，附相关证据材料，移交审理部门审核，经稽查局局长批准后，终结检查。

（1）被查对象死亡或者被依法宣告死亡或者依法注销，且无财产可抵缴税款或者无法定税收义务承担主体的。

（2）被查对象税收违法行为均已超过法定追究期限的。

（3）法律、行政法规或者国家税务总局规定的其他可以终结检查的。

7．出具《税务稽查报告》

税务人员在检查过程中，应当制作《税务稽查工作底稿》，记录案件事实，归集相关证据材料，并签字、注明日期。检查结束前，检查人员可以将发现的税收违法事实和依据告知被查对象；必要时，可以向被查对象发出《税务事项通知书》，要求其在限期内书面说明，并提供有关资料；被查对象口头说明的，检查人员应当制作笔录，由当事人签章。

检查结束前，检查人员可以将发现的税收违法事实和依据告知被查对象；必要时，可以向被查对象发出《税务事项通知书》，要求其在限期内书面说明，并提供有关资料，被查对象口头说明的，检查人员应当制作笔录，由当事人签章。

检查结束时，应当根据《税务稽查工作底稿》及有关资料，制作《税务稽查报告》，由检查部门负责人审核。经检查没有发现税收违法事实的,应当在《税务稽查报告》中说明检查内容、过程、事实情况。检查完毕,检查部门应当将《税务稽查报告》及相关证据材料,在5个工作日内移交审理部门审理,并办理交接手续。

风险提示

纳税人应认真对待检查人员发现的税收违法事实,在限期内主动说明情况,以降低被税务机关处罚的风险。

(三)审理

检查结束后,稽查局应当对案件进行审理。符合重大税务案件标准的,稽查局审理后提请税务局重大税务案件审理委员会审理。

1. 审理工作的一般规定

(1)审理部门接到检查部门移交的《税务稽查报告》及有关资料后,应当及时安排人员进行审理。审理人员通过审核,提出书面审理意见,由审理部门负责人审核。案情复杂的,稽查局应当集体审理;案情重大的,稽查局应当依照国家税务总局有关规定报请所属税务局集体审理。

(2)审理部门可以根据情况,将《税务稽查报告》及有关资料退回检查部门,要求其补正或者补充调查。

(3)《税务稽查报告》认定的税收违法事实清楚、证据充分,但适用法律、行政法规、规章及其他规范性文件错误,或者提出的税务处理、处罚建议错误或者不当的,审理部门应当另行提出税务处理、处罚意见。

(4)审理部门接到检查部门移交的《税务稽查报告》及有关资料后,应当在15日内提出审理意见。案情复杂确需延长审理时限的,经稽查局局长批准,可以适当延长。

2.《税务行政处罚事项告知书》的出具

拟对被查对象或者其他涉税当事人作出税务行政处罚的,向其送达《税务行政处罚事项告知书》,告知其依法享有陈述、申辩及要求听证的权利。

(1)对被查对象或者其他涉税当事人的陈述、申辩意见,审理人员应当认真对待,提出判断意见。

(2)对当事人口头陈述、申辩意见,审理人员应当制作《陈述申辩笔录》,如实记录,由陈述人、申辩人签章。

(3)被查对象或者其他涉税当事人要求听证的,应当依法组织听证。听证主持人由审理人员担任。听证依照国家税务总局有关规定执行。

3. 制作《税务稽查审理报告》

审理完毕,审理人员应当制作《税务稽查审理报告》,由审理部门负责人审核。审理部门区分下列情形分别作出处理:

(1)认为有税收违法行为,应当进行税务处理的,拟制《税务处理决定书》。

(2)认为有税收违法行为,应当进行税务行政处罚的,拟制《税务行政处罚决定书》。

(3)认为税收违法行为轻微,依法可以不予税务行政处罚的,拟制《不予税务行政处罚决定书》。

（4）认为没有税收违法行为的，拟制《税务稽查结论》。

《税务处理决定书》《税务行政处罚决定书》《不予税务行政处罚决定书》《税务稽查结论》经稽查局局长或者所属税务局领导批准后由执行部门送达执行。

税收违法行为涉嫌犯罪的，填制《涉嫌犯罪案件移送书》，经所属税务局局长批准后，依法移送公安机关。

（四）执行

1. 正常执行

执行部门接到《税务处理决定书》《税务行政处罚决定书》《不予税务行政处罚决定书》《税务稽查结论》等税务文书后，应当依法及时将税务文书送达被执行人，被执行人应在限期内缴清税款、滞纳金、罚款。

2. 需要强制执行的情况

具有下列情形之一的，经县以上税务局局长批准，稽查局可以依法强制执行，或者依法申请人民法院强制执行：

（1）纳税人、扣缴义务人未按照规定的期限缴纳或者解缴税款、滞纳金，责令限期缴纳逾期仍未缴纳的；

（2）经稽查局确认的纳税担保人未按照规定的期限缴纳所担保的税款、滞纳金，责令限期缴纳逾期仍未缴纳的；

（3）当事人对处罚决定逾期不申请行政复议也不向人民法院起诉、又不履行的；

（4）其他可以依法强制执行的。

3. 强制执行的方法

稽查局对被执行人采取强制执行措施时，应当向被执行人送达《税收强制执行决定书》，告知其采取强制执行措施的内容、理由及依据，并告知其依法申请行政复议或者提出行政诉讼的权利。

（1）从被执行人开户银行或者其他金融机构的存款中扣缴税款、滞纳金、罚款。

（2）拍卖、变卖被执行人商品、货物或者其他财产，以拍卖、变卖所得抵缴税款、滞纳金、罚款。

> **风险提示**
>
> 纳税人应了解强制执行的相关规定，避免发生被强制执行的风险。

4. 制作《税务稽查执行报告》

被执行人在限期内缴清税款、滞纳金、罚款或者稽查局依法采取强制执行措施追缴税款、滞纳金、罚款后，执行部门应当制作《税务稽查执行报告》，记明执行过程、结果、采取的执行措施以及使用的税务文书等内容，由执行人员签名并注明日期，连同执行环节的其他税务文书、资料一并移交审理部门整理归档。

执行过程中发现涉嫌犯罪的，执行部门应当及时将执行情况通知审理部门，并提出向公安机关移送的建议。

5. 中止执行的情形

执行过程中发现有下列情形之一的,经稽查局局长批准后,中止执行:

(1) 当事人死亡或者被依法宣告死亡,尚未确定可执行财产的;

(2) 当事人进入破产清算程序尚未终结的;

(3) 可执行财产被司法机关或者其他国家机关依法查封、扣押、冻结,致使执行暂时无法进行的;

(4) 可供执行的标的物需要人民法院或者仲裁机构确定权属的;

(5) 法律、行政法规和国家税务总局规定其他可以中止执行的。

中止执行情形消失后,经稽查局局长批准,恢复执行。

6. 终结执行的情形

当事人确无财产可供抵缴税款、滞纳金、罚款或者依照破产清算程序确实无法清缴税款、滞纳金、罚款,或者有其他法定终结执行情形的,经税务局局长批准后,终结执行。

五、税务稽查方法

税务稽查方法,是指税务机关和税务检查人员实施税务检查时,为发现税收违法问题,收集相关证据,依法采取的各种手段和措施的总称。了解税务稽查的方法可以让企业会计人员发现本企业纳税管理工作存在的问题,以便及时加以改进。

(一)账务检查方法

账务检查方法是指对稽查对象的会计报表、会计账簿、会计凭证等有关资料进行系统审查,据以确认稽查对象缴纳税款的真实性和准确性的一种方法。

1. 顺查法

顺查法是指根据会计业务处理顺序,依次进行检查的方法。顺查法适用于业务规模不大或业务量较少的稽查对象,以及经营管理和财务管理混乱、存在严重问题的稽查对象和一些特别重要项目的检查。

2. 逆查法

逆查法与顺查法的审查顺序相反,是指按照会计记账程序的相反方向,由报表、账簿查到凭证的一种检查方法。逆查法主要适用于对大型企业以及内部控制制度健全、内部控制管理严格的企业的检查,但不适用于某些特别重要和危险项目的检查。

3. 详查法

详查法是指对稽查对象在检查期内的所有经济活动、涉及经济业务和财务管理的部门及其经济信息资料,采取严密的审查程序,进行周详的审核检查。

详查法适用于规模较小、经济业务较少、会计核算简单、核算对象比较单一的企业,或者为了揭露重大问题而进行的专案检查,以及在整个检查过程中对某些(某类)特定项目、事项所进行的检查。因而,详查法对于管理混乱、业务复杂的企业,以及税务检查的重点项目和事项的检查十分适用,一般都能取得较为满意的效果。详查法也适用于对歇业、停业清算企业的检查。

4. 抽查法

抽查法是指从被查总体中抽取一部分资料进行审查,再依据抽查结果推断总体的一种方法。抽查法具体又分为两种：一是重点抽查法，即根据检查目的、要求或事先掌握的纳税人有关纳税情况，有目的地选择一部分会计资料或存货进行重点检查；二是随机抽查法，即以随机方法，选择纳税人某一特定时期或某一特定范围的会计资料或存货进行检查。

5．审阅法

审阅法是指对稽查对象有关书面资料的内容和数据进行详细审查和研究，发现疑点和线索，以取得税务检查证据的一种检查方法。审阅法适用于所有企业经济业务的检查，尤其适合对有数据逻辑关系和核对依据内容的检查。

（1）原始凭证的审阅

审阅原始凭证时，应注意有无涂改或伪造的现象和痕迹，记录的经济业务是否符合会计制度的规定，是否有业务负责人的签字。

（2）记账凭证的审阅

审阅记账凭证时，应重点审查企业的会计处理是否符合《企业会计准则》及国家统一会计制度的规定，将审阅过的原始凭证与记账凭证上的会计科目、明细科目、金额对照观察，分析其是否真实反映了实际情况，有无错弊、掩饰的情形，记账凭证上编制、复核、记账、审批等签字是否齐全。

（3）账簿的审阅

审阅会计账簿包括审阅稽查对象据以入账的原始凭证是否齐全完备，账簿记载的有关内容与原始凭证的记载是否一致，会计分录的编制或账户的运用是否恰当，货币收支的金额是否正常，成本核算是否符合国家有关财务会计制度的规定，是否符合检查目标的其他要求（如税金核算的正确性要求、税金的增减与企业经营能力变化的关系）等。

（4）会计报表的审阅

审阅会计报表时不能仅仅局限于对资料本身的评价，更主要的是对资料所反映的经济活动过程和结果做出正确判断或评价。

（5）其他会计资料的审阅

对于会计资料以外的其他资料进行审阅，一般是为了获取进一步的信息。在实际工作中到底要审阅哪些其他方面的资料，则应视检查时的具体情况而定。

6．核对法

核对法是指对书面资料的相关记录，或是对书面资料的记录和实物进行相互核对，以验证其是否相符的一种检查技术方法。

（1）会计资料之间的相互核对

会计资料的核对，是核对法最基本，也是最核心的内容和步骤。通过会计资料之间的核对，可以发现会计核算过程中的疑点和问题的线索，有助于进一步拓展检查思路和方向。

（2）证证核对

证证核对，既包括原始凭证与相关原始凭证、原始凭证与原始凭证汇总表的核对，也包括记账凭证与原始凭证、记账凭证与汇总凭证之间的核对。

（3）账证核对

账证核对是指将会计凭证和有关明细账、日记账或总账进行核对。通过账、证核对可以判断企业会计核算的真实性和可靠性，有助于发现并据以查证有无多记、少记或错记等会计错弊，帮助检查人员节约检查时间，简化检查过程，提高检查效率和正确性。

（4）账账核对

账账核对是指将总账与相应的明细账、日记账进行有效性核对，其目的在于查明各总账科目与其所属明细账、日记账是否一致。验算总账与所属明细账、日记账的一致性是进行总账检查不可缺少的步骤。

（5）账表核对

账表核对是指将报表与有关的账簿记录相核对，包括将总账和明细账的记录与报表进行相符性核对，也包括报表与明细账、日记账之间的核对。其目的在于查明账表记录是否一致，报表之间的勾稽关系是否正常。

（6）账实核对

账实核对是指采用实物盘存与账面数量比较、金额计算核对的方法，核实存货的账面记录与实际库存是否一致，其目的在于查明实物是否安全、数量是否正确，实物的存在价值与账面记录是否一致相符，各种债权、债务是否确实存在。

（二）分析方法

分析方法是指运用不同的分析技术，对与企业会计资料有内在联系的财务管理信息，以及税收核算情况进行系统和重点的审核和分析，以确定涉税线索和疑点，并进行追踪检查的一种方法。

1. 控制计算法

控制计算法是指运用可靠的或科学测定的数据，利用数学等式原理来推测、证实账面资料是否正确，从而发现问题的一种检查方法。常用的方法有：以产控耗、以耗控产、以产控销、以支控销等。

2. 比较分析法

比较分析法是指将企业会计资料中的有关项目和数据，在相关的时期之间、指标之间、企业之间及地区或行业之间进行静态或动态对比分析，从中发现问题，获取检查线索的一种分析方法。

（1）绝对数比较分析法

绝对数比较分析法是指通过经济指标绝对数的直接比较分析来衡量企业经济活动的成果和差异的方法。

（2）相关比率比较分析法

相关比率比较分析法是指利用会计资料中有关两个内容不同但又相关的经济指标求出新的指标比率，再与这种指标的计划比率或上期比率进行比较分析，以观察其性质和大小，从而发现异常情况的方法。

（3）构成比率比较分析法

构成比率比较分析法是指通过计算某项经济指标的各个组成部分占总体的比重，分析其构成内容的变化，从中发现异常变化和升降情况的方法。

【例9-2】 税务稽查人员在对某公司企业所得税稽查中，通过对本年和上年部分财务指标进行比较分析时，发现变动情况见表9-1。

表9-1 部分财务指标数据对照表　　　　单位：万元

日期 项目	本年	上年	变动额	变动率/%
产品销售收入	4 778	6 553	−1 775	−27.09
产品销售成本	3 871	4 490	−619	−13.79
申报会计利润	135	553	−418	−75.59
申报企业所得税	39	230	−191	−83.04
其他应付款年末余额	1 501	104	1 397	1 343.27

要求：运用比较分析法，分析该公司申报的企业所得税可能存在的问题。

解析：

（1）产品销售收入分析：该公司产品销售收入变动率为−27.09％，较上年下降幅度大，可能存在少计收入的疑点。

（2）产品销售成本分析：该公司产品销售成本变动率为−13.79％，与产品销售收入变动率进行比较，其比值为0.5，说明成本下降幅度小于收入下降幅度，可能存在虚列销售成本的疑点。

（3）往来账款分析：该公司"其他应付款"年末余额变动率为1 343.27％，余额增加幅度很大，可能存在应税收入计入往来账而未计收入科目的疑点，影响当期利润，进而影响应纳税所得额。

3. 相关分析法

相关分析法是指将存在关联关系的被查项目进行对比，揭示其中的差异，并且判明经济业务可能存在问题的一种分析方法。

（三）调查方法

调查方法是指在税务检查过程中，采用观察、查询、外部调查和盘点等方法，对稽查对象与税收有关的经营情况、营销策略、财务管理、库存等进行检查、核实的方法的总称。

1. 观察法

观察法是指检查人员通过深入检查现场，如车间、仓库（包括外部仓库）、营业场所以及基建工地等，对被查事项或需要核实的事项进行实地视察和了解，考察企业产、供、销、运各环节的内部管理状况，控制程序和各方面的实际情况，从中发现薄弱环节和存在的问题，获取相关证据的一种方法。

2. 查询法

查询法是指对审查过程发现的疑点和问题，通过调查和询问的方式，证实某些问题或取得必要的资料，以帮助进一步检查的一种调查方法。根据查询方式的不同，查询法可以分为面询法、函询法。

（1）面询法

面询法又称询问法，是由检查人员向有关人员当面了解、核实情况的一种检查方法。

（2）函询法

函询法是指根据检查需要，按照既定的函件格式，提出需要询证的问题或事项并制作成函件，寄给有关单位或人员，根据对方的回答来获取有关资料，或者求证某些问题是否存在和存在程度的一种检查方法。

3．外调法

外调法是指对有疑点的凭证、账项记录或者其他经济业务，通过派出检查人员到稽查对象以外、与该项业务相联系的单位（或个人）的实地调查，或者委托发生地税务机关协查，以取得问题证据的一种检查方法。外调法主要用于外部证据的核实或取证。外调包括函调和派人外调。

4．盘存法

盘存法是指通过对货币资产和实物资产的盘点与清查来确定其形态、数量、价值、权属等是否与账簿记录相符的一种检查方法。

重点关注

税务人员在进行税务稽查时，会根据稽查目的、稽查要求和稽查对象的不同，将多种税务稽查方法有机的加以综合运用，以提高税务稽查工作的效率和效果。

（四）税务稽查的操作技巧

1．运用观察法和查询法，了解纳税人的基本情况

（1）检查人员运用观察法，深入企业生产经营现场进行实地视察，考察企业产、供、销、运各环节的内部管理状况，控制程序和各方面的实际情况，从中发现薄弱环节和存在的问题。

（2）检查人员对检查过程中所发现的疑点和问题，一般会采用查询法，向有关人员进行询问和质疑，深入了解被查企业情况。有经验的税务稽查人员更多的是在不经意的聊天中发现纳税人可能存在的涉税问题。

2．运用各种分析方法，确定纳税人的税务稽查重点

（1）运用比较分析法，了解企业的变化趋势，评估企业纳税情况的合理性。

（2）运用控制分析法和相关分析法，确定企业可能存在的财税问题，确定税务稽查重点。

3．综合运用各种账务检查方法，查实纳税人存在的纳税问题

（1）通过查找特殊数字发现检查重点

根据纳税人某一类型经济业务涉及金额或数量的正常变化范围和方式，从中发现超过这一范围和方式的特殊数字，作为纳税检查的重点。

① 从金额变化范围发现特殊数字

每一类经济业务的发生在一定的时期内都有一个正常量的界限，如果大大超过或远远小于正常量的界限，就说明其中可能存在疑点。

【例9-3】　某公司本年1—9月累计管理费用支出为120 000元,上年同期却为90 000元,已知该企业管理人员、业务量没有大的增长变化。

解析:根据企业情况分析税务稽查人员应如何处理。

该公司本年度管理费用1—9月正常数字应为90 000元左右,而该公司1—9月管理费用却为120 000元,远大于正常数字,这就是一个特殊数据,税务稽查人员应当根据这一疑点,检查该公司管理费用明细账中各项具体支出,就能够查找出详细的疑点和具体的问题来。

② 从数据的正负变化方式发现特殊数字

纳税人的财务会计数据有固定的变化方式,或为正数,或为负数,或有两种可能,但变化总有一定规律,如果变化方式违反一定规律,说明其中可能存在问题。

比如"材料成本差异"账户既可以为正数(超支额),也可以为负数(节约额)。但有些经济业务反映在会计资料中只能是正数,如"固定资产、原材料、库存商品、现金"等的余额应为正数(有时可能为零)。此类账户如出现负的余额则可能存在问题。

③ 从数据的精确度发现特殊数字

纳税人财务会计数据一般是很精确的,但这种精确也有一定的规律,如检查中发现纳税人利润表中的利润总额项目为零,这就是一个奇异数据,因为纳税人的利润是由多个环节的损益加减合计而成的,一般为零的概率几乎没有。所以,应进一步审查各损益科目,从中找出问题。

(2) 从异常业务往来单位发现问题

纳税人单位之间的经济联系广泛、复杂,有购销业务关系,劳务关系,也有其他往来关系。但就某一类经济业务而言,其业务关系是相对稳定的,经济交往也总会遵从一定的规律,因此我们可以从异常业务往来单位发现问题。

① 从购销业务范围发现异常的购销单位

每一个经营实体均有一定的经营业务范围,若超出这一范围,就应是查账的疑点。税务稽查人员在查账过程中,如果发现原始凭证反映的经济业务内容与出具凭证单位的经营范围明显不符,则属于异常的购销单位,应进一步检查。

② 从购销单位与货款结算单位是否对应发现疑点

在正常的经济交往中,购货单位为付款单位,供货单位为收款单位。税务稽查人员在查账过程中,如果发现甲单位销售一批货物给乙单位,而实际付款单位是丙单位,则属于购销单位与货款结算单位不相符,应进一步检查。

③ 从结算期限的长短发现疑点

正常业务的发生、往来与结算都具有一定的频率,若在往来账户中发现有的往来单位陌生,长期无业务往来,挂账数额又大,就应视为异常往来单位,需要进一步检查,查明是否存在虚列客户,瞒报收入的问题。

(3) 从账户之间的异常对应关系发现问题

任何一笔经济业务都会涉及两个或两个以上的账户,具体内容的变化需要在两个或两个以上账户进行全面的反映,形成账户对应关系,并在凭证中体现出来。而异常的账户对应关系是指对一项经济业务所做的会计分录不符合会计准则的要求或有违经济业务的常理,不能正确反映经济业务内容。检查人员可以从凭证(记账凭证)审核入手,发现账户的异常对应关系,从而找出检查重点。

① 从资金增加的来源发现异常账户对应关系

每一笔资金运动均有来龙去脉,因此每一个账户的借方或贷方均有一定的正常对应账户,如果纳税人的银行存款账户的借方与生产成本账户的贷方直接发生对应关系,则为异常对应关系,应进一步查证。

② 从产品减少的去向发现异常账户对应关系

如果纳税人库存商品账户的贷方直接与银行存款账户或原材料账户的借方发生对应关系,这就不是库存商品正常减少的去向,应进一步查证。

③ 从没有原始凭证的应收、应付款的转账中发现异常的账户对应关系

如某纳税人利用应付账款与应收账款之间的对转进行账务调整,这可能是一个疑点,应进一步查证,以发现纳税人是否存在虚列应付款户头,私设小金库,截留利润的问题。

(4) 从异常时间发现问题

每一项经济业务的发生总有特定的时间,会计资料对经济业务记录的时间应与该项经济业务发生的时间相同。有些经济业务发生需经过一段完整的过程,但也有一个正常的期限,且相关经济业务发生的时间也是有先后顺序的。检查时,若发现不符合规律的情况,应作为疑点。

① 从经济业务发生的特定时间上发现疑点

若经济业务中相关会计凭证没有反映经济业务发生时间,或者反映的特定时间与经济业务内容有明显矛盾,这就是疑点,需要查证。

【例 9-4】　检查人员对某公司检查时发现本年一张开票日期为 12 月 25 日的购买办公用品的发票,金额为 105 000 元,销售单位是一超市。该公司在临近年终这一特定时间,采购这么多的办公用品引起了检查人员的关注,经过调查和询问,原来是该公司为元旦搞福利,在超市为员工购买购物卡,将支出挤入管理费用。

② 从经济业务发生时间长短中发现疑点

纳税人生产经营或提供劳务,都应有一个工作期间,若纳税人账面记录超过这一期间,则为疑点。

如某装修公司 2020 年 10 月为一单位装修外墙贴面,时至 2023 年 9 月份该公司还将收取的装修款挂预收款账户,这就是疑点,因为外墙贴面工程不可能历时近 3 年时间还未完成。进一步检查就会发现该公司利用预收账款账户挂账,不结转收入,偷逃增值税和企业所得税的问题。因此,对收入项目长期挂预收款账户,往来账户等问题都应作为检查的重点,深入进行检查。

③ 从结算时间上发现疑点

正常的债权债务关系由于经济合同规定的具体要求不同和选用结算方式不同,均有一定的结算期限,若发现有长期挂账的应收款或应付款,则应查明原因。

如某公司经理(公司投资者)为了逃避应缴的个人所得税,不从公司分配红利,而是以业务活动经费的名义,将 200 000 元红利长期挂在其他应收款上。

（5）从异常地点发现问题

每一笔业务均有发生地点，这些地点是否异常是根据业务的内容来判定的。

① 同一种货物可以从许多地点采购，但一般情况下应就近采购，以节约人力、物力和财力。如果出现舍近而求远，违反常规的现象，稽查人员应视同异常地点进行重点检查。

② 物资运动流向决定了购销业务所涉及的地点有一定的规律。如果地点与经济业务的内容无关，或者与经济业务的内容矛盾，就应视为异常地点，如作为小麦主要产地的河南省某粮油公司到广东、广西去收购小麦。因此，要特别注意货物购进的地点是否异常，从中发现虚账、假账等问题。

（6）从逻辑矛盾中发现疑点

运用逻辑推理是人们认识问题的重要方法之一，是根据事物之间的逻辑关系去揭示假象，发现真相的过程。

【例 9-5】 如某公司本年度实现利润总额为 32 万元，该公司本年度主营业务收入比上一年度有所增加，但利润总额却比上一年减少 500 万元，在本年度公司其他因素不变的条件下，税务人员应如何处理。

解析：本年度收入增加，而利润却下降，这两个数据存在逻辑矛盾引起了税务人员的关注。税务人员经进一步分析资产负债表，发现该公司存货比上年度减少 400 万元，据此对该公司存货明细项目进行审查，税务人员最终发现了该公司多结转销售成本 360 万元的问题。

第十章

流转税稽查方法

流转税是政府财政收入的重要来源,纳税人只要开展经营活动,就要承担流转税的纳税义务,流转税的稽查是税务稽查的重要内容。

第一节　增值税稽查方法

一、纳税义务人和扣缴义务人的检查

(一)常见涉税问题

(1)符合一般纳税人条件但不办理一般纳税人认定手续。

(2)承租或承包的企业、单位和个人,不按规定办理税务手续,以出租人或发包人的名义进行经营,逃避纳税义务。

(3)发生扣缴义务,扣缴义务人未按规定履行代扣代缴义务。

(二)主要检查方法

(1)对一般纳税人认定的检查,主要检查纳税人是否存在隐匿收入的行为。检查纳税人记载销售的日记账;审查会计报表,比对营业收入和销售商品收到的现金是否吻合;通过单位能耗(如材料消耗、水电消耗、工资消耗)测算营业收入的真实性。

(2)对租赁或承包经营的检查主要包括:检查双方签订的承包、承租合同或协议,核实实际经营情况,确认是否存在逃避履行纳税义务的行为;检查出租人或发包人的往来账和"其他业务收入"或"营业外收入"等账户,核实是否将"承包或承租"收入纳入财务核算,确定双方是否按规定纳税。

(3)对扣缴义务的检查主要包括:检查纳税人是否与境外企业发生应税行为,是否承担了扣缴义务;检查纳税人与个人发生应税行为是否承担扣缴义务。

【例 10-1】　某药店是在三年前设立的,当时由于经营规模较小,从业人员只有 7 人,被认定为小规模纳税人。该药店主要向自然人销售各种药品,从开业至今,年销售额均稳定在 480 万元左右。从税务机关掌握的外围资料显示,该药店由于选址正确,经营状况良好,业绩呈逐年上升趋势,而药店申报的年销售额却一直稳定在 480 万元左右,接近且低于一般纳税人的认定标准。税务人员认为,该药店很可能存在隐匿收入,以避免被

认定为增值税一般纳税人的情况,因此将其选定为税务稽查对象,于本年3月,对该药店进行税务稽查。

（1）税务人员采用了逆查法,首先审阅了会计报表和纳税申报表等相关资料,并将主营业务收入的确认与发票的开具情况进行比对,发现该药店存在以下涉税问题：一是该药店销售的免税药品全部未进行纳税申报,未计入年应税销售额中；二是该药店入账的销售收入主要是开具发票的收入,自行确认未开具发票的收入很少,这与零售行业的经营特点不符。

（2）针对以上问题,税务人员调取了相关资料,有针对性的展开进一步检查,主要做法如下：通过核对购货发票、出入库单和主营业务收入明细账等资料,确定该药店从开业至今未确认的免税收入共计210万元；在检查企业账目和银行账户未见异常的情况下,税务人员通过走访药店的供应商,核实药店的进货情况,采用比对库存商品明细账和销售收入明细账、实地蹲点测算等方法,最终查出药店通过删改系统数据,减少"应税收入"的证据。通过测算,该药店从开业至今共隐匿应税收入560万元。

解析：由于药品的零售利润较高,企业基于增值税税负考虑,不希望被认定为一般纳税人。该药店采用销售免税药品收入未申报,不计入应税销售额中以及未开具发票的收入不全额入账的做法,控制销售额使其不满足一般纳税人的认定条件。上述做法经常被一些商业零售企业采用。

二、征税范围的检查

（一）常见涉税问题

（1）对视同销售行为,不按规定做视同销售处理,不确认增值税销项税额。

（2）发生混合销售行为,未按税法规定进行纳税核算。

（3）销售自己使用过的固定资产,未按规定申报缴纳增值税。

（4）将销售货物作为委托加工业务处理,仅就加工费收入申报缴纳增值税,少缴税款。

（二）主要检查方法

1. 视同销售行为的检查

（1）查阅委托代销合同,审核委托代销的真实性；检查委托方收到货款或收到代销清单是否及时确认收入,计算销项税额；检查发出代销商品是否超过180天,若超过180天是否确认销项税额；检查受托方是否存在代销业务不入账或延缓确认增值税销项税额。

（2）检查在不同县（市）间移送货物用于销售,是否按规定申报纳税。

（3）通过审阅纳税人"在建工程""应付职工薪酬"借方对应的贷方是否有"库存商品",检查纳税人是否存在将自产或者委托加工的货物用于免征增值税项目、集体福利和个人消费,是否确认增值税销项税额。

（4）通过审阅纳税人"长期股权投资""应付股利"和"营业外支出"等账户借方及对应的贷方账户,检查是否存在将自产、委托加工或者购进的货物对外投资、分配给股东、投资者或无偿赠送其他单位或者个人,而未做视同销售申报纳税。

【例 10-2】 某小家电生产企业为增值税一般纳税人,适用 13% 的增值税税率,主要生产各种厨房用小家电。其生产的小家电质量上乘,是当地的知名品牌,销售情况一直很好,企业的销售额及缴纳的增值税逐年上升,纳税信用状况良好。因距离上一次税务稽查已有 3 年,因此 2023 年 3 月,其所在市税务稽查局将其确定为稽查对象。

税务稽查人员采用了以下检查方法:审核以往的税务稽查资料,检查企业近期的纳税申报资料、会计报表、账簿和凭证资料,了解到企业内部控制比较健全,成立至今没有重大涉税问题,会计核算比较规范,常规业务的税务处理比较准确;进一步审查纳税人近 3 年的涉税业务,审核"主营业务收入"明细账以及销售收入原始凭据,将销售数量与货物出库单进行比对,核实实际销售数量,发现企业确认的销售数量少于库存商品的出库数量,经过认真比对,发现以下业务的税务处理存在问题:

(1) 2021 年 3 月,企业将库存的一些尾货电饭锅无偿赠送给某养老院,其会计处理如下。

借:营业外支出 6 500

　　贷:库存商品 6 500

(2) 2022 年 12 月末,企业将生产的高端电压力锅作为新年礼物,向每位职工发放一个,企业的会计处理如下。

借:应付职工薪酬——非货币性福利 120 000

　　贷:库存商品 120 000

解析:

(1) 企业将库存的尾货电饭锅无偿赠送给某养老院,为"将自产的货物无偿赠送其他单位或者个人",属于视同销售货物。企业没有确认增值税销项税额,其税务处理错误。

(2) 企业将生产的高端电压力锅作为节日礼物,向每位职工发放一个,为"将自产的货物用于集体福利或者个人消费",属于视同销售货物。企业没有确认增值税销项税额,其税务处理错误。

2. 混合销售行为的检查

(1) 查阅纳税人的营业执照和税务登记信息,了解企业的经营范围,检查纳税人的生产经营场所,了解纳税人是否存在混合销售行为。

(2) 检查"主营业务收入""其他业务收入"明细账,核实应按照销售货物缴纳增值税的混合销售行为,服务项目是否按销售货物税率一并缴纳增值税,有无将一项混合销售行为业务分解为销售货物和提供服务,分别核算并计算应纳税额的情况。

(3) 检查有关成本、费用账户,核实企业是否存在将混合销售行为涉及的服务收入额直接冲减成本、费用。

3. 销售自己使用过的固定资产的检查

查阅"固定资产清理"账户,核实销售自己使用过的固定资产,是否已按规定申报缴纳增值税。

4．委托加工业务的检查

审阅加工合同或协议，审核加工业务的资金流动，判断是否存在将购销业务作为委托加工业务核算。

三、适用税率的检查

（一）常见涉税问题

（1）高税率货物采用低税率计税，少缴税款。

（2）兼营不同税率的应税销售行为，未分别核算不同税率销售行为的销售额，未从高适用税率。

（3）兼营不同税率的应税销售行为，将高税率销售行为的销售额混入低税率销售行为的销售额进行核算。

（二）主要检查方法

（1）审核纳税人的工商登记资料，掌握其实际经营情况，判断其经营业务适用的税率，进一步检查纳税人是否存在将高税率货物采用低税率计税的行为。

（2）检查纳税人"主营业务收入"和"其他业务收入"明细账设置情况，核算是否按规定分别核算不同税率销售行为的销售额。

（3）分别计算不同税率销售行为的销售额占总销售额的比例，并与上期或以往年度的比例进行对比分析。如果低税率销售行为的销售额比例明显上升，应进一步分析原因，检查纳税人是否存在将高税率销售行为的销售额混入低税率销售行为的销售额进行核算。

【例 10-3】 某物业公司为一般纳税人，是一家综合性物业公司，其经营业务比较广泛，由于其增值税税负低于行业平均水平，因此税务机关对其进行了税务稽查。

（1）了解公司的经营情况。税务人员采用查询法，通过询问公司相关人员，了解到公司主要经营下列业务：物业费收入、水费收入、电费收入、停车费收入、自有房屋租赁收入、自营游泳馆收入、自营超市收入、自营社区食堂收入。

（2）了解公司对业务收入的核算情况。税务人员通过检查公司"主营业务收入"明细账了解到，公司对取得的上述各项业务收入分别进行会计核算，计入不同的明细科目。

（3）了解公司对业务收入的税务处理情况。因公司主要服务于自然人，一般不需要开具发票，企业在税率的适用上比较混乱，所有收入均按 6% 的税率计算缴纳增值税。

解析：物业公司能够将取得的收入分别进行核算，应按各项收入适用的税率分别核算，公司将所有收入均按 6% 的税率计算缴纳增值税的做法是错误的。

公司如果上述收入均采用税率形式计税，适用税率情况如下：适用 13% 的收入为电费收入、超市销售非低税率货物收入；适用 9% 的收入为水费收入、停车费收入、自有房屋租赁收入、超市销售低税率货物收入；适用 6% 的收入为物业费收入、游泳馆收入、社区食堂收入。

公司还可以对某些收入选择简易计税方法计税，但应注意选择简易计税方法计税时，其对应的购进业务的进项税额是不可以抵扣的。可以选择简易计税方法的收入包括：水费收入。提供物业管理服务的纳税人,向服务接受方收取的自来水水费,以扣除其对外支付的自来水水费后的余额为销售额,按照简易计税方法依 3% 的征收率计算缴纳增值税;自有房屋租赁收入,停车费收入。如果出租其 2016 年 4 月 30 日前取得的不动产,可以选择适用简易计税方法,按照 5% 的征收率计算应纳税额;游泳馆收入属于文化体育业,可以选择简易计税,适用 3% 的征收率。

四、销项税额的检查

（一）常见涉税问题

（1）人为滞后销售入账时间,延期计提销项税额。

（2）不按规定核算应税销售行为的销售,少确认或不确认销售额,少计提或不计提销项税额。

（3）将向购货方收取的应一并缴纳增值税的各种价外费用,采取不入账、冲减费用和长期挂往来账等手段,不计算缴纳增值税。

（4）坐支销售款,将收取的销售款项,先支付费用,再将余款入账作收入的行为。

（5）销售残次品、废品、边角废料等隐匿账外;或直接冲减原材料成本、费用等账户;或作其他收入,不计提销项税额。

（6）个别纳税人为了偷税,设立两套账簿,对内账簿真实核算生产经营情况,对外账簿记载虚假的经营收入和利润情况,并以此作为纳税申报的依据。

（二）主要检查方法

1. 纳税义务时间的检查

主要检查纳税人对各种销售方式,是否按照税法的规定及时确认收入,计提销项税额。主要包括以下几点。

（1）查阅"主营业务收入"明细账,并调阅有关记账凭证和原始凭证,将"销货发票""出库单"等记载的发货时间,与"主营业务收入"明细账、"增值税纳税申报表"的相关记录进行比对分析。

（2）根据所附的发货证明、收货证明,确认发货日期;审阅银行进账单等收款凭证,确定其收款时间,判断是否存在不及时确认销售收入的问题。

（3）调查询问有关业务人员和保管人员,如发现问题或疑点,应核定有关凭证以进一步查证,特别要注意检查核算期末前几天的销售情况。

（4）检查仓库保管账,并与货物发出凭证核对,确认货物的出库和发货时间,判断是否存在滞后入账的情况。

2. 销售额的检查

（1）逐月比对增值税纳税申报表与"应交税费——应交增值税"明细账,从中发现是否存在纳税人向税务机关申报的增值税销项税额与账面销项税额不一致的情况,是否存在少报销项税额的情况。

（2）检查"生产成本""原材料"或"库存商品"明细账的贷方发生额,如果存在与资金账户、往来账户直接对转的异常情况,应结合原始凭证,核查销售货物是否直接冲减生产成本或库存商品,而未确认销售收入。

（3）检查"库存商品""原材料"等存货类账户明细账的贷方发生额,若对应账户是"原材料""工程物资"或其他货物等账户的,应进一步检查记账凭证和原始凭证,查明是否存在以物易物不按规定确认收入少缴税款的问题。

（4）查阅借款合同和负债类明细账,审核各种债务的清偿方式,核实是否存在与"库存商品""原材料"等资产类账户的贷方发生额对转的情况,确认是否存在以货抵债而未确认销售收入的情况。

（5）采用审阅法,检查企业"长期股权投资"账户的借方发生额,与其对应账户核对,确认企业长期股权投资是否涉及自产、委托加工或购买的货物,如果涉及货物投资,则采用核对法核查企业是否按照规定作视同销售处理。

企业对外长期股权投资的计价,一般是由投资协议或者合同确认的。检查时,应重点审阅企业每一项长期投资协议（合同）,与"长期股权投资"借方发生数核对,同时与"应交税费——应交增值税（销项税额）"相应数据核对,分析确认企业做视同销售时的计税价格是否和投资协议或者合同上面双方确认的价格（价值）一致。

此外,在核对投资协议或者合同时,对协议（合同）中双方确认的投资货物价格（价值）,还应与同期市场公允价相比对,以防止投资双方通过降低投资货物计价,提高投资收益分配比例（或增加固定收益分配）的形式,达到投资方少缴增值税的目的。

（6）结合企业生产的特点,了解其是否有出借包装物的行为及包装物的出借方式、押金的收取方式等。审查与出借包装物有关的货物销售合同、审核与包装物押金相关的"其他应付款"明细账,掌握各种包装物的回收期限,核实时间超过一年的押金,是否按规定计算缴纳了增值税。

3. 价外费用的检查

（1）了解企业所属行业特点和产品市场供求关系,综合分析企业有无加收价外费用的可能,同时还要了解行业管理部门是否要求其代收价外费用等情况。

（2）审核销售合同,查阅是否有收取价外费用的约定或协议。

（3）检查往来明细账,重点检查"其他应付款"明细账户,如果存在长期挂账款项,需进一步审阅有关原始单据,核实是否属于价外费用。

（4）检查"其他业务收入""营业外收入"等明细账,如有从购买方收取的价外费用,应对照"应交税费——应交增值税（销项税额）"账户,核实是否申报纳税。

（5）检查"管理费用""制造费用""销售费用"等明细账,如有贷方发生额或借方红字冲减销售额,应对照记账凭证逐笔检查,核实是否存在收取价外费用直接冲减成本费用,少缴税款的情况。

4. 坐支销售款的检查

（1）审核"主营业务收入"明细账以及销售收入原始凭据,将销售数量与货物出库单进行比对,核实实际销售数量,再按销售单价计算销售收入,与"主营业务收入"明细账核对,核实实际销售收入。

（2）对于将费用凭证和销货记账原始凭证混在一起记账的,应对上述原始凭据进行仔细审核,核实是否存在坐支销货款的问题。

（3）对有委托代销业务的，应审核代销合同、代销清单，查阅销售价格是否异常，核实是否存在坐支代理销售款的问题。

5．销售残次品、废品、边角废料的检查

（1）采用审阅法和核对法，从与"其他业务收入""营业外收入"等账户贷方相对应的账户着手，核查销售收入是否计提了销项税额。

（2）检查"产成品""原材料"、费用、成本等账户，看是否有红字冲减记录，并查阅原始凭证，看是否属销售残次品、废品、边角废料等取得的收入。

（3）结合投入产出率、企业消耗定额、废品率等指标分析企业残次品、废品、边角废料等数量，与账面记载情况相核对；对差额较大的，进一步检查车间、厂办、食堂等部门，看是否将边角废料收入隐匿在内部有关部门。

6．账外经营的检查

账外经营具有很大的隐蔽性，查处难度较大，检查方法主要包括以下几种。

（1）调查分析法

根据企业经营产品特点、用途、销售对象、销售方式，分析判断企业是否可能存在销售不开发票的现象和现金结算的情况；分析企业账面反映的盈利能力是否与企业实际的生产能力一致；分析是否有必须发生，而账面没有反映的费用、支出记录。

（2）税负分析法

计算企业的增值税实际税负，将本期税负与上期税负对比、与同行业平均税负对比，分析判断其是否异常。

（3）投入产出分析法

结合企业的生产工艺、流程，查找相关的产品料、工、费耗用定额指标。例如，原材料耗用数量，煤、电、水、汽的耗用数量，包装物的耗用数量，都与产品产量有密切的关联性。将企业上述物资的实际单位耗用量与同行业其他企业同期的单位耗用量进行对比，可以判断其是否存在异常情况。检查中还要重点分析能决定产品生产数量的关键原材料和辅材料、包装物与产品产量之间的匹配关系。

（4）逻辑分析法

对被查对象的生产工艺流程、收发料凭证、产量和工时记录以及成本计算资料等进行分析，确定每种产品的原材料消耗量、成品产出量和产品销售量之间的配比关系。

选择生产产品耗用的直接材料进行分析，结合生产部门的投入产出记录等资料，剔除异常和不可比因素后，测算出各种产品的投入产出率，列出相应的数学模型，与同行业的该项指标进行对比，以确定是否合理。

（5）异常情况分析法

对异常数字进行分析，对异常账户进行分析，对异常行为进行分析。

（6）突击检查法

对可能存在账外经营，隐藏销售收入的企业，宜采取突击检查的方法，在第一时间尽可能多的获取纳税人的涉税资料，收集有效的证据。

（7）重点检查法

将"库存商品"明细账与仓库保管员的实物账进行比对；根据被查企业期末库存盘点

表进行抽样实地盘点,核对账实是否相符;盘点现金;核实与货物生产数量存在"一对一"关系的关键性配件的购进、耗用和结存情况;调查纳税人在银行设立账户(包括以主要负责人名义开的个人银行卡);利用金税工程比对信息和海关比对信息;关注企业账面反映的从非金融机构借入的资金,核查其真实性。

（8）外围查证法

对资金流向进行检查,对货物流向的检查。

五、进项税额的检查

（一）常见涉税问题

（1）扩大农产品收购凭证的使用范围、将其他费用计入买价,多抵扣进项税额。

（2）采购途中的非合理损耗未按规定转出进项税额。

（3）发生退货或取得折让未按规定做进项税额转出,多抵扣税额。

（4）用于简易计税方法计税项目、免征增值税项目、集体福利或者个人消费,进项税额未按规定转出,多抵扣税额。

（5）以存挤销,将因管理不善等因素造成的材料短缺挤入正常发出数,少缴增值税。

（6）盘亏材料未按规定的程序和方法及时处理账务,造成相应的进项税额未转出,或盈亏相抵后作进项税额转出,少缴增值税。

（7）平销返利业务把返利挂入其他应付款、其他应收款等往来账,不作进项税额转出;或将返利收入冲减销售费用,不作进项税额转出。

（二）主要检查方法

1. 扩大农产品收购凭证使用范围的检查

（1）审查购入免税农业产品的买价是否真实,有无将一些进货费用,如收购人员的差旅费、奖金、雇用人员的手续费以及运杂费等采购费用计入买价计算进项税额进行扣税;有无擅自扩大收购凭证的使用范围或错用扣除税率的问题。

（2）采用审阅法、核对法、观察法等多种方法,审查"原材料""库存商品"及其对应账户的账务处理,查看原始凭证所列示的内容,结合产地和其他企业购进价格,核实买价是否正确,必要时可进行外调,按核实的买价计算出可抵扣的进项税额后,再与"应交税费——应交增值税(进项税额)"账户进行核对,看是否相符。

（3）对农产品收购凭证填开情况进行审核和检查,看其是否符合相关的规定。对大宗农产品要进行定期或不定期的抽盘,分析其是否账实相符、有没有将霉烂变质的货物长期挂账不做处理的情况等。

2. 采购途中非合理损耗的检查

采用审阅法、核对法、分析法、盘存法等多种方法,核实纳税人是否发生非正常损失,重点审查"物资采购""原材料""待处理财产损溢"和"应交增值税"明细账账户,结合收料单,查明进项税额核算是否正确,有无压低入库原材料价格,不扣除损耗短缺,按购入货物全额计列了进项税额。

3. 发生退货或取得折让未按规定做进项税额转出的检查

要求被查企业提供《开具红字增值税专用发票通知单》的留存联,核对开具退货的数量、价款及税额与账面冲减的数量、金额及税额是否一致,《开具红字增值税专用发票通知单》的出具时间与账务处理的时间是否匹配,有无人为延期冲销当期进项税额;检查有无利用现行的购进扣税法,大量进货或虚假进货,增大当期进项税额,然后办理退货延期缓缴应纳增值税;将仓库明细账数量与财务材料明细账核对,看有无实际已发生退货,但未做进项税额转出的情况。

4. 用于简易计税方法计税项目、免征增值税项目、集体福利或者个人消费,进项税额转出的检查

检查"原材料""包装物""低值易耗品"等会计账户,看其借方的对应账户是否是生产成本、制造费用、销售费用、主营业务成本,检查"材料分配单""领料单",查看存货的去向,审查有无集体福利或者个人消费领用存货直接计入成本或费用的情况;对用于集体福利或个人消费领用的存货,审核是否贷记"应交税费——应交增值税(进项税额转出)"账户;核实应由简易计税方法计税项目、免征增值税项目承担的存货成本金额,是否按规定的税率计算进项税额转出,检查计算是否正确,有无故意少计进项税额转出的情况。

【例 10-4】　某食品生产企业为农产品加工企业,生产的食品适用 13% 的增值税税率。该企业按规定向主管税务机关申请领购农产品收购发票,用于向农业生产者收购自产农产品时使用,该企业的进项税额抵扣凭证主要是农产品收购发票。税务稽查人员在对该企业进行纳税检查时发现以下问题。

(1)税务人员在审核农产品收购发票时发现,有几个农业生产者总出现在农产品收购发票上,并且该企业向这些人收购农产品,对相同品种、质量的农产品,对这些人的收购价格要高于其他农业生产者。

(2)单位设有职工食堂,企业购进的农产品,只要食堂需要可以随时领用,月末会计汇总后的会计处理如下。

借:应付职工薪酬——福利费
　　贷:原材料

(3)该企业因管理不善丢失一台包装设备,企业的会计处理如下。

借:待处理财产损溢　　　　　　　　　　　　　　　400 000
　　累计折旧　　　　　　　　　　　　　　　　　　100 000
　　贷:固定资产　　　　　　　　　　　　　　　　　500 000

经查实,该固定资产在购入时已全额抵扣进项税额。

解析:针对问题(1),税务人员通过深入调查了解到,这些人为企业的老供货者,企业在相同情况下会优先购买他们的产品,作为一种利益交换,企业将一些收购费用计入农产品价格中,并和这些人约好体现在开具给他们的收购发票上。该企业将收购费用计入农产品买价,虚列收购成本,增加进项税额抵扣金额,属于偷税行为。

针对问题(2),税务人员指出,单位职工食堂领用购进的农产品,没有将这部分农产品对应的进项税额做进项税额转出处理,该业务的税务处理存在错误。

针对问题(3)，税务人员指出，因管理不善丢失的包装设备，需要按固定资产净值及适用的税率计算不得抵扣的进项税额，并做进项税额转出处理，企业固定资产报废业务的税务处理存在错误。

丢失包装设备应转出的进项税额＝400 000×13％＝5 200(万元)

重点关注

企业将用于职工集体福利的原材料对应的进项税额，未做进项税额转出的做法，可以少缴增值税，通过不规范的会计核算予以隐藏。这种做法还经常被一些自产产品可直接用于个人消费的单位所采用，因此在税务稽查中应予以关注。

5. 生产耗用存货的检查

企业生产耗用存货主要通过"生产成本"和"制造费用"账户汇集和核算。对这两个账户主要检查是否存在因管理不善等因素造成的材料损失直接计入生产成本、制造费用，将短缺挤入正常发出数量的情况。可采用核对法、观察法、比较分析法等方法，对"生产成本""制造费用"账户借方发生额与历史同期和当年各期发生额的波动情况进行分析比较，对增长比较大的月份应重点审查，分析其增长是否与其经营规模或销售情况相匹配，深入生产现场和仓库，查看仓库实际领料数量金额与财务账面反映的金额是否一致，进一步审查原始记账凭证，检查是否存在因管理不善等因素造成的材料损失直接计入生产成本、制造费用的情况。

6. 存货盘亏有关进项税额转出的检查

(1) 非正常损失的盘亏存货，应作进项税额转出，存货的盈亏在计算进项税额转出时，不得与盘盈相抵。

财务制度规定，企业应根据存货的具体特点，分别采用永续盘存制和实地盘存制来确定存货的结存数量，但在实际工作中企业经常会出现下列问题。

① 对应采用永续盘存制确定存货数量的却采用实地盘存制，即根据存货的结存数量来确定领用或销售存货的数量，这样因管理不善等因素造成的存货短缺挤入了正常发出数量中，短缺的存货因没有反映出来也就不需要作进项税额转出。

② 未按规定的程序和方法及时处理存货的盘盈和盘亏，造成盘亏材料相应的进项税额未转出，或盈、亏相抵后作进项税额转出。

检查时，除盘点实物数量外，还要将存货明细账、企业盘点表与仓库保管账进行核对，看有无三者不一致的情况。

(2) 检查"待处理财产损溢"账户的借方发生额，调阅记账凭证，看其账务处理。如果"待处理财产损溢"账户借方发生额对应关系为贷记"原材料""库存商品""低值易耗品""生产成本"，同时贷记"应交税费——应交增值税(进项税额转出)"，说明被查企业已作进项税额转出。但要注意计算进项税额转出的依据是否正确，有无直接按保险公司的赔偿款项作为计算进项转出的依据；或按扣除保险公司赔款或个人赔偿后的实际损失额作为计算进项转出的依据；计算物耗比例是否人为少计物耗项目，少转出进项税额；计算损耗的商品成本与同类已销商品或库存商品的成本是否一致，有无少计损耗商品成本少转进项税额等。如果上述对应关系账户中贷方没有发生"应交税费——应交增值税(进项税额转出)"，则说明被查企业未作进项税额转出，则应予调整。

7. 平销返利的检查

平销返利在商业企业中比较多见，企业是否存在平销行为，可以通过外购原材料(库存商品)的购销合同及应付账款、营业外收入、其他应付款账户中发现线索。一般情况下，有此类情况的企业，均与外购货物的进货数量直接挂钩，有的以购销总量超过一定基数给予一定比例的扣率或资金返回。在对平销返利行为进行检查时，应重点注意以下账户。

(1) 审阅经济合同或协议，调查了解企业供应商或同业的其他供应商是否向购货方支付返利，如果都支付，而被查企业账面没有任何返利记录，则说明被查企业很可能存在账外账，可采用检查账外经营的方法对其取得的返利收入进行进一步检查。

(2) 检查企业的往来账户，审阅"其他应付款"或"其他应收款"账户有无将销售返利挂账，且未作进项税额转出的情况。存在这种情况的企业，由于把返利挂入往来账，"其他应付款"或"其他应收款"账户余额会明显增加。

(3) 检查企业费用类账户，审阅是否将收取的进货返利冲减了相关的费用，未作进项税额转出。存在这种情况的企业，容易造成相关费用比上期明显下降。

(4) 检查企业"库存商品"账户和进货发票，审阅是否存在以进货返利冲减进货成本，未作进项税额转出的问题。有这种情况的，往往表现为企业购入的应税货物成本与进项税额不匹配。

第二节　消费税稽查方法

一、纳税义务人和扣缴义务人的检查

(一) 常见涉税问题

(1) 从事应税消费品生产经营的纳税人未办理税务登记、税种登记手续，或虽办理登记却未申报纳税。

(2) 受托加工应税消费品未按规定履行代扣代缴义务。

(二) 主要检查方法

(1) 界定纳税人的身份，查清纳税人是否属漏征漏管户。稽查人员利用掌握的信息和征管数据，通过对"经营范围"中有消费税应税项目、"纳税人名称"中有消费税税目关键字的纳税人进行索引，逐一查询其税种登记信息和申报征收信息，特别关注实行定期定额征收的个体经营户。

(2) 对照现行政策，看被查对象有无法定代扣代缴义务，对于有法定扣缴义务的，则应让其提供扣缴义务登记手续，以界定其身份。

(3) 履行扣缴义务的检查。查阅委托加工合同，结合受托加工账目，核实在中国境内受托加工应税消费品(不包括金银首饰)的单位和个人(委托个体经营者加工应税消费品的除外)在交货时是否按照规定代扣代缴了消费税。

【例 10-5】 某小型饰品零售店打出广告,称其经营的银饰成色足、款式新颖。稽查人员通过查看其征管数据,发现该饰品店为实行定期定额征收税款的个体经营者,没有办理消费税的税种登记。

稽查人员下户核实,该饰品店老板辩称其经营的银饰为镀银首饰,不须申报缴纳消费税。通过检查饰品店的进货凭据以及向饰品供货方进行协查取证,稽查人员查实了该饰品店实际销售金银首饰,不申报缴纳消费税的事实。

解析：零售饰品的企业,应关注其是否存在零售金银饰品的情况,是否办理了消费税的税种认定,以保证消费税的征收。

二、适用税目税率的检查

（一）一般税目税率的检查

1．常见涉税问题

（1）兼营非应税消费品,采取混淆产品性能、类别、名称,隐瞒、虚报销售价格等手段,故意混淆应税与非应税的界限。

（2）兼营不同税率应税消费品从低适用税率。

（3）不同税率应税消费品,或者应税消费品与非应税消费品组成成套应税消费品对外销售的,从低适用税率。

（4）对税目税率发生变化的应税消费品从低适用税率。

2．主要检查方法

（1）重点检查应税与非税消费品的划分是否正确,检查要点如表 10-1 所示。

表 10-1　兼营非应税消费品检查要点一览表

序号	重点审查对象	审查标准
1	高档手表与普通手表	每只的不含税售价是否在 1 万元以上
2	游艇与其他艇船	艇的长度、是否为机动艇并用于牟利等
3	木制一次性筷子与一般筷子	材质、是否属一次性使用
4	实木地板与其他装饰板材	材质、用途
5	酒与饮料	原料、工艺、酒精含量等
6	高档化妆品与普通化妆品	不含税销售价格及组成计税价格
7	贵重首饰及珠宝玉石与一般饰品	材质、用途
8	小汽车与其他汽车	是否有轨道承载、座位数、用途

（2）对照检查"主营业务收入""应交税费——应交消费税"明细账。检查时,要注意审查销售发票、发货凭据等原始单据；必要时,应深入车间、仓库、技术、销售部门,了解生产工艺流程、产品原料、结构、性能、用途及售价等,重点检查不同税率的应税消费品的适用税目,是否正确划分；不同税率的应税消费品,是否分别核算；未分别核算的,是否从高适用税率；不同税率应税消费品的销售额、销售数量,是否正确计算应纳消费税。

（3）检查"库存商品""自制半成品""原材料""委托加工物资""包装物"等账户,重点看其有无可供销售的成套应税消费品。如有成套消费品销售,应进一步查阅"主营业务收入"等账户,核实其有无将组成成套消费品销售的不同税率的货物分别核算、分别适用税率或者从低适用税率的情形。

（4）审查税目税率发生过变动的应税消费品,看被查对象是否在政策变动的时间临界点及时调整了核算对象或核算办法。

（二）卷烟产品的检查

1. 常见涉税问题

（1）混淆卷烟的品种、牌号、价格,从低适用比例税率。

（2）自产自用、委托加工、进口的卷烟,从低适用比例税率。

（3）白包卷烟、手工卷烟、残次品卷烟、成套礼品烟,未经国务院批准纳入计划的企业和个人生产的卷烟,从低适用比例税率。

2. 主要检查方法

（1）了解纳税人生产经营的基本情况,掌握其生产销售卷烟的品种、牌号、价格,准确划分征税对象、适用税目税率。

（2）检查"原材料""库存商品""委托加工物资""主营业务收入""其他业务收入"等账户,看其是否有自产自用、委托加工的卷烟、白包卷烟、手工卷烟、残次品卷烟等,应与"应交税费——应交消费税"明细账进行核对,看有无自产自用、委托加工的卷烟,是否按同牌号卷烟计税,没有同牌号卷烟的,是否适用了 56% 的比例税率;白包卷烟、手工卷烟、未经国务院批准纳入计划的企业和个人生产的卷烟,是否适用了 56% 的比例税率;残次品卷烟,是否按照同牌号规格正品卷烟的征税类别确定适用税率。

（三）酒的检查

1. 常见涉税问题

（1）混淆酒类产品类型,从低适用税目税率。

（2）配制酒不区分情况,一律按 10% 的税率计税。

（3）故意压低啤酒的出厂价格,从低确定单位税额。

2. 主要检查方法

（1）了解被查企业的生产工艺、生产流程,掌握其生产销售酒的品种,准确划分征税对象、适用税目税率。

（2）检查按 10% 的税率计税的配制酒,是否符合规定条件,是否存在将不符合条件的配制酒按 10% 的税率计税的情况。

（3）故意压低啤酒出厂价格的检查。检查"主营业务收入""应交税费——应交消费税"明细账,核对销售发票、销售单据等原始凭据,看其生产销售的啤酒,是否按规定的销售价格,确定其适用的单位税额。

（四）成品油的检查

1. 常见涉税问题

混用非消费税货物名称,销售可用于调和为汽油、柴油的石脑油、溶剂油。

2. 主要检查方法

（1）了解从事成品油生产的被查企业的基本情况，掌握其各类产品的基本信息，对照技术监督局的质检报告，查看其适用税目税额是否准确。重点检查其有无以化工原料（如轻烃等）的名义销售可用于调和为汽油、柴油的石脑油、溶剂油的情况。

（2）生产企业所在地的稽查部门应重点检查被查对象开具的除汽油、柴油外的所有油品销售发票，看其有无以非消费税货物名称销售可用于调和为汽油、柴油的石脑油、溶剂油、添加剂的情况。

（3）非生产企业所在地的稽查部门，应向生产企业所在地税务机关发函协查生产企业开具的除汽油、柴油外的异常油品销售发票。

三、纳税环节的检查

（一）生产销售应税消费品的检查

1. 常见涉税问题

（1）在中国境内生产销售应税消费品（不包括金银首饰），未申报纳税。

（2）非税务定义下的受托加工未按销售自制应税消费品缴纳消费税。

2. 主要检查方法

（1）检查纳税人的经营范围，看其是否有上述应税消费品的应税行为。

（2）检查"库存商品""生产成本""委托加工物资"等账户，看其是否有属于应税消费品的货物。

（3）审查购销合同，了解购销双方有关货物流、资金流以及收款依据的约定，检查存货明细账、仓库实物账、货币资金类账户明细账、往来款项明细账、银行对账单以及相关发运货物单据，并与销售发票、收入明细账、"应交税费——应交消费税"明细账进行比对，核查是否已发生纳税义务而未及时申报缴纳消费税。

（4）检查那些不生产最终应税消费品的生产企业、商业企业、服务企业时，重点看其生产经营过程是否有自产自制应税消费品又连续用于生产经营的行为。如饮食企业、商业、娱乐业举办的啤酒屋（啤酒坊）利用啤酒生产设备生产的啤酒，也属于生产销售应税消费品。

（二）自产自用应税消费品的检查

1. 常见涉税问题

（1）将自产应税消费品（不包括金银首饰）用于连续生产应税消费品以外用途的，未在移送使用时申报纳税。

（2）生产、批发、零售单位用于馈赠、赞助、集资、广告、样品、职工福利、奖励等方面的金银首饰，未按视同销售在移送使用时申报纳税。

（3）纳税人将自产石脑油用于连续生产乙烯等非应税消费品或其他方面的，未按规定建立移送使用台账，或未于移送使用环节申报纳税。

2. 主要检查方法

（1）熟悉纳税人的经营范围、生产工艺流程，看其是否有上述应税消费品的应税行为。重点检查被查对象有无属于应税消费品的自产半成品、中间产品。

（2）检查"自制半成品""库存商品"等账户的对应账户，看其有无将其用于连续生产应税消费品以外的其他方面的情形。检查中，可结合仓库实物账以及发货、发料凭据，购销发票的品种、数量，根据其生产工艺，判断应税消费品的发出去向、用途和领用部门。审查其一定时期内纳税人相关办公会议纪要，了解管理层是否作出自产自用应税消费品的纪要，并对照"应交税费——应交消费税"明细账，核查属于应税消费品的自产半成品、中间产品用于其他方面的，是否按规定申报缴纳消费税。

【例 10-6】　某涂料生产企业系增值税一般纳税人。税务稽查人员在检查"库存商品"对应的借方科目时发现，下列两种情况"库存商品"对应的借方科目不是"主营业务成本"，认为可能存在税务处理错误，于是调取相关原始凭证及合同等资料进行分析。

（1）企业将自产涂料用于单位所有建筑物外墙的粉刷，企业按成本价计入管理费用，经查该批涂料按最近时期的销售价格计算应为 150 000 元。其会计处理如下。

借：管理费用　　　　　　　　　　　　　　　　110 000

　　贷：库存商品　　　　　　　　　　　　　　110 000

（2）将企业新研制的涂料作为样品，赠送给某装修公司用于产品推广，该涂料没有同类产品的市场销售价格。其会计处理如下。

借：销售费用　　　　　　　　　　　　　　　　96 000

　　贷：库存商品　　　　　　　　　　　　　　96 000

这两笔业务企业均没有确认应纳消费税。

解析：

（1）企业将自产涂料用于单位所有建筑物外墙的粉刷，属于将自产应税消费品用于连续生产应税消费品以外用途的，应在移送使用时申报应纳消费税。应以该涂料的最近时期的销售价格作为计税依据计算缴纳消费税。

$$应纳消费税 = 150\,000 \times 4\% = 6\,000（元）$$

（2）将企业新研制的涂料作为样品，赠送给某装修公司用于产品推广，应按视同销售在移送使用时申报应纳消费税。因没有同类产品的市场销售价格，应按组成计税价格计算应纳消费税。

$$组成计税价格 = 96\,000 \times (1+7\%) \div (1-4\%) = 107\,000$$

$$应纳消费税 = 107\,000 \times 4\% = 4\,280（元）$$

（三）委托加工应税消费品的检查

1. 常见涉税问题

（1）委托方常见涉税问题。

① 委托加工应税消费品（不包括金银首饰）的应纳消费税，受托方未按规定代收代缴，委托方也未主动申报纳税。

② 委托个体经营者加工应税消费品（不包括金银首饰）的纳税人，未按规定申报纳税。

③ 将非委托加工应税消费品混入委托加工应税消费品直接销售而不申报纳税。

④ 隐匿或部分隐匿委托加工的应税消费品。

⑤ 委托方以委托加工的部分应税消费品抵偿加工费，少申报缴纳消费税。

⑥ 委托方将收回的应税消费品，以高于受托方的计税价格出售，未申报缴纳消费税。

（2）受托方常见涉税问题。

① 受托加工应税消费品（不包括金银首饰），未在交货时代扣代缴消费税。

② 受托代销金银首饰，未将受托代销收入申报纳税。

③ 接受除消费者个人外的单位委托加工金银首饰及珠宝玉石时，故意将委托方变为消费者个人，仅就加工费缴纳消费税，从中少缴消费税。

④ 委托方与受托方串通，采取货物收发、加工，款项收付均不作账务处理，偷逃消费税。

2. 主要检查方法

（1）检查"库存商品""生产成本""委托加工物资"等账户，看其中是否有属于委托加工的应税消费品。审查委托加工合同、存货明细账、材料出（入）库凭证，备查簿、收（付）款凭据等，核查委托加工业务是否真实。

（2）审查（或外调）其往来单位，看其有无委托加工应税消费品的业务；核实委托加工数量与其收回数量是否匹配；若收回委托加工应税消费品直接用于销售的，核实其销售数量与委托加工的收回数量是否匹配。

（3）审查委托方存货明细账、受托方收入明细账以及双方的往来明细账、"应交税费——应交消费税"账户，核查是否在交货时代收代缴消费税，是否及时解缴税款。

（4）核对仓库实物账、发（收）货发（收）料凭证及存货明细账，审查核对货币资金类账户明细账及银行对账单，核查是否存在双方串通，货物、资金账外循环偷逃消费税的情况。

（5）审核受托方代扣代缴消费税的计税依据，与委托方将收回的应税消费品直接出售的销售价格进行比对，检查是否存在以高于受托方计税价格出售，而未申报缴纳消费税的情况。

（四）进口应税消费品的检查

1. 常见涉税问题

（1）进口应税消费品（不包括金银首饰），在报关进口时，未足额申报消费税。

（2）进口金银首饰（除个人携带、邮寄进境外），在零售环节未申报纳税或未足额申报纳税。

2. 主要检查方法

（1）审查纳税人的经营范围，看其是否有进口应税消费品的应税行为。

（2）检查"库存商品""生产成本""委托加工物资"等账户，看其中是否有属于应税消费品的进口货物。

（3）对有进口应税消费品的，除金银首饰外，均应核查其进口环节的完税证明及其货款支付、往来情况。

（五）金银首饰应税消费品的检查

1. 常见涉税问题

在中国境内从事金银首饰零售业务（包括受托代销）、为生产经营单位以外的单位和个人加工金银首饰未申报纳税。

2. 主要检查方法

（1）检查"库存商品""委托加工物资"等账户，看其中是否有属于应税消费品的货物。

（2）审查购销合同、委托加工合同，了解购销双方、委托加工的双方有关货物流、资金流以及收款依据的约定，检查存货明细账、仓库实物账、货币资金类账户明细账、往来款项明细账、银行对账单以及相关发运货物单据，结合销售发票、销售单据，并与"主营业务收入"明细账、"应交税费——应交消费税"明细账进行比对，核查是否已发生纳税义务而未及时足额申报缴纳消费税。

（3）对经营单位兼营生产、加工、批发、零售业务检查时，应特别关注其生产、加工、批发业务，是否与零售业务分别核算，凡是未分别核算销售额或者划分不清的，一律视同零售征收消费税。

四、纳税义务发生时间的检查

（一）常见涉税问题

未按规定的纳税义务发生时间申报缴纳消费税。

（二）主要检查方法

调取收集仓库保管人员的"销货发票""产品出库单"等单据，结合仓库保管员的货物出库单存根联的开具情况，调阅与取得收入相关的原始凭证和记账凭证。根据所附的发货证明、收货证明，查清发出商品的时间；根据所附的托收回单、送款单确定其收款依据，与"产品销售明细账""消费税纳税申报表"相对照，以此判断入账时间是否正确，确定有无存在不及时结转销售而少计销售的问题。

五、从价定率计税依据的检查

（一）常见涉税问题

（1）隐匿销售收入。

（2）视同销售（如对外投资、抵偿债务等），未按视同销售处理或未按最高价计税。

（3）已列销售少报或不申报税款。

（4）将价外费用单独记账，不并入销售额。

（5）包装物及其押金收入未足额缴纳消费税。

（6）将销售费用、支付给购货方的回扣等直接抵减应税销售额。

（7）自产应税消费品用于连续生产应税消费品以外用途，未按视同销售处理。

（8）向单独成立的销售公司或其他关联企业低价销售应税消费品。

（9）委托加工（不含金银首饰）应税消费品未按规定代扣代缴消费税。

（10）成套应税消费品未按规定足额申报纳税。

（二）主要检查方法

1. 隐匿收入的检查

（1）对被查对象进行综合测评。

① 申报数据的审查。审查"库存商品""自制半成品""包装物""委托加工物资""主营业务收入""其他业务收入""营业外收入"等账户，核实被查对象的产销存情况是否与纳税申报情况相符。

② 测算消费税税负，与同行业税负对比，本期税负与基期税负对比，找出异常之处。

③ 运用比较分析法进行分析，找出异常之处。如将本期销售收入与其上年同期销售收入进行比较，分析销售结构和价格变动是否异常；比较被查对象与同行业其他企业的销售收入变动情况，分析是否符合行业发展趋势；比较本期的存货减少额与销售成本之间的比例关系，检查是否存在销售收入小于或等于存货减少数的异常情况。

（2）进一步核实账外疑点。

① 资金流的检查。一是检查收支登记簿、现金日记账、银行对账单、产品出库单或销货清单，以审查其有无虚构往来而将已实现的销售额挂账或不入账（或部分入账）的情况。二是通过突击盘点现金，核实库存现金与现金日记账的余额是否一致，如果实存现金与现金日记账余额差额很大而又不能够说明原因，则账外经营的可能性就很大。三是调查纳税人在银行设立账户情况。将银行对账单与"银行存款"明细账相核对，检查是否存在多头开户的情况；检查存款账户中存款的来源，从中发现是否存在销售货物不入账的问题；核对"银行存款"明细账与主营业务收入明细账相关数据的一致性，审核是否存在销售货物不作销售收入处理的问题。四是抽取部分往来客户，对其实施协查取证，查找其他信息。五是检查被查对象的结算币种。

② 物流的检查。一是核对"库存商品"明细账与仓库保管账。如果仓库保管账账面数量小于"库存商品"账户数量，应进一步查明是否存在由仓库直接销售货物，隐瞒货物销售收入的问题。二是到仓库检查出库单、提货单与"库存商品"账户贷方核对。若出库单、提货单反映的发出货物数量大于"库存商品"账户的发出数量、"主营业务收入"账户的销售数量，应进一步检查是否存在将库存商品发出而未作销售处理的情况。三是通过实物盘点，核对账实是否相符。如仓库实际数量小于账面结存数量，应进一步检查是否存在销售收入不入账以及用白条抵库存的问题。四是检查有无瞒报、少报销售额或者销售数量，有无只报主要产品不报其他产品、半成品、残次品销售情况的问题。

③ 发票流的检查。对取得及开具发票的检查，主要是对品名、单价、数量等进行统计比对，看有无异常。

（3）应税消费品的销售收入，有无不通过"主营业务收入"等账户核算，而直接挂"应收（付）账款"等往来账户，必要时，可进行协查取证。

2. 视同销售的检查

（1）检查"库存商品""自制半成品"明细账的贷方发生额中有无异常减少的情况。如有应进一步核查相应的原始凭证（如产品出库单、商品销售清单等），看其是否将应税消费品用于对外投资、抵偿债务等非货币性交易的行为。必要时,可进行协查取证。

（2）检查"长期股权投资"账户、往来款异常波动的往来单位往来明细账,看被查对象有无将应税消费品用于对外投资入股和抵偿债务等方面。若有,应进一步审核其是否是按同类应税消费品的最高销售价格作为计税依据计算消费税。

3. 已列销售少报或不申报税款

将年度、季度或月度纳税申报表中的申报收入明细数据及累计数据与"主营业务收入""其他业务收入"明细账贷方发生额相比较,结合原始凭证的检查和抽查销售日报表、发货款存根联、银行解款单等,查明申报销售收入与账面数是否相符、征免划分是否符合规定。

4. 价外费用的检查

（1）了解被查对象可能收取的价外费用种类,特别是其代政府或行业管理部门收取的价外费用。

（2）向销售部门了解销售情况和货款结算形式,对有长期业务往来的客户,应要求其提供合同、协议,并审阅业务相关内容,综合分析企业有无加收价外补贴的可能。

（3）根据开具发票或收据所列货物或劳务名称,严格界定价外费用的性质,确定价外费用的金额。

（4）检查"销售费用""管理费用""财务费用"等明细账,如有借方红字发生额或贷方发生额,应逐笔核对相关会计凭证,审查其有无价外费用直接冲减期间费用的情况,并与"应交税费——应交消费税"账户核对。

（5）检查"主营业务收入""其他业务收入""营业外收入"明细账,如有属于应税消费品而从购买方收取的价外收费,应对照"应交税费——应交消费税"账户,核实价外收费有无申报纳税。

5. 包装物的检查

（1）结合企业生产特点,实地察看其所产应税消费品是否需要包装物。

（2）检查购进包装物的财务核算情况。第一,审查在购进时有无不通过"包装物"账户而通过往来账户核算、随货销售后不记收入的情形;重点审查其取得发票的品名是否真正属于包装物。第二,检查随同应税消费品出售单独计价的包装物,审查其包装物销售额是否计入"其他业务收入"账户、是否一并申报缴纳消费税。第三,检查须包装的应税消费品与包装物的消耗量的对应关系有无异常。如有异常则可能存在以下两个问题,一是应税消费品可能存在问题,二是包装物可能存在问题。应根据检查情况,分别进行调查取证。

（3）抽查往来明细账,审查有无异常波动情况,特别是要检查"其他应付款"明细账户借方发生额的对应账户,看有无异常的对应关系,如发现有与"应付职工薪酬用""盈余公积"等账户对应的,一般就是将没收的包装物押金（如销售啤酒、黄酒、成品油收取的包装物押金）挪作了他用。

6. 异常抵减应税销售额

（1）红字冲减应税销售额。检查"主营业务收入"账户有无红字冲销的情况,如有应进一步核实,看其有无将支付给购货方的回扣、推销奖、委托代销商品的代购代销手续费用等直接冲销销售收入。

（2）直接坐支销售额的检查。采用随机抽样等方法，抽检部分销售凭证，审查原始凭证中，有无按坐支后的余额记入"主营业务收入"账户。抽检中，注意将原始销售凭证、销售（代理代销）合同、合同订立价格与收入类账户与同类货物正常销售价格进行对比，从中找出异常并予以查证核实。

7. 自产应税消费品用于连续生产应税消费品以外用途的检查

（1）检查"自制半成品""库存商品""在建工程"（如燃料油）、"管理费用""销售费用""营业外支出""其他业务支出""应付职工薪酬"等账户，看被查对象有无将其自产应税消费品用于连续生产应税消费品以外用途的情形；如有则应进一步审查其是否生产同类应税消费品，有无确认销售额、是否足额申报纳税。

（2）对有同类应税消费品销售价格的，是否按其当月同类消费品的售价（或当月加权平均售价）计算自产自用应税消费品的计税价格，审查中应特别注意加权平均价格的计算是否正确。

（3）对无同类应税消费品销售价格的，是否按组成计税价格计算其自产自用应税消费品的组成计税价格。尤其要审查应税消费品的成本、全国平均成本利润率的引用是否正确。

8. 关联交易的检查

（1）了解被查对象销售机构的设置及汇总核算情况，特别要注意审查被查对象是否单独成立了销售公司；查看相关注册登记文书，判断是否存在其他关联企业。

（2）将同类应税消费品按销货单位对销售收入、销售数量进行统计，分销售对象计算出检查期销售平均单价并按单价排序，从中找到价格异常明显偏低的单位，结合单位成本价格，对低于成本价销售的单位进行重点检查。

（3）对关联企业的关联交易业务，是否按《税收征管法》《消费税暂行条例》及其《消费税实施细则》的规定，对其关联交易行为进行处理。

（4）调查取证中，应了解被查对象的生产经营范围及其生产的各类应税消费品的销售情况，了解被查对象应税消费品的定价政策和价格组成。

9. 委托加工应税消费品的检查

（1）检查"委托加工物资""原材料""自制半成品""库存商品"等账户，看被查对象有无委托加工应税消费业务，有无代扣代缴完税凭证。

（2）鉴定委托加工业务的真实性。调阅委托加工合同，对照《消费税实施细则》第7条设定的委托加工条件"对于由受托方提供原材料生产的应税消费品，或者受托方先将原材料卖给委托方，然后接受加工的应税消费品，以及由受托方以委托方名义购进原材料生产的应税消费品，不论纳税人在财务上是否作销售处理，都不得作为委托加工应税消费品，而应当按照销售自制应税消费品缴纳消费税。"凡不符合委托加工条件的，一律按自产应税消费品征税。

（3）对属于委托加工业务的，则应进一步审查受托方是否为个体经营户、委托方收回委托加工货物时，是否按受托方同类应税消费品的销售价格或组成计税价格，申报缴纳了委托加工环节的消费税。

（4）受托方不是个体经营户的，应审查受托方是否按当月同类消费品的平均售价或组成计税价格，计算并代扣代缴消费税，核实委托方有无不代扣代缴消费税的情况。

（5）必要时可到受托方处进行调查取证。

10. 成套应税消费品的检查

（1）实地查看成品仓库，了解被查对象是否生产销售成套应税消费品。

（2）了解包括包装物在内的成套应税消费品的组成项目及其各自适用税目税率。

（3）对由应税消费品和非应税消费品组成的成套应税消费品，则应重点审查其是否按照应税消费品适用税率计算纳税；对于由不同税率的应税消费品组成的成套应税消费品，则应重点审查其是否从高适用税率计算纳税。

六、从量定额计税依据的检查

（一）常见涉税问题

隐匿销售数量。

（二）主要检查方法

（1）对于生产销售的应税产品。查阅其生产台账、库存台账、销售台账等，核实其应税消费品的生产、销售、库存数量，与其申报销售数量核对，看有无异常情况。

（2）对于委托加工应税产品。核实"委托加工物资"账户，核实其委托加工的收回数量、销售数量。

（3）对于进口的应税产品。应核实其报关进口数量。

七、实行复合计税办法计税依据的检查

（一）卷烟计税依据的检查

1. 常见涉税问题

（1）混淆卷烟牌号，混淆卷烟计税价格或核定价格以从低适用计税价格。

（2）卷烟回购企业回购后再直接销售的卷烟不符合规定而未计算缴纳消费税。

（3）委托加工卷烟、自产自用卷烟未计算缴纳或未足额计算缴纳消费税。

（4）白包烟、科研烟（白包烟是指未进入市场流通的简易包装的卷烟；科研烟是指处于科研试制阶段的卷烟）未按规定申报纳税。

（5）评析烟（是指专门用于品质、包装的鉴定、评审的卷烟）、礼品烟、样品烟、促销烟未按规定申报纳税。

2. 主要检查方法

（1）混淆卷烟牌号，混淆卷烟计税价格或核定价格的检查。审核被查对象所有牌号规格卷烟，区分执行计税价格和核定价格的范围，看有无擅自改变执行计税价格或核定价格的情况。对实际销售价格与计税价格、核定价格不一致的卷烟，实际销售价格高于计税价格、核定价格的，应审查其是否按实际销售价格计缴消费税；实际销售价格低于计税价格和核定价格的，应审查其是否按计税价格或核定价格计缴消费税。检查非标准条

包装卷烟,是否折算成标准条包装卷烟的数量,依其实际销售收入计算确定其折算成标准条包装后的实际销售价格,并确定适用的比例税率。

（2）回购卷烟的检查。审查卷烟回购合同,看与入账情况是否相符;回购企业是否向联营企业提供卷烟牌号和已由税务机关公示的消费税计税价格;接受委托的联营企业是否按照已经公示的调拨价格代扣代缴消费税;回购企业是否申报抵扣回购卷烟的已征消费税;回购企业是否将回购卷烟与自产卷烟分开核算,若未分开核算,是否与自产卷烟一并缴纳了消费税。

（3）委托加工卷烟、自产自用卷烟的检查。检查从量定额的计税依据。审查委托加工卷烟、自产自用卷烟是否以海关核定的委托方收回数量、移送使用数量为计税依据计算应纳税额;检查从价定率的计税依据。审查委托加工卷烟、自产自用卷烟是否按其组成计税价格分别计算应纳税额。

（4）白包烟、科研烟的检查。检查"原材料""包装物"等明细账,结合实物盘点,审查其专用物料的领用存情况,看其是否有用于白包烟生产的专用物料,实地调查卷烟生产企业的科研专用生产线,查看其白包烟、科研烟的生产经营规模,调阅白包烟、科研烟的生产、科研、销毁等相关去向记录。对用于科研以外用途的白包烟、科研烟是否缴纳了消费税。

（5）评析烟、礼品烟、样品烟、促销烟的检查。到卷烟生产企业的发货窗口（成品仓库、厂办、科研部门等部门）调取评析烟、礼品烟、样品烟、促销烟的发出记录。到原料仓库（含主辅料）、产成品、半成品仓库及其生产线,调查了解生产、销售、库存的相关信息,重点调取审查扫码中心的扫码记录（多为电子台账）。审查"库存商品""委托加工卷烟"等明细账,看有无异常的对应账户。

（二）白酒计税依据的检查

1. 常见涉税问题

（1）人为调节销售数量。

（2）违反规定隐匿销售收入。

（3）成立关联销售公司。

2. 主要检查方法

（1）从量定率部分的计税数量是否准确。方法见"从量定额计税依据的检查"。

（2）从价定率部分的销售额计算是否准确,价外费用、视同销售、包装物及其押金等的确认是否正确。方法见"从价定率计税依据的检查"。

【例 10-7】 某酒厂为增值税一般纳税人,主要生产各种粮食白酒,2022 年与 2021 年相比,企业在销售额大幅度增加的情况下,消费税应纳税额却没有同比例增长,税务机关决定对该企业进行税务稽查,并将税务稽查重点锁定在 2022 年。

（1）检查人员进驻企业后,首先审查了企业的财务报表及以往的税务稽查资料,根据企业以往的经济技术指标及 2022 年的相关指标,采用标准酒度,折算出 2022 年标准产量。通过比对了解到企业 2022 年的生产能力与 2021 年比较,没有较大改变,自产白酒的数量与 2021 年也基本持平。由于企业产品受到当地市场的认可,企业为了扩大销售,

2022 年开始,采用委托加工的方式生产一部分白酒。

（2）检查企业 2022 年的纳税申报资料、会计报表、账簿和凭证资料,企业本年自产业务的纳税申报情况与 2021 年基本一致,自产业务的会计核算比较规范,相关的税务处理准确。

（3）税务人员检查委托加工业务,发现该企业主要委托当地 A、B 两家酿造厂加工白酒,企业向受托方提供原料和主要材料,受托方在交货时收取加工费并代收代缴消费税。

（4）该企业委托 A 酿造厂加工的是散装白酒,收回后直接销售,没有再缴纳消费税。经查 2022 年该企业共委托 A 酿造厂加工散装白酒 50 吨,A 酿造厂按其生产同类白酒的销售价格 8 000 元/吨(不含增值税),代收代缴消费税 13 万元,企业收回后按 10 000 元/吨(不含增值税)售出。

（5）该企业委托 B 酿造厂加工的散装白酒,收回后由企业瓶装再销售,也没有再缴纳消费税。经查 2022 年该企业共委托 B 酿造厂加工这种白酒 20 吨,B 酿造厂没有同类白酒的销售价格,按组成计税价格代收代缴消费税 6.8 万元,企业收回后共灌装了 4 万瓶白酒,每瓶白酒为 500 克,按 15 元/瓶(不含增值税)的价格售出。

解析:

（1）该企业以高于受托方的计税价格出售的,不属于直接出售,需要补缴消费税。

白酒采用复合计税方法计税,比例税率为 20%,定额税率为 0.5 元/500 克。

直接销售散装白酒应补缴的消费税 $=1\times50\times20\%+0.5\times50\times2\,000\div10\,000-13$
$$=2(万元)$$

（2）该企业将委托加工的白酒灌装出售,属于销售自产应税消费品,需要缴纳消费税,以委托加工收回的白酒连续生产白酒,不可以抵扣已纳消费税。

瓶装再销售的白酒应缴纳的消费税 $=15\times4\times20\%+0.5\times4=14(万元)$

八、应纳税额的检查

（一）抵扣税额的检查

1. 常见涉税问题

（1）超范围抵扣外购或委托加工应税消费品的已纳税额。

（2）外购或委托加工应税消费品的已纳税额已申报抵扣,但该应税消费品未用于连续生产应税消费品的,没有转出已纳税额。

（3）取得不符合规定的抵扣凭证申报抵扣外购或委托加工应税消费品的已纳税额。

（4）外购应税消费品取得普通发票,属于可扣除已纳税额范围的,按含增值税的买价计算扣除已纳税额。

2. 检查方法

（1）抵扣范围的检查。了解被查对象所涉及的消费税税目,进而确定其允许扣除已纳消费税税款的税目,然后与被查对象的申报数据进行一一比对,看其对消费税抵扣政策的执行范围的界定是否准确,有无擅自超范围抵扣的问题。

（2）转出已抵扣税款的检查。检查"库存材料""生产成本""自制半成品""库存商品"

"委托加工物资"等账户,到生产车间查询生产记录等有关资料,追查生产领用应税消费品的去向,审查其有无将生产领用的应税消费品改变用途,而又未转出已抵扣的已纳税额。

（3）抵扣凭证的检查。

① 对外购应税消费品的,检查时应看其是否凭取得的增值税专用发票（含销货清单）申报抵扣。

② 对委托加工应税消费品的,检查时应看其是否凭《代扣代收税款凭证》申报抵扣。

③ 对进口应税消费品的,检查时应看其是否凭《海关进口消费税专用缴款书》申报抵扣。

（4）对纳税人提供的消费税申报抵扣凭证上注明的货物,无法辨别销货方是否申报缴纳消费税的,应当向销货方所在地税务机关发函协查,并根据销货方税务机关的回函结果为依据核准是否准予其抵扣。注意,未经核准的一律不得抵扣。

（二）销货退回的检查

1. 常见涉税问题
虚构销货退回业务。

2. 主要检查方法
（1）检查有无合法扣减依据。一是,在购货方尚未付款并未做账务处理的情况下,原开具的发票是否作了相应的处理。全部退货的,发票各联是否全部收回作废。二是,已付款或购货方已作账务处理的情况下,是否取得了购买方提供的《开具红字增值税专用发票通知单》,并据以开具红字发票。

（2）实物追踪检查。审查有无入库记录,看其退回的货物是否办理了入库手续并相应冲减了本期的业务成本；跟踪追查退回货物的去向。

第十一章

企业所得税稽查方法

税务人员在对企业所得税进行稽查时,下列企业往往是税务稽查的重点:大企业或重点税源户,税负低或税负波动大的企业,收入或成本费用变动大的企业,成本费用结构明显不合理的企业,经营活动不符合常规的企业,营业额大但长期亏损、微利或跳跃性盈利的企业,低于同行业利润水平的企业,利润水平与其所承担的功能风险明显不相匹配的企业,长期亏损但生产经营规模不断扩大的企业,常规判断有边角料、废品等出售但无其他业务利润的企业,长期不作盘盈盘亏处理的企业等。

第一节　企业收入总额的检查

企业收入总额是指以货币形式和非货币形式从各种来源取得的收入,具体包括:销售货物收入,提供劳务收入,转让财产收入,股息、红利等权益性投资收益,利息收入,租金收入,特许权使用费收入,接受捐赠收入,其他收入。对企业各项收入总额的检查,主要检查收入总额确认和计量的真实性、准确性等方面。

一、常见涉税问题

(1) 收入计量不准。

(2) 隐匿实现的收入。

(3) 实现收入入账不及时。

(4) 视同销售行为未作纳税调整。

(5) 销售货物的税务处理不正确。

二、主要检查方法

会计报表的检查是企业所得税检查的重要环节,通常情况下,税务检查先从审查分析会计报表开始,通过运用控制技术法、比较分析法、相关分析法等,对会计报表进行检查和分析,总括地掌握纳税人资产与负债、收入与支出的变化,以及利润的实现有无异常,从中发现各个项目金额和结构存在的问题,有针对性地进行检查。

收入总额的检查,主要是检查利润表中的主营业务收入项目,通过本年与以前年度

"主营业务收入增减变化率"的对比分析,发现主营业务收入增减变化较大的,结合现金流量表中的"经营活动现金流入"和"经营活动现金流出"项目,对应资产负债表中和收入有关的应付账款、存货等项目,分析各项目之间的逻辑关系,对比收入构成项目的增减变化,审查主营业务收入取得、退回、结转等业务的账务处理,确定主营业务收入检查的突破点。

（一）收入计量不准的检查

（1）审查购销、投资等合同类资料以及资金往来的相关记录,结合原始凭证资料,分析"主营业务收入""投资收益"等账户借方发生额和红字冲销额,查证收入项目、内容、单价、数量、金额等是否准确。

（2）结合价外费用账务处理,从以下三个方面检查价外费用是否全额入账:向销售部门了解销售情况和结算形式,通过产品销售市场分析确认有无加收价外费用的问题;重点检查"其他应收款"和"其他应付款"账户,看是否有挂账欠款,尤其是通过"其他应付款"账户的借方发生额或"其他应收款"账户的贷方发生额,看其对应账户是否和货币资金的流入或债权"应收账款"账户的借方增加额发生往来。如果存在往来核算,则需通过审阅发票、收据等原始单据进一步查明是否属价外费用;检查成本类账户的会计核算,注意红字记录,审核"生产成本""制造费用""管理费用""财务费用"等账户的借方发生额红字的冲销记录,是否存在价外收费直接冲抵成本、费用的问题。

（3）通过核查公司章程、协议、分红、供应商和销售商、CTAIS 网络信息等,确定与公司利益上具有关联关系的企业。使用比较分析法,将关联企业的货物（应税劳务）销售价格、销售利润率与企业同类同期产品（商品、劳务）售价以及同期同行业的平均销售价格、销售利润率进行对比,核实销售价格和销售利润率是否明显偏低,确定企业与其关联方之间的业务往来是否符合独立交易原则。

（二）隐匿收入的检查

1. 对隐匿收入一般情况的检查

（1）将"产成品""库存商品""材料"等明细账和仓库保管账相核对,落实各种存货的仓库出库凭证、开票时间、数量、金额、去向等,结合"主营业务收入""其他业务收入"明细账,查实企业自制半成品、副产品、下角料等是否有隐匿收入的情况。

（2）核实各种费用的消耗定额、单位成本各项目之间的配比系数,确认某一时期、某一项目的比例关系,对比例异常变动的项目,运用控制计算法等方法,查明是否存在成本、收入均不入账,体外循环的问题。

（3）通过实地查看,了解实际经营项目,核实与收入明细账中的具体项目是否一致,通过排查各种疑点,察看有无"厂中厂""店中店"的问题。

（4）采取突击检查方式,查实是否存在账外经营、私设账簿等隐匿收入的问题。

（5）对往来账户中长期挂账和长期投资中无收益的大额资金等进行追踪检查,确需必要时,履行必要的手续后,可以检查主要经营管理人员存款账户及办理相关的银联金卡、银卡等,查清资金的真实去向,落实资金的实际用途,核实有无账外经营问题。

【例 11-1】 2023 年 3 月,某市税务局接到群众举报,该市某生物制品有限公司隐瞒电子商务(网络交易)收入,偷逃税款。税务机关对其进行税务稽查。

(1) 实地检查发现问题。税务人员来到该企业生产经营地,发现该企业规模很小,实际经营人为梁某、吴某夫妇二人。其生产的 E 产品药物胶囊,工艺及流程十分简单,二人根据亲属从日本带回的产品保密配方,自行购买原材料,委托药厂混合配比,灌装胶囊包装后直接销售,账面上反映的销售量较小。交谈过程中,企业有关人员没有向检查人员说明其产品通过网络销售的情况,企业账面反映的收入和成本配比合理,企业每月的购销稳定。

(2) 在淘宝网上查询该企业产品的销售情况。税务人员以购买者身份向淘宝网卖家查询 E 产品销售业绩,由于淘宝网对外只能查看到近 3 个月的销售数据,无法查看 2023 年之前的销售情况。因此,检查人员将该产品 2023 年 2 月淘宝网的所有销售数据与税收征管信息系统 CTAIS 中该企业申报的数据进行比对。发现该企业 2023 年 2 月申报销售收入仅为 12 万元,与 58 万余元的网络销售数额严重不符。

(3) 发现"其他应付款"账户异常。税务人员在检查"其他应付款"账户时发现,该账户账面余额较大,与该企业的生产规模不匹配,该账户主要登记企业和实际经营者梁某的业务往来,账户每月交易频繁,且几乎都是梁某将资金借给企业使用的业务。

(4) 获取隐匿收入的证据。电子证据,淘宝网电子数据只能作为案件线索,尚不能成为主要证据;银行证据,经市局局长批准,凭《检查存款账户许可证明》,税务人员到银行查询梁某、吴某某夫妇二人所有银行卡收支情况,并调取了银行卡所有交易及转账记录。检查人员将淘宝网上的销售额与银行卡记录的 2023 年 2 月销售额逐笔核对,发现合计销售额与淘宝网销售额基本一致。相关银行均出具了《账户历史查询明细清单》,并加盖公章。清单上,转账汇入的款项、时间、金额一应俱全,税务人员取得了关键的银行证据。

解析:本案例的纳税人隐匿网上销售收入,将网上销售收入直接汇入其银行卡里,而不计入企业开立的账户,需要时再将资金转入企业账户,并以借款的名义从梁某借入,计入"其他应付款"账户。企业只在账面反映实体店的销售收入,虽然隐藏比较周密,但最终还是被税务机关查出偷税的违法事实。导致的结果是不仅没有少缴税款,反而需要补缴税款,并被处以罚款。

风险提示

电子商务取得的收入必须依法入账,没有实体店只单纯从事网上销售业务的单位必须依法办理税务登记,依法纳税。

2. 对劳务收入的检查

结合劳务合同、劳务结算凭据等,检查"主营业务收入""其他业务收入""主营业务成本""其他业务成本"等账户,重点审查应收未收的合同或协议价款是否全额结转了当期收入总额。

(1) 对从事建筑、安装、装配工程业务或者提供劳务等,持续时间超过 12 个月的,重点审查纳税年度结束时当期劳务收入总额、完工进度,运用测量的已完成工作量,确定已经提供的劳务占应提供劳务总量的比例，已经发生的成本占估计总成本的比例等，确认计入劳务收入金额的准确性。

（2）对实行差额结转劳务收入的，要重点审查扣除劳务项目的金额是否合理、抵扣的凭证是否合法有效。

（3）对已经发生的劳务成本预计能够得到补偿的，检查企业是否按劳务成本金额确认收入，并按相应金额结转劳务成本。

（4）对有大型机械设备的建造承包商，通过实地调查并结合"固定资产"明细账，核实大型机械设备有无对外提供机械作业不确认收入的情况。

3. 对租金收入的检查

（1）对照企业的房产、土地、机器设备等所有权属证明，通过实地查看，核查企业各种财产的实际使用情况，核实财产是否存在出租出借现象。有财产租赁行为的，通过对企业合同协议的检查，掌握企业对外租赁业务的真实情况，检查企业对外租赁业务的会计处理是否真实、完整。

（2）审查期间费用等账户有关财产租赁费用的支出单据，核实企业租入资产的实际使用情况，落实有无转租情形。

（3）对出租包装物的检查，要结合销售合同和账面记载出租包装物的流向，通过实地盘存法，核对出租包装物进销存情况，确认出租包装物核算是否正确。

4. 对特许权使用费收入的检查

通过检查专利权、非专利技术、商标权、著作权转让合同，确定企业特许权使用费转让的金额、结算方式、结算时间等内容。检查"其他业务收入""其他业务成本"等账户，审核有无隐瞒、截留、挪用特许权使用费收入，以收抵支或直接冲减成本的情况。必要时到权属证书的发放部门调查取证，查实商标权等权利的许可使用情况。

5. 对接受捐赠收入的检查

（1）检查所有捐赠业务往来科目明细账及记账原始凭据，审查企业是否存在将接受的捐赠收入长期挂往来账户而未结转损益的问题，结合资产的增减变动，重点审查企业是否存在取得捐赠不入账的情况。

（2）检查"营业外收入""资本公积"明细账，查验有无接受非货币性捐赠的情况，落实取得的非货币性收入的计价依据，与同类物品的市场价格或公允价格进行对比，对其差价进行纳税调整。

（3）到权属证书的发放部门调查取证，查实商标权、车辆等权属变化是否有捐赠情况。

（4）检查"管理费用""销售费用"等账户，对比费用的前后期支出变动，核实有无支出异常情况，查实是否有接受捐赠的非货币性资产。如汽油费用突然增加，则企业有可能接受了车辆捐赠。

6. 对其他收入的检查

审查企业"其他应付款——包装物押金""营业外收入""管理费用""销售费用""财务费用"等相关账户，特别注意非对应账户间的会计核算，审核合同协议，必要时可到经营业务相关方外调核查，取得企业发生其他收入的证据，对照其账务处理，核实企业有无少计或不计收入,以及将收入挂账的问题。

（1）检查"其他应付款"明细账,对长期未支付的大额款项进行调查,确实无法偿付的要计入收入。

（2）检查企业"其他应付款——包装物押金"明细账中包装物押金的收取情况,对照企业合同协议有关包装物押金处理的约定,核实是否存在逾期未退押金但未作收入的情况。

（3）检查"坏账准备"和往来类账户,与坏账损失审批表相对照,核实已确认并转销的应收款项以后又收回是否进行正确的账务处理。

（三）实现收入入账不及时的检查

1. 纳税人延迟收入时限的检查

（1）检查企业往来类、资本类等账户,对长期挂账不作处理的账项进行重点核实,检查是否存在收入记入往来账,不及时确认收入的情况。

（2）对季末、年末收入发生骤减的企业,采取盘存法核实企业存货进销存的实际情况,结合货币资金增减的时间,确认有无延迟收入入账时间的问题。

（3）结合成本类账户,通过收入与成本配比性的检查,对长期挂往来科目预收性质的收入逐项核实,并通过审阅合同或协议,按照结算方式查实有无未及时确认收入的问题。

2. 劳务收入的检查

（1）通过纳税人提供的劳务经济合同,核实劳务的内容、形式、时间、金额,结合"主营业务收入""其他业务收入""预收账款"等账户贷方发生额,与企业所得税纳税申报表进行核对,核实是否存在合同中约定的各明细项目未确认收入的情况。

（2）结合"工程施工""劳务成本"等账户,通过劳务收入与劳务成本配比性的检查,对长期挂往来科目预收性质的劳务收入逐项核实,并通过审阅劳务合同或协议,按照结算方式审查劳务收入,是否存在应确认未确认的劳务收入。

（3）对从事餐饮、娱乐、建筑等现金收支比较大的企业,在检查时,要组织稽查人员同时控制住各个收银台,财务室、仓库等经营、管理场所。查找销售日报表、营业额记录簿、"水单""账单"、签单簿、押金结算簿、已使用票据,各类合同等,核实企业是否存在入账不及时的问题。

3. 股息、利息收入检查

检查"交易性金融资产""债权投资""可供出售金融资产""长期股权投资"等借方发生额及上年借方余额,如未体现投资收益的应重点检查"其他应付款""应付账款"等往来账户,核实纳税人是否将投资收益挂往来账,必要时到对方单位调查取证。

通过"长期股权投资"账户查实纳税人在境外投资情况,结合"投资收益"账户核实利润分配情况。发现疑点的可通过国家税务部门的情报交换,查实企业是否存在因合理的经营需要而对利润不作分配或者减少分配的情况,对上述利润中应归属于该居民企业的部分,应当记入该居民企业的当期收入。

（四）视同销售行为的检查

实地观察或询问纳税人货物、财产、劳务的用途,结合纳税人的合同类资料和收入、成本类账簿,核实有无视同销售的行为。

（1）检查企业"产成品""库存商品"的发出，对应"应付职工薪酬"，核实是否将企业的产品、商品用于职工福利等未作视同销售处理。

（2）检查"产成品""库存商品""生产成本"等账户，对应"销售费用""管理费用""应付职工薪酬""其他应付款"等账户，核实企业是否将自产产品用于市场推广或销售、交际应酬、职工奖励等未作视同销售处理。

（3）检查"产成品""库存商品""原材料""固定资产""无形资产""生产成本"等账户金额的减少，对应"长期股权投资""其他应付款""营业外支出"等账户，核实企业是否用非货币性资产对外投资、偿债或对外捐赠等未作视同销售处理。

（4）对房地产开发企业除应将开发产品用于对外投资、职工福利、偿债或对外捐赠业务按规定视同销售外，还要重点检查开发产品结转去向，确定有无将开发产品转作固定资产或分配给股东或投资人，或换取其他单位和个人非货币性资产的行为。如果有结转"固定资产""应付股利""原材料"等非货币性资产项目，也应按规定视同销售。

（5）检查企业有无整体资产转让、整体资产置换、合并、分立业务，判断其是否属于应税重组，是否存在应确认未确认的资产转让所得或损失。

（五）销售货物税务处理的检查方法

（1）检查"主营业务收入""其他业务收入"明细账及纳税资料，确认账面应税收入的及时性、真实性。

通过核对企业当期各种货物销售发票开具情况、增值税纳税申报、货物销售合同、应收账款、预收账款等货物销售信息资料，查实企业销售货物结转销售收入的及时性，对已确认销售实现长期挂往来账户的收入以及采用分期收款销售方式以及按合同协议应收未收的价款，应计入收入总额。

对销售收入的检查还应结合企业生产经营状况、市场营销特点、销售方式等，对企业不同时期销售收入存在的异常变动情况进行审核，查明异常变动的原因，对审查确认未足额结转的销售收入，应调增收入总额。通过同期销售货物单位价格比对分析，审核企业销售产品销售价格，对价格明显偏低而无正当理由的，应按规定的程序和方法重新调整应税收入额。审查"主营业务收入""其他业务收入"明细账的借方发生额或贷方发生额的红字冲销数，如摘要栏是销货退回和销售折让、折扣等内容，应进一步查阅原始凭证，核实其销货退回或折让手续是否齐全，是否存在假退货、假折让，或者是用销货回扣冲减了销售额的情况。

（2）检查"库存商品"明细账及对应账户。检查"库存商品"明细账的对应账户，如为现收或银收的收款凭证，属于销售货物后直接冲减了存货，应调增应税收入额。

检查"库存商品"明细账贷方摘要栏，如不是"结转销售成本"等字样，则应进一步检查记账凭证，核实对应账户；如对应账户不是"主营业务成本""发出商品"等账户，而是"原材料""应付股利"及往来账或货币资金账等账户，一般以产品兑换材料、用产品分配利润、偿还账款，或将产品销售收入挂在往来账上，或将产品销售收入直接冲减"库存商品"账，而不按规定记销售账，通过进一步审查原始凭证予以核实后，应调增应税收入额。

检查"库存商品"明细账贷方摘要栏，如是"结转销售成本"类字样，经核实记账凭证其对应账户也是"主营业务成本"科目,应审查所附的结转销售成本的"销售汇总表"或计算成本的其他原始凭证汇总的销售数量,并检查或者抽查产品出库单,核实产品的领用部门,看是否将非销售的产品成本也作为销售产品结转了成本。同时,将两账户贷方登记的发出数量与各销售明细账贷方登记的销售数量核对,如前者明显大于后者,除应核实销售发出数量外,还应注意检查货币资金和往来账,核实有无隐瞒销售收入的问题。

(3) 检查"发出商品"明细账。检查"发出商品"明细账的借方发生额,审查会计凭证及销货合同或协议,核实结算方式和收款时间。在检查"发出商品"借方的同时,检查该账户贷方发生额,以及"主营业务收入"相关明细账,核实在规定的收款期是否在结转产品销售成本的同时,及时、足额地确认销售收入。

(4) 检查"原材料"明细账。检查"原材料"明细账贷方对应账户,如不是"生产成本""制造费用""管理费用""销售费用",而是货币资金或往来账户,则一般属于销售材料未计销售收入,核实后应予调整。

第二节　企业扣除项目的检查

企业实际发生的与取得收入有关的、合理的支出,包括成本、费用、税金、损失和其他支出,准予在计算应纳税所得额时扣除。

一、成本项目的常见涉税问题

(1) 利用虚开发票或人工费等虚增成本。

(2) 资本性支出一次性计入成本。

(3) 将基建、福利等部门耗用的料、工、费直接计入生产成本等以及对外投资发出的货物,直接计入成本、费用等。

(4) 擅自改变成本计价方法,调节利润。

(5) 收入和成本、费用不配比。

(6) 原材料计量、收入、发出和结存存在的问题。

(7) 周转材料不按规定的摊销方法核算摊销额,多计生产成本费用。

(8) 成本分配不正确。

(9) 人工费用的核算不准确。

(10) 销售成本中存在的问题。

① 虚计销售数量,多转销售成本。

② 销货退回只冲减销售收入,不冲减销售成本。

③ 把本企业基建、福利部门及赠送、对外投资发出的货物计入销售成本。

二、成本项目的主要检查方法

成本费用税前扣除正确与否,直接关系到企业所得税应纳税所得额的准确性。企业所得税扣除项目的检查先从利润表入手,主要分析"主营业务成本"项目,计算"主营业务成本率""主营业务成本增减变化率""同行业成本率对比率"三个指标,对企业的主要业务成本增减变化情况与同行业同一指标的平均水平进行对比，从中发现疑点。

通过对会计报表的分析和相关财务指标比对，进一步审核分析现金流量表中的"购买商品、接受劳务支付的现金"与资产负债表中的"存货""应付账款"等项目，对没有支付现金但已列入成本的存货应向前延伸检查其购货合同协议、购货发票、装运及入库凭证来证实其真实性。

实际检查过程中要紧密结合企业会计报表中异常的数据变化，把握成本费用的三个关键点：第一，成本费用包含的范围、金额是否准确，成本费用的划分原则应用是否得当；第二，分析各成本费用占主营业收入百分比和成本费用结构是否合理，对不合理的要查明原因；第三，分析成本费用各个项目增减变动的情况，判断主营业务成本的真实合法性，排查税前扣除项目存在的疑点，确定检查主营业务成本的突破点。

（一）利用虚开发票或人工费等虚增成本的检查

检查"原材料""库存商品""周转材料""制造费用"等账户借方发生额，核对计入存货成本的运输费、装卸费、途中合理损耗、直接人工费等相关费用发票，利用发票各项内容之间的逻辑关系进行对比分析，确认发票的真实性、合法性。

（二）资本性支出一次性计入成本的检查

检查"原材料""周转材料"等资产类明细账，结合发票记载的品名、数量、金额，确定是否将购入的固定资产采用分次付款、分次开票的形式计入存货类资产账，或以零部件名义把固定资产化整为零，作为周转材料、外购半成品、修理用备件入账，于领用时一次或分次计入生产成本、费用，造成提前税前扣除。

（三）基建、福利等部门耗用的料、工、费，直接计入成本、费用以及对外投资发出的货物直接计入成本、费用的检查

审阅辅助生产明细账、材料明细账、产成品明细账等，查看各明细账户记录是否存在异常；如果存在异常情况，应结合领料单和出库单及相关的发票单据，进行追踪检查，确定有无基建、福利部门和对外投资耗用货物计入生产成本的问题。

（四）擅自改变成本计价方法，调节利润的检查

检查"原材料""生产成本""产成品""库存商品"等明细账和有关凭证、成本计算单，对照确认各期相关的成本计算方法是否一致。核实有无随意改变成本计价方法，调节利润的问题。

（五）收入和成本、费用不配比的检查

收集企业近年来电子征管资料、企业财务决算资料等，分析比较财务报表中的收入、成本费用等相关数据，通过"主营业务成本率""主营业务成本变化率""同业成本率对比差"三个指标，将企业主营业务成本增减变化情况，与同行业企业同一指标的平均值进行对比分析，从中查找异常。检查销售（营业）成本与销售（营业）收入是否相匹配。主要检查内容有以下几个方面。

（1）检查纳税人是否按照会计制度的规定正确核算主营业务成本和其他业务成本。

（2）检查纳税人主营业务成本和其他业务成本的会计处理与税法之间是否存在差异，如果存在差异，是否进行纳税调整。

（3）检查"主营业务成本"和"其他业务成本"中的具体产品或劳务的名称，有无将甲产品（劳务）成本按乙产品（劳务）成本结转的情况。

（4）检查"主营业务收入""主营业务成本"结转时间是否一致。

（六）原材料计量、增加、发出计价、发出数量和结存等方面的检查

1. 原材料计量的检查

检查"原材料"原始凭证中"供应单位""买价""运杂费"等项目的数字及说明，核实凭证是否真实、合法，实物数量计算是否正确，途中损耗是否在合理范围内。

2. 原材料增加的检查

（1）检查"原材料"明细账的借方发生额，对于购入相同类别的材料单价差别较大的，应通过核对原始凭证和有关对应账户，查实有无虚增材料成本或将材料成本计入期间费用等问题。

（2）检查"原材料"明细账中"供应单位""买价""运杂费""合计"等项目的数字及说明，审核记账凭证与原始凭证的内容是否相符，核实原始凭证是否齐全、真实、合法；供应单位是外地的，应检查运杂费等采购费用的原始凭证，有无将运杂费等采购费用直接计入当期成本、费用或期间费用的问题。

（3）检查"原材料"和"材料成本差异"账户，核实差异率的计算是否正确，是否按规定结转材料成本差异额。核实月末估价入账的材料，是否按规定办理调整，材料成本差异的计算和结转是否正确等。

（4）检查"原材料"明细账，有无将购入固定资产及在建工程的专项物资的运杂费、包装费、购入原材料运输途中发生的超定额损耗和短缺损失，挤入材料成本。

（5）将"原材料"等明细账借方发生额与"应付账款"核对，对采取估价入账的材料，检查时，应审核企业估价入账后，有无不用红字冲销原账，收到结算凭证时又重复入账，造成虚增材料成本，或以高于实际成本的计划价格估计入账，收到结算凭证后不按实际成本调账的问题。

（6）检查"委托加工物资"明细账借方发生额，与委托加工合同、有关材料账户和支付加工费用结算凭证进行核对，如"委托加工物资"账户借方发生的成本费用项目不全，或其金额小于实际发生的成本费用，则应核实有无将其加工费和运杂费直接计入生产成本费用或期间费用的问题。

3. 发出原材料计价的检查

（1）按实际成本计价的检查

① 对采用先进先出法核算发料成本的检查

采用这种计价方法应重点审查"原材料"明细账，其结存数量与单价是否对应。一般情况下某种材料月末结存数量等于或小于最后一批购进数量时，结存单价应与最后一批购进的单价相同。如果月末结存数量大于最后一批购进数量的，采用按结存数量往上倒推的方法进行检查，结存单价应考虑倒数第一批、第二批以及多批进料单价因素，核实是

否存在多转发出材料成本的问题。

② 对采用加权平均法核算发料成本的检查

采用这种方法的应重点审查"原材料"明细账各月末的结存栏单价与发出栏单价是否一致，与收入栏单价是否接近，月与月之间有无异常变化。如有明显异常情况，可按加权平均法的要求进行复算，核实有无多转发出材料成本的问题。检查时，还要注意企业采用哪种加权平均方法，企业一个会计年度内未经批准不得随意改变计价方法。

③ 对采用个别计价法核算发料成本的检查

检查时，应根据"原材料"明细账每次发出的材料与购进该批材料的供应地点、单位、质量、规格、单价等，对号入座进行认定，如果不相符，必然错用不同批次的进价，应核实计算有无多转发出材料成本的情况。

（2）按计划成本计价的检查

① 材料成本差异发生额的检查

检查"材料成本差异"账户借方发生额，如有不属于材料成本的项目，应予剔除；检查分配前的贷方发生额，逐项与其对应账户及有关凭证进行核对，如有将材料、在产品和库存商品的盘盈、收回无主账款、材料销售利润等不属于材料成本差异的内容记入该账户的，核实后应调整利润。

② 材料成本差异率计算的检查

检查时，首先对"材料成本差异"账户各月分配前的借方、贷方发生额进行检查，剔除不属于差异额的部分，然后按照规定的计算公式计算出正确的差异率，再与企业已结转的发出材料成本差异率进行对比，查明有无提高或降低差异率而多转或少转成本差异的情况。

③ 分配差异额的检查

在核实成本差异率的基础上，计算出多转或少转的成本差异额，然后将"材料成本差异"贷方分摊额与其对应账户和"原材料"明细账贷方发生额核对，注意有无将超支差异全部转入生产成本，将节约差异全部留在账户内的；有无视产品成本和利润的高低随意分配差异额的；有无非生产领用的材料不分配或少分配差异额的情况。

4. 发出原材料数量的检查

（1）分析生产耗用数量的准确性

生产耗用数量的分析，可以采用下列方法进行。

① 单位产品耗料数量分析法

以本期单位产品实际耗料数量与定额耗用数量对比，或与上期单位实际耗用数量对比，或者与行业平均水平相对比，分析其实际耗用数量是否正常。如果相差很大，应进一步检查核实。

② 应耗材料分析法

按产品消耗定额计算的应耗材料数量，与实际耗用数量对比，分析计入产品成本的材料数量是否正常。

③ 投入产出分析法

按产品本期实耗材料总量，依据单位产品消耗定额，测算产出产品数量，再与实际产出产品数量对比,分析是否正常。

（2）生产耗用材料数量的账证审查

对企业计入生产成本的材料数量出入很大的,应进一步审查有关账证资料,深入车间和仓库调查核实。具体做法如下。

① 检查"原材料"明细账,分析主要或大宗材料(半成品),将"发出材料汇总表"与"领料单""退料单"进行核对,核实发料数量和金额是否相符；再与"生产耗料分配表"进行核对,核实二者总数量和总金额是否一致。

② 在核对的基础上,再审查"领料单"的用途、请领数量和实发数量等内容,并将其汇总,与"生产耗料分配表"进行核对,核实有无将在建工程及其他非生产领料混入生产用料,有无将请领数误按实领数计入生产用料,有无涂改领料数字,加大生产耗料等问题。

③ 核实有无领发料不计量或计量不准确,以及以领代耗或以购代耗、在车间存放账外材料的问题。

④ 抽查盘点主要库存材料,再采用"以存挤耗"的方法倒挤耗用数量,核实有无多计生产耗料的情况。

5. 原材料结存的检查

（1）原材料库存数量的检查

检查时,将盘点的数量与账存数量相核对,如出现账实不符的,属于材料先到未估价入账或借入、借出没有进行账务处理的,应予调整；属于盘盈或盘亏的,应核实具体情况按规定处理；属于多转或不转材料成本的,应调增调减有关成本。

（2）账面红字余额的检查

材料明细账期末余额有时会出现红字数量或红字金额等现象,其原因是多方面的,应将材料明细账与仓库实物的账、表进行核对,或通过盘点核实原因,并分情况进行处理。

① 账面结存数量和金额都为红字,在检查库存数量的基础上,对凡不属于因借入材料或货到票未到而发生领用的原因等所致,而是属于多转发出材料成本造成的,应计算和确认多转材料成本,并视实际情况调整成本或利润。

② 账面结存数量是红字,金额是蓝字,要视不同原因分别处理。若库存已无实物,则说明以往发料计价偏低而少转材料成本,应将蓝字金额调增生产成本。如果库存还有实物,经盘点后,按正确单价计算出实存材料金额,再与账存金额比较,小于账面余额的差额部分,调增生产成本。

③ 账面结存数量是蓝字,金额是红字。一般是提高发出材料的单价、多转成本造成的,应计算多转材料成本,并视其情况调整成本或利润。

（3）材料盘盈、盘亏和毁损处理的检查

检查"待处理财产损溢——待处理流动资产损溢"账户与"材料盘点表"及"材料盈亏报告表",看其数量和金额是否相符,有无压低盘盈价格和提高盘亏价格的问题；再进一步查对有关批准文件,看有无只将批准核销盘亏的材料作了账务处理,而将批准核销盘盈的材料长期挂在"待处理财产损溢"账户上不作处理的；有无未报经税务机关批准,擅自将非正常的盘亏和毁损金额计入费用或营业外支出的；有无将盘点结果盈亏相抵后进行账务处理，导致部分流动资产盘亏损失未经批准就在税前列支的；有无将保险理赔收入长期挂在"其他应付款"等账户中，未核销"待处理流动资产损溢"的。

6. 发出材料用途的检查

主要检查包括企业基本建设、专项工程以及职工福利等非生产领用的材料，有无将不应作为生产成本、费用的材料领用计入生产成本、费用中。

7. 多转发出材料成本计税金额的认定

对查出采取提高发出材料单价、多计耗用材料数量、提高发出材料的成本差异率等手段，多转生产耗用材料成本的企业，不能直接调增利润补缴所得税。检查确认多计生产成本中材料成本的，应根据企业当期实际投入产出率以及产销比例，计算对当期销售成本的影响，最终确定应调整的所得额。同时，应相应调整材料、在产品、产成品的期末余额。

（七）周转材料的检查

检查"周转材料"明细账贷方发生额，核实周转材料摊销和报废的处理是否正确。对采用一次摊销法的，参照对"原材料"账户贷方发生额的主要检查方法进行检查；对采用分次摊销法的，应检查"周转材料"明细账的贷方及其对应的"制造费用""管理费用""财务费用""销售费用"等账户，根据所领用周转材料的预计使用期限，核实有无提前摊销的问题。

（八）产成品的检查

1. 在产品成本计算的检查

核实期末在产品成本是否正确是检查产成品的前提条件。检查时应根据企业采用的不同核算方法分别进行检查。一是根据"产品成本计算单"和"产品入库单"与"库存商品"明细账的收入数核对，看完工产量与入库数量是否相符；二是根据"生产成本"明细账与仓库"库存商品保管账"收入数核对，看本期实际产量是否一致；三是根据生产车间的产量记录与产品收入凭证核对是否相符；四是根据投入产出法计算应产出产品数量，并与入库、入账产品数量核对是否相符。通过以上账表、账证、账账之间核对分析，核实企业有无虚报产量，将半成品、废品冒充库存商品顶库，或将已完工产品用于在建工程等非销售不计产量等问题。

2. 完工产品成本计算的检查

产品成本的计算，是将期初在产品成本加上本期发生的各项生产费用之和，采用一定的分配方法在完工产品与期末在产品之间进行划分，以计算出完工产品的总成本和单位成本。因此，在审查核实期末在产品的基础上，还应对生产费用分配计入完工产品的正确性进行检查。这里主要从完工产量及其成本分配方法两个方面进行检查。

（1）完工产品产量的检查

一是根据"产品成本计算单"和"产品入库单"与"库存商品"明细账的收入数核对，看完工产量与入库数量是否相符；二是根据"生产成本"明细账与仓库"库存商品保管账"收入数核对，看本期实际产量是否一致；三是根据生产车间的产量记录与产品收入凭证核对是否相符；四是根据投入产出法计算应产出产品数量，并与入库、入账产品数量核对是否相符。通过以上账表、账证、账账之间核对分析，核实企业是否存在已经完工的产品但未销售部分不计算产量的；本厂基建、专项工程、福利部门领用的产品不计产量的；发出检验品、展览品、样品以及赠送品等不计产量等问题。

（2）完工产品成本分配方法的检查

完工产品成本的分配，由于在产品成本的核算方法不同而有所差异。

① 不计算在产品成本，本期发生的生产成本全部由完工产品负担的检查

检查各月份之间在产品数量是否均衡，有无突升突降的变化，或在产品实际结存量过大，而不按成本核算的要求合理保持在产品成本，导致抬高完工产品成本，影响销售利润的问题。

② 完工产品与在产品按相同比例分配生产费用的检查

按相同比例分配生产费用的方法，只适用于各月月末在产品已接近完工，或产品已生产完工，但尚未验收入库的情况。对此，应深入车间审查在产品的加工程度，如查实不属于接近完工，尚须下月继续加工的在产品，而企业按完工产品分配费用时，会造成库存商品及在产品成本不实，影响销售利润，应予调整。

③ 扣除在产品定额成本，确定完工产品成本的检查

扣除在产品定额成本的方法，只适用于制定在产品各项消耗定额比较准确的企业。对此，应搜集企业的有关定额资料，审查企业制定的在产品各项定额是否正确、合理，看有无过高或过低的问题；有无在月份之间故意调整在产品定额，从而加大或减少完工产品成本的情况。

④ 按产品产量和在产品约当量分配费用的检查

按产量和约当量分配费用的方法，适用于在产品数量较多，各月在产品结存量变化较大，且各项目费用在成本中占有较大比重的情况。对此，应检查成本计算资料，重点审查完工产品和在产品数量是否真实，材料投入方式的确定是否正确；确定各工序在产品的完工率是否符合实际等。

⑤ 对按计划成本确定完工产品成本的检查

按计划成本确定完工产品成本的方法，只适用于"分批成本计算法"中产品跨月完工，先出厂销售部分，按计划成本计算销售成本的情况。对此，应检查"生产成本"及"库存商品"账户，审查结转出厂的库存商品成本是否过高，而造成账面留存的在产品成本很低，甚至出现红字的问题；有无对出厂部分用计划成本计算，于产品全部完工后不合并计算库存商品成本的问题；有无不属于"分批成本计算法"的产品采用了计划成本确定完工产品成本，造成产品成本不实等问题。

3. 成本计算方法的检查

企业根据生产特点和成本管理要求，选用品种法、分步法、分批法、定额法等不同的成本计算方法核算成本。对成本计算方法的检查，应了解以下两个方面：首先，检查企业在一个年度内有无随意变动成本计算方法的情况，改变成本计算方法的，是否报税务机关备案；其次，检查企业制定和执行的各种定额是否正确，有无多年不变而脱离实际费用的问题。

4. 多转完工产品成本纳税调整金额的确认

对查出的多转完工产品成本，不能直接调增当期利润和应纳税所得额，应视其对利润的影响程度而定。如确知该批产品已全部销售，且多转完工产品成本对以后各期完工产品成本和销售成本影响不大的，可全额调增应纳税所得额；如确知该批产品未销售，不影响当期利润的，只调整生产成本与库存商品余额；如前两种情况都不易确定，应按以下方法调整利润及库存商品金额：

$$分摊率 = \frac{多转完工产品成本}{库存商品期末余额 + 本期销售产品成本} \times 100\%$$

$$应调增应纳税所得额 = 本期已销产品成本 \times 分摊率$$

（九）人工费用的检查

对税前扣除的人工费，主要检查"应付职工薪酬"明细账户及其对应账户，审核记账凭证和原始凭证，并可按以下步骤进行检查。

1. 核实从业职工人数

结合企业生产经营情况及生产规模，通过审核企业人力资源部门的劳动用工合同、员工名册、养老保险等社会保险的缴纳凭据资料，确认企业职工实际从业人数，核实有无虚列从业人员，虚列工资支出的问题。

2. 社会保险费的检查

通过"制造费用""银行存款"等科目，审查企业支付的补充养老保险费、补充医疗保险费、特殊工种人身安全保险费是否符合规定的范围、标准和缴存渠道，是否在成本、费用中列支为职工办理的国务院财政、税务主管部门规定以外的各种商业保险费用。同时核对职工基本养老保险、基本医疗保险等基本社会保险缴存比例、标准、金额是否有扩大成本的问题。

3. 职工福利费、工会经费、职工教育经费及应由企业负担的职工住房公积金的检查

（1）检查"应付职工薪酬"科目列支的实际发生的职工福利费、职工教育经费、拨缴的工会经费以及实际缴存的住房公积金是否按规定比例计算金额，借方发生额是否符合列支范围，有无列支其他无关支出的情况。

（2）检查直接在期间费用中列支的福利费、工会经费、职工教育经费及应由企业负担缴存的住房公积金，核实企业是否在费用明细科目之外列支相关开支，申报表中填列归集的开支是否完整。

（十）销售成本的检查

1. 销售数量的检查

首先将"主营业务成本"明细账销售数量明细数，与"产成品""库存商品"明细账结转销售成本的数量核对，其次与仓库保管账收、发、存数量相核对，检查是否虚计销售数量，多转主营业务成本，必要时可到对方单位外调取证。

2. 销售成本金额的检查

检查"主营业务成本"明细账借方发生额，以及对应账户"库存商品"明细账贷方结转

的销售成本,核实有无计价不正确或有意改变计价方法,造成多转销售成本的问题。

3. 销货退回营业成本的检查

检查"主营业务收入""库存商品"等明细账,对用红字冲减销售收入的销货退回业务,应与"主营业务成本"明细账核对,结合相关的原始凭证,核实销售退回业务有无冲减收入不冲减销售成本的问题。对发生销货退回的,要核实退回的实物数量,并将"库存商品"等明细账贷方结转成本金额与"主营业务成本"明细账核对,以核实企业在作销货退回账务处理时,是否错误冲减了销售成本。

4. 在建工程领用产品结转成本的检查

检查"库存商品""产成品"等明细账贷方发生额,与其对应账户核对,并通过审查出库单,核实有无将在建工程等非销售领用产品所应负担的成本,挤入"主营业务成本",从而减少销售利润的问题。

三、费用项目的常见涉税问题

(一)费用界限划分不清

(1)资本性支出与费用性支出的界限划分不清。

(2)一项支出在成本和费用中重复列支。

(3)虚列费用支出。

(二)管理费用的问题

(1)业务招待费未按税法规定进行纳税调增。

(2)擅自扩大研究开发费用的列支范围,享受税收优惠。

(3)企业之间支付的管理费、企业内营业机构之间支付的租金和特许权使用费进行税前扣除。

(三)销售费用的问题

(1)超列广告费和业务宣传费。

(2)专设销售机构的经费税务处理不正确。

(3)发生的运输及装卸费不真实。

(四)财务费用的问题

(1)贷款使用企业和利息负担企业不一致。

(2)从非金融机构借款利息支出超过按照金融机构同期同类贷款利率计算的数额,未进行纳税调整。

(3)企业从其关联方接受的债权性投资与权益性投资的比例超过规定标准而发生的利息支出,未进行纳税调整。

(4)汇兑损益的税务处理不正确。

(5)非银行企业内营业机构之间支付的利息税前扣除。

四、费用项目的主要检查方法

（一）费用界限划分不清的检查

1. 资本性支出与费用性支出的界限划分不清

（1）检查有无将购入固定资产及在建工程的专项物资的运杂费、包装费，计入费用；核实有无将购入的固定资产采用分次付款、分次开票计入材料账，或以零部件名义把固定资产化整为零，作为低值易耗品、外购半成品、修理用备件入账，于领用时一次或分次计入期间费用。

（2）检查"财务费用"明细账借方发生额及其会计凭证，并将"长期借款"账户贷方发生额与"在建工程"账户借方发生额及相关贷款合同相互核对，核实有无将固定资产竣工决算前或建造期在12个月以上才能达到预定可销售状态的存货发生的利息计入财务费用，检查列入财务费用的资本利息支出是否真实、合理。

2. 一项支出在成本和费用中重复列支的检查

首先审阅纳税人相关的会计凭证、账簿，成本、费用账户中有无相同和相近金额的支出；其次检查记账原始凭证，重点是总、分支机构的费用扣除问题，审核原始凭证有无将发票复印件入账等，确认是否存在重复列支费用的问题。

3. 虚列费用支出的检查

综合运用抽查法、详查法，检查大额费用的原始凭证，对不符合营业常规的费用支出，到相关单位调查取证，确定业务发生的真实性，核实是否存在虚列费用的问题。

（二）管理费用的检查

1. 业务招待费用的检查

（1）对支出的业务招待费用，审核"管理费用——业务招待费"明细账和列入其他费用账户中的业务招待费发生额，查实纳税申报时归集的业务招待费是否完整、正确，是否存在少归集业务招待费的问题。

（2）对支出的大额会议费、差旅费，核查相应原始凭证，对开票为酒店、餐馆、旅行社等单位的应作为检查重点，核实企业是否存在以其他支出名义列支招待费用的问题。

（3）审查"主营业务收入"账户和纳税申报表，核实全年销售收入，依据规定的比例计算业务招待费限额，然后按规定比例计算招待费扣除限额，与查实的招待费金额相对比，计算纳税调整额。

2. 研究开发费用的检查

审查技术开发项目开发计划（立项书）和开发费预算，核实技术研发专门机构编制批文和专业人员名单；到生产部门和工艺部门核定是否存在开发新产品、新工艺、新技术行为；着重检查研究开发费用财务核算的账证是否齐全，研究开发费用支出范围是否符合有关政策规定，有无虚计或多计加计扣除金额的问题。

3. 企业之间支付管理费、企业内营业机构之间支付的租金和特许权使用费业务的检查

检查"管理费用"等明细账，询问业务人员，落实是否存在企业之间支付的管理费、企业内营业机构之间支付租金和特许权使用费的业务，核实是否进行纳税调整。对在境内设立机构场所的非居民企业还应该检查是否存在擅自扩大计提比例,有无人为调整营业机构之间利润的问题。

(三)销售费用的检查

1．广告费和业务宣传费的检查

审查企业发生的广告费和业务宣传费的原始凭据,确认支出的真实性和有效性,检查有无将不允许税前列支的费用,借用广告费和业务宣传费的名义税前扣除。审查广告合同载明的金额与期限,掌握企业广告费用的计量情况,检查企业是否将预支的以后年度广告费和业务宣传费支出提前申报扣除。

2．专设销售机构的检查

通过检查"销售费用——专设销售机构经费"明细账及其有关记账凭证和原始凭证,运用外调法审核专设销售机构的人员、经费及经营情况的真实性,记载经营业务原始凭证的合法性和有效性,核实有无将应计入生产成本等不属于专设销售部门人员的工资、福利费、办公费、差旅费等计入销售费用开支的;有无虚列销售人员提成工资的;有无不按规定计提折旧费和低值易耗品摊销,多列支销售费用的;有无虚报冒领加大差旅费、办公费和修理费开支,多计入销售费用的问题。

3．运输费、装卸费等销售费用的检查

检查"销售费用"明细账,对发生的大额运费,要调取销售合同以及销售价格、货款结算等方面资料进行核对,并询问销售、仓库管理等人员,确定真实的销售过程和结算情况是否存在舍近求远、加大运输费用等问题。结合其他运输企业的运费、装卸费收取情况,审查运费、装卸费支出的原始凭证和运费、装卸费支出的价格确定方式,核实是否利用虚假业务增加费用。

(四)财务费用的检查

(1)运用核查法检查"短期借款""长期借款"账户,结合每笔贷款的金额、利率、用途、贷款期限和利息支付方式,查清每笔借款资金的流向,核实有无转给其他单位使用并为其负担利息的情况。

(2)检查"财务费用"明细账记录与有关凭证,并与所得税申报资料核对,核实有无将高于金融机构同类、同期利率以上的利息支出计入财务费用的,对超过规定列支的利息支出,是否在企业所得税纳税申报表中作了调整。

(3)对关联方企业间利息支出的检查,第一,审查企业成立章程等,核实企业资金来源、购销渠道,确定企业间是否在资金、经营、购销等方面存在直接或者间接的控制关系;是否直接或者间接地同为第三者控制;是否在利益上具有相关联的其他关系,以此确认双方企业是否构成关联关系。第二,检查签订的借款合同,明确关联企业投资的性质。第三,检查企业从其关联方接受的债权性投资与权益性投资的比例是否超过规定标准,不超过标准的借款利率是否超过金融机构同类、同期利率。

(4)检查"财务费用"账户,核实企业核算汇兑损益的方法前后期是否一致,汇率使用是否正确,是否按照月度、季度或年度最后一日的人民币汇率中间价,折合成人民币计算应纳税所得额,结合对资产税务处理的检查,核查汇兑损益是否计入资本性资产价值。

（5）检查非银行企业内部营业机构的"财务费用"账户,对大额支出的资金流向追踪核实,落实是否属于非银行企业内营业机构之间的支付利息。

五、税金和损失的检查

（一）税金项目的常见涉税问题

（1）应资本化的税金税前扣除。

（2）将补提补缴的以前年度税金直接税前扣除。

（3）将企业所得税额和应由个人负担的个人所得税额进行了税前扣除。

（二）税金项目的主要检查方法

（1）检查"固定资产""无形资产"明细账,核实新增资产的项目,了解新增过程中发生的相关税金,如车辆购置过程中需要缴纳的车辆购置税,取得土地使用权和购置房地产过程中需要缴纳的耕地占用税、契税,进口的大型设备需缴纳的关税等,并结合原始凭证,核实是否计入了该资产的价值。如果该资产的价值构成中未包含以上税金,则应进一步审核其会计处理,核实其是否缴纳或直接进行了税前扣除。

（2）运用详查法,对"税金及附加""管理费用""其他业务成本"及"以前年度损益调整"所涉及的税金,结合税务机关的税务处理决定书,审核相关的完税凭证,核实企业有无将补提补缴的以前年度税款在本年度进行税前扣除。

（3）检查企业所得税的账务处理,核实计提的所得税金是否直接进行了税前扣除;对企业代扣代缴的个人所得税情况进行全面排查,核实有无将应由个人负担的个人所得税进行税前扣除。

（三）损失项目的常见涉税问题

（1）虚列财产损失。

（2）已作损失处理的资产,又部分或全部收回的,未作纳税调整。

（四）损失项目的主要检查方法

（1）检查财产损失的类型、程度、数量、金额、税前扣除理由和扣除期限,是否符合政策规定,有关部门鉴定确认的财产损失证明资料与实际损失是否相符,有无存在虚报财产损失的情况。

（2）对损失的财产账面价值由于原值、折旧等因素的影响,造成账面净值与按税法规定确认的净值不同所形成的财产损失不一致,从而多扣除的财产损失金额,是否作纳税调整。

（3）通过检查"坏账准备""待处理财产损溢"等账户,核实有无已作损失处理,又部分或全部收回的资产,是否只挂账未计入损益。

（4）通过"待处理财产损溢——待处理流动资产损溢"账户与"材料盘点表"及"材料盈亏报告表"核对,看其数量和金额是否相符,有无压低盘盈材料价格和提高盘亏材料价格的问题;再进一步查对有关批准文件,看有无只将批准核销盘亏的材料作了账务处理,而将批准核销盘盈的材料长期挂在"待处理财产损溢"账户。

六、其他支出的检查

（一）其他业务成本的检查

1．常见涉税问题

（1）销售材料的成本结转不正确。

（2）出租财产的成本结转不正确。

（3）计提的不符合税法规定的各项准备金未做纳税调整。

2．主要检查方法

（1）检查"其他业务成本——材料销售"明细账借方发生额，与"原材料"账户贷方发生额及有关凭证进行核对，核实采用的计价方法前后各期是否一致，有无不按规定结转成本，或不按规定分摊材料成本差异的情况。

（2）检查企业计提各项准备金账户准备金计提情况，如果已计提准备金，应进一步核实计提准备金的计提依据、计提比例、批准文件等，核实计提的各项资产减值准备、风险准备等准备金是否符合国务院财政、税务主管部门的规定。

（二）营业外支出的检查

1．常见涉税问题

（1）不符合条件或超过标准的公益救济性捐赠未作纳税调整。

（2）违法经营的罚款、被没收财物的损失、各项税收的滞纳金、罚金和罚款及各种赞助支出、与收入无关的支出，未作纳税调整。

（3）非正常损失未扣除个人负担或保险公司的赔款。

2．主要检查方法

（1）全面审核"营业外支出"中的捐赠支出，并与纳税申报表核对，核实各种公益救济性捐赠总额，计算是否超过年度利润总额12％的标准（税法另有规定的除外），对超过规定标准的部分是否作了纳税调整；同时核实是否有向受赠人的直接捐赠支出，未做纳税调整的情况。

（2）审查"营业外支出"明细账各支出项目内容，有无违反财会制度规定，擅自扩大营业外支出范围等情况；与纳税申报表核对，对税法规定不允许税前扣除或超过税收规定范围列支的各项支出，是否在纳税申报表中作了调整。

（3）检查"营业外支出——非流动资产处置损失"明细账，与其对应的"固定资产清理"账户核对，核实有无将出售、报废和毁损固定资产在清理过程中收回的出售价款、变价收入和保险公司或过失人的赔偿，不作抵减支出而转入其他账户的；有无只将固定资产清理后的净损失转入营业外支出，而将固定资产清理后的净收益留在账内不及时结转的。经批准在税前列支的流动资产净损失，在取得保险公司赔偿后，有无冲减营业外支出或转作营业外收入处理，有无长期挂在"其他应付款"中的情况。

第三节　资产税务处理的检查

企业资产包括固定资产、生物资产、无形资产、长期待摊费用、投资资产、存货等，以历史成本为计税基础。历史成本，是指企业取得该项资产时实际发生的支出。企业持有各项资产期间资产增值或者减值，除国务院财政、税务主管部门规定可以确认损益外，不得调整该资产的计税基础。

一、固定资产的检查

（一）固定资产计税基础的检查

1. 常见涉税问题

（1）虚增固定资产计税价值。

（2）属于固定资产计税价值组成范围的支出未予以资本化。

2. 主要检查方法

（1）虚增固定资产计税价值的检查

结合固定资产登记簿，对有固定资产增加的进行详细全面的检查，重点审核固定资产增加的项目组成、合同决算、入账发票、评估或审计报告、资金结算情况等相关原始资料，必要时到设计、施工建造、监理部门进行调查，相互印证，确认入账金额的真实性。

（2）属于固定资产计税价值组成范围的支出未予以资本化的检查

① 结合企业生产成本、制造费用、期间费用等账户，对企业一次性列支金额较大的支出应核对发票内容、日期、开票单位与相关合同，落实企业是否将购入、接受捐赠、融资租赁的固定资产的包装费、保险费、运输费、安装费、修理费等计入固定资产计税基础项目；对企业生产成本、制造费用、期间费用等账户的借方明细进行检查，查看大额支出形成的标的物是否达到固定资产标准而未列入固定资产核算，在当期扣除；核对企业固定资产盘点表，查看盘盈固定资产是否已通过费用科目列支。

② 对纳税人自行建造的固定资产，要结合建造合同、工程决算、工程监理报告和工程审计报告书等有关资料，检查"材料""费用""在建工程""营业外支出"和"固定资产"等账户，落实纳税人有无将建造过程中直接发生的材料、人工费等挤入生产成本，落实有无将在建工程发生报废或损毁的净损失，直接计入"营业外支出"等情况。

【例 11-2】 某手套制品有限公司是一家专业生产劳保手套的公司，该公司配有个体加工点生产毛坯手套。税务人员在检查该公司固定资产明细账时发现，该公司共有 900 台手套机，其中 600 台放在企业的车间内，另外 300 台放在毛坯手套加工点。税务人员认为，该公司将拥有的手套机交由个体加工点业户使用，不符合常理。

税务人员在对毛坯手套加工点实地走访时发现：由于该公司掌握着购买手套机的资源，手套加工户就委托该公司进行代买，再平价从该公司购买这些手套机。该公司发现这些个体加工户根本不设账簿进行业务核算，取得固定资产既不能抵扣进项税额也不能计提折旧减少应纳企业所得税额，便要求手套机销售厂家将发票开具给该公司，并将个体加工点购买的手套机全部登记在公司的账上，抵扣了增值税进项税额并计提了折旧。

解析：放在毛坯手套加工点使用的 300 台手套机，虽然手套机销售厂家将发票开具给该公司，但其所有权均不属于该公司。该公司存在虚列固定资产并抵扣增值税进项税额，虚列固定资产计提折旧，减少了企业的利润，少缴企业所得税等违法情况。

（二）固定资产折旧及处置的检查

1. 常见涉税问题

（1）计提折旧范围不准确。

（2）折旧计算方法及分配不准确。

（3）固定资产处置所得未并入应纳税所得额。

2. 主要检查方法

（1）折旧计提范围的检查

① 运用核对法和实地察看法，结合"固定资产"明细账的记录与"折旧计算表"，对房屋、建筑物以外未使用的、不使用的、封存的和与生产经营无关的、以经营租赁方式租入的固定资产进行全面审核，落实是否存在将税法不允许计提折旧的固定资产计算折旧未做纳税调整的情况。

② 对年度中间增加或减少的固定资产，对照相关合同发票，结合固定资产入账的时间和"折旧计算表"，核对当月增加的固定资产有无列入计提折旧的基数，当月减少的固定资产有无从当月计提折旧基数中扣除的情况。

③ 检查"固定资产清理""营业外支出""累计折旧"和固定资产卡片等资料，采用核对法和实地察看法，核对有无将提前报废的固定资产、已提足折旧仍继续使用的固定资产、破产关停的固定资产等列入折旧的计提基数。

（2）折旧计算方法及分配的检查

① 检查"累计折旧"账户贷方，审查"折旧计算表"中实际采用的折旧计算方法是否符合规定，有无不属于加速折旧的固定资产采用加速折旧法计提折旧，有无在一个年度内随意变更折旧计算方法，造成多提或少提折旧的情况。同时，结合"固定资产"账户的检查，核实折旧率的计算有无问题，特别注意核实折旧率明显偏高的折旧项目。

② 对照企业"折旧计算表"，检查折旧额的计算有无问题；检查"固定资产"明细账，结合对固定资产实物的检查，核实固定资产的用途或使用部门，并据以检查"累计折旧"账户贷方对应账户，核实有无将车间的折旧费用计入期间费用而推迟实现利润的情况。

③ 对采用双倍余额递减法的，应以固定资产在每一会计期间的期初净值作为计提基数，注意有无按其原值计算折旧的情况；对采用年数总和法的，有无将原值不扣除预计净残值作为计提基数；对缩短折旧年限的，计提折旧的年限是否低于税法规定最低折旧年限的60%。

（3）对固定资产的检查

对固定资产处置的检查，应重点检查"固定资产清理""累计折旧""固定资产减值准备""营业外支出""营业外收入""其他应付款"等账户，检查固定资产处置收入及残值是否按规定结转损益；是否冲抵了相应的累计折旧，是否按税收规定进行纳税调整。

二、无形资产的检查

（一）常见涉税问题

（1）无形资产计量、摊销不准确。

（2）自行扩大加计扣除无形资产成本的范围。

（3）无形资产处置所得未并入应纳税所得额。

（二）主要检查方法

1. 无形资产计量、摊销的检查

（1）外部取得无形资产的检查。核对有关无形资产的证明文件和受让合同、契约。如专利项目众多，则应向企业索取专利权明细表，逐一查对分析，以确定其无形资产是否真实，落实无形资产的计价是否准确，有无将其他费用挤入专利权价值中，或虚增无形资产价值的情况。对企业自行开发的无形资产，要严格审核该开发项目有关部门的批文，可行性报告，技术、财务等各种资源的计量标准，落实是否达到确认无形资产的条件，检查"研发支出"明细账和相关原始凭证，核实支出的归集是否符合规定。对属于无形资产计税价值范围内的支出未予以资本化的，应进行合理的调整。

（2）无形资产摊销范围的检查。对"无形资产""累计摊销"和相关的"管理费用""其他业务成本"账户中的无形资产具体项目进行核对，检查摊销范围，对自行开发的支出已在计算应纳税所得额时扣除的无形资产、自创商誉、与经营活动无关的无形资产等，是否计入无形资产摊销范围。

（3）无形资产摊销额的检查。首先对法律和合同或者企业申请书没有规定使用年限的，或者自行开发的无形资产，检查摊销期限是否达到 10 年。其次摊销土地使用权时要查看土地使用证及土地转让协议等资料，检查土地使用权的计价与摊销，查实是否虚计土地使用权成本，扩大摊销额。

2. 对自行扩大加计扣除无形资产成本的检查

一是通过检查研发项目立项书、计划书等，审核研发项目是否符合"新产品、新技术、新工艺"的规定，是否符合加计扣除无形资产的范围；二是检查"无形资产""研发支出""管理费用——研发费"等账户，是否对已计入"管理费用——研发费"的支出重复计入无形资产并加计扣除；三是检查形成无形资产成本项目的原始凭证，审核企业是否将与形成无形资产无关的支出计入加计扣除的无形资产。

3. 对无形资产处置的检查

应重点审核"累计摊销"和"无形资产减值准备"账户，检查在处置无形资产时，是否冲抵了相应累计摊销。

三、生产性生物资产的检查

（一）常见涉税问题

（1）生产性生物资产计量不准确。

（2）生产性生物资产折旧的时间、残值、年限不准确。

（3）生物资产处置所得未申报纳税。

（二）主要检查方法

（1）检查"生产性生物资产"明细账中的借方发生额，对新增的生物资产要查阅相关合同、协议和原始凭证,实地察看确定资产的构成项目、金额,核实生物资产的计价是否准确。

（2）检查"生产性生物资产"和"生产性生物资产累计折旧"明细账,核实计提折旧的时间,查看是否存在当月新增资产计提折旧的情况;掌握计提折旧的年限,核实是否超过税法规定的最低年限标准;核实前后期残值是否一致。

（3）检查"生产性生物资产""生产性生物资产累计折旧"等明细账账户,结合有关处置合同、协议,检查处置的结转是否正确,相应的累计折旧是否结转,残值收入是否入账,处置收入是否转入"营业外收入——处置非流动资产利得"账户。

四、长期待摊费用的检查

（一）常见涉税问题

（1）长期待摊费用的计量不准确。

（2）缩短摊销期限,增加当期费用。

（二）主要检查方法

（1）长期待摊费用计量的检查。查阅租入固定资产的租赁合同以及改建工程的建筑安装合同,确定改良支出费用的承担人,对应由租入方承担改良费用的,查阅改良支出的料、工、费的原始凭证,核实其计量是否准确。检查"长期待摊费用"明细账,核实有无将其他固定资产的维修等支出列入改建支出,或将其他不允许税前列支的支出计入改建支出的问题。

（2）长期待摊费用摊销的检查。通过检查长期待摊费用摊销计算表,审查计算表中摊销年限,审核对租入固定资产的改良支出是否在剩余租赁期内将改良支出平均摊销;对已提足折旧固定资产的改良支出是否按照预计尚可使用年限分期摊销;对改建的固定资产延长使用年限的,是否适当延长了折旧年限;对其他应当作为长期待摊费用的支出,是否自支出发生月份的次月起,分期摊销,摊销年限是否低于3年。

第四节　税收优惠的检查

一、常见涉税问题

（1）不符合税收优惠条件享受税收优惠。

（2）不符合税收法定范围享受税收优惠。

（3）减免金额计算不准确。

二、主要检查方法

（1）企业享受税收优惠条件的检查。应对照有关文件规定的条件进行检查。如国家需要重点扶持的高新技术企业,减按15%的税率征收企业所得税。《企业所得税法》中对高新技术企业规定应同时具备"五个条件"。检查时可采用审阅法对照分析。

（2）企业享受税收优惠范围的检查。对照税收优惠的各项规定,核实企业享受优惠的项目是否在法定范围之内。如国债利息收入中是否混入国债转让收益,有无将应补税的投资收益作为免税的投资收益申报等。

（3）企业享受优惠金额的检查。企业同时从事减免项目与非减免项目的,应分别核算独立计算减免项目的计税依据以及减免税额度。不能分别核算的,不能享受减免税。同一项目,定额享受减税、免税的,超额部分要准确计算所得税额。如技术转让所得不超过 500 万元的部分,免征企业所得税;超过 500 万元的部分,减半征收企业所得税。

【例 11-3】　税务人员在检查某公司 2022 年度企业所得税申报表时发现：A107010《免税、减计收入及加计扣除优惠明细表》的第 3 行"符合条件的居民企业之间的股息、红利等权益性投资收益免征企业所得税"列示了 60 万元。经查属于一般股息红利等权益性投资收益免征企业所得税项目,是该公司将厂房投资给甲公司获得的投资收益。投资协议写明该企业于 2022 年 1 月 1 日,将厂房投资给甲企业,拥有其 20％的股权,不参与甲公司的生产经营及利润分配,每年收取 60 万元的固定投资收益,甲企业分别于每年的3 月 30 日和 9 月 30 日分两次等额支付。检查相关会计凭证,该公司在 3 月 30 日和 9 月30 日分两次等额收到投资收益时,会计处理为

借：银行存款　　　　　　　　　　　　　　　　　　　300 000
　　贷：投资收益　　　　　　　　　　　　　　　　　　300 000

解析：符合条件的居民企业之间的股息、红利等权益性收益。是指居民企业直接投资于其他居民企业取得的投资收益。不包括连续持有居民企业公开发行并上市流通的股票不足 12 个月取得的投资收益。权益性投资的特点是：参与接受投资方利润分配、共同承担投资风险。

该公司投资协议写明该公司不参与甲企业的生产经营及利润分配,每年只收取固定的投资收益,不满足权益性投资的条件。另外,股息、红利等权益性收益之所以是免税收入,是因为股息、红利应使用税后利润支付,被投资企业已缴纳了企业所得税,收到方就不应再缴纳企业所得税。而本案例的被投资企业收到投资后,在规定的时间内支付投资收益,使用的并不是税后利润,因此,上述投资收益不属于免税收入。

本案例收到的投资收益其实质应为租金收入,只要该企业每年收取固定的投资收益,就不属于权益性投资,其收到的投资收益就不能按免税收入处理。

第五节　应纳税所得额及应纳税额的检查

一、应纳税所得额的检查

（一）常见涉税问题

（1）不征税收入用于支出所形成的费用或者财产的折旧或摊销额税前扣除。
（2）"以前年度损益调整"事项未按规定进行纳税处理。

（二）主要检查方法

（1）企业存在不征税收入的检查。首先,检查"营业外收入"明细账和相关原始凭证,

确定不征税收入的来源、金额；其次，审查和收入有关的审批文件和手续，确定收入是否符合税法规定的条件；最后，结合企业所得税其他项目的检查，查实企业的不征税收入用于支出所形成的费用或用于支出所形成的资产，其计算的摊销或折旧税前扣除的，而未作纳税调整的情况。

（2）账务调整是否正确。结合企业所得税申报表，检查"以前年度损益调整"账户，核实以前年度的损益事项是否进行了纳税调整。

二、亏损弥补的检查

（一）常见涉税问题

（1）未按税法规定的弥补亏损年限弥补亏损。

（2）企业自行扩大弥补亏损数额。

（3）将查增所得额用于弥补以前年度亏损。

（4）用境内所得弥补境外营业机构的亏损。

（二）主要检查方法

（1）审查企业申报金额是否正确。审核企业所得税纳税申报表、会计报表和《弥补亏损企业年度台账》，对未建立分户账的，要对照以前年度的企业所得税申报表和会计报表，核实是否是按税法规定调整后的亏损金额。

（2）审查弥补亏损年限是否正确。除准予延长方损弥补年限的企业看其是否连续计算 5 年，有无上报的年限超过 5 年或间断计算的问题。

（3）企业查补金额的账务调整是否正确。核实企业是否将税务检查查增的应纳税所得额用于弥补以前年度的亏损。

（4）境内所得弥补境外营业机构亏损的检查。检查企业会计报表和企业所得税纳税申报表等资料，掌握境外营业机构的基本信息和经营状况，核实是否存在用境外营业机构的亏损抵减境内营业机构盈利的问题。

三、应纳税额的检查

（一）常见涉税问题

（1）应纳税额未按适用税率计算。

（2）申报的减免所得税额不符合政策要求。

（3）抵免税额的范围及抵免方法不符合税法规定。

（4）投资收益未按税法规定进行税务处理。

（5）税额计算不准确。

（二）主要检查方法

检查企业的应纳税额除核实应纳税所得额外，还要注意计算应纳税额所适用的税率、减免税、税收抵免和所得税款的缴纳情况。首先，检查时根据"应交税费——应交所得税"账户贷方记录，剔除虚列或错计入的税款、滞纳金或罚款等因素，确定应缴所得额后,再审查该账户借方实际缴库税款,核实原账面欠缴或多缴的税款数;其次,根据检查确定的应缴纳所得税额与账面和申报的应缴税额核对,核实应补缴或申请退还的税款是否正确。具体检查方法如下。

（1）审查企业申报的适用税率是否符合规定,特别是对小型微利企业,要通过资产负债表核对资产总额,通过劳务合同核对从业人数,核实其适用低税率的条件,核实适用税率和应纳税额的计算是否正确。

（2）调阅核实企业享受减免税的有关文件或证明材料,审核材料的真实性,审查企业申报的减免所得税额是否符合政策。

（3）检查"长期股权投资"明细账户,结合投资协议、合同和章程,落实被投资企业的经营地、性质、经营范围等基本资料,划分境内和境外、居民企业投资和非居民企业投资,掌握相关信息。结合"投资收益"明细账,核实投资收益是否按税法规定进行了税务处理。

（4）对来源于境外的所得已在境外缴纳的所得税税额,在计算抵免税额时,检查其抵免税种的范围及抵免方法是否符合税法规定;对来源于实际税负明显低于我国法定税率水平国家（地区）的企业,检查其所得税额是否已补缴所得税。

（5）根据所得税额的计算公式,核实计算是否正确。

【例 11-4】 某酒厂主要生产销售白酒。税务人员在审查"销售费用"明细账时发现一笔业务的会计处理为:借记"销售费用",贷记"库存商品"。经查为该厂召开一次产品展销会,在展销会期间,向与会人员每人赠送粮食白酒 1 箱,成本价共计 60 000 元。该支出作为销售费用在计算应纳税所得额时全额扣除。

解析:该厂将自产白酒在展销会期间馈赠他人并将其成本计入销售费用的做法,其会计处理和税务处理均存在错误。该支出应计入"营业外支出"账户,该项支出按规定应属于非公益性捐赠在计算应纳税所得额时不得扣除;同时将自产的应税消费品无偿赠送他人,增值税、消费税和企业所得税都属于视同销售行为,企业少缴纳了企业所得税、增值税、消费税、城市维护建设税和教育费附加。

第十二章

其他税种稽查方法

　　本章主要介绍个人所得税、资源税、城市维护建设税、土地增值税、城镇土地使用税、车船税、房产税、印花税、车辆购置税等常见涉税问题及检查方法，重点内容包括各税种的具体特点和稽查技巧。

第一节　个人所得税稽查方法

　　本节主要介绍个人所得税纳税义务人、扣缴义务人、征税范围、计税依据、适用税率、应纳税额、税收优惠和个人所得税特殊业务的检查，重点内容包括各税目的区分和特殊业务的检查。

一、纳税义务人的检查

（一）常见涉税问题

（1）居民纳税人和非居民纳税人身份划分不清。

（2）居民纳税人和非居民纳税人纳税义务划分不清。

（3）取得应税所得未扣缴税款的纳税人未自行申报。

（二）主要检查方法

（1）对在中国境内任职的外籍人员，检查其与任职单位签署的合同、薪酬发放资料，对照个人护照记录，到进出境机关核实了解进出境时间，并根据相关税收协定的规定，判断其属居民纳税人还是非居民纳税人。

（2）检查居民纳税人在境内、外取得的所得是否履行纳税义务时，需要通过与国际税收管理部门进行情报交换，调查其在境外取得所得的情况，核对其境内、外取得所得的申报资料，从中发现疑点，并将相关疑点呈交国际税收管理部门，由其负责查询个人所得税境外缴纳情况，确定是否存在居民纳税人按非居民纳税人履行纳税义务的情况。

（3）检查企业"应付职工薪酬""应付利息""财务费用"等账户，通过相关部门查询纳税人买卖股票、证券、基金及福利彩票等所得，特别是对于在两处以上兼职取得收入的个人要采取函证、协查或实地核查等方式，检查确认个人在一个纳税年度取得的各项所得汇总是否达到 12 万元以上,是否按规定进行申报。

二、扣缴义务人的检查

（一）常见涉税问题

（1）扣缴义务人未按规定代扣税款。

（2）代扣的税款未按规定期限解缴入库。

（二）主要检查方法

（1）检查"应付职工薪酬""应交税费——应交个人所得税"等明细账,审查职工薪酬发放单,核实职工的月工资、薪金收入,对达到征税标准的,扣缴义务人是否按规定履行代扣税款义务。

（2）检查"生产成本""管理费用""销售费用"等明细账,核查企业是否有支付给临时外聘的技术人员的业务指导费、鉴定费,是否有列支的邀请教授、专家的授课培训费、评审费等,是否按规定履行代扣税款义务。

（3）检查"利润分配——应付股利""财务费用"等账户,核实对支付给个人的股息、红利、利息是否全额计算扣缴税款。在对非金融机构检查时,检查支付给个人的借款利息是否按规定履行代扣代缴税款义务,是否及时解缴代扣税款。

（4）检查直接在各成本、费用账户中列支或通过其他渠道间接支付给员工的各种现金、实物和有价证券等薪酬,是否按规定全部合并到工资、薪金中一并计算应扣缴的税款。

（5）检查企业"应交税费——应交个人所得税"明细账户、员工薪酬收入明细表和《个人所得税扣缴情况报告表》及完税证或缴款书,查看账表数额是否相符,代扣税款是否正确、完整,是否按规定期限解缴税款。

三、征税范围的检查

（一）常见涉税问题

（1）劳务报酬所得和工资、薪金所得相混淆。

（2）将提供著作权所得错按稿酬所得申报缴纳个人所得税。

（3）其他所得和偶然所得相混淆。

（4）利息、股息、红利性质的所得和工资、薪金所得相混淆。

（二）主要检查方法

1. 劳务报酬所得和工资、薪金所得征税范围的检查

通过检查员工薪酬发放花名册、签订的劳动用工合同和在社保机构缴纳养老保险金的人员名册等相关资料,核实个人与接受劳务的单位是否存在雇用与被雇用关系,确定其取得的所得是属于工资、薪金所得还是劳务报酬所得。如存在雇用与被雇用的关系,其所得应按工资、薪金所得的范围征税;如果是独立个人提供有偿劳务,不存在雇用与被雇用的关系,其所得应属于劳务报酬所得的征税范围。

2. 稿酬所得和特许权使用费所得征税范围的检查

检查出版单位账簿明细,结合相关的合同、协议,查看原始的支付凭证,按照经济行为的实质,分析、核实支付给个人的报酬属于特许权使用费所得征税范围还是稿酬所得征税范围。若作者将其作品的使用权因出版、发表而提供给他人使用,则此项所得属稿酬所得的征税范围。若作者将自己的文字作品手稿原件或复印件公开竞价拍卖而取得的所得,属于转让个人著作的使用权,则此项所得属于特许权使用费所得的征税范围。

3. 其他所得和偶然所得征税范围的检查

检查企业"销售费用""管理费用""营业外支出"等账户,针对支付给个人的支出,要正确区分是否属于其他所得和偶然所得征税项目,其他所得由国务院财政部门单独确定,偶然所得则强调其偶然性和不可预见性。如对企业在产品发布会、总结会议、业务往来等活动中向有关人员发放的赠品、纪念品等应按照其他所得代扣个人所得税。对于中奖、中彩或企业举办有奖销售等活动中的中奖者个人则按照偶然所得代扣税款。

4. 利息、股息、红利所得征税范围的检查

检查"应付股利""应付利息""财务费用"等账户,对照《扣缴个人所得税税款报告表》《支付个人收入明细表》等,核实企业有无把支付的利息、股息、红利性质的所得按照工资、薪金所得,少代扣代缴个人所得税。

四、计税依据的检查

(一)工资、薪金所得的检查

1. 工资、薪金所得常见涉税问题

(1)少报、瞒报职工薪酬或虚增人数分解薪酬。

(2)自行扩大工资、薪金所得的税前扣除项目。

(3)从两处或两处以上取得收入未合并纳税。

2. 工资、薪金所得的主要检查方法

(1)通过调查人力资源信息资料、签署的劳动合同,社会保险机构的劳动保险信息,结合考勤花名册、岗位生产记录、人员交接班记录等,核实单位的用工人数、用工类别、人员构成结构及分布,要特别注意检查高管人员、外籍人员等高收入者的有关信息;然后审查财务部门"工资结算单"中发放工资人数、姓名与企业的实际人数、姓名是否相符,企业有无为降低高收入者的工资、薪金收入,故意虚增职工人数、分解降低薪酬,或者编造假的工资结算表,人为调剂薪酬发放月份,以达到少扣缴税款或不扣缴税款的目的。

(2)检查"生产成本""制造费用""管理费用""销售费用""在建工程""应付职工薪酬"等账户,核实有无通过以上账户发放奖金、补助等情况;还应注意职工食堂、工会组织等发放的现金伙食补贴、实物福利、节假日福利费等,是否合并计入工资、薪金收入总额中计算扣税。

(3)对于减除费用应注意:纳税人从境内两处或两处以上取得工资、薪金所得,或者纳税人在一个月内从单位多次取得工资、薪金所得,以及居民纳税人分别从境内、境外获取的所得,有无重复扣除专项扣除和专项附加扣除的问题。

　　（4）审查企业有无以扣除水电费、住房租金、托儿费、补充养老保险、企业年金等费用后的实发工资作为扣缴个人所得税的情况。

　　（5）通过检查劳动保险部门保险缴纳清单和工资明细表，核实企业是否有扩大劳动保险缴纳的基数、比率，降低计税依据的问题。如提高住房公积金的缴纳比例，降低计税依据。对效益较好的经营单位，要查看是否为员工建立企业年金计划，是将为员工缴纳的补充商业险等合并计入工资、薪金所得计税。

　　（6）对单位外派分支机构人员，要通过人力资源部门获取详细的薪酬发放信息，通过函证、协查方式检查员工同时从两处或两处以上取得的工资、薪金所得，是否仅就一处所得申报或在两处分别申报，重复扣除税前扣除项目，而未进行合并申报。

　　【例 12-1】　某市税务稽查局在对当地一家企业纳税情况进行检查时发现，该企业在"管理费用——职工福利费"账户中记载有旅游费支出 3 500 元。了解到为该企业组织优秀员工去外地旅游以资奖励，该企业已将上述支出与旅游人员当月工资薪金合并后计算并代扣代缴了个人所得税。但稽查人员认为只有 3 500 元的旅游费不符合常规。

　　税务人员通过审核记账凭证，发现记账凭证后所附的原始凭证均是旅游景点的门票，进一步审查发现企业将餐饮费发票计入"管理费用——业务招待费"，将往返车票计入"管理费用——差旅费"。

　　解析：根据税法规定，在商品营销活动中，企业和单位对营销业绩突出的人员以培训班、研讨会、工作考察等名义组织旅游活动，通过免收差旅费、旅游费对个人实行的营销业绩奖励（包括实物、有价证券等），应根据所发生费用全额计入营销人员应税所得，依法征收个人所得税，并由提供上述费用的企业和单位代扣代缴。其中，对企业雇员享受的此类奖励，应与当期的工资薪金合并，按照"工资、薪金所得"项目征收个人所得税；对其他人员享受的此类奖励，应作为当期的劳务收入，按照"劳务报酬所得"项目征收个人所得税。

　　该企业应将提供免费旅游的所有支出计入职工福利费，与员工当月发放的工资合并后，按"工资、薪金所得"计算代扣代缴个人所得税。该企业财务人员为了这些员工能少缴个人所得税，便只将旅游景点门票费做职工福利费处理，将旅游所发生的其他费用分拆后分别计入相应科目，以达到少缴个人所得税的做法，违反了税法的相关规定，属于偷税行为。

（二）劳务报酬所得的检查

1. 劳务报酬所得常见涉税问题

（1）少报、瞒报劳务报酬组成项目。

（2）将本属于一个人单独取得的收入，虚报为两个以上的个人共同取得的收入。

2. 劳务报酬所得主要检查方法

（1）通过调查劳务报酬的支付方，了解具体的支付情况，审查劳务报酬所得的真实性；核实劳务项目的组成及其支付方式、支付时间，与支付单位的会计记录、《个人所得税扣缴申报表》相对照，从中发现是否存在故意隐瞒劳务报酬数额的问题。还要注意检查企事业单位有无接受零星劳务，支付劳务费而不要求提供劳务方出具发票，也不扣缴个人所得税的情形;企事业单位有无内部员工为本单位或关联单位提供应税销售行为获取劳务报酬,单位不扣缴,员工个人也不申报缴纳个人所得税的情形。

(2)通过检查劳务报酬协议,核实纳税人有无将本属于一个人单独取得的收入,虚报为两个或两个以上的个人共同取得收入,进而导致纳税人利用分别减除费用的规定,多扣减费用少缴税款。

(三)稿酬所得的检查

1.稿酬所得常见涉税问题

(1)将属于"工资、薪金所得"项目的所得,按稿酬所得处理。

(2)隐匿稿酬所得。

2.稿酬所得主要检查方法

(1)由于稿酬所得的收入额是在扣除20%费用的基础上,再减按70%计算,因此对于任职、受雇于报纸、杂志等单位的记者、编辑等专业人员,在本单位的报刊、杂志上发表作品取得的收入,属于因任职、受雇而取得的所得,应当与当月工资收入合并,按"工资、薪金所得"项目全额计入收入额。检查是否存在将属于"工资、薪金所得"项目的所得,按稿酬所得处理。

(2)通过调查出版、发行部门与作者签订的出版协议和稿酬支付情况,掌握纳税人作品的出版发行及稿费的支付方式和时间,审查稿酬所得额的计算、申报是否真实、准确。

(四)个体工商户的生产、经营所得的检查

1.个体工商户的生产、经营所得常见涉税问题

(1)收入构成核算不实。

(2)虚列成本,成本费用的发生额超标准部分未作调整。

(3)家庭费用支出与企业费用支出混淆,多计、多转成本。

(4)个体工商户业主将本人的工资在税前扣除。

(5)投资两个或两个以上企业,应纳税所得额计算不正确。

2.个体工商户的生产、经营所得主要检查方法

(1)对生产、经营收入的检查。个体工商户的生产、经营收入具有现金结算较多、收入不稳定等特点,容易出现收入不入账或者少入账,转移、隐瞒、分解经营收入的情况。在检查中,要通过实地查看、询问等方法,了解掌握个体工商户生产、经营范围、规模等情况,结合对其成本费用、收入账的检查,采取纵向和横向比较分析的办法找出疑点,核实其是否存在账外经营、隐匿收入等行为。

(2)对生产、经营成本和费用的检查。要将纳税人的"原材料""生产成本""制造费用""管理费用"等成本、费用明细账与有关会计凭证、原始凭证进行仔细核对,认真分析投入产出比率,参考相关技术数据,核实其各项成本损耗比例是否恰当。对费用列支要审核原始资料及支出用途,看纳税人税前列支的费用是否合理,比例是否正确,是否属于与企业生产、经营有关的费用,有无超标准列支或故意混淆费用问题。

(3)检查成本、费用账簿及原始单据,核实支出费用的详细去向和类别,有无将家庭

购置的资产或发生的费用计入其中。如某私营企业主为其在外地上学的儿子购置汽车一部，将其计入企业固定资产并计提折旧。按照规定，该折旧不能税前扣除。

（4）对照《个人所得税扣缴申报表》，检查"应付职工薪酬"账户、员工薪酬发放表等，核实个体工商户业主的工资发放情况，确认发放的业主工资是否按规定做了纳税调整。

（5）对投资两个或两个以上个人独资企业或合伙企业的企业投资者，首先要检查各被投资企业的章程协议，确定投资者的资本构成；其次要检查各被投资企业的会计报表及纳税申报表，确定被投资企业的经营效益及利润分配，最终核实投资者从各被投资企业分得的利润计算是否准确、是否按规定合并纳税。

（五）其他所得的检查

1. 其他所得常见涉税问题

（1）不报或少报财产租赁应税收入，虚增维修费用，多次抵扣；

（2）隐瞒不报或少报财产转让收入，扩大财产原值或转让财产费用；

（3）扣缴单位在支付应税利息、股息、红利所得或偶然所得时，少扣缴或未扣缴税款；

（4）企业改制过程中，以量化资产取得股息及盈余公积转增股本时，未代扣代缴税款。

2. 其他所得主要检查方法

（1）结合租赁合同，检查支付租赁费用的单位或个人的支付凭证，掌握纳税人财产租赁的详细信息；审查纳税人提供的按规定支付的有关税费的原始凭证和修缮费用等支出凭证，核实是否与财产租赁有关，修缮费用是否按规定限额按月抵扣，应税数额计算是否正确。

（2）财产转让所得的检查：

① 通过财产所在地房管部门、车辆管理部门等单位了解个人转让建筑物、机器设备、车辆等财产的转让情况；

② 检查纳税人的有关账簿、凭证或检查支付单位或个人的支付凭证，掌握其转让财产取得的所得额；

③ 审查纳税人提供的财产原值凭证，是否能合法、有效，对资产评估增值的，应审查有无合法的资产评估报告；

④ 审查纳税人财产转让时的完税凭证和费用支出凭证，核对这些支出是否与财产转让有关，数额是否合理；

⑤ 检查转让债券的原值和相关费用，核对转让债券所得的应纳税所得额计算是否正确。

（3）通过了解发行股票、债券的公司或企业向个人分派股息、配股以及支付利息的情况，检查个人取得的应税利息、股息及红利所得是否按规定进行了纳税申报。对偶然所得的应纳税所得额进行检查时，要到举办有奖销售、发放彩票的单位进行查证，掌握获奖者的名单和获奖金额，以及申报纳税情况。

（4）检查"利润分配""盈余公积"及其对应科目，确定分配股利和转增股本的情况，对照《个人所得税扣缴税款报告表》，核实是否按规定代扣代缴个人所得税。

【例 12-2】　某软件公司投资者全部为自然人,自成立以来发展迅速,至 2022 年年末累计实现利润 9 500 万元,其中计入盈余公积 4 000 万元,其余 5 500 万元为未分配利润。公司从 2022 年年末开始策划新三板上市,首先进行股权改革。2023 年 3 月其所在地税务稽查局对该公司依法进行税务稽查。

税务人员通过检查发现,该公司董事会于 2022 年 12 月 30 日做出决定,公司首先进行企业改制,经济性质由有限责任公司变更为股份有限责任公司。然后公司进行增资扩股,除将实收资本转换为股本外,将 4 000 万元盈余公积和 5 500 万元为未分配利润全部转为股本,企业已于 2023 年 1 月办理了相关手续。经查,该公司并没有对增资扩股业务代扣代缴自然人股东的个人所得税。

解析:根据税法规定,对以未分配利润、盈余公积和除股票溢价发行外的其他资本公积转增注册资本和股本的,要按照"利息、股息、红利所得"项目,依据现行政策规定计征个人所得税。

该公司以留存收益转增资本,要按照"利息、股息、红利所得"项目,依据现行政策规定计算代扣代缴个人所得税。个人获得的股息、红利所得,以每次收入额为应纳税所得额,适用 20% 的比例税率。

该公司应代扣代缴的个人所得税 = (4 000 + 5 500) × 20% = 1 900(万元)

五、税收优惠的检查

(一)常见涉税问题

(1)企业管理层个人因经营业绩突出获得的政府一次性奖励,混同免税所得未申报个人所得税。

(2)企业工会组织用工会经费为员工发放人人有份的实物福利或以"困难补助"名义发放福利,混同免税所得未代扣个人所得税。

(3)故意扩大免税基数,少代扣个人所得税。

(二)主要检查方法

(1)通过核实政府的有关文件,依据政府奖励的人员名单及奖金发放的有关情况,对企业"其他应付款""其他应收款""银行存款""库存现金"等账户进行检查,对照《个人所得税扣缴税款报告表》,审查有无将该项奖励混同免税所得未扣缴个人所得税的情况。

(2)检查企业"应付职工薪酬——职工福利""应付职工薪酬——工会经费"等账户,有无对员工采取实物方式发放福利的行为;对企业以"生活补助"名义发放的项目,要逐项审查原始资料,核对受助人员是否符合条件,有无名为补助、实为变相福利,混同免税所得未扣缴个人所得税的情况。

(3)检查员工薪酬发放明细表,对允许税前扣除的基本养老保险、医疗保险、住房公积金、失业保险等项目是否按规定比例计算扣除,核实有无提高计算比例增加扣除额或变相为员工增加薪酬的问题。

第二节　资源税稽查方法

一、纳税义务人、扣缴义务人和征税范围的检查

（一）常见涉税问题

（1）临时开采、不定期作业、零散隐蔽的纳税人未按规定进行申报纳税。

（2）纳税人开采矿产品或生产盐的过程中伴生、伴采矿未按规定申报纳税。

（二）主要检查方法

（1）首先到矿产资源管理部门调查，摸清辖区内开采矿产品或生产盐的企业经营者名单，掌握其采矿许可证的颁发情况；其次，实地检查经营者的具体经营内容，核实是否属于资源税的应税范围，以此确认经营者是否为资源税的纳税义务人。

（2）检查经常性发生收购未税矿产品业务的单位时，从检查"原材料""应付账款""其他应付款""银行存款""应交税费"等账户入手，并结合实地查看，确定购进耗用的原材料是否为资源税应税产品，以发现是否存在收购未税矿产品行为，同时也便于及时从中发现不定期开采、临时开采或零散开采的资源税纳税人。

（3）征税范围检查，应深入车间、仓库，通过实地观察生产场所，了解生产经营流程、耗材和产品，查询与纳税人有经营往来关系的单位及个人，检查纳税人的"原材料""产成品""其他应付款""管理费用""应交税费"等账户，核对入库单、货物运输发票等原始资料，查核纳税人是否有在开采、生产、购进等环节隐匿属于某一特定应税资源范围的行为。

二、计税依据的检查

（一）常见涉税问题

（1）纳税人应税产品的销售数量、自用数量以及收购的未税矿产品数量不真实。

（2）自产、自用应税产品，在使用时直接出库结转成本而未作销售处理。

（3）煤矿以自产原煤连续加工洗煤、选煤或用于炼焦、发电用煤的数量不准确。

（4）不按正确的选矿比将精矿折算为原矿。

（二）主要检查方法

（1）自产、自用应税产品数量的检查。企业在生产、生活过程中消耗自用产品，数量操控性强，难以核准。如煤炭企业的食堂、浴室、职工学校耗用的生活用煤，下属商店、服务公司等耗用的取暖用煤等，检查时可直接审查"库存商品"明细账的贷方发生额和"生产成本"的借方发生额，对照产品实物账及"产品出库单"或"领料单"，核实企业是否按当期应税产品的实际消耗数量作为资源税的计税数量。如果当期有产品损耗，还应认真审查"待处理财产损溢"明细账及"账存实存对比表"和"盘存单"，以便核实损耗的具体原因及真实数量，报经有关部门审批后，再从计税数量中予以剔除。将核实数量与企业纳税

申报表上的申报数量相核对,如不相符,应按核实的数量计算应纳税款,确定应补税数额。还应审查"生产成本"总账及明细账,特别是涉及"生产成本"贷方发生额的,要根据记账凭证上的科目对应关系逐笔查对,核实纳税人是否有将生产的应税产品自用后直接冲减"生产成本",不作库存商品增加和减少的账务处理,进而少申报缴纳税款。

(2) 煤矿以自产原煤连续加工洗煤、选煤或用于炼焦、发电以及生活用煤的检查。对于连续加工前无法计算耗用量,按产品综合回收率计算的,检查时需从"库存商品"明细账入手,先核实加工后的入库产品数量,再核实企业还原计算的原煤数量和资源税纳税申报表,验证企业使用的折算比是否符合规定,折算使用的加工后产品数量是否真实,折算的原煤课税数量是否准确。对于机车发电使用量没有健全使用记录的,可以采取技术测算的方法,先审查发电车间的生产记录、工作量和生产量(产电度数),再根据有关的配比消耗技术资料,按单位工作量和单位产品消耗量推算出耗用原煤的数量。

(3) 按选矿比将精矿折算为原矿数量作为课税数量的检查。首先应审查"库存商品——××精矿"明细账,查看原始入库单据,并实地监测,核实车间精矿数量是否账实相符,并按规定的选矿比计算出原矿数量,再与企业申报的原矿数量相比较,核实是否少申报缴纳税款。

(4) 以应税产品产量为课税数量的检查。检查时可先审查"生产成本"账户的贷方结转数量,并与产品成本计算表上的"完工产品数量""库存商品"账户借方当期增加数量相核对,核实当期增加数量,确定当期实际产量,再与纳税申报表上的申报数量进行核对,从中发现企业申报课税数量小于实际生产数量,或"产成品"账面数量小于实际生产数量的问题。

第三节 城市维护建设税稽查方法

一、纳税义务人和征税范围的检查

(一)常见涉税问题

符合纳税人确认条件未申报纳税。

(二)主要检查方法

(1) 检查纳税申报表和完税凭证,核实被查对象是否是缴纳增值税、消费税的单位和个人,以此确定为城市维护建设税的纳税义务人。

(2) 除海关进口产品代征的增值税、消费税以外,对其他的减免税的检查,主要审查其相关的审批手续是否符合规定,对不符合规定而擅自减免的税款应及时补征入库。

二、计税依据和适用税率的检查

(一)常见涉税问题

(1) 城市维护建设税适用税率错误。

(2) 税务机关查补增值税、消费税后,纳税人未向税务机关申报相应的城市维护建设税。

（二）主要检查方法

（1）检查增值税、消费税应税行为的发生地，核实城市维护建设税的适用税率是否正确。

（2）检查税务机关查补了增值税、消费税后，纳税人是否同时调增城市维护建设税的计税依据。

第四节　土地增值税稽查方法

一、纳税义务人的检查

（一）常见涉税问题

（1）转让国有土地使用权、地上建筑物及其附着物时，未按规定履行纳税义务。

（2）未办理土地使用证而转让土地使用权。

（二）主要检查方法

（1）检查单位"固定资产"和"无形资产"明细账，了解其拥有的国有土地使用权、地上建筑物及其附着物发生增减变化的情况，发生减少的，要通过土地、房产等管理部门核实被查单位拥有的国有土地使用权、地上建筑物及其附着物的变化，进一步确定是否转让了其拥有的房地产和土地并取得收入，转让并取得收入的单位或个人为土地增值税纳税义务人。

（2）对不设置账簿或账簿记录不完整的单位和个人，应当深入实际进行调查，通过走访、询问土地、房产、受让方等部门和单位了解被查单位是否发生了有偿转让国有土地使用权、地上的建筑物及其附着物的行为，发生转让行为并取得收入的单位或个人为土地增值税纳税义务人。

（3）对未办理土地使用权证而转让土地的单位和个人，结合"营业外收入""其他业务收入""资本公积"和"银行存款"等账户，确定是否有未办理土地使用证而转让土地的情况。

二、征税范围的检查

（一）常见涉税问题

（1）转让国有土地使用权，未缴纳土地增值税。

（2）混淆土地使用权转让与出让。

（3）属于土地增值税的征税范围的特定业务未申报缴纳土地增值税。

（二）主要检查方法

（1）征税范围确认的检查。检查"固定资产""无形资产""银行存款"等账户，核查单位有无转让国有土地使用权、地上建筑物等行为的发生。如果发生土地使用权的转移，还应进一步确定转让土地的权属是否为国家所拥有。转让国有土地使用权取得收入的行为应征收土地增值税；转让农村集体所有的土地使用权所取得的收入，不征收土地增值税。

（2）土地使用权转让与出让区分的检查。土地使用权属转移包括两种方式：转让与出让。国有土地使用权的转让是指土地使用者通过出让等形式取得土地使用权后，将土地使用权再转让的行为，包括出售、交换和赠与，属于土地增值税的征税范围。国有土地使用权出让是指国家以土地所有者的身份将土地使用权在一定年限内让与土地使用者，并由土地使用者向国家支付土地使用权出让金的行为，不属于土地增值税的征税范围。

（3）房地产开发企业与非房地产开发企业投资和联营的检查。对于房地产开发企业，检查企业"长期股权投资"等账户，发现企业有对外投资和联营行为，应进一步检查"开发产品"和"投资性房地产"账户，确定企业对外投资和联营的形式，对于以其建造的商品房对外投资或联营的，属于土地增值税的征税范围。

对于非房地产开发企业，检查企业"长期股权投资""固定资产""无形资产"等明细账，如果发现以土地（房地产）作价入股进行投资或联营的，凡所投资、联营的企业从事房地产开发的，应属于土地增值税的征税范围；凡所投资、联营的企业从事非房地产开发的，则不属于土地增值税的征税范围。

（4）被兼并企业转让国有土地使用权、地上建筑物及其附着物的检查。通过合同、协议、批文等资料和"固定资产""无形资产"等账户，重点查实国有土地使用权、地上建筑物及其附着物等转让行为发生的时间、形式，如果属于被兼并企业将国有土地使用权、地上建筑物及其附着物转让到兼并企业的，暂免征收土地增值税，其他行为应属于土地增值税的征税范围。

（5）搬迁企业土地、房产的检查。对于有搬迁行为的企业，要询问企业负责人、财务人员，掌握具体的搬迁情况，查看当地的城市规划，查实是否因城市实施规划、国家建设需要而搬迁，对于符合免税条件的免征土地增值税。达不到以上条件的，则属于土地增值税的征税范围。

三、应税收入的检查

（一）常见涉税问题

（1）转让收入长期挂账不及时结转，延迟纳税。

（2）少报转让价格少申报纳税。

（3）视同销售行为未申报纳税。

（4）取得非货币收入未按规定计量少申报纳税。

（5）部分房地产销售收入不入账，形成账外资金少申报纳税。

（二）主要检查方法

（1）检查"银行存款""其他应收款""应付账款""预收账款"等账户，核实实现的收入是否长期挂账不及时结转收入，未按税法规定的时间申报纳税。

（2）查阅有关的转让合同、协议、评估报告，检查"主营业务收入""其他业务收入""固定资产清理""银行存款"等账户,查询房产、土地管理部门及购买方,核实取得的收入是否真实、准确、完整,有无少报收入的情况;在审查核实房地产转让收入时,成交价格明显低于评估价格,又无正当理由的,可以用评估价格来计算征税。

（3）视同销售行为的检查。主要通过检查"开发产品""固定资产""无形资产——土地使用权"等明细账,结合对合同协议的审查,核实企业是否发生了视同销售行为;对发生视同销售行为的,主要检查账务处理和收入核算是否准确,是否按规定申报纳税。

（4）非货币收入的检查。主要查阅销售合同、转让协议,了解取得非货币性项目的市场价格,核实非货币收入是否全额记入"主营业务收入""其他业务收入"等账户,入账的评估价格是否合理。

（5）房地产转让收入完整性的检查,要从"主营业务收入""产成品""固定资产清理"等明细账入手,认真核对合同协议书、评估报告等关联资料,同时对已售商品房实地查看,登记造册,逐项账实核对,分别从数量上、金额上核实商品房销售收入的准确性。

四、扣除项目的检查

（一）常见涉税问题

（1）虚列开发成本,多计扣除项目金额。

（2）旧房的重置成本确定不准确,多计扣除项目金额。

（3）将非转让房地产环节的印花税计入开发成本重复扣除。

（4）自行扩大加计扣除的适用范围。

（二）主要检查方法

1. 取得土地使用权支付金额的检查

（1）重点审查"开发成本"账户,查阅和土地交易有关的证明文件及原始凭证,核实土地坐落位置和开发项目是否相符。到财政、土地部门了解国家有关收费政策,正确计算开发项目的缴费金额,核实土地成本归集项目是否真实、完整。如有返还土地出让金政策的,应检查企业"银行存款""开发成本"等明细账户,确定是否存在不入账加大扣除金额的情况。

（2）对分期开发的房地产项目,要结合总体开发规划实地查看,准确计算总体开发面积。通过检查"产成品""开发成本——土地成本""银行存款""主营业务收入""主营业务成本"等账户,核查已销房产土地成本的分摊金额是否正确。

2. 开发土地和新建房及配套设施成本的检查

（1）结合"拆迁协议书"到拆迁户实地确定拆迁政策和面积,检查"银行存款""开发成本"明细账户,查实有无虚假拆迁、虚报拆迁价格和面积的情况。

（2）到统计部门了解开发项目所在地的建安成本单位价格,与开发单位建安成本进行对比,成本差异较大的,要审查建筑合同,查清承建形式、面积、付款方式和时间,查实有无虚报建安成本的情况。

（3）检查房地产转让合同,确认公共配套设施的使用方式,如果建成后有偿转让的,应查看收入账户,通过计算收入核实准予扣除的成本、费用。

（4）检查"开发成本"明细账，并与有关会计凭证核对，核实有无将不属于开发产品的基础设施费、公共配套设施费和开发间接费用计入了开发费用的问题，已发生开发费用的分配与结转是否合理、准确。

3．开发土地和新建房及配套设施费用的检查

（1）检查"开发成本"明细账和"管理费用""销售费用"账户，核实有无加大加计扣除基数的问题。

（2）对财务费用中利息支出检查，要查阅所提供金融机构证明的可靠性，利息是否超过按商业银行同类同期贷款利率计算的金额，超过部分和罚息不能扣除。

（3）对属于多个房地产项目共同的成本费用，应核实成本费用分割方法是否正确，已售出房产项目的费用扣除是否准确。

4．旧房及建筑物评估价格的检查

（1）重点审核评估文书是否由政府批准设立的房地产评估机构出具，审核房产评估价格是否经税务部门确认。

（2）对旧房重置成本价和成新度的确认。重点核实评估报告中是否包含土地的评估价值，对包括在内的，应予以剔除，以取得土地使用权的实际支付价款（即历史成本）计算土地的价值。

（3）对纳税人转让旧房扣除额的检查，应确定其土地的受让价格。审核向土地管理部门补缴土地出让金金额或取得土地使用权的支付金额，对不能提供已支付地价款凭据的，不允许扣除取得土地使用权所支付的金额。

5．与转让房地产有关税金的检查

（1）结合售房合同，检查企业"开发成本"和"管理费用"账户，检查有无将非转让房地产环节的印花税计入开发成本重复扣除的情况。

（2）检查"应交税费""其他业务收入"和"营业外收入"等账户，核实企业有无将转让房地产以外的税金及附加重复扣除。

6．财政部规定的其他扣除项目的检查

（1）检查营业执照，确定企业是否有资格进行房地产开发，只有从事房地产开发的纳税人才能享受 20％的加计扣除。

（2）检查"应交税费"明细账和土地增值税申报表，审查在加计 20％扣除时是否将代收费用从计算的基数中剔除。

（3）检查企业的预提费用是否加计扣除，没有特殊规定的，预提费用不能税前扣除。

五、适用税率和应纳税额的检查

（一）常见涉税问题

（1）增值额和扣除项目的计算不正确，导致适用税率和速算扣除系数错误。

（2）未准确划分普通住宅和非普通住宅，导致土地增值税计算错误。

（二）主要检查方法

（1）在核实纳税人增值额与扣除项目金额的基础上，计算出增值率，并据以确定适用税率、速算扣除系数，与企业申报的增值率、适用税率和速算扣除系数进行核对，检查申报土地增值税适用税率和税额是否正确。

（2）对照普通住房标准，实地核实普通住宅和非普通住宅划分的真实性，有无把非普通住宅按照普通住宅申报土地增值税的情况。

六、土地增值税的预缴及清算条件的检查

（一）常见涉税问题

（1）房地产开发公司取得预售收入，不预缴土地增值税。

（2）项目竣工结算以后，未及时进行土地增值税清算。

（3）项目滚动开发，不及时清算已经完工的项目。

（二）主要检查方法

1. 对土地增值税预缴的检查

（1）检查"预收账款""应交税费——土地增值税"等账户，与当期土地增值税纳税申报表进行核对，核实取得的预售收入是否及时、全额预缴了土地增值税。

（2）结合"预收账款"明细账和销售合同，核实住宅、办公和土地使用权转让取得的收入金额，审核适用不同预征率项目间的收入是否分别核算，分别预缴。

（3）检查"其他业务收入""营业外收入"和往来账户，查实有无把收取的各种定金、订金、合同保证金计入以上账户，不做预售收入，不计算预缴土地增值税的情况。

2. 对土地增值税清算条件的检查

（1）检查房地产开发企业开发项目的预售许可证期限是否已满三年，满三年的开发项目是否按税务机关的要求进行土地增值税清算。

（2）检查房地产开发企业已整体转让房地产项目或转让的房地产建筑面积是否占整个项目可售建筑面积比例的 85% 以上，超过 85% 以上的是否按税务机关的要求进行土地增值税清算。

（3）检查"无形资产""银行存款""应交税费"等账户，核查有无直接转让土地使用权行为，直接转让土地使用权行为是否按规定进行土地增值税清算。

（4）结合审批的房地产开发项目，检查"预收账款""开发成本"明细账，核实房地产开发项目是否分期开发，并分别核算收入成本，是否以分期项目进行土地增值税清算。

第五节　城镇土地使用税稽查方法

一、纳税义务人和征税范围的检查

（一）常见涉税问题

（1）纳税单位使用免税单位的土地，未履行纳税义务。

（2）征免界限划分不清。

（二）主要检查方法

（1）纳税义务人的检查。通过实地检查土地的具体使用情况及用途,根据纳税义务人确认的规定,审核确定纳税人。检查拥有土地使用权的单位和个人不在土地所在地的,或者土地使用权未确定的以及权属纠纷未解决的纳税人,实际使用人或代管人是否按规定申报纳税。同时注意检查纳税人有无使用免税单位的土地,是否按照规定履行纳税义务。

（2）征税区域的检查。城镇土地使用税的征税范围限于城市、县城、建制镇和工矿区。在检查时,要查看纳税人的实际经营场所用地是否属于确定的城镇土地使用税征税区域。如在征税区域之内则征城镇土地使用税,否则不征城镇土地使用税。同时注意检查土地是否用于农业种植、养殖等,如果核实为农业生产等用地,免征土地使用税。

二、计税依据和适用税额的检查

（一）常见涉税问题

（1）纳税人申报的计税土地面积不准确。
（2）同一企业处在不同地段的适用单位税额不正确。
（3）土地等级调整后,纳税申报时未作相应调整。

（二）主要检查方法

（1）检查时,可将纳税人纳税申报表中的土地面积与土地使用证所记载的面积相对照,调阅原征地凭证、土地管理机关的批文等文件进行核对,必要时也可实际丈量,核实纳税人申报的土地面积是否真实,有无少报、漏报的现象。

（2）检查适用单位税额时,根据纳税人所处的地理位置,对照人民政府对本地区土地的等级划分界限及规定的单位税额,核实纳税人适用单位税额是否正确。

第六节　房产税稽查方法

一、纳税义务人和征税范围的检查

（一）常见涉税问题

（1）属于房产税征收范围的纳税人未申报纳税。
（2）产权所有人或承典人不在房产所在地,或者产权未确定以及租典纠纷未解决的房产,未申报纳税。
（3）纳税单位无租使用免税单位的房产,未申报纳税。

（二）主要检查方法

1. 纳税人的检查
（1）通过检查房产权属证明等书面资料,确定产权所有人;

（2）对于产权出典的,检查相关协议、承典合同等资料,确定承典人;

（3）对于产权所有人、承典人不在房产所在地的,或者产权未确定及租典纠纷未解决的,通过实地调查、核查相关资料,确定实际的房产代管人或者使用人;

（4）检查纳税人的"固定资产""在建工程"等账户,与纳税人实际房产使用情况进行比对,审核其房产租用情况,无租使用免税房产的,是否缴纳房产税。

2. 征税范围的检查

房产税的征税范围限于城市、县城、建制镇和工矿区。在检查时,首先,要查看纳税人的房产是否属于确定的房产税征税区域,同时注意区分征税范围内应税房产和免税房产的界限;其次,审查纳税人"固定资产""在建工程"等账户,或通过实地勘察是否有已建成投入使用但未入账的房产。

二、计税依据和适用税率的检查

（一）常见涉税问题

（1）房租收入不入账,或直接冲减费用。

（2）从租计征的,按从价计税。

（3）少计房产原值。

（二）主要检查方法

（1）在核实房产用途的基础上,检查"其他业务收入"账户的贷方发生额,核实有无房产租金收入。有租金收入的,应查阅房屋租赁合同或协议,核实租金收入是否及时入账;核对纳税申报表,核实是否如实申报房产税,是否应按照房租计征错按房产计税余值计征。同时,结合检查"其他业务成本"等费用账户或往来账户,核实有无以收抵支或转移租金收入的情况。

（2）检查"固定资产——房屋"明细账的借方发生额或"固定资产卡片",一是将其与"房产税纳税申报表"进行核对,核实申报数是否账表相符;二是与有关房产原始价值资料进行核对,核实房产价值是否全部入账;三是承建房产应与承建合同、"在建工程"账户核对,核实房产价款;四是购入房产应与购货合同及发票核对,核实是否是实际购价;五是自建房产应与"在建工程"账户核对,核实是否是实际造价。

【例 12-3】 某房地产企业经营范围包括房地产开发与经营、基础设施建设开发、投资管理与企业管理、园林绿化工程、停车场管理服务。该企业拥有的土地和房产较多,2023 年 3 月,当地税务稽查局对该企业的房产税和城镇土地使用税的纳税情况进行税务稽查。

（1）税务人员检查发现,该企业 2022 年 5 月与国土部门签订了土地受让协议,取得的土地为非耕地,因未足额缴纳土地出让金,没有取得土地使用证,一直空置未使用,未申报缴纳城镇土地使用税。

（2）为了加强商铺招租力度,该公司给予租户 60 天的免收租金期限。在免收租金期限内承租人可以实际使用房产,无须支付租金,该企业只对收取的租金按规定缴纳了房产税。

解析：

（1）税法规定，新征用的土地，依照下列规定缴纳土地使用税：征用的耕地，自批准征用之日起满1年时开始缴纳土地使用税；征用的非耕地，自批准征用次月起缴纳土地使用税。该公司通过受让取得的土地为非耕地，已与国土部门签订了土地受让协议，协议约定了交付土地的时间为2022年5月，该企业应于协议约定交付土地的次月起，即2022年6月开始缴纳城镇土地使用税。

（2）出租房产免收租金期间房产税问题规定，对出租房产，租赁双方签订的租赁合同约定有免收租金期限的，免收租金期限由产权所有人按照房产原值缴纳房产税。该公司在免收租金期间应按照房产原值申报缴纳房产税。

第七节 印花税稽查方法

一、纳税义务人和征税范围的检查

（一）应税合同方面的检查

1. 常见涉税问题

（1）单位和个人在订立经济合同时有意将具有合同性质的书据称为意向书、契约等，未按规定贴花。

（2）将有息贷款合同作为无息贷款合同未贴花。

（3）将农村手工业品购销合同作为农副产品收购合同未贴花。

2. 主要检查方法

（1）检查过程中，应当以经济主体所订立的契约或意向书是否具有合同的性质，是否能起到合同的作用为标准，而不是以其订立的契约或意向书的名称为标准，判断其是否属于具有法律效力的合同或具有合同性质的凭证，进而判断其是否应该贴花纳税。

（2）检查时要注意纳税人有无故意混淆合同性质的行为，如将有息贷款合同作为无息贷款合同、将农村手工业品购销合同作为农副产品收购合同。对存在上述情况的，应深入企业单位内部供销、储运、业务等各有关部门，根据实质重于形式的原则，对企业单位所订立的各种合同、单据进行分类，区分哪些是应税合同、哪些是非应税合同以及免税合同。

（3）将应税合同的纳税贴花金额进行汇总，并与"管理费用"账户中的印花税支出数额进行核对，核实是否有应税未贴或少贴印花税的情况。

（二）应税书据方面的检查

1. 常见涉税问题

（1）以合同方式签订的书据，持有书据的一方未按规定贴花。

（2）纳税人混淆了应税书据与免税书据。

2. 主要检查方法

（1）应分清书据的订立方式，如果书据是以合同方式签订的，则持有书据的各方都应按全额纳税贴花；如果书据是由单方订立的，则应由立据人贴花，接受书据人不必再次贴花。但应注意的是，如果立书据人未贴或少贴印花，书据的持有人已接受了这张书据，应当由持有人负责对其补贴印花税票。

（2）通过审查纳税人的"固定资产""无形资产"和"长期股权投资"账户的变动增减情况，核对有关记账凭证和原始凭证，应注意纳税人是否混淆了应税书据与免税书据，有无将应税书据当作免税或不征税书据处理的现象，从而核实应税书据是否已按规定计税贴花。

（三）应税账簿方面的检查

1. 常见涉税问题

应税账簿未按规定贴花。

2. 主要检查方法

审查记载实收资本（股本）、资本公积的账簿是否已按合计金额计税贴花。对已缴纳印花税的营业账簿，检查"资本公积"和"实收资本"账户金额是否增加，增加金额部分是否已贴足印花。

二、适用税目、税率的检查

（一）常见涉税问题

（1）适用比例税率计税的应税凭证，使用定额税率计算贴花。

（2）纳税人将性质相似的应税凭证错用税目、税率。

（二）主要检查方法

（1）检查纳税人书立的各种凭证，是否具有合同性质，再对凭证的内容和性质进行审核，参照《印花税税目税率表》确定合同是否属于应税凭证，重点审核有无将货物运输、仓储保管、银行借款、财产保险等单据不作为合同而漏贴印花；或将应税合同错当免税合同未贴印花。

（2）对照《印花税税目税率表》所属的税目，核实纳税人有无混淆税目，错用税率的情况，如房地产开发公司将应按照"产权转移书据"贴花的房屋销售合同，错按"购销合同"贴花。

三、印花税计税依据的检查

（一）常见涉税问题

（1）应税合同未按规定贴花。

（2）记载资金的账簿按规定计算贴花后，"实收资本"和"资本公积"合计金额增加的，增加部分未计算补贴印花。

（二）主要检查方法

（1）在检查应税合同计税依据时，首先要逐项审阅应税合同，确定计税金额和应纳税额。如对各类技术合同只就合同所载的报酬金额贴花，研究开发经费不作为计税依据。其次，把确定的应纳税额与粘贴的应税合同上的印花税票或缴纳印花税的缴款书核对，补贴少贴的印花。

（2）在检查记载资金的营业账簿计税依据时，应审查"实收资本"和"资本公积"账户，资金总额增加的，审核企业是否按规定补贴了印花。

第十三章

企业如何接受、配合税务机关的税务管理工作

第一节　在日常纳税活动中接受、配合税务机关的税务管理

企业与税务机关是税收法律关系主体的两个方面。税收法律关系的主体一方面是纳税主体,其中企业是主要的纳税主体,是税收法律关系中负有纳税义务的一方当事人;税务机关为征税主体,是税收法律关系中享有征税权利的一方当事人。

一、依法认真履行纳税义务

(一) 依法进行税务登记

依照税法规定申请办理税务登记、变更或注销税务登记。在接受各类税务登记管理中,纳税人应该根据税务机关的规定分别提交相关资料,及时办理。同时,纳税人应当按照税务机关的规定使用税务登记证件。

(二) 依法设置账簿、保管账簿和有关资料以及依法开具、使用、取得和保管发票

纳税人应当按照有关法律、行政法规和国务院财政、税务主管部门的规定设置账簿,根据合法、有效凭证记账,进行核算;从事生产、经营的,必须按照国务院财政、税务主管部门规定的保管期限保管账簿、记账凭证、完税凭证及其他有关资料;账簿、记账凭证、完税凭证及其他有关资料不得伪造、变造或者擅自损毁。

此外,纳税人在购销商品、提供或者接受经营服务以及从事其他经营活动中,应当依法开具、使用、取得和保管发票。

(三) 认真履行财务会计制度和会计核算软件备案义务

纳税人的财务、会计制度或者财务、会计处理办法和会计核算软件,应当报送税务机关备案。纳税人的财务、会计制度或者财务、会计处理办法与国务院或者国务院财政、税务主管部门有关税收的规定抵触的,应依照国务院或者国务院财政、税务主管部门有关税收的规定计算应纳税款、代扣代缴和代收代缴税款。

(四) 按照规定安装、使用税控装置

纳税人应当按照规定安装、使用税控装置,不得损毁或者擅自改动税控装置。如纳

税人未按规定安装、使用税控装置,或者损毁或者擅自改动税控装置的,税务机关将责令纳税人限期改正,并可根据情节轻重处以规定数额内的罚款。

(五) 按时、如实进行纳税申报

纳税人必须依照法律、行政法规规定或者税务机关依照法律、行政法规的规定确定的申报期限、申报内容如实办理纳税申报,报送纳税申报表、财务会计报表以及税务机关根据实际需要要求纳税人报送的其他纳税资料。

作为扣缴义务人,纳税人必须依照法律、行政法规规定或者税务机关依照法律报送代扣代缴、代收代缴税款报告表以及税务机关根据实际需要要求纳税人报送的其他有关资料。

纳税人即使在纳税期享受减税、免税待遇的,在减税、免税期间也应当按照规定办理纳税申报。

(六) 按时缴纳税款

纳税人应当按照法律、行政法规规定或者税务机关依照法律、行政法规的规定确定的期限,缴纳或者解缴税款。

未按照规定期限缴纳税款或者未按照规定期限解缴税款的,税务机关除责令限期缴纳外,从滞纳税款之日起,按日加收滞纳税款万分之五的滞纳金。

(七) 依法履行代扣、代收税款义务

如纳税人按照法律、行政法规规定负有代扣代缴、代收代缴税款义务,则必须依照法律、行政法规的规定履行代扣、代收税款的义务。负有代扣代缴、代收代缴义务的纳税人依法履行代扣、代收税款义务时,纳税人不得拒绝。纳税人拒绝的,负有代扣代缴、代收代缴义务的纳税人应当及时报告税务机关处理。

(八) 接受税务机关的依法检查

纳税人有接受税务机关依法进行税务检查的义务,应主动配合税务机关按法定程序进行的税务检查,如实地向税务机关反映自己的生产经营情况和执行财务制度的情况,并按有关规定提供报表和资料,不得隐瞒和弄虚作假,不能阻挠、刁难税务机关的检查和监督。

(九) 及时提供信息

纳税人除通过税务登记和纳税申报向税务机关提供与纳税有关的信息外,还应及时提供其他信息。如纳税人有歇业、经营情况变化、遭受各种灾害等特殊情况的,应及时向税务机关说明,以便税务机关依法妥善处理。

(十) 依法报告其他涉税信息

为了保障国家税收能够及时、足额征收入库,税收法律还规定了纳税人有义务向税务机关报告如下涉税信息。

(1) 纳税人有义务就纳税人与关联企业之间的业务往来,向当地税务机关提供有关

的价格、费用标准等资料。

纳税人有欠税情形而以财产设定抵押、质押的,应当向抵押权人、质权人说明纳税人的欠税情况。

（2）企业合并、分立的报告义务。纳税人有合并、分立情形的,应当向税务机关报告,并依法缴清税款。合并时未缴清税款的,应当由合并后的纳税人继续履行未履行的纳税义务；分立时未缴清税款的,分立后的纳税人对未履行的纳税义务应当承担连带责任。

（3）报告全部账号的义务。如纳税人从事生产、经营,应当按照国家有关规定,持税务登记证件,在银行或者其他金融机构开立基本存款账户和其他存款账户,并自开立基本存款账户或者其他存款账户之日起 15 日内,向纳税人的主管税务机关书面报告全部账号；发生变化的,应当自变化之日起 15 日内,向纳税人的主管税务机关书面报告。

（4）处分大额财产报告的义务。如纳税人的欠缴税款数额在 5 万元以上,纳税人在处分不动产或者大额资产之前,应当向税务机关报告。

二、做好日常与税务机关的沟通与协调工作

（一）明确企业与税务机关沟通与协调工作的责任人

企业与税务机关及税务人员的沟通和协调工作非常重要,工作的专业性也非常强。为了更好地完成该项工作,企业应设立负责与税务机关沟通与协调工作的负责人,直接对企业主管负责,有利于企业与税务部门建立良好的关系。

（二）多方面、多渠道加强与税务机关的沟通与协调

1. 从税务机关及时获取国家最新的税收法律、法规与规章

税法是调整税收活动中发生税收关系的法律规范的总称,包括各级有权机关制定的税收法律、法规、规章。虽然企业可以在各级公报、政府网站及公开发行的报纸上搜集到国家最新发布的税收法律、法规与规章,但是对于税收法律、法规、规章的理解可能会存在不足。目前我国各级税务机关普遍建立了税收法律、法规及规章的反馈制度,能够为企业及时获取国家最新的税收法律、法规与规章给予帮助。企业应该与税务机关建立定期的国家最新的税收法律、法规与规章反馈制度,以便及时理解最新的税收法律、法规与规章,更好地服务于企业纳税管理工作。

2. 积极参加税务机关举办的税法辅导、业务培训活动

为企业提供纳税服务是税务机关的义务。其中举办税法辅导、业务培训活动是为纳税人提供服务的重要内容。企业应该积极参加税法辅导、业务培训活动,通过辅导与培训更好地掌握税法的知识。

3. 及时同税务机关沟通,落实税收优惠政策

为了发挥税收的引导作用,国家颁布高新技术企业、小型微利企业、残疾人就业、再就业、西部开发等相关税收优惠政策。企业享受这些优惠政策是要具备相应的条件或达到一定的标准的,在资料的报送和审核上也有严格的要求,企业应积极与税务机关沟通,做好这方面工作。

【例 13-1】　某环保企业研发了一种燃气罐装设备,将废弃的秸秆在罐内分解后产生

沼气,该项技术已经获得国家级星火技术证书。企业对生产的该种燃气罐在销售时能否享受税收优惠政策把握不准,于是向主管税务机关进行咨询,寻求帮助。

解析:税务机关通过研讨,认为目前国家只对销售沼气有优惠,而对销售制造沼气的燃气罐没有增值税的优惠。企业可以申请高新技术企业资格来享受企业所得税低税率等所得税优惠,并帮助企业获得了高新技术企业的认定资格。

4. 办理日常涉税事项时,及时同税务机关沟通以降低纳税风险

企业在办理日常涉税事项时,首先应该及时同本企业的税收管理员进行沟通,获取业务指导。如果企业对涉税事项的理解与管理员理解有差异,企业应该及时同主管税务机关沟通,也可以利用12366热线寻求帮助。

【例13-2】　某公司最近一批货物发货后,公司还没有收到货款。公司的财务人员对这笔业务是否应该缴税把握不准。考虑到以后公司会经常遇到拖欠货款的情况,是否需要缴税是一个必须明确的问题。公司向省国税局的12366打电话咨询。

解析:咨询顾问准确地告诉企业,根据《增值税暂行条例》及细则的规定,增值税纳税义务发生时间为收讫销售款项或者取得索取销售款项凭据的当天;如果工期超过12个月,为收到预收款或合同约定的收款日期的当天;先开具发票的,为开具发票的当天。企业如果不按期申报纳税,税务机关将按照《税收征收管理法》的规定处2 000元以下的罚款,造成少缴税款的,属于偷税行为,按照《税收征收管理法》的规定进行处罚。该公司的货款符合纳税义务发生的条件,必须按时完成纳税义务。咨询顾问的解答让公司的纳税管理人员非常清楚,尽管货款没有到位,缴纳税款会影响公司的资金流转,但是税法对此有明确规定,纳税人必须遵守。最终,该公司及时缴纳了税款。

5. 企业重要决策的涉税事项应该及时向税务机关报告

企业因内部组织架构、经营模式或外部环境发生重大变化,以及受行业惯例和监管的约束而产生的重大税务风险,可以及时向税务机关报告,以寻求税务机关的辅导和帮助。

6. 根据企业的实际情况争取取得税务机关的个性化服务

目前税务机关在开展纳税服务活动中针对不同纳税人的特殊情况提供个性化服务,如对纳税人实行户籍管理、分类管理、评定纳税信誉等级等办法,为纳税人提供个性化服务。企业可以根据本企业的实际情况,积极同税务机关进行沟通,以取得税务机关的个性化服务。目前,税务机关提供个性化服务的形式多种多样,例如定期上门服务、开辟"绿色通道"等。

三、企业接受纳税评估与税务机关的沟通与协调

税务机关在纳税评估中,通过风险识别,对风险程度不同的纳税人会采取不同的评估程序,企业应该针对不同的情况对税务机关采取不同的沟通与协调方式。

(一)税收风险级别低的纳税人与税务机关及人员的沟通与协调

纳税评估工作是税务机关对纳税人及扣缴义务人纳税申报情况的真实性和合法性进行审核评价,并做出相应处理的税收管理活动。税务机关对企业纳税风险的识别如果

认为税收风险级别低,税务机关一般会采取纳税辅导、风险提示等方式督促其及时改正。当企业接受纳税辅导、风险提示时,企业一定要认真对待,虚心接受,严格管理,健全企业内部控制以防止纳税风险。

（二）企业被确定为案头审核对象时与税务机关及人员的沟通与协调

如果企业被税务机关确定为案头审核对象,说明企业纳税存在风险。税务机关对企业进行案头审核时,会对企业申报数据与财务会计报表数据进行比较、与同行业相关数据或类似行业同期相关数据进行横向比较或与历史同期相关数据进行纵向比较,在比较过程中发现疑点,可以要求企业提供有关核实资料,说明存在问题的原因,企业应积极予以配合,认真整理资料,及时反馈给税务机关。经案头审核,如果事实清楚,不具有偷、逃、骗税等违法行为,无须立案查处的,对存在的问题会责令纳税人及时改正,这时企业一定要特别重视,结合税务机关责令改正的要求及时进行改正,并查找原因与责任人,健全企业纳税管理的内部控制制度,以降低纳税风险。

【例 13-3】 某贸易公司为增值税一般纳税人,主要业务为钢材的销售。2023 年 3 月,企业接到主管税务机关的通知,要求企业说明 2022 年 12—2023 年 2 月的增值税纳税申报情况。税务机关称根据采集的数据分析发现该企业这 3 个月的进项税额的变动率指标超过下限、增值税的税负率低于预警值。

解析：企业接到通知后,立刻进行查账,分析原因。经过分析,2023 年 1 月进项税额高的原因主要是由于公司预计国内钢材市场春节后价格会有所上升,大量囤货造成的,而 2023 年 2 月进项税额低的原因是春节后企业未进货,造成进项税额下降出现波动大的情况；增值税税负率低的原因确有发出商品未计销售的情况。企业将原因及时反映给税务机关的调查人员,并表示要对未确认的收入补税。税务机关经过案头审核,认为事实清楚,不具有偷、逃、骗税等违法行为,无须立案查处,要求纳税人及时改正,补缴增值税。

（三）企业在调查核实阶段与税务机关及人员的沟通与协调

当税务机关经过风险识别和案头审核环节发现问题通知纳税人改正而拒不改正,以及经案头审核纳税人疑点没有排除的,应进入实施调查核实阶段。税务机关调查核实的方式主要有电话、信函、网络、约谈等。企业在接受调查核实时一定要重视,尤其当税务机关通知企业约谈时,企业应该做好充分的准备。当企业对税务机关指出的疑点无异议,且无偷、逃、骗税等违法行为的,应当开展全面自查,办理补充申报,并缴纳应补缴的税款、滞纳金。税务机关对纳税人的补充申报无异议的,纳税评估终止。税务机关对纳税人的补充申报有异议的,会进行实地核查。

税务机关在实地核查时,针对疑点,可以采取税收征管法及其实施细则规定的税务检查的方式方法。实施实地核查须经所属税务机关批准并事先发出《税务检查通知书》,提前通知纳税人。实地核查要如实制作核实记录,实施约谈和实地核查的税务人员一般不少于两名。

【例 13-4】 某公司为增值税一般纳税人,主要进行异型钢管的生产及销售。2023 年 3 月收到税务机关向企业发出的《询问核实通知书》,要求企业负责人和财务负责人前来约谈以下情况：其他业务收入中的边角料收入问题；主营业务利润同主营业务收入的增长不同步问题；管理费用同收入的增长不同步问题。

解析：企业的负责人和财务负责人反映和证实了以下情况。

（1）关于废料管理方面。企业进行了认真的调查，发现企业废料管理方面存在问题。2022年新来的废料管理人员法制意识淡薄，部分废料的出售通过现金交易直接进行，收入变成了部门的小金库，企业的管理层也未注意到该问题。

（2）主营业务利润同主营业务收入增长不同步问题。企业认为存货的成本核算没有问题，主营业务利润与主营业务收入不同步是因为材料价格上涨引起的。

（3）管理费用增长同收入不同步的问题。由于会计人员的疏忽，超过标准列支了职工福利费2万余元。

税务机关对企业的约谈结束后，认为有的问题没有说清，决定进行实地核查。企业收到了税务机关的《税务检查通知书》。在对企业的会计账簿进行检查时发现，企业在税务机关备案的存货发出计价方法是加权平均法，但是实际核算并不规范，经常采取"倒扎""估算"等简单的处理方法。根据税务机关计算的加权平均单价，企业多结转产品销售成本7万余元，应该调增应纳税所得额。检查人员在检查"管理费用"明细账时发现，管理费用中列支了企业高层管理人员的个人消费，金额达21 000元。企业对税务机关指出的疑点无异议，及时办理了补充申报。

由于纳税评估指标全面、多样，企业应提高企业财务人员的综合素质，充分了解纳税评估指标的内涵，定期根据纳税评估指标进行自查，发现问题及时改进。

第二节　配合税务机关做好税务稽查工作

税务稽查工作是税收征管体系的最后一道屏障，对于维护税法的尊严，创造公平、公正的税收环境，保证税收任务的较好完成起着至关重要的作用。依法纳税是每一纳税人的法定义务，配合税务机关做好税务稽查工作是纳税人应尽的责任。同时，与税务机关建立良好的征纳关系，对企业具有十分重要的意义。

一、做好接受税务稽查的准备工作

税务稽查是税收征收管理工作的重要环节，是税务机关代表国家依法对纳税人的纳税情况进行检查监督的一种形式。税务稽查部门在检查前，应当告知被查对象检查时间、需要准备的资料等，但预先通知有碍检查的除外。纳税人在接到税务稽查通知后不必惊慌失措，其实，税务稽查在多数情况下履行的是年度性或季度性巡回检查，属于一种常规性检查，并没有明确的针对性。由群众举报或者发现问题而进行的有针对性的稽查只是极少数情况。

（一）做好接受检查的准备工作

绝大部分税务稽查都会预先告知纳税人检查时间、需要准备的资料。财务人员接到通知后应及时将税务稽查事项告知相关领导，最好按照通知要求安排时间，如果在时间安排上有问题,要向税务机关的有关负责人说明原因,变更检查日期。

财务人员还应督促相关人员将涉税凭证及时交到财务部门,并做好会计凭证、会计账簿、会计报表、纳税申报资料的整理、装订、标识等准备工作,可以帮助税务稽查人员节约检查时间,有利于税务稽查工作的顺利进行。

（二）分析了解税务稽查的意图

税务稽查根据检查目的的不同,一般分为日常稽查、专项稽查和专案稽查三种。

1. 日常稽查

日常稽查是税务稽查局有计划地对税收管辖范围内纳税人及扣缴义务人,履行纳税义务和扣缴义务情况进行检查和处理的执法行为。

日常稽查一般没有确定和实质性的目的,纳税人按照《税收征收管理法》的要求认真配合税务检查工作,一般不会带来较大的纳税风险。

2. 专项稽查

专项稽查是稽查局按照上级税务机关的统一部署或下达的任务,对管辖范围内的特定行业,或特定的纳税人,或特定的税务事宜所进行的专门稽查。

专项稽查能够集中有限的人力、物力和财力,解决带有普遍性的问题,收效快,反响大。国家税务总局经常会选择一些带有普遍性的问题,在全国范围内开展专项税务稽查,纳税人只要满足专项稽查的范围,就会受到稽查,专项稽查一般也不会带来较大的纳税风险。

3. 专案稽查

专案稽查是指稽查局依照税收法律法规及有关规定,以立案形式对纳税人、扣缴义务人履行纳税义务、扣缴义务情况所进行的调查和处理。

专案稽查一般是针对较为严重的税务违法行为进行的,通常不会预先告知,主要采用突击检查的方法。适用于举报、上级交办、其他部门移交、转办以及其他所有涉嫌税收违法案件的查处,纳税人可能面临较大的纳税风险。

风险提示

> 了解税务稽查的意图,可以帮助纳税人做好税务稽查的配合工作,降低税务稽查风险。

（三）做好稽查前的补救措施

1. 争取时间,开展自查

纳税人在收到《税务检查通知书》后,在分析了解税务稽查意图后,应争取时间,开展自查。主要自查的内容包括会计科目使用的正确性、外来发票的真实性、自制原始凭证的规范性、会计摘要的准确性,会计凭证的填制、会计账簿的登记是否存在错误,企业应纳税款的计算是否准确,存货是否做到账实相符,往来账是否存在问题,会计报表的编制是否符合要求等。

2. 完善手续,补充资料,更正错误

对自查中发现的问题,纳税人应及时完善相关手续,补充必要资料,做出合理的解释

和说明。如果发现账簿记录有错误,应按规定的方法进行更正,不得涂改、挖补或用化学试剂消除字迹。企业自查发现的错账,主要是当期产生的会计差错,更正方法包括以下三种。

（1）划线更正法

划线更正又称红线更正。如果发现账簿记录有错误,而其所依据的记账凭证没有错误,即纯属记账时文字或数字的笔误,应采用划线更正的方法进行更正。更正的方法如下。

① 将错误的文字或数字划一条红色横线注销,但必须使原有字迹仍可辨认,以备查找。

② 在划线的上方用蓝字或黑字将正确的文字或数字填写在同一行的上方位置,并由更正人员在更正处盖章,以明确责任。

（2）红字更正法

红字更正又称红字冲销。在会计上,以红字记录表明对原记录的冲减。红字更正适用于以下两种情况。

① 根据记账凭证所记录的内容记账以后,发现记账凭证中的应借、应贷会计科目或记账方向有错误,且记账凭证同账簿记录的金额相吻合,应采用红字更正。更正的方法如下。

首先,先用红字填制一张与原错误记账凭证内容完全相同的记账凭证,并据以用红字登记入账,冲销原有错误的账簿记录。

其次,再用蓝字或黑字填制一张正确的记账凭证,并据以用蓝字或黑字登记入账。

② 根据记账凭证所记录的内容记账以后,发现记账凭证中应借、应贷的会计科目和记账方向都没有错误,记账凭证和账簿记录的金额也吻合,只是所记金额大于应记的正确金额,应采用红字更正。更正的方法是将多记的金额用红字填制一张与原错误记账凭证所记载的借贷方向、应借应贷会计科目相同的记账凭证,并据以登记入账,以冲销多记金额,求得正确金额。

（3）补充登记法

补充登记又称蓝字补记。根据记账凭证所记录的内容记账以后,发现记账凭证中应借、应贷的会计科目和记账方向都没有错误,记账凭证和账簿记录的金额也吻合,只是所记金额小于应记的正确金额,应采用补充登记法。更正的方法是将少记的金额用蓝字或黑字填制一张与原错误记账凭证所记载的借贷方向、应借应贷会计科目相同的记账凭证,并据以登记入账,以补记少记金额,求得正确金额。

重点关注

上述错账更正方法,适用于当期会计差错造成账簿记录错误的情况。

二、做好税务稽查人员的接待工作

企业应热情接待税务检查人员,态度不卑不亢、实事求是,企业在接受税务检查过程中,应与税务检查人员保持愉快的沟通,建立与检查人员相互信赖、相互尊重的关系,避免产生不必要的怀疑，使检查工作顺利进行。

（一）事先告知税务稽查的接待

由税务机关事前预告日期的税务稽查，最好是如约接受，确因临时有事不能按预定时间接待检查，要向税务机关的有关负责人说明原因，变更日期。纳税人不要频繁变更检查时间，否则会让税务机关产生稽查对象有意回避检查的结论。

税务机关通常会在一周前发出《税务检查通知书》，若企业有税务代理，多数会通过税务代理进行联络，纳税人应与税务代理进行沟通，听取税务代理的建议，安排税务稽查的接待工作。日常的税务稽查时间一般是两天到一周。在税务稽查开始时，最好请稽查人员说明大体的预定检查时间。一般来说，在税务稽查期间，纳税人没有必要为配合检查而停止工作。

对于事先告知的税务稽查，纳税人在检查之初，若能和税务稽查人员保持愉快沟通才是技高一筹的做法。在相互沟通和交流中，纳税人要创造与稽查人员之间的相互依赖、相互尊敬的关系，使税务稽查顺利进行。税务稽查之初的沟通具有双重意义：一是可以建立相互信赖的关系，使税务稽查顺利开展，不浪费时间；二是不让税务稽查人员产生怀疑，给后面的检查提供方便。

重点关注

对于事先告知的税务稽查，纳税人应在检查之初与税务稽查人员进行沟通，以便使税务稽查顺利进行。

（二）突击税务稽查的接待

如果税务稽查人员突然到单位进行检查，首先应该让税务人员说明检查理由。在常规税务检查的情况下，若没有单位法人代表或主要负责人的同意，检查通常不可能进行，纳税人可以拒绝检查。

税务人员突然检查，通常情况下是已经掌握了偷税证据，通过突然"袭击"，使纳税人无法掩盖事实真相。在这种情况下，税务人员在检查之前就已经确定了检查重点，如果检查一段时间没有发现问题，多数情况下检查就不会再继续下去。

纳税人在接受突击税务稽查时，应该有礼有节地对待税务稽查人员，避免和税务稽查人员发生正面冲突。

（三）强行税务稽查的接待

税务机关如果有确凿证据证明纳税人有偷漏税行为且金额较大，通常会采取强行税务稽查行为，一般会有公安等执法部门配合，这种税务稽查无须纳税人同意。

在这种情况下，聘请税务代理提供帮助已经没有什么作用了。纳税人将被以刑事案件起诉的可能性极大，这时最好直接去找辩护律师，通过法律手段解决问题。

风险提示

严重的偷漏税行为税务机关会采取严厉的稽查手段，依法纳税是应对税务稽查的核心。

三、积极主动与税务稽查人员进行沟通

（一）请求稽查人员表明身份

当检查人员进入企业进行税务检查时，企业有权要求检查人员出示税务检查证和税务检查通知书；未出示税务检查证和税务检查通知书的，纳税人有权拒绝检查。

对于税务人员检查证的使用，国家税务总局《税务检查证管理暂行办法》的规定：税务检查证是税务机关的法定专用检查凭证，由国家税务总局统一制定，采用全国统一编号，发放对象为各级税务机关专门从事税务检查工作的税务人员，只限于持证人本人使用，但各级税务机关聘用的从事税收工作的临时人员、协税员、助征员、代征员等不核发税务检查证。税务检查证须经发证机关加盖税务检查证专用印章后方为有效。税务检查证的使用期限为 5 年。

税务检查通知书是根据《中华人民共和国税收征收管理法实施细则》规定，由国家税务总局制定。

（二）纳税人认为可能对公正执法有影响的稽查人员，可以向税务机关提出请求回避的要求

税务人员在核定应纳税额、调整税收定额、进行税务检查、实施税务行政处罚、办理税务行政复议时，与纳税人、扣缴义务人或者其法定代表人、直接责任人有下列关系之一的，应当回避：夫妻关系；直系血亲关系；三代以内旁系血亲关系；近姻亲关系；可能影响公正执法的其他利害关系。

（三）纳税人在税务稽查中要如实反映情况

企业在接受税务机关依法进行的税务检查中，要如实反映情况，提供账簿、记账凭证、报表等资料，接受稽查人员询问与纳税或者代扣代缴、代收代缴税款有关的问题和情况，接受稽查人员记录、录音、录像、照相和复制与案件有关的情况和资料，接受检查人员到企业的生产、经营场所和货物存放地检查应纳税的商品、货物或者其他财产。

（四）涉及企业的商业秘密要特别说明

税法规定纳税人、扣缴义务人有权要求税务机关为纳税人、扣缴义务人的情况保密。企业的商业秘密对企业来说至关重要。企业应该将税务检查中涉及的商业秘密进行特别说明，以防税务机关不了解情况而非故意泄密，避免引发不必要的税企争议。

（五）详细记录税务机关调取的账簿、记账凭证、报表和其他有关资料的情况

税务机关调取账簿、记账凭证、报表和其他有关资料时，按照规定会履行一定的手续。当账簿、记账凭证、报表和其他有关资料调出时，企业要认真核对后指定负责人签章确认，并记录应退还的日期；调出的账簿、记账凭证、报表和其他有关资料归还时，企业应认真审核，并履行相关签收手续。

（六）在税务稽查过程中正确行使陈述权，积极与税务稽查人员进行沟通

税务机关在税务检查结束前，检查人员可以将发现的税收违法事实和依据告知被查

对象；必要时，可以向被查对象发出《税务事项通知书》，要求其在限期内书面说明，并提供有关资料；被查对象口头说明的，检查人员应当制作笔录，由当事人签章。企业收到《税务事项通知书》时，应该积极准备陈述理由，并提供可靠的证据和依据，澄清事实。

风险提示

对检查人员告知的，纳税人存在违反税收法律的情况，应该积极准备陈述理由，并提供可靠的证据和依据，澄清事实，避免因沟通不足产生的税务稽查风险。

四、认真执行税务稽查结论

审理部门接到检查部门移交的《税务稽查报告》及有关资料后，安排人员进行审理。审理部门区分情形分别作出不同的审理结论，交由执行部门实施执行。

（一）收到《税务处理决定书》后应做的工作

纳税人有税收违法行为，应当进行税务处理的，执行部门将下达《税务处理决定书》，要求被检查企业补缴税款及滞纳金。被检查的企业收到《税务处理决定书》后，如果对被查补税款没有争议，应该尽快缴纳税款及滞纳金。如果企业对查补税款的决定不服，应该自收到《税务处理决定书》后，按照规定缴纳税款及滞纳金或提供纳税担保，然后申请行政复议。

重点关注

纳税人对税务稽查处理结果没有争议，应该尽快履行税务稽查结论，这对提升企业的纳税形象有一定的意义。

（二）收到《税务行政处罚事项告知书》后应做的工作

审理部门拟对被查对象或者其他涉税当事人作出税务行政处罚的，向其送达《税务行政处罚事项告知书》，告知其依法享有陈述、申辩及要求听证的权利。税务行政处罚的种类有：罚款、没收违法所得、停止办理出口退税、吊销税务行政许可证。

1. 纳税人对税务机关处以行政处罚的结论无争议

纳税人在收到税务机关送达的《税务行政处罚事项告知书》后，如果对处罚结果存在异议，可以进行陈述和申辩，必要时也可以要求听证。如果企业对税务机关拟进行的税务行政处罚没有争议，认为自己的违法情况属实，在与税务机关进行沟通与协调时，要保证态度端正。在收到《税务行政处罚决定书》后，应在行政处罚决定规定的期限内予以履行。

2. 纳税人对税务机关处以行政处罚的结论有争议

纳税人在收到税务机关送达的《税务行政处罚事项告知书》后，企业如果认为处罚不当或处罚程序存在瑕疵，应该积极地向税务机关进行陈述、申辩，提供可靠的证据。如果提供的是口头陈述、申辩意见，要在审理人员制作的《陈述申辩笔录》上签章。企业如果被处以1万元以上的罚款或被处以吊销税务行政许可证的，可以要求听证。听证的要求应该在收到《税务行政处罚事项告知书》后的3日内提出。企业行使陈述权、申辩权和听证的权利,有利于让税务机关全面了解企业情况,客观研究和处理问题。

如果企业在行使了陈述权、申辩权和听证的权利后,仍收到了《税务行政处罚决定书》,企业可以自收到《税务行政处罚决定书》之日起六十日内,依法向上一级税务机关申请行政复议。

企业对税务机关处以行政处罚申请税务行政复议,要严格按照 2010 年国家税务总局发布的《税务行政复议规则》进行。企业在行政复议的过程中,应该注重和解与调解的运用。通过协调与和解可以化解纠纷、降低企业的纳税成本。《税务行政复议规则》规定:对税务机关行使自由裁量权做出的具体行政行为,如行政处罚、核定税额、确定应税所得率等具体行政行为行政复议事项,按照自愿、合法的原则,申请人和被申请人在行政复议机关作出行政复议决定以前可以达成和解,行政复议机关也可以调解。

申请人和被申请人达成和解的,应当向行政复议机构提交书面和解协议。和解内容不损害社会公共利益和他人合法权益的,行政复议机构应当准许。经行政复议机构准许和解终止行政复议的,申请人不得以同一事实和理由再次申请行政复议。

按照《税务行政复议规则》的规定,行政复议机关在征得申请人和被申请人同意程序后,可以对税务行政复议事项进行调解。听取申请人和被申请人的意见,提出调解方案,达成调解协议并制作行政复议调解书。行政复议调解书经双方当事人签字,即具有法律效力。企业如果同意调解书的内容,应该在行政复议调解书中签字,如果签字,就意味着调解书具有了法律效力。

如果企业对税务机关做出行政处罚决定采取行政诉讼的,应该自收到《税务行政处罚决定书》之日起三个月内依法向人民法院起诉。当事人应在行政处罚决定规定的期限内予以履行。当事人在法定期限内既不申请复议又不起诉的,并且在规定期限内又不履行的,税务机关可申请人民法院强制执行。

风险提示

纳税人对税务稽查处理结果存在争议,应该按照规定要求履行税务稽查结论,再采取其他解决争议的手段。纳税人应避免发生在法定期限内即不申请复议又不起诉,也没有履行税务稽查结论,被人民法院强制执行的情况发生。

第三节 做好税务稽查账务调整工作

税务稽查后的账务调整工作,其实质是税务稽查的延续。企业通过对税务稽查中发现的错漏账项进行更正和调整,可以了解错漏账产生的原因,掌握相关业务正确的会计处理,使企业的会计核算信息能够真实、准确地反映其财务状况和经营成果。

一、税务稽查账务调整的原则及方法

税务稽查账务调整,是指企业在被依法税务稽查后,根据《税务处理决定书》或《税务行政处罚决定书》,对存在问题的错漏账项进行更正和调整。它是执行税务检查处理决定的一项重要内容,也是企业改正纳税错误的主要方式。

（一）税务稽查账务调整的必要性

通过税务稽查检查出来的大量错漏税问题，绝大多数情况是因为账务处理错误造成的，一般都反映在会计凭证、会计账簿和其他会计核算资料上。在查补纠正过程中必然涉及收入、成本、费用、利润和税金的调整。如果在税务稽查后只要求纳税人补缴税款、滞纳金和罚款，而未要求纳税人将错漏账项纠正调整过来，便会使错误延续下去，势必导致新的错误。如果纳税人不进行相关账务调整，有可能造成重复征税问题，使纳税人的合法权益受到侵害；还可能产生明补暗退的现象，使国家税收利益受到侵害。

因此，企业如果被税务稽查部门检查出错漏税问题，在依照税收法律补缴税款、滞纳金和罚款的前提下，必须要对稽查发现的错漏账项进行账务调整，避免对今后的纳税处理产生影响，使账面数据与税收金额相衔接，真实地反映企业纳税情况。

（二）税务稽查调账的原则

税务稽查后的账务调整工作，应恢复业务的本来面目，反映原错漏账项的来龙去脉，消除错漏账对应纳税额的影响，纳税人在账务调整过程中应遵循一定的原则，以保证账务调整的严肃性和正确性。

1. 按照税法规定计算应纳税额的原则

当财务会计制度与税法不一致时，纳税人应当按税法的规定计算缴纳税款，错漏账中涉及税款的计算，必须按照税法的规定进行，以保证税法的贯彻执行。

2. 账务调整符合会计原理的原则

会计核算是一个严密、科学的方法体系，账务调整应遵循企业会计准则和财务会计制度。调整错账，需要作出新的账务处理来纠正原错账，新的账务处理必须符合会计原理和核算程序，反映错账的来龙去脉，清晰表达调整思路；账务调整还应做到核算准确，数字可靠，正确反映企业的财务状况和经营成果，并使会计期间上下期保持连续性和整体性；账务调整还要坚持平行调整，在调整总账的同时调整其所属的明细账户，保证调账的正确性。

3. 账务调整遵循简便易行的原则

税务稽查中查处的错漏账，可能涉及不同时期、不同类型、不同性质的错误，在账务调整过程中要针对实际，讲求实效，遵循简便易行的原则。在账务调整方法的运用上，要根据具体情况，在确保账务调整准确性的前提下，尽量减少调整内容，能用补充调整法的则不用冲销调整法，以提高调账工作效率。

（三）税务稽查账务调整的方法

税务稽查是税务机关对纳税人的纳税情况进行检查监督的一种形式，是一种事后检查，发现的错漏账通常不属于当期错误，一般属于前期差错，本节重点研究前期差错的账务调整方法。

1. 年终结账前被查出错漏账的账务调整方法

（1）在年终结账前被查出错账

① 对于查出的错账，涉及损益的事项，需要调整利润表项目，因利润表项目每期发生

额需在期末转入本年利润账户,期末无余额,因此,涉及损益的事项,应调整"本年利润"账户的数额,使错误得以纠正。

② 对于查出的错账,涉及资产负债表项目的,直接调整相关科目。

【例13-5】　2023年年末,税务机关在检查某公司当年第三季度纳税情况时发现,其在9月多结账产品销售成本12 000元。

解析:由于该公司多结转产品销售成本的错误,是在年终结账前被检查出来的,多结转的主营业务成本已在9月末结转到"本年利润",该错误使库存商品减少12 000元。所以,调整会计分录如下。

借:库存商品　　　　　　　　　　　　　　　12 000

　　贷:本年利润　　　　　　　　　　　　　　　12 000

通过上述账务调整,企业的错账得以更正。该公司同时应根据更正内容调整9月的资产负债表和利润表,使账务处理与报表资料一致。

(2) 在年终结账前被查出漏账

对于被查出的漏账,应按规定进行相关账务处理,涉及资产负债表项目的,直接计入相关科目。涉及利润表项目的,如果影响损益的金额较小,可以直接计入发现当期的损益,如果金额较大,应计入"本年利润"科目,并调整漏账归属月份的会计报表。

2. 年终结账后被查出错漏账的账务调整方法

由于税务稽查主要是对纳税人以前年度的纳税情况进行检查,发现的错漏账问题,主要属于资产负债表日后调整事项,企业应根据具体情况,采用不同的账务调整方法。

(1) 涉及损益的事项,通过"以前年度损益调整"科目核算。调整增加以前年度利润或调整减少以前年度亏损的事项,计入"以前年度损益调整"科目的贷方;调整减少以前年度利润或调整增加以前年度亏损的事项,计入"以前年度损益调整"科目的借方。

涉及损益的调整事项,如果发生在该企业资产负债表日所属年度(即报告年度)所得税汇算清缴前的,应调整报告年度应纳税所得额、应纳所得税税额;发生在该企业报告年度所得税汇算清缴后的,应调整本年度(即报告年度的次年)应纳所得税税额。

由于以前年度损益调整增加的所得税费用,计入"以前年度损益调整"科目的借方,同时贷记"应交税费——应交所得税"等科目;由于以前年度损益调整减少的所得税费用,计入"以前年度损益调整"科目的贷方,同时借记"应交税费——应交所得税"等科目。

调整完成后,将"以前年度损益调整"科目的贷方或借方余额,转入"利润分配——未分配利润"科目。

(2) 涉及利润分配调整的事项,直接在"利润分配——未分配利润"科目核算。

(3) 不涉及损益及利润分配的事项,调整相关科目。

(4) 通过上述账务处理后,还应同时调整财务报表相关项目的数字,包括:

① 资产负债表日编制的财务报表相关项目的期末数或本年度发生数;

② 当期编制的财务报表相关项目的期初数或上年数。

(5) 企业因错漏账造成未缴或少缴流转税,根据《税收征收管理法》的规定,将追缴其未缴或者少缴的流转税及相关的城市维护建设税和教育费附加、并加收税收滞纳金或处以罚款,涉及其他税种的应同时要求补缴。企业对查补的增值税应通过"应交税费——

增值税检查调整"进行明细核算,并对会计核算错误进行更正。

二、税务稽查的账务调整

税务稽查中查出的错漏税问题,其产生原因是多种多样的。有的属于隐瞒收入或虚构支出的偷税行为；还有一些是受业务水平的限制,计算错误导致少缴税款的情况。税务机关在要求纳税人补缴税款的前提下,会根据不同情况加收滞纳金、处以罚款,情节严重的还会提请相关部门给予刑事处罚。由于纳税人少缴税款涉及的税种较多,同时还可能存在会计核算错误的情况。因此,企业在补缴税款及支付滞纳金和罚款的同时,还要进行相关业务的账务调整。下面以案例的形式,分别研究不同情况下错漏账的账务调整。

（一）企业未缴或少缴增值税,但不直接影响损益

企业未缴或少缴增值税,不直接影响损益的情况,主要是指企业的资产发生转移,但所有权属未发生变化的情况,如企业将自产或者委托加工的货物用于非增值税应税项目。实际工作中,有的企业对税法掌握的不准确,以为不确认收入就不需要确认增值税销项税额。这就造成了企业未缴或少缴增值税,但不直接影响损益的情况。

税务机关在税务稽查中发现上述问题,根据《税收征收管理法》的规定,将追缴其未缴或者少缴的增值税及相关的城市维护建设税和教育费附加、并加收税收滞纳金或处以罚款。企业对查补的增值税应通过"应交税费——增值税检查调整"进行明细核算,并对会计核算错误进行更正。

【例 13-6】　税务稽查人员在 2023 年 3 月检查某企业时发现,该企业 2022 年 12 月将自产产品用于单位职工食堂建设,该产品成本 70 000 元,市场售价 10 000 元,目前该食堂建设尚未完工。经查该企业没有期初留抵进项税额。该企业会计处理如下。

借：在建工程　　　　　　　　　　　　　　　　　　70 000
　　贷：库存商品　　　　　　　　　　　　　　　　　　70 000

企业以自产产品用于单位食堂建设,属于用于非增值税应税项目,属于税法规定的视同销售行为,该笔业务企业核算错误,应确认增值税销项税额 13 000 元。假设本题不考虑城市维护建设税和教育费附加,企业的会计处理如下。

1. 企业补缴税款

借：应交税费——增值税检查调整　　　　　　　　　13 000
　　贷：银行存款　　　　　　　　　　　　　　　　　　13 000

2. 更正会计核算错误

借：在建工程　　　　　　　　　　　　　　　　　　13 000
　　贷：应交税费——应交增值税（销项税额）　　　　　13 000

3. 结转增值税检查调整

借：应交税费——应交增值税（销项税额）　　　　　　13 000
　　贷：应交税费——增值税检查调整　　　　　　　　　13 000

（二）企业不计或少计收入的账务调整

企业采取不计或少计收入的手段，会造成不缴或少缴流转税、城市维护建设税、教育费附加和企业所得税。对于上述情况，如果没有达到偷税罪的程度，应由税务机关追缴其不缴或者少缴的税款、滞纳金，并处以罚款。由于涉及损益，企业还需要进行会计利润的调整。

【例 13-7】　2023 年 3 月，税务机关在对 2022 年所得税检查中发现，某位于市区的一家工业企业几乎每月均有一笔相同业务，借记"银行存款"账户，贷记"其他应付款"账户。经查该企业生产产品每月均会发生一定的废品和废料，该企业将其出售后作出上述会计处理，全年发生额共计 45 200 元，税务机关当即作出补缴增值税、企业所得税、城市维护建设税和教育费附加的税务处罚。假设不考虑税收滞纳金和罚款。

应补缴的增值税 = 45 200 ÷ (1 + 13%) × 13% = 5 200(元)

应补缴的城市维护建设税 = 5 200 × 7% = 364(元)

应补缴的教育费附加 = 5 200 × 3% = 156(元)

应补缴的所得税 = [45 200 ÷ (1 + 13%) − (364 + 156)] × 25% = 9 870(元)

1. 补缴各种税款

借：应交税费——增值税检查调整	5 200
应交税费——应交企业所得税	9 870
应交税费——应交城市维护建设税	364
应交税费——应交教育费附加	156
贷：银行存款	15 590

2. 更正会计核算错误

上述错误是上一年度发生的，其对损益的影响只能通过"以前年度损益调整"账户核算，同时应调整上一年度的应纳税所得额。

借：其他应付款	45 200
贷：以前年度损益调整	40 000
应交税费——增值税检查调整	5 200

因该企业产生的废品和废料没有单独核算，都已计入产品成本，因此不需要结转成本。但税务机关应该要求该企业以后应单独核算废品和废料的成本，在出售时予以结转。

3. 结转以前年度损益调整

借：以前年度损益调整	10 390
贷：应交税费——应交企业所得税	9 870
应交税费——应交城市维护建设税	364
应交税费——应交教育费附加	156

同时：

借：以前年度损益调整	29 610
贷：利润分配——未分配利润	29 610

（三）成本核算错误的账务调整

纳税人在账簿上多列支出，会造成不缴或少缴企业所得税的结果。对于上述情况，如果没有达到偷税罪的程度，应由税务机关追缴其不缴或者少缴的税款、滞纳金，并处以罚款。由于涉及损益，企业还需要进行会计利润的调整。

【例 13-8】 2023 年 3 月，税务稽查机关在对甲公司 2022 年度企业所得税的纳税情况进行检查时发现，该公司于 2022 年 9 月，通过拍卖取得多幅当代画家的珍贵画作用于收藏，现悬挂在单位接待厅以展示公司实力，共支付价款 200 万元，企业将其直接计入管理费用，于 2022 年度全额税前扣除。

解析：由于这些画作具有收藏价值，该公司购买画作是一种投资行为，不能直接计入管理费用。税务人员指出，公司应计入其他非流动资产，做投资资产进行管理。税务机关要求该公司补缴企业所得税，假设不考虑罚款和税收滞纳金。

1. 补缴企业所得税

$$应补缴的企业所得税 = 2\,000\,000 \times 25\% = 500\,000（元）$$

借：应交税费——应交所得税　　　　　　　　500 000
　　贷：银行存款　　　　　　　　　　　　　　　500 000

2. 更正会计核算错误

借：其他非流动资产　　　　　　　　　　　2 000 000
　　贷：以前年度损益调整　　　　　　　　　　2 000 000

3. 结转以前年度损益调整

借：以前年度损益调整　　　　　　　　　　　500 000
　　贷：应交税费——应交企业所得税　　　　　500 000

同时：

借：以前年度损益调整　　　　　　　　　　1 500 000
　　贷：利润分配——未分配利润　　　　　　　1 500 000

（四）会计核算正确，企业所得税计算错误的账务调整

对于这种情况，主要是由于一些项目按会计规定可以作为成本、费用、损失减少当期利润，而按照税法规定不可以税前扣除，纳税人在企业所得税汇算清缴过程中，没有进行纳税调整，造成企业所得税计算错误。

【例 13-9】 2023 年 3 月，税务人员在税务稽查过程中发现，某企业根据会计准则的要求，于 2022 年计提了固定资产减值准备 360 000 元，企业在计算 2022 年度应纳税所得额时，未对该笔固定资产减值准备进行纳税调整。

解析：根据企业会计准则的要求，企业可以计提固定资产减值准备。但在计算应纳税所得额时，要在会计利润的基础上，加上固定资产减值准备计提金额，该企业未进行纳税调整，造成少交所得税 90 000（360 000×25%）元，应予以补缴。

1. 补缴企业所得税时

借：应交税费——应交企业所得税　　　　　　90 000
　　贷：银行存款　　　　　　　　　　　　　　　90 000

2. 结转以前年度损益调整

借：以前年度损益调整　　　　　　　　　　　　　　90 000

　　贷：应交税费——应交企业所得税　　　　　　　　　90 000

同时：

借：利润分配——未分配利润　　　　　　　　　　　90 000

　　贷：以前年度损益调整　　　　　　　　　　　　　　90 000

第四篇

完善企业纳税管理工作

　　本篇在掌握前三篇知识的基础上,根据企业纳税管理工作的目标、原则,提出纳税风险管理机制的建立及合理安排企业纳税管理工作的方法。并根据企业纳税管理工作中遇到的税务争议问题,提出解决办法,以提高企业纳税管理工作效果。

第十四章

如何完善企业纳税管理工作

企业纳税管理是现代企业管理的重要组成部分,是企业一项重要的涉税理财活动,随着税收对企业影响的不断深入,纳税管理工作越来越受到企业决策者的关注。企业通过合理安排纳税管理工作,可以有效规避纳税风险,实现企业利益最大化。

第一节　明确企业纳税管理的目标及原则

企业纳税管理是企业内部管理者为了实现企业利益最大化,依据国家法律法规,运用科学的管理手段与方法,对企业纳税过程中涉及的人、财、物、信息等资源进行计划、组织、协调、控制等活动的总称。

一、企业纳税管理的目标

企业纳税管理的目标,是指企业通过纳税管理工作希望达到的结果,企业纳税管理作为现代企业管理的重要组成部分,应服从于企业管理的整体发展目标。作为市场经济的利益主体,追求企业利益最大化是企业生产经营的根本目标,企业纳税管理活动也应围绕此目标展开。因此,企业纳税管理的目标是节约纳税成本,降低纳税风险,提高企业资金使用效益,实现企业利益最大化。

重点关注

企业在实现纳税管理目标时,应关注企业的纳税成本,即纳税人在履行其纳税义务时所支付的各种资源的价值。企业纳税成本不仅包括为上缴税款、履行纳税义务而发生的与之相关的可计量成本,也包括不可计量的纳税风险成本和纳税心理成本。

二、企业纳税管理的原则

企业在对纳税过程中涉及的人、财、物、信息等资源进行管理的过程中,必须遵循以下原则。

（一）合法性原则

合法性原则是指企业的纳税管理活动必须严格遵守国家法律、法规的规定。合法性原则主要包括以下两方面的内容。

1. 全面、准确理解和掌握国家税收法律、法规

企业要依法进行纳税管理，首先应遵守国家相关法律、法规，这就要求纳税管理者应熟知国家各项法律、法规，掌握法律法规的变动情况，只有在懂法、知法的基础上，才能实施依法管理。全面、准确理解和掌握国家税收法律、法规是实施有效纳税管理的前提。

2. 正确运用国家税收法律、法规进行企业纳税管理工作

企业纳税管理是否有效，效果的大小取决于纳税管理者是否能正确地将税收国家法律、法规用于纳税管理的实践活动。如果企业能正确运用法律法规，纳税管理的效果就高，否则会违背法规的基本精神，使纳税管理行为演化为避税、偷税等违法行为，导致纳税风险加大，纳税成本提高，给企业带来经济利益的损失。

重点关注

企业的纳税管理工作，不能脱离财务会计及其他经济法规，企业在遵循合法性原则时，不仅要遵循税收法律法规，还要遵循其他相关法律法规，只有这样才能有效保护自身的合法权益，提高和维护企业的纳税信用。

（二）事前性原则

事前性原则是指在企业经营行为发生之前对未来将要发生的纳税事项进行预先安排，以获取最大的税收利益。由于税法规定在先，税收法律行为在后，企业行为在先，缴纳税款在后，这就为纳税管理创造了有利条件。企业可以在充分了解现行税收法规政策、金融政策、财会等制度的基础上，事先对未来的生产经营、投资等活动等进行全面的统筹规划与安排，寻求未来税负相对最轻，经营效益相对最好的决策方案。

虽然企业纳税管理分为事前、事中、事后三个管理阶段，但是在纳税管理实践中，必须坚持事前性原则，将纳税风险与纳税成本控制在经济业务发生之前，确保纳税管理有效性的实现。如果事前不进行规划和安排，待纳税行为既成事实，再想减轻税负就不太可能了，纳税管理也就失去了意义。

（三）成本效益原则

成本效益原则是指企业作出一项纳税管理安排时，要以效益大于成本为原则，即某一方案的预期效益大于其所需成本时，这一方案才可行；否则，则应放弃。纳税管理可以减轻企业的税收负担，减少现金流出。这已引起越来越多企业的高度重视。然而，在实际操作中，许多纳税管理方案理论上虽然可以降低部分税负，但在实际运作中往往达不到预期效果，其中有很多方案未考虑成本效益原则，使其在降低税收负担、取得节税收益的同时，却付出了额外费用，增加了企业的相关成本。

因此，真正意义的纳税管理，既可以是在收益相同的情况下，降低税收支出；也可以是通过增加税收支出的方式，提高企业的收益，即企业通过增税带来更大的收益。企业在纳税管理方案选择上必须考虑成本效益原则，对方案进行分析比较，只有当选择的纳税管理方案所得效益大于支出，该方案才是有效的。

（四）整体性原则

整体性原则是指企业制定的纳税管理方案应符合企业管理的整体目标要求。企业在实现利益最大化这一目标的过程中,要受到诸多错综复杂因素的影响,这些因素之间有的是相互独立的,有的因素之间是相互关联的,而这种关联关系又有两种类型,一种是互补关系,另一种是互斥关系。因此,在确立纳税管理方案时,要详细判断各个因素的关系及对其他因素的影响程度。只有这样,才能最大限度地实现企业纳税管理的目标。

整体性原则的应用不能只局限于税法的选择,而要着眼于企业总体的管理决策,并与企业的发展战略结合起来,不仅要考虑对当期收益的影响,还要考虑对未来潜在收益的影响,只有这样才能真正实现企业整体利益最大化的目标。

风险提示

> 企业在确定纳税管理方案时,一定要全面考虑对企业整体税收的影响,避免发生因降低个别税种的税负,而使企业总体支出增加,产生效益小于成本的纳税风险。

(五)风险防范原则

企业纳税风险是企业的涉税行为因未能正确有效遵守税收法规而导致企业未来利益的可能损失。由于企业涉税活动的复杂性,管理者对税法的认知程度等决定了企业的纳税管理活动在给纳税人带来税收利益的同时,也蕴藏着一定的纳税风险。由于税法规定在前,纳税管理在后,所以,征纳双方获得税收信息的不对称性以及对税收政策理解上的偏差是纳税风险产生的主要原因。面对纳税风险,管理者应当未雨绸缪,针对风险产生的原因,采取积极有效的措施,预防和减少风险的发生。

(六)协调性原则

企业纳税管理工作应遵循协调性原则,主要做好以下两方面的沟通协调。

1. 与税务机关的沟通协调

由于征纳双方获得税收信息的不对称性以及对税收政策理解上存在的偏差,决定了税务机关在企业纳税管理有效性中的关键作用。因此,纳税管理人员应与税务部门保持密切的联系和沟通,多做协调工作,在某些模糊或新生事物的处理上得到其认可,以提高纳税管理的效率,这一点在纳税管理过程中尤为重要。

2. 与其他涉税利益主体的沟通协调

企业在经营过程中,必然要与相关企业发生大量的涉税往来业务,对这些涉税往来业务作出怎样的预先安排,也直接影响着纳税管理的效率。因此,企业应与相关企业保持密切的联系和沟通,在不损害对方利益的前提下,获得其相应的理解与支持,使企业制定的纳税方案顺利实施。

第二节 建立企业纳税风险管理机制

由于纳税风险的客观存在,企业应全面、系统、持续地收集内部和外部相关信息,结合企业实际情况,通过风险识别,查找企业经营活动及其业务流程中的纳税风险,分析和描述风险发生的可能性和条件,评价风险对企业实现税务管理目标的影响程度,从而确定风险管理的优先顺序和策略。纳税人通过建立科学合理的纳税风险管理机制，可以有效地规避纳税风险。

一、树立纳税风险防范意识

企业应倡导遵纪守法、诚信纳税的纳税风险管理理念，增强员工的纳税风险管理意识，并将其作为企业文化建设的一个重要组成部分，贯穿于纳税管理工作的全过程。

树立企业纳税风险防范意识，主要体现在以下方面：企业的税务规划应具有合理的商业目的，并符合税法规定；经营决策和日常经营活动应考虑税收因素的影响，符合税法规定；对税务事项的会计处理应符合相关会计制度或企业会计准则以及相关法律法规；纳税申报和税款缴纳应符合税法规定；税务登记、账簿凭证管理、税务档案管理以及税务资料的准备和报备等涉税事项应符合税法规定。

二、确定企业纳税风险管理机构的工作职责

企业的纳税风险管理应由企业董事会负责督导并参与决策。董事会和管理层应将防范和控制纳税风险作为企业经营的一项重要内容，促进企业内部管理与外部监管的有效互动。企业应建立有效的激励约束机制，将纳税风险管理的工作成效与相关人员的业绩考核相结合。企业应把纳税风险管理制度与企业的其他内部风险控制和管理制度结合起来，形成全面有效的内部风险管理体系。

（一）设立企业纳税风险管理机构

企业可结合生产经营的特点和内部纳税风险管理的要求，结合企业的经营规模，设立纳税管理机构和岗位，明确岗位的职责和权限。组织结构复杂的企业，可根据需要设立纳税管理部门或岗位，组织结构比较简单的企业，可以只设专人进行纳税风险管理。

（二）明确企业纳税管理机构的职责

企业纳税管理机构主要履行以下职责：制订和完善企业纳税风险管理制度和其他涉税规章制度；参与企业战略规划和重大经营决策的纳税影响分析，提供纳税风险管理建议；组织实施企业纳税风险的识别、报告，监测日常纳税风险并采取应对措施；指导和监督有关职能部门、各业务单位以及全资、控股企业开展纳税风险管理工作；建立纳税风险管理的信息和沟通机制；组织税务培训，并向本企业其他部门提供税务咨询；承担或协助相关职能部门开展纳税申报、税款缴纳、账簿凭证和其他涉税资料的准备和保管工作等。

（三）建立科学有效的企业纳税管理职责分工和制衡机制

企业应建立科学有效的职责分工和制衡机制，确保纳税管理的不相容岗位相互分离、制约和监督。纳税管理的不相容职责包括：纳税规划的起草与审批；税务资料的准备与审查；纳税申报表的填报与审批；税款缴纳划拨凭证的填报与审批；发票购买、保管与财务印章保管；纳税风险事项的处置与事后检查；其他应分离的税务管理职责。

三、设立企业纳税风险识别与报告制度

通过对企业纳税风险的识别,可以了解纳税风险产生的原因,将纳税风险报告给相关责任人,可以有效规避纳税风险给企业带来的危害。

(一)纳税风险的识别

1. 影响纳税风险的因素

企业应结合自身纳税风险管理机制和实际经营情况,重点识别下列纳税风险因素:董事会、监事会等企业治理层以及管理层的税收遵从意识和对待纳税风险的态度;涉税员工的职业操守和专业胜任能力;组织机构、经营方式和业务流程;技术投入和信息技术的运用;财务状况、经营成果及现金流情况;相关内部控制制度的设计和执行;经济形势、产业政策、市场竞争及行业惯例;法律法规和监管要求;其他有关风险因素。

2. 纳税风险识别的方法

企业纳税风险识别方法主要包括以下两种。

(1)日常的纳税风险自查。纳税自查有两种,一种是经常性的自查;另一种是税务专项检查前的自查。企业进行自查时,要重点关注以下内容:核查会计核算内容的真实性、完整性和准确性,重点关注企业对涉税事项是否及时进行了会计处理;在正确进行会计核算的基础上是否进行了正确的纳税申报。

(2)结合企业所得税汇算清缴进行纳税风险识别。企业所得税的汇算清缴工作对于企业的纳税风险识别度很高,企业应该结合汇算清缴进行纳税风险识别。一年一度的企业所得税汇算清缴是在年度结束后开始的,是由纳税人自行计算年度应纳税所得额和应缴所得税额,根据预缴税款情况,计算全年应缴应退税额,并填写纳税申报表,在税法规定的申报期内向税务机关进行年度纳税申报,办理税款结清手续。企业在进行年度企业所得税汇算清缴工作中,会对全年发生的经济业务进行归纳、梳理,可以有效发现纳税风险。

(二)企业纳税风险的报告

通过对企业具体经营行为的涉税风险进行识别和明确责任人,并将纳税风险及时报告给相关责任人,是企业纳税风险管理的核心内容。企业纳税风险的报告主要包括以下内容。

1. 针对税收新政策提出的纳税风险报告

我国当前税收政策在不断发生变化,企业应针对税收新政策作出相应的调整,以规避相关税收风险。

【例 14-1】 注明旅客身份信息的国内旅客运输服务取得的票据,可以作为进项税额抵扣凭证。

解析:一般纳税人企业的财务人员,应将这一信息报告给单位相关部门的业务人员,并要求他们取得旅客运输服务的票据应注明身份信息,这样,企业就可以有效规避因未取得相关凭证而多缴税款的纳税风险。

2. 针对日常经营提出的纳税风险报告

企业在日常纳税风险自查中，如果发现某些涉税事项存在纳税风险，应及时进行报告，以防止类似风险的发生。

3. 针对企业所得税汇算清缴提出的纳税风险报告

企业在进行年度企业所得税汇算清缴工作中，在对全年发生的经济业务进行归纳、梳理过程中，对发现的纳税风险应及时进行报告，并采取必要的补救措施，以规避纳税风险的产生。

【例 14-2】 某企业在进行 2022 年度企业所得税汇算清缴工作时发现，该企业 2022 年 11 月从乙企业购入一批原材料，合同约定收到货款后开具发票，该企业收到原材料后，按当时不含税市场价格 460 000 元暂估入账，以该批原材料生产的产品在 2022 年已全部售出并结转了成本。截至 2022 年度企业所得税汇算清缴时，企业因疏忽仍未支付货款取得发票。该企业应如何操作才可以有效规避此项业务产生的纳税风险。

解析：税法规定："企业当年度实际发生的相关成本、费用，由于各种原因未能及时取得该成本、费用的有效凭证，企业在预缴季度所得税时，可暂按账面发生金额进行核算；但在汇算清缴时，应补充提供该成本、费用的有效凭证。"

根据上述规定，该企业财务人员应及时提出纳税风险报告，要求相关人员向乙企业支付货款并取得其开具的发票。只要在汇算清缴时，能补充提供该原材料的有效凭证，相关成本就可以税前扣除，这样就可以有效规避因没有取得扣税凭证而产生的纳税风险。

四、建立企业纳税风险应对机制

（一）建立有效的内部纳税风险控制机制

企业应根据纳税风险识别情况，考虑风险管理的成本和效益，在整体管理控制体系内，制定纳税风险应对策略，建立有效的内部纳税风险控制机制，合理设计纳税管理的流程及控制方法，全面控制企业纳税风险。

企业应根据风险产生的原因，从组织机构、职权分配、业务流程、信息沟通和检查监督等多方面建立纳税风险控制点，根据风险的不同特征采取相应的人工控制机制或自动化控制机制，根据风险发生的规律和重大程度建立预防性控制和发现性控制机制。

企业应针对重大纳税风险所涉及的管理职责和业务流程，制定覆盖各个环节的全流程控制措施；对其他纳税风险所涉及的业务流程，合理设置关键控制环节，采取相应的控制措施。

（二）设立重大纳税风险与税务机关沟通机制

企业会因内部组织架构、经营模式或外部环境发生重大变化，以及受行业惯例和监管的约束而产生重大纳税风险，企业应设立重大纳税风险与税务机关沟通机制。企业应了解税务机关的工作程序，关注当地税务机关税收征管的特点和具体方法，与税务机关保持友好联系，发生重大纳税风险事项时，及时与税务机关沟通，以寻求税务机关的辅导和帮助，争取在税法的理解上与税务机关取得一致，这样既可以有效规避纳税风险，又可以为税务机关提供相关涉税案件的处理借鉴，为建立良好的征纳关系提供了条件。

（三）制定税务部门参与企业战略规划和重大决策制度

企业的战略规划包括全局性组织结构规划、产品和市场战略规划、竞争和发展战略规划等。企业重大经营决策包括重大对外投资、重大并购或重组、经营模式的改变以及重要合同或协议的签订等。企业的战略规划和重大决策事项中，往往都蕴含着巨大的纳税风险，企业在进行决策时必须考虑税收的影响。企业通过制度形式，让税务人员参与战略规划和重大决策，既可以体现税收在企业决策中的重要性，又可以让税务人员在决策之前对未来将要发生的纳税事项预先进行规划和安排，有利于控制企业纳税风险。

（四）明确税务部门在企业日常经营活动中的工作职责

（1）参与制定或审核企业日常经营业务中涉税事项的政策和规范；

（2）制定各项涉税会计事务的处理流程，明确各自的职责和权限，保证对税务事项的会计处理符合相关法律法规；

（3）完善纳税申报表编制、复核和审批，以及税款缴纳的程序，明确相关的职责和权限，保证纳税申报和税款缴纳符合税法规定；

（4）按照税法规定，真实、完整、准确地准备和保存有关涉税业务资料，并按相关规定进行报备。

五、建立企业纳税风险信息与沟通机制

（一）建立纳税风险管理的信息与沟通制度

企业应建立税务风险管理的信息与沟通制度，明确税务相关信息的收集、处理和传递程序，确保企业税务部门内部、企业税务部门与其他部门、企业税务部门与董事会、监事会等企业治理层以及管理层的沟通和反馈，发现问题应及时报告并采取应对措施。

（二）建立纳税信息的收集、更新及反馈制度

（1）建立和完善税法的收集和更新系统，及时汇编企业适用的税法并定期更新；

（2）建立和完善其他相关法律法规的收集和更新系统，确保企业财务会计系统的设置和更改与法律法规的要求同步，合理保证会计信息的输出能够反映法律法规的最新变化。

重点关注

企业应与税务机关和其他相关单位保持有效的沟通，及时收集和反馈信息资料，以保证企业第一时间获得相关信息。

（三）建立纳税风险管理信息系统

（1）利用计算机系统和网络技术，对具有重复性、规律性的涉税事项进行自动控制；

（2）将税务申报纳入计算机系统管理，利用有关报表软件提高税务申报的准确性；

（3）建立年度税务日历，自动提醒相关责任人完成涉税业务，并跟踪和监控工作完成情况；

（4）建立税务文档管理数据库，采用合理的流程和可靠的技术对涉税信息资料安全存储；

（5）利用信息管理系统，提高法律法规的收集、处理及传递的效率和效果，动态监控法律法规的执行。

重点关注

企业应根据业务特点和成本效益原则，将信息技术应用于税务风险管理的各项工作，建立涵盖风险管理基本流程和内部控制系统各环节的风险管理信息系统。

第三节　合理安排企业纳税管理工作

一、了解企业基本情况

在进行纳税管理前，需要了解企业的基本情况，对企业纳税及财务管理情况进行健康检查。主要检查以下几个方面的问题。

（一）企业的组织形式

企业的组织形式不同，其税务待遇也不同。了解企业的组织形式，可以对不同组织形式的企业提出具有针对性的纳税管理目标、制度与措施。

（二）企业的财务情况

企业纳税管理要合理合法地降低纳税成本，只有全面详细地了解企业真实的财务情况，才能制订出合理合法的企业纳税管理目标、制度与措施。

（三）企业的投资意向

投资国家鼓励类产业可以享受税收优惠，投资额往往与企业的规模、注册资本、销售收入、利润总额有很大关系。纳税管理目标、制度与措施对企业投资至关重要。

（四）企业的纳税情况

了解企业以前和目前的纳税情况，尤其是纳税申报和缴纳税款情况，对企业纳税管理的有效实施会有很大帮助。作为纳税管理的直接操作者还应了解企业法定代表人的政策水平、开拓精神及对待风险的态度等，以知晓企业未来发展的总体思路。尤其是企业领导人的开拓精神及对待风险的态度对企业纳税管理目标、制度与措施的制订均有较大的影响。

二、确定纳税管理组织形式

企业纳税管理的组织形式主要包括以下三种。

（一）内部管理形式

内部管理形式具体包括以下三种形式。

1. 设有专门的纳税管理机构和专业人员,实行专业化管理

企业设有专门的纳税管理机构,由专设税务经理负责领导工作,向企业税务总监或财务总经理负责,纳税管理人员由专兼职纳税管理人员及税务顾问组成。该种组织形式的优点是管理科学规范,专业化比较强,管理水平比较高,对企业纳税成本和纳税风险能起到较好的控制效果。缺点是成本开支较大。由于设有专门机构和相应人员,会加大企业纳税成本的开支。但是对于规模大、业务复杂的企业来说,也是非常必要的。该种组织形式适用于规模比较大,纳税事项比较复杂的大型企业。

2. 不设专门的纳税管理机构,只设有纳税管理岗位,实行专人管理

该种组织形式的优点是纳税管理工作有专业人员担任,具有一定的纳税管理水平,对企业纳税成本和纳税风险能起到相应的控制效果。缺点是成本开支较大。该种组织形式适用于中等规模,纳税事项较复杂的企业。企业可以在财务部门内部专门设立纳税管理岗位,根据企业的实际情况,安排 1～2 人专职负责纳税管理工作。

3. 既不设专业的纳税管理机构,也不设专门岗位,纳税管理由财务部门相关人员兼任

该种组织形式的优点是成本开支较小;缺点是由于纳税管理工作由相关人员兼任,因此由于工作的繁杂,在一定程度上会影响纳税管理工作的效率。该种组织形式适用于纳税事项简单的小型微利企业。

(二)外部管理形式

外部管理形式是指利用企业外部专业税务咨询公司对企业的纳税事务进行全部管理的一种纳税管理组织形式。

企业与某家税务咨询机构签订长期提供纳税管理服务的协议,将企业全部的纳税事务委托税务咨询机构办理,企业财务部门只负责提供与纳税相关的资料与情况。

该种形式的优点是:聘请税务专业人员为企业提供全方位的纳税管理专业化服务,基本可以保证企业纳税零风险及纳税成本的合理支付,保证企业经营目标的实现。缺点是:所支付的咨询费用可能高于企业雇用纳税管理人员的工资。但是如果选择的税务咨询机构信誉及专业素质较好,与企业之间有良好的沟通,企业未来的实际税收收益将远远高于所支付的费用。该种形式适用于各类规模、性质的企业。

(三)内外相结合的管理形式

内外相结合的管理形式是指企业将部分比较复杂的纳税事项委托外部中介机构办理,部分业务由企业内部管理。该种管理形式的优点是内外结合,有利于企业借助税务专业咨询的力量对纳税成本与纳税风险进行切实有效的控制。

企业选择外部管理形式和内外相结合的管理形式,应注意以下问题。

企业应及时向受委托的税务咨询机构提供真实的经济活动情况和会计核算资料,委托的税务咨询机构也应经常深入企业进行调查与研究。如果企业所提供的资料或者调查不全面,税务咨询机构所代理的纳税事项就有可能出现偏差,增加纳税风险和纳税成本。为此,企业应注意以下问题:首先,应选择专业素质及信誉度较好的税务咨询机构;其次,要与其签订有约束力、可分担相关风险的委托协议书,明确双方的责任与义务;再次,应强化与税务咨询机构的业务协调,经常沟通相关情况;最后,应重视内部管理人员纳税管理素质的培养与提高。

重点关注

企业选择哪种组织形式，取决于企业的规模、纳税事项的复杂程度及其企业管理者对企业纳税事项的重视程度等因素。企业应根据本单位的实际情况，选择适宜的纳税管理组织形式。

三、确定纳税管理人员

无论企业确定哪种纳税管理的组织形式，均需要考虑纳税管理人员的任用问题，企业应选用业务素质及职业道德较好的人员作为纳税管理人员。

四、收集与企业生产经营相关的财税法规

由于企业生产经营情况不同，所发生的纳税事宜不同，所使用的税收法律法规也不同。因此，企业纳税管理者在弄清楚企业的基本情况后，应依据本企业实际生产经营状况、未来发展目标，有针对性地收集与企业生产经营相关的税收法律及法规，收集与企业生产经营相关的其他经济法规，并以此对照检查企业目前纳税管理中所存在的问题。

（一）税收政策与法规的收集

企业收集的税收政策与法规主要包括：我国现行税收法律、税收行政法规、税收行政规章、税收行政解释、税收司法解释、税收地方性法规、地方行政规章。如果企业在境外投资从事生产经营活动，或者有涉外经济往来，应收集所在国家的现行税收法律法规，我国与有关国家或地区间的国际税收协定等。在收集税收政策法规过程中，一定要及时关注税收法律法规的变化情况，对于失效的税收政策法规及时进行清理，对新的税收政策法规及时进行补充。

（二）财务会计法规的收集

企业相关的财务会计制度是企业纳税政策管理的重要内容，因为企业依法进行纳税管理的所有活动结果最终要靠企业财务会计核算资料加以体现。企业财务会计核算的法律依据是财务会计法规和有关税收法律法规。企业在收集过程中，应注意补充规定和新出台的财务会计法律法规。

根据《中华人民共和国税收征收管理法》第二节第二十条第二款的规定："纳税人、扣缴义务人的财务、会计制度或财务、会计处理办法与国务院财政、税务主管部门有关税收的规定抵触的，依照国务院或国务院财政、税务主管部门有关税收的规定计算应纳税款、代扣代缴税款。"由此可见，虽然财务会计法规是企业进行财务会计核算的基本法律依据，但在计算应纳税额时，如果同税法发生冲突应按税法规定执行。

（三）相关经济法规的收集

企业纳税管理活动涉及企业投资、筹资、生产经营各个方面，因此，企业纳税政策管理还应包括收集与之相关的经济法规，例如公司法、合同法、票据法、破产法以及贸易、价

格等方面的法律法规。

（四）法规收集应注意的问题

（1）结合本企业实际有针对性地进行收集、整理；

（2）不要忽略对地方性税收政策及相关法规的收集；

（3）有出口贸易或跨国经营行为的企业还应注意收集贸易国或经营所在国（地区）的税收政策及法规，相关国家（地区）之间签订的国际税收协定；

（4）及时了解税法及相关法律法规的调整与修改。

重点关注

企业收集纳税政策可以采取查询等方式，通过报纸、杂志、网络等渠道进行。

五、确定纳税管理目标

纳税管理目标必须与企业的经营目标相一致。企业是以营利为目的的从事经营活动的组织。企业经营活动是在激烈的市场竞争中进行的，充满着风险，有时甚至面临着破产倒闭的危险。可见，企业必须生存下去才可能获利，同时，企业也只有在不断的发展中才能获得永久的生存。因此，企业的目标可以概括为生存、发展、获利。

六、制订纳税管理制度与流程

没有规矩不成方圆，制订纳税管理制度与流程是为了促使企业纳税管理更加规范且更有效果。针对企业实际纳税情况和纳税管理组织形式所制订的纳税管理具体制度，包括纳税管理岗位责任制度、纳税申报管理制度、纳税风险控制制度等。纳税管理流程是指与纳税管理具体制度相配套的各种管理流程。

七、研究制订纳税管理方案

研究制订纳税管理方案，从广义上讲是指企业整体纳税管理目标、纳税管理原则、组织管理方法的制订；从狭义上讲是指企业依据不同发展时期的具体经营要求所进行的具体纳税方案的研究、设计与制订，例如，企业筹资及相关纳税方案的设计、企业成本管理方式的调整与纳税方案的设计与制订。

八、组织纳税管理方案的实施

组织纳税管理方案的实施包括企业整体纳税方案的实施与不同发展时期具体纳税方案的实施。

九、信息反馈与归档

对纳税管理过程中所产生的纳税管理信息要及时进行整理、分析、归档，反映给实际管理部门及人员，以及时纠正错误的行为。

第十五章

如何解决税务争议

税务争议是指税务机关在实施税务行政行为的过程中,与税务行政相对人(包括纳税人、代征人、代扣代缴义务人等)之间发生的争议,或者是税务行政相对人认为税务机关的具体行政行为侵犯其合法权益而引起的争议。

目前,我国税务争议解决制度已形成框架,一般分为法律途径和非法律途径。法律途径主要包括准司法救济的税务行政复议制度、司法救济的税务行政诉讼制度以及分散在税务行政复议、税务行政诉讼中相对独立的税务行政赔偿制度、主动启动的约谈制度以及宪法赋予公民参与管理的信访制度、举报制度。

第一节　税务行政复议

一、税务行政复议概述

(一)税务行政复议的概念

税务行政复议是指纳税人及其他行政相对人认为税务机关及其工作人员的某一具体行政行为侵害了自己的合法权益,依法向有复议权的税务机关申请复议,受理申请的税务机关依照法定程序对引起争议的具体行政行为进行审查并做出维持、变更、撤销等裁决的活动。税务行政复议既是依法保护纳税人、扣缴义务人税收权益的税收管理制度,也是保证税务机关依法行政的重要渠道。

(二)税务行政复议的原则

税务行政复议的原则是指贯穿于税务行政复议的全过程,对税务行政复议活动具有普遍性的指导意义,参加税务行政复议的各方都必须遵循的法定的基本准则。

1. 合法原则

合法原则是指承担税务复议职责的复议机关必须在法定职责范围内活动,一切行为均须符合法律的要求。合法原则主要包括承担税务复议职责的主体合法、复议机关审理案件的依据合法、审理复议案件的程序合法。

2. 公正原则

公正原则,既要求复议机关在行使复议权时应当公正地对待复议双方当事人,不能有所偏袒；同时还要求复议机关在审理复议案件时应当查明所有与案件有关的事实，并作出准确的定性。

3. 公开原则

公开原则是指复议机关在复议过程中，除涉及国家秘密、个人隐私和商业秘密外，整个过程都应当向复议当事人以及社会公开，包括行政复议过程公开和行政资讯公开。

4. 及时原则

及时原则是指复议机关应当在法定的期限内，尽可能迅速地完成复议案件的审查，并做出复议决定。由于税务行政复议并不是终局的，相对人还可以申请司法救济，因此在设计复议程序和在处理复议案件时都要考虑行政效率。

5. 便民原则

便民原则是指复议机关在复议过程中应当尽量为复议当事人，尤其是申请人提供必要的便利，以确保当事人参加复议的目的的实现。

二、税务行政复议的受案范围与管辖

（一）税务行政复议的受案范围

税务行政复议的受案范围是由法律明确规定的税务行政复议机关受理税务行政争议案件的范围。复议机关受理申请人对税务机关的征税行为，行政许可、行政审批行为，发票管理行为，税收保全措施、强制执行措施，行政处罚行为，不依法履行职责的行为，资格认定行为，不依法确认纳税担保行为，政府信息公开工作中的具体行政行为，纳税信用等级评定行为，通知出入境管理机关阻止出境行为及其他具体行政行为不服提出的行政复议申请。

申请人认为税务机关的具体行政行为所依据的下列规定不合法，对具体行政行为申请行政复议时，可以一并向行政复议机关提出对有关规定的审查申请；申请人对具体行政行为提出行政复议申请时不知道该具体行政行为所依据的规定的，可以在行政复议机关做出行政复议决定以前提出对该规定的审查申请：

（1）国家税务总局和国务院其他部门的规定；

（2）其他各级税务机关的规定；

（3）地方各级人民政府的规定；

（4）地方人民政府工作部门的规定。

（二）税务行政复议的管辖

税务行政复议的管辖是指税务行政复议机关之间受理税务行政复议案件的权限划分。我国税务行政复议实行一级复议制，即由做出具体行政行为的税务机关的上一级税务机关管辖。具体的管辖范围包括一般管辖和特殊管辖。

1. 一般管辖

（1）对各级国家税务局的具体行政行为不服的，向其上一级国家税务局申请行政复议。

（2）对各级地方税务局的具体行政行为不服的，可以选择向其上一级地方税务局或者该税务局的本级人民政府申请行政复议。

省、自治区、直辖市人民代表大会及其常务委员会、人民政府对地方税务局的行政复议管辖另有规定的，从其规定。

（3）对国家税务总局的具体行政行为不服的，向国家税务总局申请行政复议。对行政复议决定不服，申请人可以向人民法院提起行政诉讼，也可以向国务院申请裁决，国务院的裁决为最终裁决。

2．特殊管辖

对下列税务机关的具体行政行为不服的，按照下列规定申请行政复议。

（1）对计划单列市税务局的具体行政行为不服的，向省税务局申请行政复议。

（2）对税务所（分局）、各级税务局的稽查局的具体行政行为不服的，向其所属税务局申请行政复议。

（3）对两个以上税务机关共同做出的具体行政行为不服的，向共同上一级税务机关申请行政复议；对税务机关与其他行政机关共同做出的具体行政行为不服的，向其共同上一级行政机关申请行政复议。

（4）对被撤销的税务机关在撤销以前所做出的具体行政行为不服的，向继续行使其职权的税务机关的上一级税务机关申请行政复议。

（5）对税务机关做出逾期不缴纳罚款加处罚款的决定不服的，向做出行政处罚决定的税务机关申请行政复议。但是对已处罚款和加处罚款都不服的，一并向做出行政处罚决定的税务机关的上一级税务机关申请行政复议。

有上述（2）、（3）、（4）、（5）项所列情形之一的，申请人也可以向具体行政行为发生地的县级地方人民政府提出行政复议申请，由接受申请的县级地方人民政府依法转送。

三、税务行政复议的程序

（一）税务行政复议申请

1．税务行政复议参加人

税务行政复议的参加人包括税务行政复议的申请人、税务行政复议的被申请人、税务行政复议的第三人、税务行政复议的代理人。

2．申请的期限

申请人可以在知道税务机关做出具体行政行为之日起 60 日内提出行政复议申请。因不可抗力或者被申请人设置障碍等原因耽误法定申请期限的，申请期限的计算应当扣除被耽误的时间，自障碍消除之日起继续计算。

税务机关做出的具体行政行为，依法应当向申请人送达法律文书而未送达的，视为该申请人不知道该具体行政行为。

税务机关做出的具体行政行为对申请人的权利、义务可能产生不利影响的，应当告知其申请行政复议的权利、行政复议机关和行政复议申请期限。

3．申请的法定要求

申请人对税务机关做出的征税行为不服的，应当先向复议机关申请行政复议；对复议决定不服的,再向人民法院提起行政诉讼。同时,需要强调的是,申请人要申请复议,必须先依照税务机关根据法律、行政法规确定的税额、期限,先行缴纳或者解缴税款及滞纳金或者提供相应的担保,只有在缴清税款和滞纳金后或者所提供的担保得到做出具体行政行为的税务机关确认之日起 60 日内才可提出行政复议申请。

做出具体行政行为的税务机关应当对抵押人、出质人提供的抵押担保、质押担保进行审查,对不符合法律规定的抵押担保、质押担保,不予确认。

申请人对税务机关做出的征税行为以外的其他具体行政行为不服,可以申请行政复议,也可以直接向人民法院提起行政诉讼。

4. 申请的方式

申请人申请行政复议,既可以书面申请,也可以口头申请。口头申请的,复议机关要当场记录申请人的基本情况、行政复议请求、申请行政复议的主要事实、理由和时间。

申请人向复议机关申请行政复议,复议机关已经受理的,在法定行政复议期限内申请人不得再向人民法院提起行政诉讼;申请人向人民法院提起行政诉讼,人民法院已经依法受理的,不得申请行政复议。

(二)税务行政复议受理

复议机关收到行政复议申请后,应当在 5 日内进行审查,决定是否受理。对不符合规定的,决定不予受理,并书面告知申请人。对于符合规定的,但不属于本机关受理的,应当告知申请人向有关复议机关提出。复议机关收到行政复议申请后未按规定期限审查并做出不予受理决定的,视为受理。对于符合规定的,自复议机关法制工作机构收到之日起即为受理,并应当书面告知申请人。对行政复议申请材料不齐全、表述不清楚的,行政复议机构可以自收到该行政复议申请之日起 5 日内书面通知申请人补正。补正通知应当载明需要补正的事项和合理的补正期限。无正当理由逾期不补正的,视为申请人放弃行政复议申请。补正申请材料所用时间不计入行政复议审理期限。

对应当先向复议机关申请行政复议,对行政复议决定不服再向人民法院提起行政诉讼的具体行政行为,复议机关决定不予受理或者受理后超过复议期限不作答复的,申请人可以自收到不予受理决定书之日起或者行政复议期满之日起 15 日内,依法向人民法院提起行政诉讼。

复议期间具体行政行为不停止执行。但有下列情形的,可以停止执行:一是被申请人认为需要停止执行的;二是复议机关认为需要停止执行的;三是申请人申请停止执行,复议机关认为其要求合理,决定停止执行的;四是法律规定停止执行的。

(三)税务行政复议审查

行政复议原则上采用书面审查的办法,但是申请人提出要求或者行政复议机构认为有必要时,应当听取申请人、被申请人和第三人的意见,并可以向有关组织和人员调查了解情况。对重大、复杂的案件,申请人提出要求或者行政复议机构认为必要时,可以采取听证的方式审理。除涉及国家秘密、商业秘密或者个人隐私的以外,听证应当公开举行。

复议机关应当客观公正地对被申请人做出的具体行政行为所依据的事实证据、法律程序、法律依据及设定的权利义务内容的合法性、适当性进行全面审查。

行政复议决定做出前，申请人要求撤回行政复议申请的，经行政复议机构同意，可以撤回。但是，被批准撤回后，申请人不得以同一事实和理由重新申请复议。

（四）税务行政复议决定

1. 决定

税务行政复议机关，应当对被申请人做出的具体行政行为进行合法性与适当性审查，提出意见，经复议机关负责人同意，按照下列规定做出行政复议决定。

（1）具体行政行为认定事实清楚，证据确凿，适用依据正确，程序合法，内容适当的，决定维持。

（2）被申请人不履行法定职责的，决定其在一定期限内履行。

（3）具体行政行为有下列情形之一的，决定撤销、变更或者确认该具体行政行为违法；决定撤销或者确认该具体行政行为违法的，可以责令被申请人在一定期限内重新做出具体行政行为：

① 主要事实不清、证据不足的；

② 适用依据错误的；

③ 违反法定程序的；

④ 超越职权或者滥用职权的；

⑤ 具体行政行为明显不当的。

（4）被申请人不按照相关规定提出书面答复，提交当初做出具体行政行为的证据、依据和其他有关材料的，视为该具体行政行为没有证据、依据，行政复议机关应当决定撤销该具体行政行为。

（5）有下列情形之一的，行政复议机关可以决定变更：

① 认定事实清楚，证据确凿，程序合法，但是明显不当或者适用依据错误的；

② 认定事实不清，证据不足，但是经行政复议机关审理查明事实清楚，证据确凿的。

（6）有下列情形之一的，行政复议机关应当决定驳回行政复议申请：

① 申请人认为税务机关不履行法定职责申请行政复议，复议机关受理以后发现该税务机关没有相应法定职责或者在受理以前已经履行法定职责的；

② 受理行政复议申请后，发现该行政复议申请不符合规定的受理条件的。

申请人在申请行政复议时可以一并提出行政赔偿请求，复议机关对符合国家赔偿法的规定应当赔偿的，在决定撤销、变更具体行政行为或者确认具体行政行为违法时，应当同时决定被申请人依法赔偿。

复议机关应当自受理复议申请之日起 60 日内做出复议决定。情况复杂，不能在规定期限内做出行政复议决定的，经复议机关负责人批准，可以适当延期，并告之申请人和被申请人，但延长期限最多不超过 30 日。

复议机关做出行政复议决定，应当制作行政复议决定书，并加盖印章。行政复议决定书一经送达，即发生法律效力。

2．执行

被申请人应当履行行政复议决定。被申请人不履行或者无正当理由拖延履行行政复议决定的,复议机关或者有关上级行政机关应当责令其限期履行。

申请人、第三人逾期不起诉又不履行行政复议决定的,或者不履行最终裁决的行政复议决定的,按照下列规定分别处理:

(1)维持具体行政行为的行政复议决定,由做出具体行政行为的税务机关依法强制执行,或者申请人民法院强制执行;

(2)变更具体行政行为的行政复议决定,由行政复议机关依法强制执行,或者申请人民法院强制执行。

(五) 税务行政复议的和解与调解

1．适用范围

对下列行政复议事项,按照自愿、合法的原则,申请人和被申请人在复议机关作出行政复议决定以前可以达成和解,复议机关也可以调解:

(1)行使自由裁量权做出的具体行政行为,如行政处罚、核定税额、确定应税所得率等;

(2)行政赔偿;

(3)行政奖励;

(4)存在其他合理性问题的具体行政行为。

申请人和被申请人达成和解的,应当向复议机构提交书面和解协议。和解内容不损害社会公共利益和他人合法权益的,复议机构应当准许。经复议机构准许和解终止行政复议的,申请人不得以同一事实和理由再次申请行政复议。

2．税务行政复议调解应当符合的要求

(1)尊重申请人和被申请人的意愿;

(2)在查明案件事实的基础上进行;

(3)遵循客观、公正和合理原则;

(4)不得损害社会公共利益和他人合法权益。

3．税务行政复议机关的调解程序

(1)征得申请人和被申请人同意;

(2)听取申请人和被申请人的意见;

(3)提出调解方案;

(4)达成调解协议;

(5)制作行政复议调解书。

行政复议调解书应当载明行政复议请求、事实、理由和调解结果,并加盖复议机关印章。行政复议调解书经双方当事人签字,即具有法律效力。调解未达成协议,或者行政复议调解书不生效的,复议机关应当及时做出行政复议决定。

申请人不履行行政复议调解书的,由被申请人依法强制执行,或者申请人民法院强制执行。

第二节　税务行政诉讼

一、税务行政诉讼概述

（一）税务行政诉讼的概念

税务行政诉讼，是指公民、法人和其他组织认为税务机关及其工作人员的具体税务行政行为违法或者不当，侵犯了其合法权益，依法向人民法院提起诉讼，由人民法院对具体税务行政行为的合法性和适当性进行审理并做出裁决的司法活动。

（二）税务行政诉讼的原则

在税务行政诉讼中，除了要遵循行政诉讼的共有原则即法院依法独立行使审判权，以事实为根据、以法律为准绳，实行合议、回避、公开、辩论、两审、终审等原则外，还必须遵循以下几个特有的原则。

1. 人民法院特定主管原则

人民法院对税务行政案件只有部分管辖权，根据《中华人民共和国行政诉讼法》，人民法院只能受理因具体行政行为引起的税务行政争议案。

2. 合法性审查原则

除审查税务机关是否滥用权力、税务行政处罚是否显失公正外，人民法院只对具体税务行为是否合法予以审查。与此相适应，人民法院原则上不直接判决变更。

3. 不适用调解原则

税收行政管理权是国家权利的重要组成部分，税务机关无权依自己意愿进行处置，因此，人民法院也不能对税务行政诉讼法律关系的双方当事人进行调节。

4. 起诉不停止执行原则

当事人不能以起诉为理由而停止执行税务机关所做出的具体行政行为，如税收保全措施和税收强制执行措施。

5. 税务机关负举证责任原则

由于税务行政行为是税务机关单方依一定事实和法律做出的，只有税务机关最了解做出该行为的证据。如果税务机关不提供或不能提供证据，就可能败诉。

6. 由税务机关负责赔偿的原则

根据《中华人民共和国国家赔偿法》的有关规定，税务机关及其工作人员因执行职务不当，给当事人造成人身及财产损害，应当负担赔偿责任。

二、税务行政诉讼的受案范围与管辖

（一）税务行政诉讼的受案范围

税务行政诉讼的受案范围是指人民法院对税务机关的哪些行为拥有司法审查权。界定税务行政诉讼的受案范围，便于明确人民法院、税务机关及其他国家机关间在解决税务行政争议方面的分工和权限。通常，税务行政诉讼的受案范围包括：

（1）税务机关做出的征税行为；

（2）税务机关做出的责令纳税人提交纳税保证金或者纳税担保行为；

（3）税务机关做出的行政处罚行为；

（4）税务机关做出的通知出境管理机关阻止出境行为；

（5）税务机关做出的税收保全措施；

（6）税务机关做出的税收强制执行措施；

（7）认为符合法定条件申请税务机关颁发税务登记证和发售发票，税务机关拒绝颁发、发售或者不予答复的行为；

（8）税务机关的复议行为。

（二）税务行政诉讼的管辖

税务行政诉讼管辖是指人民法院之间受理第一审税务行政诉讼案件的职权分工。具体分为级别管辖、地域管辖和裁定管辖。

1. 级别管辖

级别管辖是指上下级人民法院之间受理第一审税务案件的分工和权限。基层人民法院管辖除上级法院管辖的第一审税务行政案件以外的所有的第一审税务刑侦案件，即一般性的税务行政案件；中、高级人民法院管辖本辖区内重大、复杂的第一审税务行政案件；最高人民法院管辖全国范围内的重大、复杂的第一审税务行政案件。

2. 地域管辖

地域管辖是指同级人民法院之间受理第一审税务案件的分工和权限，包括一般地域管辖和特殊地域管辖。

（1）一般地域管辖

一般地域管辖是指按照最初做出具体行政行为的税务机关所在地确定管辖法院，适用于一般行政案件。

（2）特殊地域管辖

特殊地域管辖是指根据特殊行政法律关系或特殊行政法律关系所指的对象确定管辖法院。经过税务行政复议且复议机关改变原具体行政行为的案件，由原告选择最初做出具体行政行为的税务机关所在地法院或者复议机关所在地法院管辖；经复议的案件，也可以由复议机关所在地人民法院管辖。

3. 裁定管辖

裁定管辖是指人民法院以裁定或确定的方式，决定税务行政诉讼案件的管辖权，包括移送管辖、指定管辖及转移管辖。

（1）移送管辖

移送管辖是指人民法院发现受理的税务行政案件不属于自己管辖时，将其移送给有管辖权的人民法院。

（2）指定管辖

指定管辖是指上级人民法院以裁定的方式，指定某下级人民法院管辖某一案件。

（3）管辖权的转移

管辖权的转移是指上级人民法院有权审理下级人民法院管辖的第一审税务行政案件，也可以将自己管辖的第一审行政案件移交下级人民法院审判。

三、税务行政诉讼的程序

税务行政诉讼主要包括起诉、受理、审理、判决和执行等程序。

（一）税务行政诉讼起诉

税务行政诉讼起诉是指公民、法人或者其他组织认为自己的合法权益受到税务机关行政行为的侵害，而向人民法院提出诉讼请求，要求人民法院行使审判权，依法予以保护的诉讼行为。

纳税人及其他当事人在提起税务行政诉讼时，必须符合下列条件：

（1）原告是认为具体行政行为侵犯其合法权益的公民、法人或其他组织；

（2）有明确的被告；

（3）有具体的诉讼请求和事实、法律根据；

（4）属于法院的受案范围和受诉法院管辖。

此外，提起税务行政诉讼，还必须符合法定的期限和必经的程序。纳税人及其他当事人对税收机关做出的征税行为，不服的，必须先向复议机关申请行政复议，对行政复议决定不服的，可以在接到复议决定书之日起15日内向人民法院提起诉讼。对其他具体行政行为不服的，当事人可以在接到通知或者知道之日起15内直接向人民法院起诉。

税务机关做出具体行政行为时，未告知当事人诉权或起诉期限，致使当事人逾期向人民法院起诉的，其起诉期限从当事人实际知道诉权或者起诉期限时计算。但最长不得超过2年。

（二）税务行政诉讼受理

税务行政诉讼受理是指原告起诉，经人民法院审查，认为符合起诉条件并立案审理的行为。

人民法院对当事人的起诉，一般从以下几个方面审查并做出是否受理的决定：一是审查是否属于法定诉讼受案范围；二是审查是否具备法定的起诉条件；三是审查是否已经受理或者正在受理；四是审查是否有管辖权；五是审查是否符合法定的期限；六是审查是否经过必经的复议程序。

人民法院接到诉状时，对符合诉讼条件的，应当登记立案。对当场不能判定是否符合起诉条件的，应当接受起诉状，出具注明收到日期的书面凭证，并在7日内决定是否立案。不符合起诉条件的，做出不予立案的裁定。裁定书应当载明不予立案的理由。原告对不予受理的裁定不服的，可以提起上诉。

人民法院既不立案，又不做出不予立案裁定的，当事人可以向上一级人民法院起诉。上一级人民法院认为符合起诉条件的，应当立案、受理，也可以指定其下级人民法院立案、审理。

（三）税务行政诉讼审理

人民法院审理行政案件实行合议、回避、公开审判和两审终审的审判制度。审理的核心是审查被诉具体行政行为是否合法，即做出该行为的税务机关是否依法享有该税务行政管理权；该行为是否依据一定的事实和法律做出；税务机关做出该行为是否遵守必备的程序等。

（四）税务行政诉讼判决与执行

人民法院对税务行政诉讼案件审理之后，根据不同的情况，分别做出维持判决、撤销判决、履行判决、变更判决等判决。

对人民法院一审判决不服的，当事人可以向上一级人民法院提起上诉。对发生法律效力的判决，当事人必须执行，否则人民法院有权依对方当事人的申请予以强制执行。

第三节　税务行政赔偿

一、税务行政赔偿概述

（一）税务行政赔偿的概念

税务行政赔偿，是指税务机关及其工作人员在税收执法的过程中，违法行使职权给纳税人及其他当事人的合法权益造成损害，由国家承担赔偿责任，并由税务机关具体履行赔偿义务的一项法律制度。

（二）税务行政赔偿的构成要件

税务行政赔偿责任的构成必须同时具备以下五个必要条件。

1. 侵权主体是行使国家税收征管职权的税务机关及其工作人员

构成税务行政赔偿责任的侵权主体是行使国家税收征管职权的税务机关和税务机关的工作人员。赔偿义务机关是行使税收征管职权的税务机关或行使税收征管职权的税务人员所在的税务机关。税务机关的工作人员是指在税务机关内行使税收管理职权的税务人员。只有当税务机关及其工作人员行使税收征管职权时造成的损害，才有可能导致税务行政赔偿。

2. 必须是税务机关及其工作人员行使税收征管职权的行为

所谓行使税收征管职权的行为就是指在行使税收征管职权时，实施的一切活动。行使税收征管职权的行为应当是税务具体行政行为，即税务机关及其工作人员为了行使税收征管职权，依法针对特定的、具体的公民、法人或者其他组织而采取某种行政措施的单方公务行为。

3. 必须是行使税收征管职权的行为具有违法性

国家赔偿的归责原则是违法原则。国家赔偿法上的违法原则并不过问行为人主观上处于何种状态，而是以法律、法规作为标准来衡量行为。如果该行为违反法律、法规，那就是违法，造成损害的，国家就要承担赔偿责任。

需要强调的是，这里所说的违法，还应当包括不行使法定职权的不作为行为而造成的侵权，适用法律或法规错误，违反法定程序，超越职权以及拒不履行法定职责等形式。

4. 必须有公民、法人和其他组织的合法权益受到损害的事实

公民、法人和其他组织的合法权益受到损害的事实是指损害后果已经发生。因为税务机关和税务机关工作人员的违法行为并不一定会导致损害的后果，因此只有在损害后果已经发生的情况下，国家才有可能承担赔偿责任。所谓损害后果已经发生，既包括确已存在的现实的损害，也包括已经十分清楚的在将来不可避免地必然发生的损害。同时所损害的必须是纳税人合法财产权和人身权，而非其他权利。

5. 必须是违法行为与损害后果有因果关系

只有在税务机关及其工作人员做出的违法的税务具体行政行为同纳税人已经发生的损害后果之间存在因果关系时，税务行政赔偿责任才能构成。确认税务机关为某一合法权益损害后果的赔偿义务机关，必须要有证据证明损害后果是由税务机关及其工作人员做出的违反具体行政行为造成的，且举证责任一般要由赔偿请求人即纳税人承担。

二、税务行政赔偿的范围和请求时效

（一）税务行政赔偿的范围

税务行政赔偿的范围是指税务机关对本机关及其工作人员在行使职权时给受害人造成的损害予以赔偿。依据国家赔偿法的规定，税务行政赔偿的范围包括侵犯人身权的赔偿、侵犯财产权的赔偿。

一般情况下，有损害必须赔偿，但在法定情况下，虽有损害发生，国家也不予赔偿。国家赔偿法规定了一些情形作为行政赔偿的例外，具体包括以下几点。

（1）税务机关工作人员与行使行政管理职权无关的个人行为。

（2）因纳税人和其他税务当事人自己的行为致使损害发生的。

（3）法律规定的其他情形。

（二）税务行政赔偿的请求时效

税务行政赔偿请求人请求国家赔偿的时效为2年，自其知道或者应当知道税务机关及其工作人员行使职权时的行为侵犯其人身权、财产权之日起计算，但被羁押等限制人身自由期间不计算在内。在申请行政复议或者提起行政诉讼时一并提出赔偿请求的，适用行政复议法、行政诉讼法有关时效的规定。如果税务行政赔偿请求人在赔偿请求时效的最后6个月内，因不可抗力或者其他障碍不能行使请求权的，时效中止。从中止时效的原因消除之日起，赔偿请求时效期间继续计算。

三、税务行政赔偿的程序

（一）赔偿请求的提出

税务行政赔偿请求人应当先向负有赔偿义务的税务机关提出赔偿要求，也可以在申请行政复议或者提起行政诉讼时一并提出。其赔偿的项数既可以是一项，也可以是数项。在共同税务职务行为侵害赔偿案件中,赔偿请求人可以向共同赔偿义务机关中的任何一个赔偿义务机关要求赔偿,该赔偿义务机关应当先予赔偿。

赔偿请求人要求赔偿应当递交申请书,赔偿请求人书写申请书确有困难的,既可以委托他人代书;也可以口头申请,由赔偿义务机关记入笔录。

赔偿请求人不是受害人本人的,应当说明与受害人的关系,并提供相应证明。

赔偿请求人当面递交申请书的,赔偿义务机关应当当场出具加盖本行政机关专用印章并注明收讫日期的书面凭证。申请材料不齐全的,赔偿义务机关应当当场或者在 5 日内一次性告知赔偿请求人需要补正的全部内容。

(二) 赔偿请求的处理

赔偿义务机关应当自收到申请之日起 2 个月内,做出是否赔偿的决定。赔偿义务机关做出赔偿决定,应当充分听取赔偿请求人的意见,并可以与赔偿请求人就赔偿方式、赔偿项目和赔偿数额依照有关的规定进行协商。

赔偿义务机关决定赔偿的,应当制作赔偿决定书,并自做出决定之日起 10 日内送达赔偿请求人。

赔偿义务机关决定不予赔偿的,应当自做出决定之日起 10 日内书面通知赔偿请求人,并说明不予赔偿的理由。

赔偿义务机关在规定期限内未做出是否赔偿的决定,赔偿请求人可以自期限届满之日起 3 个月内,向人民法院提起诉讼。

赔偿请求人对赔偿的方式、项目、数额有异议的,或者赔偿义务机关做出不予赔偿决定的,赔偿请求人可以自赔偿义务机关做出赔偿或者不予赔偿决定之日 3 个月内,向人民法院提起诉讼。

人民法院审理税务行政赔偿案件,赔偿请求人和赔偿义务机关对自己提出的主张,应当提供证据。

赔偿义务机关采取行政拘留或者限制人身自由的强制措施期间,被限制人身自由的人死亡或者丧失行为能力的,赔偿义务机关的行为与被限制人身自由的人的死亡或者丧失行为能力是否存在因果关系,赔偿义务机关应当提供证据。

(三) 税务行政追偿

税务机关向税务行政赔偿请求人赔偿了损失后,应当责令有故意或者重大过失的工作人员或者受委托的组织或者个人承担部分或者全部赔偿费用。

对有故意或者重大过失的责任人员,应当依法给予行政处分;构成犯罪的,应当依法追究刑事责任。

四、税务行政赔偿的方式

(一) 支付赔偿金

支付赔偿金是指在计算受害者所受损害的程度后,以支付货币的形式给予受害者相应的赔偿。它是国家赔偿的主要方式。其特点是使用范围广和便于操作,是一种较为理想的赔偿方式。

（二）返还财产

返还财产，是指税务机关将违法取得的财产返还给受害人的赔偿方式。适用返还财产的前提是财产或原物存在，如果原物已经损毁或灭失，也就不存在返还财产的问题了。应当注意的是，返还财产应当包括财产在相对人失去控制期间的孳息物。

（三）恢复原状

恢复原状，是指赔偿义务机关按照受害人的愿望和要求，使被损害的物体或关系恢复到损害发生之前的状态或性能。当恢复原状比赔偿金赔偿更容易、更便捷时，才使用恢复原状的赔偿方式。

除了以上三种经济赔偿方式以外，如果税务机关及其工作人员的职务违法行为，致人精神损害的，应当在侵权行为影响的范围内，为受害人消除影响，恢复名誉，赔礼道歉；造成严重后果的，应当支付相应的精神损害抚慰金。

参 考 文 献

[1] 中国注册会计师协会.税法[M].北京:中国财政经济出版社,2022.

[2] 全国税务师职业资格考试教材编写组.税法(Ⅰ)[M].北京:中国税务出版社,2022.

[3] 全国税务师职业资格考试教材编写组.税法(Ⅱ)[M].北京:中国税务出版社,2022.

[4] 全国税务师职业资格考试教材编写组.涉税服务实务[M].北京:中国税务出版社,2022.